隋唐遼宋金元史論叢

第七輯

中國社會科學院歷史所
魏晉南北朝隋唐史研究室
宋遼金元史研究室 編

上海古籍出版社

圖書在版編目(CIP)數據

隋唐遼宋金元史論叢. 第七輯/劉曉、雷聞主編；中國社會科學院歷史所魏晉南北朝隋唐史研究室、宋遼金元史研究室編. —上海：上海古籍出版社，2017.6
ISBN 978-7-5325-8397-3

Ⅰ.①隋… Ⅱ.①劉… ②雷… ③中… Ⅲ.①中國歷史—隋唐時代—文集②中國歷史—遼宋金元時代—文集 Ⅳ.①K240.7-53

中國版本圖書館 CIP 數據核字(2017)第 060713 號

隋唐遼宋金元史論叢(第七輯)
劉曉 雷聞 主編
中國社會科學院歷史所
魏晉南北朝隋唐史研究室 編
宋遼金元史研究室

上海世紀出版股份有限公司
上 海 古 籍 出 版 社 出版
(上海瑞金二路 272 號 郵政編碼 200020)
　(1) 網址：www.guji.com.cn
　(2) E-mail：guji1@guji.com.cn
　(3) 易文網網址：www.ewen.co
上海世紀出版股份有限公司發行中心發行經銷
常熟市新驊印刷有限公司印刷

開本 787×1092 1/16 印張 22.5 插頁 2 字數 380,000
2017 年 6 月第 1 版　2017 年 6 月第 1 次印刷
ISBN 978-7-5325-8397-3
K・2309 定價：88.00 元
如有質量問題，請與承印公司聯繫

主　　　編：劉　曉（本輯執行主編）　雷　聞

編輯部成員（以拼音字母爲序）：

　　　　　　陳麗萍　陳志遠　康　鵬　雷　博

　　　　　　林　鵠　劉子凡　王　博　張國旺

目　錄

石刻史料與中古史研究筆談

最近十五年來出土石刻所見唐詩文獻舉例　　　　　　　　　　陳尚君　9
中古墓誌研究三題　　　　　　　　　　　　　　　　　　　　陳　爽　15
石刻史料與唐代道教史研究漫談　　　　　　　　　　　　　　雷　聞　22
碑誌與唐代后妃制度研究　　　　　　　　　　　　　　　　　陳麗萍　29
言詞內外：碑的社會史研究試筆　　　　　　　　　　　　　　仇鹿鳴　39

朝集使在郊廟禮儀中的出現
　　——《大唐開元禮》校讀劄記一則　　　　　　　　　　吳麗娛　45
敦煌文書與中國古文書學　　　　　　　　　　　　　　　　　黃正建　55
魏晉至隋唐的官府部門之學　　　　　　　　　　　　　　　　樓　勁　63
時間法與唐代日常生活
　　——《天聖令·假寧令》劄記　　　　　　　　　　　　　牛來穎　84
中國國家圖書館藏 BD16300 號《職制律》殘片綴合與錄文勘正　趙　晶　93
唐宋射禮的性質及其關係補論　　　　　　　　　　　　　　　王　博　95
定林上寺經藏考　　　　　　　　　　　　　　　　　　　　　陳志遠　105
哥舒翰與《隴右紀聖功頌》
　　——唐哥舒翰紀功碑考實　　　　　　　　　　　　　　劉子凡　116

關於《宋會要》帝系類帝號門及選舉類進士門的說明　　　　　陳智超　129

元豐政局述論	江小濤	136
《宋會要輯稿》史料釋讀兩則	張衛忠	158
試論孟子心學在北宋熙寧帝王政教中的作用	雷　博　俞菁慧	163
遼道宗時期漢族士大夫官僚群體的崛起	關樹東	184
遼漢交惡辨		
——兼論《九國志·東漢世家》之史料價值	林　鵠	198
點校本《舊聞證誤》衍文發覆及其他	康　鵬	205
元代墓碑簡論	陳高華	211
元代士人的政治關懷與時務對策		
——以《三場文選對策·壬集》爲中心的考察	申萬里	231
孛羅丞相與陽城鄭氏	劉　曉	272
元儒王博文生平與交遊	蔡春娟	276
日本宗家文庫所藏《事林廣記》的版本問題	陳廣恩	291
元代風暴潮災述論	張國旺	307
關於《元史·劉國傑傳》隱晦史實的探討	寧　波	315
元代藁城董氏家族世系補正	羅　瑋	323
13世紀蒙元帝國軍隊的戰利品獲取和分配方式詳説	周思成	347

Contents

Written Discussion on Stone Inscription and the Study on Chinese Medieval History

An Introduction to Tang's Poets and Poetry on Epitaph in the Last
　　Fifteen Years　　　　　　　　　　　　　　　　　*Chen Shangjun*　9

A Review on Studies of the Epitaph in Chinese Medieval Times
　　　　　　　　　　　　　　　　　　　　　　　　Chen Shuang　15

An Outline of Stone Inscriptions and the Taoist History of the Tang
　　　　　　　　　　　　　　　　　　　　　　　　　Lei Wen　22

Stone Inscription and the Studies on Imperial Empresses and Concubines
　　System in the Tang Dynasty　　　　　　　　　　　*Chen Liping*　29

Implied Meaning: An Introduction to Social History of Monument
　　　　　　　　　　　　　　　　　　　　　　　　Qiu Luming　39

The Emergence of the Local Financial Reporter (朝集使) in the State
　　Ritual of Ancestral Shrine — Notes on the Passage from Datang
　　　　　　　　　　　　　　　　　　　　　　　　　Wu Liyu　45

Dunhuang Documents and Study of Chinese Paleography　*Huang Zhengjian*　55

The Schools of Government Sections from Wei-Jing to Sui-Tang Dynasties
　　　　　　　　　　　　　　　　　　　　　　　　　Lou Jin　63

Time Law and the Daily Life of Tang Dynasty　　　　*Niu Laiying*　84

Amendment of Piecing the BD 16300 Fragments of the Section on
　　Administrative Regulations of the Tang Code Collected in National
　　Library of China　　　　　　　　　　　　　　　　*Zhao Jing*　93

Supplementary Comments on the Nature and Relation of the Rite of Archery between Tang and Song Dynasty *Wang Bo* 95

On the Establishment and Function of the Manuscript Library Located at the Upper Dinglin Monastery *Chen Zhiyuan* 105

Geshu Han and "Longyou Ji Sheng Gong Song": Research on the Inscription of Geshu Han *Liu Zifan* 116

Explanations of Dihao Dixi and Jinshi Xuanju of *Song-Hui-Yao* *Chen Zhichao* 129

The Political Situation in Yuanfeng Period of the Northern Song Dynasty *Jiang Xiaotao* 136

Notes on Two Passages of *Songhuiyao Jigao* *Zhang Weizhong* 158

Mencius's Theory of Mind in the Emperor's Training of Xining Period in Northern Song Dynasty *Lei Bo and Yu Jinghui* 163

The Rise of the Scholar-bureaucrat Group during the Reign of the Emperor Daozong of the Liao Dynasty *Guan Shudong* 184

Rethinking the Disputes between the Liao and the Northern Han: With a Comment on *the Records of Nine States* *Lin Hu* 198

A Research on the Redundant Text from *Jiu Wen Zheng Wu* and Others *Kang Peng* 205

A Brief Analysis of the Bimbstone in the Yuan Dynasty *Chen Gaohua* 211

The Problems the Literati Cared for and the Ways How to Deal with Them in the Civil Service Examination of Yuan Dynasty: from the Studies of *San-Chang-Wen-Xuan*   *Shen Wanli* 231

Grand Councilor Bolad and Zheng Family of Yangcheng   *Liu Xiao* 272

The Yuan Confucian Scholar Wang Bowen's Life and Friends   *Cai Chunjuan* 276

A Study on the Edition of *Shi-Lin-Guang-Ji* Collected in the Souke Bunko in Japan.   *Chen Guang'en* 291

A Study on the Storm Surge Disasters in Yuan Dynasty   *Zhang Guowang* 307

The Discussion of Obscure Facts: the Biography of Liu Guojie in Yuan Shi   *Ning Bo* 315

The Supplement and Correction of Genealogy of Dong Family of Gaocheng County in the Yuan Dynasty   *Luo Wei* 323

How the Army of the Mongol Empire Plundered and Distributed Spoils of War: the Solution of "the Nurhachi Dilemma" and "the Clovis Dilemma"   *Zhou Sicheng* 347

【石刻史料與中古史研究筆談】

最近十五年來出土石刻所見唐詩文獻舉例

陳尚君

  2002年末,我在早稻田大學訪問期間,曾寫有《新見石刻與唐代文學研究》一文[1],敍述唐代石刻自清末以來彙聚出版之概況,及其與唐代文學研究之意義,除一般之提供作者事蹟綫索、保存唐人佚文、有資文本校勘等傳統意義之價值外,特別從喪挽文學研究、傳記文學研究、文體變化研究、家族文學研究、女性文學研究、地域文學研究六方面闡述其意義。倐忽過了十四年,新出石刻數量成倍增長,石刻研究也從冷門學問成爲當前的顯學,我本人雖然也始終在關心新見的文獻,但總的感覺是數量不斷增加,具體細節多可補充與糾訂,但從大端來説,前文已經説盡。在此我想就以唐詩新見文獻的立場來略作補充吧。由於主體材料來自我正在編纂的一部大書,按照該書體例並不逐一標注所見引書之頁碼,現在也無法一一補查,敬請讀者鑒諒。
  唐代有詩存世的詩人墓誌到底有多少,目前還没有準確的統計,估計僅最近三十年新見者,已經超過百種,其中最重要的是韋應物、李益、姚合三位一流詩人墓誌的出土。韋應物夫婦及其子韋慶復夫婦墓誌,最初經我推薦發表於《文匯報》2007年11月4日,他本人墓誌由其友人丘丹撰,載其字義博,歷官與生卒年可以大致確定,但最重要的還是他親自爲夫人元蘋撰書的墓誌,不僅讓我們親見這位唐代學陶最得風神詩人的書蹟,還從中瞭解他與夫人元蘋之婚姻

---

[1] 在早稻田大學中國學會講座,佐藤浩一日譯本刊早稻田大學《中國文學研究》第28期,2002年;後收入拙著《貞石詮唐》,上海古籍出版社,2016年,1—25頁。

與深厚情感,並爲他詩集中保存的近二十首悼亡詩得以準確繫年。李益墓誌由中唐名臣崔郾撰,初刊於《文學遺産》2009年第5期[1],稍後《書法叢刊》刊佈了清晰的拓本。同時也出土了李益爲其妻所撰墓誌。李益的婚姻與婚外情因爲蔣防小説《霍小玉傳》而備受關注,其夫婦墓誌提供了第一手記載,但學者或據以爲其表白,或據以確認,看法差別仍很大。李益的生卒年則可確認爲天寶五載(746)至大和三年(829),享年八十四,是唐代存活時間最長的詩人之一。他的五在軍中之始末,也得以大體落實。姚合墓誌初刊於《書法叢刊》2009年第1期,由其族人姚勖撰,載其字大凝,官至秘書監,世稱姚少監是誤傳。以往對他的卒年多有爭議,墓誌明確載爲會昌二年卒,年六十六,生卒時間都與前人據存世詩歌所作推測有一定距離,可知據詩中語考證事實必須小心。其妻墓誌亦姚合本人所撰,可知這也是中唐後的習慣。

一般詩人墓誌,所見甚多。以下略舉一些例子。

會昌三年,名臣王起再知貢舉,放進士二十二人及第,華州刺史周墀是他二十年前知舉時的門生,乃馳詩以賀,王起與全榜進士一併應和,《唐摭言》卷三全録這組詩作,是唐代進士及第後慶宴唱和之難得記録,且一榜進士皆存姓名、表字與賀詩。近年此榜進士有二人墓誌已經出土,一是樊驤,《河洛墓刻拾零》收庾崇《有唐朝散大夫尚書倉部郎中柱國賜緋魚袋樊公墓誌銘》,載其懿宗咸通十一年卒,年六十,官至倉部郎中;二是李潛,是書家李邕的後人,大中九年卒,年四十六,官至西川觀察推官。墓誌特別提到他曾著《師門盛事述》,記會昌三年進士榜盛事,可以確認《唐摭言》所録,即源自該書。墓誌見《洛陽流散唐代墓誌彙編》305號大中九年張道符撰《唐故西川觀察推官監察御史裏行江夏李君墓誌銘》,道符亦同榜進士。此外,該榜進士孟球,因其兄孟璲、孟玨墓誌出土,也得以知其家世始末。裴翻則據《寶刻類編》《寶刻叢編》的記載知其咸通間仕歷。丘上卿則據《安徽通志金石古物考稿》卷二知其敬宗寶曆二年曾遊潛山石牛洞,是該榜進士中較年長者。因爲石刻文獻的陸續補充,使一榜進士之事蹟得以逐漸明朗。

田章,《唐詩紀事》卷五三收其和于興宗《夏杪登越王樓望雪山》詩,《中國文學家大辭典·唐五代卷》認爲其人即魏博節度使田弘正子,文宗開成四年登進士第,官至洛陽令。但《唐代墓誌彙編續集》大中064收盧縱之《大唐故朝議大夫檢校國子祭酒侍御史兼王府傅瓊渠二州刺史賜紫金魚袋雁門郡田府君墓誌

---

[1] 王勝明《新發現的崔郾佚文〈李益墓誌銘〉及其文獻價值》,《文學遺産》2009年第5期,130—133頁。

銘》,載其名章,字漢風,雁門人。尚衣奉御田廣子。累官左神策軍推官,大中間歷任瓊、渠二州刺史,官至福王傅。于詩爲大中間作於綿州,遍示蜀中各州,渠州相去不遠,作者肯定爲此田章,與遠在河北的田章非同一人,據墓誌足糾正誤説。

唐代女詩人墓誌,以前曾見謝迢和淮南長公主李澄霞墓誌,近年則有上官婉兒墓誌和宋若昭墓誌。前者轟動一時,研究亦多;後者以五女同時入宫,宋若昭則在宫中長期擔任女師,其内容同樣值得關切。

網上也頗有新見墓誌的綫索。如友人示我《大唐故亳州城父縣令王府君墓誌未終前一年自號知道先生撰遺誌文》,是晚唐小詩人王魯復(字夢周)自撰墓誌。《全唐詩》兩收其詩,僅五六首,但今知其詩唐末已傳至日本。墓誌特别的地方是他自敍家世之不幸,"三歲偏罰,九歲繼憂,無學可入,無家可安,飄梗飛蓬,至十三自求衣食,遊而兼學,味群籍,識興亡道理,吟古詩,知風格輕重。數粒析薪,飯藜食蘗,殆不堪憂。骨肉無助。廿五有諱,闋服無衫,以短褐行焉"。可能有些誇張,但家非顯門、人生艱難亦可想見。其後述其干謁尉遲汾、成杭、劉栖楚、張權輿、李翱、皇甫湜、鄭還古、裴潾、李甘、侯固、盧簡求等的曲折經歷,可以說是難得的小詩人人生苦賬。近日又見大曆宰相元載撰《木蘭詩》可能作者韋元甫的墓誌,其中除完整記録韋氏的宦蹟,最重要的是可看到元載的文采。據説元載本人墓誌已經出土,西安文物緝私隊編《西安新獲墓誌集萃》,有會昌四年(844)劉三復撰嚴厚本墓誌,云開成間因爲嚴的建議,以元載有"翊戴德宗之功",因而定謚號爲忠。正史中没有此節記載,似乎一切已成鐵案,居然在他死後六十年,突然因這位小人物而翻了過來。元載秉朝政十五年,他與許多文人交往亦多,韓愈兄韓會就曾是他的親信,對他的重新研究,也希望有人如丁俊作《李林甫研究》般地重新加以審視。此外,我還在盛世收藏網站上見到崔國輔父親《沂州司馬崔惟怦墓誌》,見到《花間集》編者趙崇祚岳母的墓誌,趙是後蜀權臣趙廷隱之子,趙墓多年前在成都已發掘,有出墓誌,但一直未刊,值得期待。

在墓誌中也有不少以往未見載録的作者及佚詩的發現。《秦晉豫新出墓誌蒐佚續編》三八七號收盧若虚撰《大唐故通直郎行并州陽曲縣令隴西李府君墓誌銘》載,誌主李渾金,"年廿一,乃求古岷嶓,訪道巴漢,行至成都,作《春江眺望》詩曰:'明發眺江濱,年華入望新。地文生草樹,天色列星辰。煙霧澄空碧,池塘變曉春。别有栖遑者,東西南北人。'時蜀中有李崇嗣、陳子昂者,並文章之伯,高視當代,見君藻翰,遂喪魄褫精,不敢舉筆。則天聞其風而悦之,追直弘文館學士"。説李、陳之失態,恐有誇張,但此詩清新可讀,爲初唐之佳作。拓本寇泚撰《唐故陝州河北縣尉京兆韋府君墓誌銘》載誌主韋志潔十六歲時因丁父憂,"水漿絶口者七日,泣血無聲者三年,淚盡喪明,因少一目",此後歷遊各地,賦詩明志云:"江上一目龍,日中三足烏。三足不言多,一目何嫌少。""左慈瞎一眼,師曠無兩目。賢達尚悠然,如何懷恥辱。""恥貴不恥貧,貴義安貴身。故故閉一眼,不看天下人。"是難得的唐代殘疾人詩作。據説,"時文士王適、陳子昂,虎踞詞場,高視天下,睹斯而歎,許以久大之致焉"。但他四十八歲入仕,五十二歲去世,並未有大的成就。

小説筆記作者墓誌,可舉兩例。一是《本事詩》作者孟棨家族墓的發現,可以糾正《四庫提要》誤認其名以棨爲正的武斷,且可得知他是韓愈曾有序相贈之孟琯長子,早年因其父身陷甘露事變南貶而隨至梧州,中年後久困名場,爲其妻撰墓誌説盡不幸與自負。二是《宣室志》作者張讀墓誌的發現,可以清晰顯示從張文成到張讀五代對小説故事的熱衷。張讀父親即《酉陽雜俎》作者段成式會昌間尋訪長安寺廟的摯友張希復,則屬首次知道。張讀二十歲寫成《宣室志》,其後仕宦則頗涉晚唐重大史事。我對此二組石刻皆有考證,前者刊《新國學》第六卷(巴蜀書社,2006年),後者將刊《嶺南學報》復刊第七輯(上海古籍出版社,即出)。

一些名家的詩也偶有發現。如《洛陽新獲七朝墓誌》二四五號收陽潤撰《唐故工部員外郎陽府君墓誌銘》,謂誌主陽修己"凡所交結,一時才良。至如清河崔融、瑯琊王方損、長樂馮元凱、安陸郝懿,並相友善。嘗遺筆於崔,并贈詩曰:'秋豪調且利,霜管貞而直。贈子嗣芳音,攬搦時相憶。'崔還答云:'緑豪欣有贈,白鳳恥非才。況乃相思夕,疑是夢中來。'詞人吟繹,以爲雙美"。崔融詩不見於存世文獻,陽修己詩亦首度得見。此外,王維詩《過乘如禪師蕭居士嵩丘蘭若》:"無著天親弟與兄,嵩丘蘭若一峰晴。食隨鳴磬巢烏下,行踏空林落葉聲。陁水定侵香案濕,雨花應共石林平。深洞長松何所有?儼然天竺古先生。"刻石在登封嵩岳寺存《蕭和尚靈塔銘》碑側發現,詩題存"如和尚與賢兄"、"嘗下山,僕竊慕焉,寄"十四字,證今題爲後來所改。其下尚存其佚名友人所作《同王右丞寄蕭和(下缺)》殘詩:"如公錫杖倚三車,居□□□□□。□□□□□夢,高居翠壁枕朝□。□□□□□□,□□□□□出家。惠遠惠持□□□,□□□□□□□□。"詳見《王維研究》第五輯刊内田誠一《蕭和尚靈塔銘之新考》。雖殘缺已甚,仍很珍貴。日本學者户崎哲彥在廣西興安乳洞巖石刻中發現韋瓘《遊三乳洞》,我曾在《國際漢學研究通訊》創刊號撰文介紹,並將詩録出。此後作者撰《韋瓘佚詩遊三乳洞及其事蹟考辨》[1]，復據《中國西南地區石刻彙編》更清晰一些的拓本重新錄詩，多有增補，謹再錄如下："嘗聞三乳洞，地遠□容□。巧施造化力，宛與人世殊。偶此奉明詔，因茲契鳳圖。深沉窺水府，瑩靜適仙都。□□□寒氣，石床迸碎珠。□□□□，淅瀝墜珊瑚。□□□□，神□怪異□。興□□□□，薄暮勢稍扶。□縛如初□，蒸煩得暫蘇。終當辭薄宦，遁世侶樵夫。"韋瓘本人墓誌也已出土，徐商撰，《書法叢刊》2014年有影印本。

此外，各地作文物普查，也有一些意外的收獲。如河北響堂山石窟調查，發現唐人鄭迥佚詩《登智力寺上方》："鷲嶺欹危路不窮，遙疑直上九霄□。□年寶刹開初地，幾處花龕在碧空。迴望□□迷故國，遠尋煙翠到天宮。多慚理郡時□□，未去樊籠聚落中。"雖然略有殘缺，大體詩意尚屬清晰。山西近年所作各市、縣、區文物記錄，已經出版幾十部大書，偶然也有詩作發現。如《三晉石刻大全·晉城市澤州縣卷》載皇甫曙二詩，在澤州縣碧落寺石窟外壁摩崖，末署："開成元年十月十日，軍事判官登仕郎前試太常寺奉禮郎李道夷書。"其一爲《石佛谷》，《全唐詩》卷三六九收作皇甫湜詩，近人《全唐詩續補遺》卷六據《古今圖書集成·職方典》卷三六四《澤州部》改正，今得石刻可確認。另一首爲《秋遊石佛谷》，全錄如下："木枯草衰辨山徑，冰峻玉竦巖巒淨。臨當官曹文簿閑，又值頃畝晨菽竟。出郭俯仰罷陟降，入谷暗□穿叢蒨。陰苔沓滑足易跌，修約穹隆肩不並。雉兔閑暇領雌雛，澗岸飲啄遂情性。狖鼯飛跳爭□栗，藤蘿出沒啼遼夐。半空忽聞旃檀煙，花座圓光微掩映。專專傾竭下界心，懇懇瞻禮西方聽。窟室一僧護香火，嚴持三衣行苦行。年深晝夜豺虎儔，客到盤盂梨棗罄。我生悠悠樂幽寂，矧乃才散形骸病。止泊不得限嚴城，迴首雲峰日已暝。"以往不見任何記載，屬首度發現。皇甫曙是白居易的好友，白集中與他唱和甚頻繁，二詩的發現，可以瞭解他的具體才華。

今人談唐詩民間傳播，以往重視敦煌文書、吐魯番文書及長沙窯瓷器題詩中的民間詩作，近年山西長治地區出土墓誌誌蓋上發現題詩，似乎僅是當地工匠的一種習俗。石拓分播各處，以西安碑林與北京大學圖書館收藏較富。目前就本人所見，已有近百例，去其重複，仍可得三四十首佚詩。錄幾首："人生渝若風，暫有的歸空。生死罕相逢，苦月夜朦朧。""墳埋荒草裹，月照獨危峨。兒孫腸斷處，流淚血相和。""流淚洳和人痛苦，發聲哀慘樂連雲。愁成汲處飛洪斷，落日邪欺草樹墳。"其中少數爲據有名詩人詩節寫，今知有駱賓王、于鵠之作。

---

[1] 收入氏著《唐代嶺南文學與石刻考》，中華書局，2014年，267—282頁。

其中比較特別的地方是一首詩可以根據時令隨意改寫,常見的詩句也可以隨意顛倒配搭,以合喪家之需求。如《武威郡石氏墓誌銘》作"陰風吹黃蒿,蒼蒼渡春水。貫哭痛哀聲,孤墳月明裏",《大唐故夫人墓誌》作"陰風吹黃蒿,挽歌渡西水。孤墳明月裏,車馬卻歸城",《田夫人墓誌》作"陰風吹黃蒿,蒼蒼度秋水。車馬卻歸城,孤墳月明裏",《劉讓墓誌銘》作"陰風吹白陽,蒼蒼度秋水。冠哭送泉聲,孤墳月明裏",《劉君妻墓誌》作"春風吹白陽,蒼蒼度秋水。貫哭動哀聲,孤墳月明裏",《唐故府君夫人墓誌銘》作"春風吹白楊,蒼蒼渡春水。貫哭慟哀聲,孤墳月明裏",是民間工匠隨意改詩以爲墓誌蓋裝飾的一些典型例子。

中古墓誌研究三題

陳　爽

層出不窮的墓誌史料極大地拓展了中古歷史研究的空間,也直接引領了研究的潮流,短短十餘年間,墓誌研究已從較爲邊緣的專門之學發展爲學人競相預流的犖犖顯學。本文僅就中古墓誌研究中具體操作層面的幾個實際問題略陳管見,希望引起學界的重視。

一、強化問題意識

新出墓誌的數量雖呈井噴之勢,令學人應接不暇,但墓誌研究繁榮的背後存在著歧路亡羊的"碎片化"隱憂。一些學者盲目地跟風追新,"使得很多新出石刻的學術價值尚未被充分挖掘,便已成爲少人關注的舊史料"[1]。墓誌數量的增長並未改變墓誌的史料屬性,我們對墓誌在中古史料學中的定位必須有清醒的認識,出土墓誌數量雖然巨大,並不能改變和取代傳世史傳中完整而系統的既有史實框架。

一般説來,墓誌所提供的史料信息都是支離零散的,在此基礎上進行的考訂就存在很大的隨意性,儘管學者們努力拓展視野,力圖以小見大,但主要方法是將墓誌文獻與傳世系統的文獻比對,以證史、補史爲主要解決方案。十年前,陸揚教授曾呼籲墓誌研究應"從内容和方法比較單一的史料考證走向對墓誌的

---

[1] 仇鹿鳴《中古石刻研究如何超越傳統金石學》,《澎湃新聞》2015年4月17日。

内涵作全面的史學分析",引起了學人的普遍共鳴[1]。

關於石刻史料的綜合性研究,前輩學者曾經做了很多開拓性嘗試,馬長壽先生在半個多世紀前完成的《碑銘所見前秦至隋初的關中部族》一書[2],通過文獻與碑銘相互印證,梳理了前秦至隋初兩百年間關中少數部族的歷史變遷,堪稱石刻研究的經典之作,也爲墓誌研究做出了垂範。其宏大的視野和研究的深度與廣度,學界至今難以企及[3]。

近年來,給我個人印象較深的一篇墓誌研究論文,是青年學者仇鹿鳴所撰《"攀附先世"與"僞冒士籍"——以渤海高氏爲中心的研究》[4]。文章没有以墓誌作爲標題,"墓誌"甚至没有出現在提要和關鍵詞中,但卻是一篇質量上佳的墓誌研究作品。作者借鑒"古史辨"學説,提出"攀附先世——士族譜系的縱向延伸"和"僞冒士籍:士族譜系的横向疊加"這樣兩個重要概念。在具體研究中,作者結合史傳記載,選取了從北魏到隋唐數十方渤海高氏墓誌進行對比和考察,發現"透過《新表》(新唐書宰相世系表)與相關墓誌的記載,高氏先祖的活動似乎清晰可見,魏收尚不明了之事,到了數百年之後的唐人那裏卻完全不成爲問題,不僅是姓名,連字號、官位、事蹟都瞭解得一清二楚。可見時代愈後,士族祖先的事蹟也就越詳細"。通過多方墓誌的對比考察,揭示出"渤海高氏本非漢晉舊族,但是通過攀附陳留高氏和齊國高氏,成功地將其家族先世追溯到春秋時期。隨著渤海高氏郡望的形成,高崇、高肇、高熲、高歡等房支紛紛通過各種手段冒姓渤海高氏,這些冒入的高氏在唐代構成了渤海高氏譜系中重要的組成部分"。

墓誌史料對於中古研究一個最爲直接的推進就是促成了士族個案研究的繁榮,但一段時期内,個案研究卻成爲令人乏味的跑馬佔圈運動,多數學者對於相關墓誌的利用無外是辨證世系、考證仕履、考察婚姻、闡述家學等,重新陷入了以婚宦論士族的窠臼。這篇文章的新意在於把墓誌中記述的譜系提升到"僞冒"與"攀附"的大視野下展開研究,在這個視角下,每方墓誌中的世系記述,就不再是一個簡單非此即彼的正誤問題,而是探究譜系作僞的具體過程和主觀意

---

[1] 陸揚《從墓誌的史料分析走向墓誌的史學分析——以〈新出魏晉南北朝墓誌疏證〉爲中心》,《中華文史論叢》2006年第4輯,95—127頁。
[2] 馬長壽《碑銘所見前秦至隋初的關中部族》,中華書局,1985年。
[3] 詳參羅丰《關中胡人:馬長壽和他的〈碑銘所見前秦至隋初的關中部族〉》,《西北民族論叢》第六輯,2008年,119—132頁。
[4] 仇鹿鳴《"攀附先世"與"僞冒士籍"——以渤海高氏爲中心的研究》,《歷史研究》2008年第2期,60—74頁。

圖,以墓誌爲坐標,渤海高氏冒入之跡斑斑可見,其對祖先譜系的構建過程也昭然若揭。文章開闢了一個新的研究方向,形成了一種新的研究理路。在這一思路的影響啓發下,近年來,學界對太原王氏、弘農楊氏、南陽張氏譜系塑造的研究,都取得了突破性進展[1]。

優秀的史學研究要求作者具有敏鋭的問題意識,克服"以誌證史"的思維局限,使墓誌本身成爲史學分析的對象,需要我們對其墓誌的文本内容及其藴涵的時代特徵有細膩而周全的把握。就墓誌研究而言,一些重大問題與重要思路或靈感往往不是來自具體的墓誌本身,而是來自傳世文獻的知識積累,源於作者對某一問題的長期思考。馬長壽在《碑銘所見前秦至隋初的關中部族》之前,剛剛撰寫完成了《氐與羌》《鮮卑與烏桓》等著述,而仇鹿鳴則在發表《渤海高氏》一文之前,剛剛完成了士族研究的博士論文《魏晉之際的政治權力與家族網絡》。

提倡綜合研究,強調問題意識,並無貶低文字釋讀和史事考證之意,畢竟這些工作是墓誌研究的基礎和出發點所在。在此需要強調的是,作爲中古時期"新史料"最爲重要的載體之一,出土墓誌文獻中無疑藴涵著大量全新的歷史問題,但是,"新問題"並不一定總是伴隨著"新史料"的出現而自動呈現。研究視角的轉換與研究方法的革新,必須建立在對基礎史料的精準把握與深入思考之上。

二、重拾義例之學

時下墓誌研究最爲主流也最爲基礎的方式是對單方墓誌的考證,多以新出墓誌爲研究對象,以點斷文句、考釋文字、考訂墓主職官和生平履歷爲主要内容,並參照墓誌形制、平闕格式、出土時地等,通過與傳世文獻的比對闡釋時代背景,其操作流程基本上依據了傳統金石考證之學的傳統和規範。

就學術史的發展脈絡來説,考證之學只是傳統金石學的流派之一。梁啓超在總結有清一代金石學研究的脈絡時談道:"顧(炎武)、錢(大昕)一派專務以金石爲考證經史之資料,同時有黄宗羲一派,從此中研究文史義例。宗羲著《金石

---

[1] 范兆飛《中古郡望的成立與崩潰——以太原王氏的譜系塑造爲中心》,《廈門大學學報》2013年第5期,28—38頁;尹波濤《北魏時期楊播家族建構祖先譜系過程初探——以墓誌爲中心》,《中國史研究》2013年第4期,101—116頁;仇鹿鳴《製作郡望:中古南陽張氏的形成》,《歷史研究》2016年第3期,21—39頁。

要例》,其後梁玉繩、王芑孫、郭忞、劉寶楠、李富孫、馮登府等皆有續有作。別有翁方綱、黃易一派,專講鑒別,則其考證非以助經史矣。包世臣一派專講書勢,則美術的研究也。而葉昌熾著《語石》,頗集諸派之長,此皆石學也。"[1]

作爲古代金石學的重要分支,義例之學,或稱括例之學的主要內容是概括總結石刻,特別是碑刻與墓誌的文本特徵,通過採集古代諸家金石文例,討論碑、碣、墓誌等石刻文獻的起源、規制、格式等基本問題。對銘誌品級、塋墓、羊虎、德政、神道、家廟、賜碑之制一一詳考,對碑誌家世、宗族、職名、妻子、死葬日月之類咸條列其文,標爲程式,以爲括例。所謂"石例",係墓誌碑文的寫作體例,其編纂的初衷是闡釋古代碑誌文體的格式和義例,爲時人墓誌寫作提供模仿和參考的依據。金石義例之學的發端是元代學者潘昂霄《金石例》,受其啓發和影響,明清以來,續補之作層出不窮,如明王行著《墓銘舉例》、清黃宗羲著《金石要例》、梁玉繩著《誌銘廣例》,嘉、道間金石義例專著接踵問世,有梁玉繩《志銘廣例》,李富孫《漢魏六朝墓銘纂例》,郭忞《金石例補》,吳鎬《漢魏六朝墓誌金石例》、《唐人誌墓金石例》,梁廷艷《金石稱例》,馮登府《金石綜例》,王芑孫《碑版文廣例》,劉寶楠《漢石例》,鮑振芳《金石訂例》等,光緒十一年(1885)朱記榮輯編成《金石全例》[2],收入相關十種金石義例研究著作,標誌著金石義例之學在清代的成熟。

金石義例類著作編纂刊行的初衷在於指導墓誌的寫作,而隨著時代的變遷,碑墓寫作失去了現實意義,金石義例之學也就此中衰。清末以來,考據之學逐漸佔據金石研究的絶對主流地位,而括例之學式微,自葉昌熾《語石》和柯昌泗《語石異同評》[3]之後,鮮有力作。

時下的墓誌研究,重考證而不重義例,墓誌義例只見於一般通論性著述,鮮有深入系統的探討。新出論著中,僅見的成果是楊向奎先生的《唐代墓誌義例研究》[4]。在學科分化日益精細的今天,義例之學似乎被劃入了文學史的範疇,只有在研究墓誌文體結構時纔被提及。關於金石考證的流弊,葉國良先生有精闢的分析:"考證之學,自陶宗儀《古刻叢鈔》以降,著書者無慮數百家。諸家皆本宋人方法,取石刻資料與經史相補正,其精者如錢大昕、王昶、羅振玉等,於學術研究之貢獻,可謂巨矣。至其缺失,則或視爲治經讀史之餘事,隨手題

---

[1] 梁啓超《清代學術概論》,東方出版社,1996年,52頁。
[2] 朱記榮輯《金石全例》,北京圖書館出版社,2008年。
[3] 葉昌熾撰,柯昌泗評《語石·語石異同評》(考古學專刊丙種第四號),中華書局,1994年。
[4] 楊向奎《唐代墓誌義例研究》,嶽麓書社,2013年。

跋,誤謬不免;復以忽略括例之學,缺乏歸納分析觀念,故有見樹不見林之弊,所得或趣瑣碎,或有重要結論而竟失之交睫,實爲可惜。蓋考證精則所括之例確,括例確則考證之功省,二學雖可分而實不可分也。"[1]

在新出墓誌層出不窮的當下,重拾金石義例之學顯得尤爲緊迫和必要。墓誌的撰寫有其固定的書式和體例,而不同歷史時代、不同地域、不同身份的墓誌文本所採用的書法義例都有所不同,總結其書法義例,概括其書寫規律,對歷史研究具有重要的輔助作用。

關於義例著學對中古墓誌研究的作用,可以舉一個我個人研究的實例。談及魏晉南北朝的嫡庶關係,我們通常會引用《顏氏家訓》"江左不諱庶孽"、"河北鄙於側出"等經典描述[2],但傳世史傳所載的具體史事和史證十分有限。我從墓誌中記述家庭成員的書法義例入手,對比了南北朝的多方墓誌後發現,南朝墓誌中,庶出子在婚姻、仕履等方面與嫡子差異不大,如《陳詡墓誌》中,庶子孝騫與正妻所生的五子統一排行,並未受到歧視,不僅如此,在墓誌中還記述了墓主"辭老還鄉"後,"第二息孝騫昆季男女,久違膝下,忽奉慈顏,悲喜不勝,如從天落,相率盡養"。看來因墓主長子孝柴早亡,庶出的次子孝騫實際承擔了家族繼承人的角色。而北朝的情況則與此相反,《元乂墓誌》等多方墓誌中出現了年幼的嫡子在前、年長的庶子在後的文本書寫;東魏《李憲墓誌》的譜系記述中,庶長子"長鈞"則排列在嫡長子之後,次子之前。我特意選取了同一家庭的三方墓誌:《李祖牧墓誌》、李祖牧之妻《宋靈媛墓誌》、李祖牧之子《李君穎墓誌》。對比三方墓誌可以看到:李祖牧共有八子,第四子以後皆爲庶子,三方同時刊刻的墓誌對譜系的記述有很大區别:《李祖牧墓誌》將八子的譜系全部列出,但標明嫡、庶以示區别;《李君穎墓誌》記其諸弟,亦有第五至第八弟,但並未標明庶出。而《宋靈媛墓誌》只記四子四女,第五至第八子闕如,四個庶子都没有列入譜系。三方墓誌對於庶子譜系的不同記載,非常典型地體現了各家族成員因在家族的身份、角色不同而與庶子的不同關係,也反映出庶出子和嫡子的社會地位和身份差異是十分明顯的。除此之外,甚至在墓誌中還發現了北朝嫡庶之爭的具體實例:在《席盛墓誌》中,有多位家庭子女的名諱疑因嫡庶糾紛而被人爲鏟去[3]。

以上這些具體而生動的珍貴史料,不經過多方墓誌的對比分析和對書寫體例的總結,僅憑單方墓誌的考證幾乎不可能發現。充分吸收古代金石義例之學

---

[1] 葉國良《石學蠡探》,臺北大安出版社,1989年,2頁。
[2] 王利器《顏氏家訓集解》,中華書局,1993年,34頁。
[3] 陳爽《出土墓誌所見中古譜牒研究》,學林出版社,2015年,183—190頁。

的研究成果，借鑒現代文本分析的研究手段，對中古墓誌的書寫體例和書寫格式進行系統歸納、對比和分析，纔有可能發現一些通過單一墓誌考證難以察覺的歷史現象與歷史問題。

三、審慎對待僞刻

在中古墓誌的研究中，一個不可或缺的環節是史料的辨僞。商賈射利，乃使僞誌泛濫，魚龍混雜，爲禍學術，令人深惡痛絶。僞誌形態多樣，舉其大端，一爲臆造，二爲翻造，三爲變造。其中，臆造墓誌，如《陶潛墓誌》《張猛龍墓誌》等，破綻明顯，容易識別；翻造墓誌通常對石刻内容等不作變動，真僞與否只關乎其文物價值和書法價值，不影響文獻本身的史料價值。比較而言，對史學研究爲禍最大的是變造的僞誌，多是通過文本嫁接，使其真僞莫辨，給研究造成困擾。如《元伯陽墓誌》《給事君夫人韓氏墓誌》等，曾長期佔據在權威著録著述中，一直到近年纔得到糾正。關於墓誌辨僞，學界已經總結出一套行之有效的鑒別手段，如從書法不類、避諱不知、職官不對、世系混淆、干支錯誤等問題入手，此不贅述。

僞誌遺害無窮，令學人深惡痛絶。某方墓誌一旦被學者質疑爲僞刻，即成爲史料禁區，學人避之唯恐不及，唯恐因出現錯誤徵引而貽笑大方的硬傷。在此，筆者提請留意學界留意的問題是：石刻辨僞，如法官斷案，有一定的主觀性，存在誤判的可能。

2002年出版的由洛陽文物局編纂的《洛陽出土北魏墓誌選編》一書，以體例嚴謹、圖版清晰、録文準確而廣受學界好評，具有很高的權威性。在此書的僞刻存目部分，收録了《吕達墓誌》和《吕仁墓誌》兩方僞刻[1]，其内容與《選編》正編所收被確認爲"真跡"的《吕通墓誌》[2]相比較，錯漏甚多，不少内容相互矛盾。如《吕達墓誌》中"祖父台"名下内容，在《吕仁墓誌》中完全被移到"祖父安"名下，而與前者中"父安"的内容不符。《吕達墓誌》中"父安"的職官，在《吕仁墓誌》"祖父安"名下已無，相關事蹟和頌辭則被移到"父達"名下，甚至"吕達"與"吕通"雖事跡相同，名諱卻不同。如此多的錯誤，似乎僅憑内容即可斷定其爲僞誌無疑。

---

[1] 洛陽文物局編纂，朱亮主編《洛陽出土北魏墓誌選編》，科學出版社，2001年，79、201、208頁。
[2] 《洛陽出土北魏墓誌選編》，79頁。

事實的詭異之處在於,兩方墓誌並非來歷不明的民間藏誌,而全部是按照科學規程的考古發掘所獲。據2011年洛陽市文物工作隊在《考古》雜誌上發表的正式考古報告[1],1987年8月,洛陽市工作隊在洛陽市黃河北岸的吉利區配合洛陽煉油廠三聯合裝置車間的基礎工程開展考古工作,發掘了兩座規模較大的北魏墓葬,出土有三方墓誌,誌主分別爲呂達(呂通)、呂仁父子。《呂通墓誌》與《呂仁墓誌》均被放置在墓室的東南角;《呂達墓誌》爲重刻墓誌,被放置在後甬道近墓門處。有學者分析認爲:《呂達墓誌》乃因胡太后復辟後給予呂達贈官和諡號一事而刻,刻寫時間必定在呂達下葬之後,此誌二以《呂通墓誌》舊誌稿爲底本,但刻好後並未改題新的刻寫日期[2]。考古報告所述情況幾乎完全排除了墓誌作僞的可能,證實這種一人二墓誌真實存在於墓室之中,具備不同的功用。

尚可補充説明的是,這種一誌二石,或者一誌多石的現象在中古碑刻中雖罕見,但並非孤例,如南朝的《宋乞墓誌》即有磚誌三方,内容相近,據羅新、葉煒先生分析,這三方墓誌的誌主,一爲宋乞本人,一爲其妻丁氏,另一方爲最終合葬的標誌,"各有所屬,非可互相代替"[3]。

三方呂氏墓誌從所謂"顯而易見"的僞誌還原爲貨真價實的真跡的過程頗有戲劇性,其間引出的問題值得深思。如在《洛陽出土北魏墓誌選編》一書中,附有49方僞刻録文和34方僞刻圖版,均無辨僞文字,亦無墓誌來源的交待,其中是否還有類似的誤判?既然經科學發掘的墓誌都有可能被錯誤認定爲僞誌,那麽以往諸多疑僞墓誌中,是否還存在著這樣的"冤情"?

中古墓誌形態多樣,必須充分認識其複雜性和多樣性,在證據不夠充分的情況下,僅憑墓誌文本內容的一些錯誤與矛盾,不宜輕易做結論,需要更爲審慎的態度。我們不能讓僞誌擾亂研究,但也要盡力避免因研究者主觀誤判而使有價值的史料湮没無聞。

---

[1] 程永建《河南洛陽市吉利區兩座北魏墓的發掘》,《考古》2011年第9期,44—57頁。
[2] 張蕾《讀北魏呂達、呂仁墓誌》,《淮陰師範學院學報》2012年第5期,647—653頁。
[3] 羅新、葉煒《新出魏晉南北朝墓誌疏證(修訂版)》,中華書局,2016年,42頁。

石刻史料與唐代道教史研究漫談

雷　聞

對於中古道教史研究來說，除了保存在《道藏》中的傳世文獻之外，最重要的兩大資料群當屬敦煌吐魯番文書與石刻史料。敦煌文書中的道經保存著不少宋代以後久佚的殘篇，其價值自是不言而喻，大淵忍爾、王卡等先生的著作早已成爲利用敦煌道書的津梁[1]，而劉屹近著《敦煌道經與中古道教》（甘肅教育出版社，2013年）更對一些重要道經的價值與研究狀況進行了系統梳理，極便學人。近些年來，石刻史料特別是墓誌的大量出土，成爲推動中古史研究發展的重要助力，道教史研究也深得其益。我們在此簡單梳理一下石刻史料對於唐代道教史研究的獨特價值，並對道教石刻的整理略作討論。

一、新出唐代道教石刻的研究價值

道教石刻主要包括了碑（包括墓碑、造像碑、功德碑等）、墓誌、鎮墓石、買地券、摩崖造像等不同類型。利用石刻研究唐代道教史可謂由來已久。以碑爲例，早年愛宕元先生就以武德九年（626）所立《大唐宗聖觀記》碑考察了唐代的樓觀道[2]，又利用儀鳳二年（677）《潤州仁靜觀魏法師碑》討論了唐代江南的宗

---

[1]　大淵忍爾《敦煌道經·目錄編》，福武書店，1978年；《敦煌道經·圖錄編》，福武書店，1979年。前者最近有了雋雪艷、趙蓉的中譯本，齊魯書社，2016年。王卡《敦煌道教文獻研究——綜述·目錄·索引》，中國社會科學出版社，2004年。

[2]　愛宕元《唐代樓觀考——歐陽詢撰〈大唐宗聖觀記〉碑を手掛りとして》，吉川忠夫編《中國古道教史研究》，同朋舍，1992年，275—322頁。

教與地域社會[1]。造像記方面,四川仁壽縣壇神岩第53號"三寶"窟右壁的《南竺觀記》曾引起廣泛關注,已有許多學者討論了其中的《道藏經目》[2]。在摩崖造像方面,林聖智先生近年對四川安岳唐代石窟的研究引人矚目[3]。當然,數量最多的還是墓誌。近年來地不愛寶,唐代道士、女道士的墓誌不斷出現,不斷刷新我們對唐代道教史的認識,例如張勛燎、白彬先生就曾利用盛唐的《大唐弘道觀主故三洞法師侯尊師(敬忠)誌文》及晚唐的《女鍊師支氏墓誌》等,討論了唐代的佛道之爭[4]。在此,筆者試結合自己近年來的具體研究,談一點淺見。

1. 新見碑誌可豐富一些此前資料匱乏的高道生平,並糾正之前文獻中的錯誤記載。例如,隋唐之際的上清宗師王遠知在道教史上地位顯赫,但除兩《唐書》本傳及貞觀十六年(642)江旻所撰《王遠知碑》外,幾乎沒有其他有價值的資料。不過,近年新刊的其姪王碩度、姪孫王紹文的墓誌,使我們得以復原其家族譜系,並糾正《新唐書·王遠知傳》將王碩度之子紹業記爲王遠知之子的訛誤[5]。又比如,面對安史之亂後損失慘重的兩京宮觀,長安道門領袖申甫曾對《道藏》的編纂與收集做出了巨大貢獻,但我們對其法脈傳承幾乎一無所知。令人欣喜的是,我們近年在西安發現了其師清簡先生泉景仙的墓誌及其師姐至德觀上座楊法行的墓誌,結合權德輿爲其弟子吳善經所撰《唐故太清宮三洞法師吳善經碑銘》等,我們得以大致復原申甫這一法脈的譜系,並進而討論江南道教對長安道教的深刻影響[6]。

如所周知,武宗是晚唐最爲崇道的皇帝,甚至親受法籙,可惜此前學界更多關注的是那位來歷不明的趙歸真,因爲他被視作會昌滅佛的重要推手。其實,趙歸真在當時並非公認的道門代表,爲武宗授籙的也另有其人。在充分利用新出與傳世石刻史料的基礎上,我們深入考察了爲武宗授籙的度師劉玄靖、監度師鄧延康的背景與事蹟,可知前者出身於晚唐顯赫一時的南岳天台派,係大宗師田虛應(田良逸)的四大弟子之一,在元和年間其師率領馮惟良、陳寡言及徐

---

[1] 愛宕元《唐代江南における宗教的關係を媒介とした士人と地域社會——〈潤州仁靜觀魏法師碑〉を手掛りに》,原刊1983年,收入氏著《唐代地域社會史研究》,同朋舍,1997年,333—355頁。

[2] 參看劉屹《唐前期道藏經目研究:以〈南竺觀記〉和敦煌道經爲中心》,收入 Poul Andersen and Florian C. Reiter eds. Scriptures, Schools and Forms of Practice in Daoism: A Berlin Symposium, Wiesbaden: Harrassowitz Verlag, 2005, pp.185 - 214.

[3] 林聖智《盛唐四川地區的道教摩崖造像——以安岳玄妙觀爲主的考察》,收入康豹、劉淑芬主編《信仰、實踐與文化調適》,中研院,2013年,309—362頁。

[4] 張勛燎、白彬《中國道教考古》貳拾貳《三件唐代道教石刻和唐代佛道之爭》,綫裝書局,2006年,1835—1874頁。

[5] 參看拙撰《茅山宗師王遠知的家族譜系——以新刊唐代墓誌爲中心》,《隋唐遼宋金元史論叢》第四輯,上海古籍出版社,2014年,139—152頁。

[6] 參看拙撰《太清宮道士吳善經與中唐長安道教》,《世界宗教研究》2015年第1期,66—81頁。

靈府等弟子束入天台修道之後,仍堅持留駐南岳[1];後者則出自麻姑山鄧氏,被稱作"麻姑仙師",在江南與兩京均有巨大影響,《鄧延康墓誌》稱:"自三事已降,多執香火之禮,神都威儀與名德道士,半出於門下。法教之盛,近未有也。"雖不無誇張之辭,但大體符合事實。顯然,二者均非道門譜系模糊的趙歸真可比[2]。

另一個例子是曾任晚唐長安左街道門威儀的高道程紫霄,此人可謂玄真觀(即盛唐的景龍觀)出身的最後一位大德。關於他的記載非常有限,且存在不少訛誤。幸運的是,其墓誌《故左街威儀九華大師洞玄先生賜紫程公玄宫記》近年於洛陽出土,使我們對這位跨越晚唐五代、在長安城被焚毁之後"自秦入洛"的高道有了進一步認識。贊寧《大宋僧史略》卷三與志磐《佛祖統記》卷四三都記載,程紫霄在後唐莊宗時曾入宫與佛教僧録慧江(亦作惠江)進行辯論,不過墓誌表明,他早在後梁貞明六年(920)就已去世,絕不可能參加後唐的佛道論衡。另外,此前我們只能從五代沈汾《續仙傳》中得知他曾跟隨道教大師閭丘方遠學習,現代學者多據此稱其為閭丘的嫡傳弟子。不過,程紫霄的墓誌隻字不提閭丘方遠,而記載他咸通九年(868)披度於長安玄真觀,其師為左街講論大德伍又玄,祖師則為左街道門威儀曹用之,顯然出身於一個政治顯赫的譜系。後來他從茅山高道何元通"傳授正一盟威籙,次授中法",又從南岳天台派的宗師葉藏質受"三洞畢法"。事實上,閭丘方遠也是從葉藏質處受上清法籙的,即使程紫霄如《續仙傳》所言曾隨閭丘"受思真煉神之妙旨",但恐怕不能算是正式弟子。頗疑《續仙傳·閭丘方遠傳》為抬高其身價,遂將原本不存在師徒關係的程紫霄等高道歸入其弟子之列[3]。

2. 利用新出墓誌,可以對唐代兩京的一些重要宫觀進行個案考察。與佛寺相比,兩京道觀的資料較少,也缺乏系統整理,但不少新刊道士、女道士的墓誌出自兩京地區,使建構一座道觀的編年史有了一些確切的時間坐標。如所周知,龍興觀是唐朝在全國範圍内建立的官方道觀,始建於中宗神龍元年(705)二月,初名"中興觀",神龍三年二月改為"龍興"。其中既有一些是新建的,也有一些係從各地最重要的寺觀改額而來。長安龍興觀屬於改額,而洛陽龍興觀則可

---

[1] 參看拙撰《山林與宫廷之間——中晚唐道教史上的劉玄靖》,《歷史研究》2013年第6期,164—174頁。
[2] 參看拙撰《碑誌所見的麻姑山鄧氏——一個唐代道教世家的初步考察》,《唐研究》第17卷,北京大學出版社,2011年,39—70頁。
[3] 參看拙撰《新見程紫霄墓誌與唐末五代的道教》,《隋唐遼宋金元史論叢》第三輯,上海古籍出版社,2013年,115—127頁。

能是新建的。西安大唐西市博物館所藏神龍三年《大唐故龍興觀法師蔡先生(逸)墓誌銘》可能是目前所知最早一方洛陽龍興觀法師的墓誌。最近我們又幸運購得兩件珍貴的拓本,即出自洛陽的開元十五年(727)《大唐故龍興觀主寇尊師(知古)墓誌銘》和出自西安的天寶元年(742)《唐故龍興觀觀主陳法師(懷哲)墓誌銘》。這三方墓誌爲考察兩京龍興觀提供了非常寶貴的新資料[1]。在我們討論盛唐長安的肅明觀時,《唐故肅明觀主范先生(元)墓誌銘》發揮了關鍵作用,從此誌可知,范元是在開元二十五年時,因原觀主尹愔的推薦而被敕授肅明觀主的,因爲當時玄宗特許尹愔以道士身份任"朝請大夫、守諫議大夫、集賢院學士、兼知史官事",事務繁忙,實在無法兼顧觀務[2]。又比如,洛陽大弘道觀係中宗被立爲皇太子之後由其舊宅改置,乃洛陽最爲重要的官立道觀之一。在充分利用了《大唐弘道觀主故三洞法師侯尊師(敬忠)誌文》《大唐大弘道觀故常法師(存)墓誌銘》《大唐故東京大弘道觀三洞先生張尊師(乘運)玄宮誌銘》等新出墓誌的基礎上,我們得以初步編成大弘道觀的大事年表[3]。

  張廣達先生曾指出:"編寫寺志也是一項有助於研究唐代佛教的工作,唐代很多著名寺院,如西明寺、大興善寺、慈恩寺、青龍寺等,都有被編寫寺志的可能性,或結集爲一部《唐代長安伽藍記》。"[4]其實,兩京一些著名宫觀如太清宫、玄都觀、景龍觀、東明觀等也都值得進行類似的工作。假以時日,我們希望給每座道觀進行編年工作,或者編成一部類似於小野勝年《中國隋唐長安寺院史料集成》那樣的資料集,爲兩京宫觀的綜合研究打下堅實基礎。可以想見,新出土的墓誌資料必將在其間扮演重要角色。

  3. 道教石刻對於唐代政治史研究的作用。

  道教石刻不僅在宗教史研究上發揮了核心作用,對於傳統的政治史研究也有獨特價值,太平公主和唐玄宗之間的激烈鬥爭就體現在一些道教石刻上。在玄宗即位之初,曾組織"兩宫學士"與"諸觀大德"編寫《一切道經音義》,就在此書完成僅僅半年之後,主事的長安太清觀主史崇玄就被玄宗處斬,參與編修的朝臣三位被殺,兩位被流放,這使本書蒙上了一層神秘的面紗。我們分析了《妙

---

[1] 參看拙撰《唐兩京龍興觀略考》,《隋唐遼宋金元史論叢》第六輯,上海古籍出版社,2016年,138—159頁。
[2] 參看拙撰《盛唐長安肅明觀考論》,《隋唐遼宋金元史論叢》第二輯,上海古籍出版社,2012年,164—178頁。
[3] 參看拙撰《唐洛陽大弘道觀考》,中國人民大學國學院主編《國學的傳承與創新——馮其庸先生從事教學與科研六十周年慶賀學術文集》,上海古籍出版社,2013年,1234—1248頁。
[4] 張廣達《關於唐史研究趨向的幾點淺見——〈二十世紀唐研究〉序》,氏著《史家、史學與現代學術》,廣西師範大學出版社,2008年,234頁。

門由起序》所列的編纂人員名單,發現"兩宮學士"分別出自兩大陣營:那些昭文館學士多爲太平公主的心腹或睿宗的藩邸舊人,而崇文館學士則多係玄宗的堅定支持者。至於"諸觀大德",則絕大多數出自史崇玄主持的太清觀。利用大量石刻資料如《大唐故東明觀孫法師(思)墓誌銘》、前引《唐故肅明觀主范先生(元)墓誌銘》及《岱岳觀碑》等,我們對這些道士的政治立場也有了新的認識,甚至發現其中一位很可能是玄宗以修書爲名安排在史崇玄身邊的臥底[1]。

當然,太平公主自然也會在唐玄宗身邊安插眼綫。《舊唐書·后妃傳》下云:"時太平公主用事,尤忌東宫。宫中左右持兩端,而潛附太平者,必陰伺察,事雖纖芥,皆聞於上,太子心不自安。"玄宗當然對此洞若觀火,在開元二年(714)八月十日的一道詔書中,他指出:"頃者人頗喧嘩,聞於道路,以爲朕求聲色,選備掖庭。……往緣太平公主取人入宫,朕以事雖順從,未能拒仰。……妃嬪已下,朕當揀擇,使還其家。"最近發現的一方女道士墓誌就爲此提供了注腳。從這方天寶八載(749)的《唐故淑妃玉真觀女道士楊尊師(真一)墓誌銘》可知,楊真一出自弘農楊氏觀王房,其叔父楊均身爲韋后面首且涉嫌毒殺中宗皇帝,在唐元政變中被玄宗處斬。就在其家族陷入巨大的生存危機之際,楊氏卻居然很快成爲玄宗的淑妃並挽救了家族命運,這很可能出自太平公主的安排。正因如此,玄宗與她毫無感情,當他最終平定太平公主、獨掌大權之後,就開始清理太平公主安插在後宫之人,面臨巨大壓力的楊真一最終選擇了入道遠禍之路,並出宫隸籍於玉真觀。從此以後,她不僅被玄宗刻意遺忘了,而且最終默默消失於史籍之中[2]。

當然,利用石刻史料我們還可以對唐代道教史進行多方面的研究,比如道教與家族的關係、佛道二教的互動、授籙體系的變化等,限於篇幅,在此不一一詳述。

二、《道家金石略》與道教石刻的整理

對於道教研究而言,一個人所共知的難題是《道藏》中許多文獻的年代很難

---

[1] 參看拙撰《唐長安太清觀與〈一切道經音義〉的編纂》,《唐研究》第15卷,北京大學出版社,2009年,47—61頁。

[2] 參看拙撰《被遺忘的皇妃——新見〈唐故淑妃玉真觀女道士楊尊師(真一)墓誌銘〉考釋》,《華中師範大學學報》2016年第1期,138—148頁。

判斷，而其他文獻(特別是正史)中的道教資料又很少。於是，具有明確紀年的金石文獻就顯得彌足珍貴。1980 年，由陳垣先生編纂，陳智超、曾慶瑛校補的《道家金石略》出版，此書以北大圖書館所藏繆荃孫藝風堂拓本爲基礎，比較系統地收集了歷代道教金石，其中唐五代部分有 180 篇。此書的出版極大推動了國際道教研究的發展，影響深遠。不過，此書也有一些缺憾：

一方面，此書只收錄有全文留存的金石材料，並未徹底清理傳統金石學著作尤其是宋代的《金石錄》《集古錄》《寳刻叢編》《寳刻類編》等，事實上，這些書中收錄了大量唐代道教金石的資料，雖然有些僅存跋文或碑目，但通常保留了撰人、書人、立碑誌的時間、地點等要素，非常珍貴。我們可略舉兩例。第一個例子，是我們曾經從衆多金石學著作中勾稽出長安金臺觀主馬元貞的一些零散題記，復原了他在武周革命前後到五岳四瀆投龍做功德，爲武則天進行政治宣傳的事實[1]。第二個例子，是我們利用僅存題跋與碑目的《唐北岳真君碑》《唐南岳真君碑》及《岱岳觀碑》上的題記等，基本復原了唐玄宗開元十九年在五岳、青城山、廬山置立真君祠的整個事件，廓清了宋代以來的諸多誤解[2]。

另一方面，對於《文苑英華》和《全唐文》之類的唐代總集及衆多別集中保存的道教碑誌，《道家金石略》只收錄了很小一部分。其實，集部文獻中保存的道教碑誌不少都具有無可替代的研究價值。例如，在我們研究中唐長安太清宫大德吴善經時，雖然已可得見其自撰的《畢原露仙館虚室記》及權德輿所撰《吴尊師畢原露仙館詩序》等新出土的珍貴石刻，但構築其生平最基礎的史料，却依然是《權德輿詩文集》中收錄的那篇《唐故太清宫三洞法師吴善經碑銘》。而我們討論爲敬宗皇帝授籙的高道劉從政時，雖然已可得見其弟子郭元德、鄭過真等人的墓誌，也可看到劉從政親撰的女道士吕玄和的墓誌，但最基本、最系統的材料，却還是收錄在《唐文粹》中由馮宿撰文、柳公權書寫的《唐昇玄劉先生碑銘》[3]。因此，即便我們的目光難免會被新發現的道士墓誌所吸引，但系統梳理、充分利用傳世唐代集部文獻中的道教碑誌，依然顯得尤爲重要。

目前，道教石刻的整理工作大致可以分爲三類：第一類是以地域爲單位，如龍顯昭、黄海德主編《巴蜀道教碑文集成》(四川大學出版社，1997 年)，蕭霽虹《雲南道教碑刻》(中國社會科學出版社，2013 年)，黎志添、李靜編著《廣州府道

---

[1] 詳見拙撰《道教徒馬元貞與武周革命》，《中國史研究》2004 年第 1 期，73—80 頁。
[2] 詳見拙撰《五岳真君祠與唐代國家祭祀》，榮新江主編《唐代宗教信仰與社會》，上海辭書出版社，2003 年，35—83 頁。
[3] 參看拙撰《傳法紫宸：敬宗之師昇玄先生劉從政考》，《中華文史論叢》2017 年第 1 期，59—88 頁。

教廟宇碑刻集釋》(中華書局,2013年)等,近年來趙衛東主持整理的山東各地道教碑刻集也陸續出版,包括《山東道教碑刻集·青州昌樂卷》(齊魯書社,2010年)、《臨朐卷》(齊魯書社,2011年)、《博山卷》(齊魯書社,2013年)等。第二類是按照類别加以整理者,如胡文和《中國道教石刻藝術史》(高等教育出版社,2004年)就主要是對造像資料的整理;第三類則是按照教派來整理的,如王宗昱《金元全真教石刻新編》(北京大學出版社,2005年)等。其實,還可以有第四類整理方式,即斷代的方式。神塚淑子教授的《唐代道教關係石刻史料の研究》(平成15年度～平成17年度科學研究費補助金研究成果報告書,2006年)曾對唐代道教石刻進行了初步整理,但只包括了造像,對於大量的新出碑誌均未涉及。作爲中國學者,我們完全可以利用自己的優勢作出更全面、更徹底的整理工作。

不難看出,石刻史料的利用,使我們對唐代道教史的許多細節有了越來越多的認識,一些面目模糊的人物漸次清晰,一些紛繁複雜的謎團也慢慢解開。我們相信,隨著具體研究的不斷積累,寫出一本不一樣的唐代道教史並非不可能。當然,也希望在不久的將來,能完成我們計劃、積累多年的《唐代道教石刻集成》資料集,爲學界提供一個方便而可信的文本,從而真正發揮石刻史料在唐代道教史研究中的作用。

碑誌與唐代后妃制度研究

陳麗萍

　　針對唐代后妃制度研究中存在的"后妃"、"内命婦"、"宫人"等基本概念的分歧,筆者在拙著《賢妃嬖寵:唐代后妃史事考》[1]中,明確了"后妃"即"内命婦",且有狹義和廣義之别。狹義之后妃,即諸帝后妃;廣義之后妃,除了諸帝后妃,還包括追封皇帝之皇后、太子后妃、宫人等群體。如此,后妃的名號、品階、職掌、服章、車輅、鹵簿、印綬、納取、册封、晉封、朝賀、追贈、給謚、葬儀、祭祀、入廟、親族待遇等相關制度,應置於廣義后妃的概念下研究,凸顯不同小群體間的共性與個性,漸次展現唐代后妃制度的全貌。

　　后妃制度並非傳統史學的重點,在傳世史書中,可資搜尋的后妃個體和資以全面架構后妃制度的史料皆不盡如人意。形成這種狀態的原因,前者或許與宫闈生活隱秘,后妃生平之詳難被外界所知有關;後者或許是因其附屬於皇帝制度,被掩蓋乃至分解碎化了。因此,在基本史料相對固定的前提下,后妃制度的研究難以拓寬。近世以來,有學者嘗試利用碑誌[2]對一些知名后妃和相關制度進行探究。這一路徑的開闢,隨著不斷湧現的新碑誌而顯示出蓬勃的朝氣和獨特的魅力,也使唐代后妃制度的研究邁向了新的臺階。

　　本文即以廣義后妃概念爲前提,從碑誌對唐代后妃制度研究的推進爲視角,對目前已取得的進展選擇三個方面略作述評,也指出一些碑誌在后妃制度研究中的特性和局限性。筆者雖已大致歸納出唐代后妃制度的主要内容,但具體到某項后妃制度研究,需要大量其他制度史的背景支撑纔能進行;以某方碑誌爲切入點

---

[1] 社會科學文獻出版社,2014年。
[2] 本文中的"碑誌",爲碑刻與墓誌之合稱。筆者的研究利用墓誌爲多,但也有少許材料源於其他類型的碑刻,鑒於本文綜述性的特徵,若不具體到某方墓誌或碑刻時,皆統稱兩類材料爲"碑誌"而不特别分辨。

的研究,也當綜合體現於后妃制度的諸多方面,這是后妃制度研究的兩個重要界點。還需要強調的是,本文所言之碑誌,不僅指后妃個人的"專人碑誌",還包括諸帝、諸王公主、皇室親族乃至其他人物的碑誌,筆者統稱爲"他人碑誌"。可能相較"專人碑誌"記人記事的唯一性和對應性,"他人碑誌"中涉及后妃制度的內容頗爲零星隱蔽,找尋信息與還原史實非常不易,也因此更別具價值。

目前爲止,利用碑誌對唐代后妃制度研究的推進體現在很多方面,本文主要從三個方面加以述評。

第一,增加已知后妃群體,引發深層問題研究。

我們如今已幾無可能復原唐代后妃群體的確切規模了,即使在當時,世人言及這一群體時也多用概數。如太宗時,禮部侍郎李百藥上言"竊聞大安宮及掖庭內,無用宮人,動有數萬"[1],而至"玄宗……開元、天寶中,宮嬪大率至四萬"[2]。具體到兩《唐書·后妃傳》,入選后妃四十餘位,顯然也僅是一種濃縮式的擇要記載,而且"后妃傳"中還存在不少史料上的缺漏和錯訛,說明外界其實也很難詳知后妃的確切狀態,這也是如今力圖復原后妃群體時所遇到的主要障礙。所幸,將碑誌與其他史料結合,目前確知的唐代后妃人數已增至三百多位,這雖然與動輒數萬規模的記載仍相距甚遠,但也邁出了令人鼓舞的一步。

目前已知的唐代后妃"專人碑誌",主要有高祖莫貴嬪[3]、楊貴嬪[4]、楊嬪[5]、張嬪[6]、王才人[7],太宗韋貴妃[8]、燕德妃[9]、西宮昭儀[10]、韋昭容[11]、金婕妤[12]、高刀人[13],中宗上官昭容[14],睿宗豆盧貴妃[15]、王賢妃[16]、

---

[1]《請放宮人封事》,《全唐文》卷一四二,中華書局,1983年,1441—1442頁。
[2]《新唐書》卷二〇七《宦者傳》上,中華書局,2003年,5856頁。
[3]《大唐莫貴嬪墓誌銘》,胡戟、榮新江主編《大唐西市博物館藏墓誌》,北京大學出版社,2012年,60—61頁。
[4]《太安宮嬪楊氏墓誌銘》,齊運通編《洛陽新獲七朝墓誌》,中華書局,2012年,65頁。
[5]《大唐江國太妃楊氏墓誌銘》,趙文成、趙君平選編《新出唐墓誌百種》,西泠印社出版社,2010年,18—19頁。
[6]《唐故張嬪墓誌》,西安市文物稽查隊編《西安新獲墓誌集萃》,文物出版社,2016年,32—33頁。
[7]《大唐故彭國太妃王氏墓誌銘并序》,周紹良主編《唐代墓誌彙編續集》龍朔019,上海古籍出版社,2001年,130頁。
[8]《大唐太宗文皇帝故貴妃紀國太妃韋氏墓誌銘并序》,《唐代墓誌彙編續集》乾封008,162—163頁。
[9]《大唐故越國太妃燕氏墓誌銘并序》,《唐代墓誌彙編續集》咸亨012,192—194頁。
[10]《大唐故西宮二品昭儀墓誌銘并序》,《唐代墓誌彙編續集》永淳004,257頁。
[11]《大唐故文帝昭容韋氏墓誌銘并序》,《唐代墓誌彙編續集》顯慶005,88頁。
[12]《大唐故亡宮三品尼金氏之柩》,《唐代墓誌彙編續集》永昌001,298頁。
[13]《大尉秦王刀人高墓誌銘》,《唐代墓誌彙編續集》武德005,4頁。
[14]《大唐故婕妤上官氏墓誌銘并序》。李明、耿慶剛《〈唐昭容上官氏墓誌〉箋釋——兼談唐昭容上官氏墓相關問題》,《考古與文物》2013年第6期,86—91頁。
[15]《唐睿宗大聖真皇帝故貴妃豆盧氏墓誌銘并序》,吳鋼主編《全唐文補遺》第5輯,三秦出版社,1998年,29—30頁。
[16]《大唐睿宗大聖真皇帝賢妃王氏墓誌銘并序》,《唐代墓誌彙編續集》天寶026,599頁。

唐孺人[1]、玄宗趙麗妃[2]、皇甫淑妃[3]、楊淑妃[4]、高婕妤[5]、張美人[6]、肅宗董婕妤[7]、德宗韋賢妃[8]、宣宗仇才人[9]、懿宗楊貴妃[10]、王德妃[11]；隱太子妃鄭氏[12]、章懷太子妃房氏[13]、良娣張氏[14]、節愍太子妃楊氏[15]、惠莊太子孺人段氏[16]等三十多方妃嬪墓誌，以及李尚服[17]、宋尚宮（宋若昭）[18]、何司製[19]、麻掌闈[20]、德業寺尼明遠[21]、彭國夫人劉氏[22]、周國夫人姬氏[23]、涼國夫人王氏[24]、衛國夫人王氏[25]、潁川郡君陳氏[26]、柳氏[27]、蘭英[28]、銀娘[29]、顆娘[30]等百餘方宮人墓誌。

---

[1]《大唐安國相王孺人晉昌唐氏墓誌》。洛陽市第二文物工作隊編《唐安國相王孺人壁畫墓發掘報告》，河南美術出版社，2008年，189—190頁。
[2]《和麗妃神道碑銘奉敕撰》，《全唐文》卷二三一，2336—2337頁。
[3]《唐故德儀贈淑妃皇甫氏神道碑》，《全唐文》卷三六〇，3657—3659頁。
[4]《唐故淑妃玉真觀女道士楊尊師墓誌銘并序》。雷聞《被遺忘的皇妃——新見〈唐故淑妃玉真觀女道士楊尊師（真一）墓誌銘〉考釋》，《華中師範大學學報》2016年第1期，138—148頁。
[5]《大唐故婕妤高氏墓誌銘并序》，《大唐西市博物館藏墓誌》，500—501頁。
[6]《唐故張美人墓誌銘并序》。唐瑋《新出唐〈張美人墓誌〉考釋》，《碑林集刊》（十），陝西人民美術出版社，2004年，121—123頁。
[7]《贈婕妤董氏墓誌銘》，《全唐文》卷四二〇，4295頁。
[8]《大唐故賢妃京兆韋氏墓誌銘并序》，《全唐文》卷六八〇，6949—6950頁。
[9]《故南安郡夫人贈才人仇氏墓誌銘并序》，周紹良主編《唐代墓誌彙編》大中055，上海古籍出版社，1992年，2291頁。
[10]《故楚國夫人贈貴妃楊氏墓誌銘并序》，《唐代墓誌彙編》咸通041，2410頁。
[11]《故德妃王氏墓誌銘并序》，《唐代墓誌彙編續集》咸通075，1091—1092頁。
[12]《大唐故隱太子妃鄭氏墓誌銘并序》，《西安新獲墓誌集萃》，68—71頁。
[13]《大唐故章懷太子並妃清河房氏墓誌銘》，《唐代墓誌彙編》景雲020，1130—1131頁。
[14]《章懷太子良娣張氏神道碑》，《全唐文》卷二五七，2602—2603頁。
[15]《節愍太子妃楊氏墓誌銘》，《全唐文》卷二三二，2351頁。
[16]《唐故申王贈惠莊太子孺人五郡主母段氏墓誌銘并序》，胡戟《珍稀墓誌百品》，陝西師範大學出版社，2016年，128—129頁。
[17]《前尚服李法滿墓誌銘并序》，《唐代墓誌彙編續集》上元019，222—223頁。
[18]《大唐内學士廣平宋氏墓誌銘并序》。趙力光、王慶衛《新見唐代内學士尚宮宋若昭墓誌考釋》，《考古與文物》2014年第5期，102—108頁。
[19]《大唐故宮人司製何氏墓誌》，《唐代墓誌彙編》貞觀018，21頁。
[20]《唐故掌闈麻氏墓誌銘》，吳鋼主編《全唐文補遺》第1輯，三秦出版社，1994年，474頁。
[21]《德業寺故尼明遠銘并序》，《唐代墓誌彙編續集》顯慶021，97—98頁。
[22]《大唐故彭城國夫人劉氏墓誌銘并序》，《唐代墓誌彙編續集》貞觀039，30—31頁。
[23]《姬總持墓誌并蓋》，趙君平、趙文成編《秦晉豫新出土墓誌蒐佚》一，國家圖書館出版社，2011年，190頁。
[24]《唐故涼國夫人墓誌銘并序》。西安市文物保護考古研究院《唐涼國夫人王氏墓發掘簡報》，《文博》2016年第6期，3—10頁。
[25]《大唐故衛國夫人墓誌銘并序》，《唐代墓誌彙編續集》開元037，478—479頁。
[26]《唐故萬善寺尼那羅延墓誌銘并序》，趙力光主編《西安碑林博物館新藏墓誌續編》下，陝西師範大學出版總社有限公司，2014年，618—619頁。
[27]《亡宮八品柳誌銘并序》。陝西歷史博物館編《唐貞順皇后敬陵被盜石槨回歸紀實》，三秦出版社，2011年，152—153頁。
[28]《唐代墓誌彙編續集》咸通042，1067頁。
[29]《唐代墓誌彙編續集》咸通101，1113—1114頁。
[30]王鋒鈞、李喜萍《晚唐宮女"顆娘"墓誌》，《考古與文物》2003年第2期，8頁；王其禕《晚唐〈春宮顆娘墓誌石〉小劄——兼讀晚唐相關墓誌小品及其他》，杜文玉主編《唐史論叢》第九輯，三秦出版社，2007年，253—258頁。

"專人碑誌"是提供后妃信息最直接的材料,據此增加的后妃數量,不僅意味著研究基數的增多,更意味著后妃制度乃至其他史事的研究有了新的切入點。如據莫貴嬪墓誌,不僅可確定其與高祖第六子荆王元景的母子關係,還能對初唐后妃的籍貫、名號、葬地等問題有所探討。韋貴妃與燕德妃墓誌,不僅詳述了她們史書闕載的生平經歷,還可據此探究唐代后妃的晉封、陪葬等重要制度,更能對高宗乾封元年泰山封禪大典的細節增加瞭解。楊淑妃墓誌,則關涉隋宗室楊士貴後人一族在唐中宗、玄宗之際的榮辱變遷,玄宗與睿宗父子在後宫中的暗中博弈,以及唐代后妃入道的特殊現象。王德妃墓誌,確定了昭宗生母即恭憲皇后的妃號、生育、葬地等重要史實,而這些對晚唐后妃制度的研究皆極爲重要。

　　至於"他人碑誌"中所提供的后妃信息就更舉不勝舉了。如據薛元超墓誌,"公之姑河東夫人,神堯之婕妤也,博學知禮,常侍帝翰墨"[1],可知薛元超的姑母乃高祖婕妤。據柳嘉泰神道碑,可知其祖爲柳奭,又據"景雲元年,先帝在藩,以公女兄爲妃,則申王之舅"[2],可知睿宗次子申王撝之生母柳氏實爲柳奭孫女。據閻力妻、太原郡夫人王氏墓誌,"長女榮親,早薨喪德。外孫金艷,國女信成公主。桃夭盛花,不幸將薨。駙馬,銀青光禄大夫秘書大監武陽縣開國侯獨孤明"[3],可知其女閻氏爲玄宗嬪妃、信成公主生母。又據法門寺地宫的衣物帳,咸通十五年正月四日,有某昭儀與晉國夫人隨僖宗施捨供養[4]。僖宗后妃史書無載,二人雖僅存名號,但也填補了一處史料的空白點。

　　"他人碑誌"中的信息雖然零散,但也能引發各種有價值的問題。如申王本傳載其"初生,武后以母賤,欲不齒,以示浮圖萬回,回詭曰:'此西土樹神,宜兄弟。'后喜,乃畜之"[5]。通過柳嘉泰神道碑回溯正史史料,纔知柳氏是因柳奭政治失利而成爲微賤宫人,也可窺知武則天實因厭惡柳奭而欲棄養申王的真實原因。閻氏雖無聞,但開元二十八年玄宗生日當天,其母在禁中太平觀入道,號"紫虚";天寶十三載王夫人卒於私第,"皇親眷焉,久承詔澤,忠使弔祭,恩念賢妃"。王夫人的入道及玄宗對閻家的格外恩待,都值得再探究緣由。還如宣懿

---

[1]《大唐故中書令兼檢校太子左庶子户部尚書汾陰男贈光禄大夫使持節都督秦成武渭四州諸軍事秦州刺史薛公墓誌并序》,《唐代墓誌彙編續集》垂拱 003,278—281 頁。
[2]《右武衛將軍柳公神道碑》,《全唐文》卷三五一,3562—3563 頁。
[3]《唐故太原郡帝譽之苗曳閻嵩之後閻府君諱力皇贈朝散大夫忠王友故夫人太原郡太夫人王氏開元廿八年八月五日恩制内度太平觀女道士諱紫虚墓誌銘并序》,《全唐文補遺》第 5 輯,399—400 頁。
[4]《應從重真寺隨真身供養道具及恩賜金銀器物寶函等並新恩賜到金銀寶器衣物帳碑》,陝西省考古研究院、法門寺博物館、寶雞市文物局、扶風縣博物館編著《法門寺考古發掘報告》上,文物出版社,2007 年,228 頁。
[5]《新唐書》卷八一《睿宗諸子傳》,3600 頁。

韋后，"后妃傳"載"失其先世"，生平不詳。韋后姪女墓誌，補充了其祖、父、兄三代人物和歷官，更令人訝然的是，墓誌還透露，武宗即位後詔改母族廉姓爲韋姓[1]，廉妃即成韋后入廟受祭，史書流傳。廉妃的卑微無聞與武宗的改姓之舉，折射出唐代皇族努力維繫的上層婚姻集團，在士族政治式微的衝擊下，掙扎之中逐漸瓦解的現實。

第二，糾補與后妃相關的史料。

兩《唐書·后妃傳》無疑是瞭解唐代后妃群體和制度的首選史料。其次，還有諸帝紀、王子公主、外戚傳等匯集了有關信息。再次，《資治通鑑》《唐會要》《唐大詔令集》等著作中，也有一些相關史料。但今人少有辨析以上史料的來源、真僞、確切性等問題的。實際上，以"后妃傳"爲代表的官方史書存在著兩種明顯的缺陷，而碑誌對此多有糾補。

首先，史料的遺漏。《舊唐書·后妃傳》僅存穆宗宣懿韋后、武宗王賢妃、宣宗元昭晁后、懿宗惠安王后名號，懿宗恭憲王后與郭淑妃甚至都未列名號。幸賴《新唐書·后妃傳》補充。兩《唐書》就同一群體記載存在如此大的差別，説明有關后妃的史料發掘還有很大的空間。目前所見的中宗上官昭容、玄宗趙麗妃與皇甫淑妃、德宗韋賢妃、懿宗王德妃(恭憲王后)與尚宫宋若昭碑誌，對"后妃傳"也多可補闕。

如上官昭容，在本傳中被塑造成與中宗韋后及武氏族人勾結的反面形象，而其墓誌載，她爲勸諫韋后干政和立安樂公主爲皇太女兩事而不惜"飲鴆而死，幾至顛墜"，以及爲此請降階爲婕妤等描述，皆是顛覆性的新材料，即上官氏的慘烈舉措與本傳中的形象完全相反。雖然這方墓誌有太平公主主導或授意的明顯傾向，但這些描述仍不失爲中宗朝亂政的新參考。將誌文和本傳結合，至少會比經勝利者改訂的本傳更接近真實的上官昭容。

還如趙麗妃，雖出身卑微卻能高居一品、美諡加身；其子李瑛，非長非嫡而成太子，生母逝後仍能居位十餘年，説明其母子在後宫前朝頗有實力。可能因篇幅所限(玄宗已有四妃入傳)及受太子被廢牽連，趙麗妃僅附於貞順武后傳中。張説所撰的神道碑中，解釋了"麗者以華美爲貴，妃者以配合爲尊。《易》云'日月麗天'，《傳》稱'星辰合度'"的"麗妃"取意；以及"玄宗考行是存"，取"氣之和者生萬物，聲之和者孕八音前星"，賜諡曰"和"的諡解。僅此兩點，不僅充實了趙麗妃本人相關的史實，也爲玄宗改置后妃名號，擺脱睿宗與太平公主勢力

---

[1] 《唐雅王府参軍李公夫人京兆韋氏墓誌銘并序》，《大唐西市博物館藏墓誌》，944—945頁。

掌控,重新確定後宮秩序時的理論依據提供了參考;還爲存世不多的嬪妃諡解,以及唐代后妃的給諡制度研究提供了寶貴資料。

《后妃傳》外的后妃史料,主要集中於諸王子公主傳中。王子傳中,除高祖至肅宗諸子的生母姓氏名號基本留存外,代宗以下諸帝子的生母多爲"史亡其母之氏、位"、"本録不載母氏"一筆帶過。至於公主傳中,可知生母姓氏名號者還不足三分之一。

碑誌對諸王公主的生母甚至養母的信息也多有補遺。如玄宗趙才人[1],穆宗鄭才人[2],憲宗妃杜氏、趙氏[3],懿宗妃雷氏[4]等皆因子女墓誌而出世。宣宗的二十多個子女中,史書僅載元昭晁后育懿宗和萬壽公主,但據夔王、昭王、慶王、廣王、康王墓誌,其生母吴氏、柳氏、史氏、陳氏、仇氏[5]也皆分别再現。此外,還有一些補遺更具價值。如敬宗五子三女中,史書僅載長子普生母爲郭貴妃,據第四子言揚墓誌,可知二子同母[6],這爲郭氏的殊寵又增加了佐證。懿宗王德妃墓誌可推翻《舊唐書·昭宗本紀》載僖宗與昭宗爲同母兄弟之誤,也能借此理解劉季述政變時會專殺睦王,及昭宗反正後追諡睦王爲恭哀太子之因。儘管多數后妃在子女墓誌中僅存名號姓氏,但積少成多後,也能據此對唐代諸帝的婚姻生活進行全面考察。

還如據豆盧貴妃墓誌,申王"乳稚始孩"時轉由豆盧氏撫養;玄宗失母後,豆盧氏也"累載左右,一心保輔"。豆盧貴妃是睿宗兩子的養母,勞苦功高,但又因豆盧氏與睿宗夫妻決裂,出宫長居,死後更遠葬洛陽,決定了她的經歷被刻意回避於史書之外。又,懿宗宫人蘭英墓誌,顯示其爲郭淑妃養女的特殊身份。同昌公主尚在時,郭氏爲何還要收養宫女? 這對后妃收養問題的研究也提出了一個新挑戰。

唐代的追封皇帝皇后、太子后妃與宫人,也是后妃群體的有機部分,但與她們直接相關的官方史料微乎其微。如四位先祖的追封皇后中,只有世祖貞懿獨孤后作爲輔證,出現在高祖太穆竇后傳中。五位太子親王妃追封皇后與十位太

---

[1]《大唐故壽光公主墓誌銘并序》。郭海文、趙文朵、賈强强《〈大唐故壽光公主墓誌銘并序〉考釋》,杜文玉主編《唐史論叢》第 20 輯,三秦出版社,2015 年,49—63 頁。

[2]《唐故金堂公主贈涼國大長公主墓誌銘并序》,西安市文物考古保護研究院《唐郭仲恭及夫人金堂長公主墓發掘簡報》,《文博》2013 年第 2 期,13—18 頁。

[3]《唐故沔王墓誌并序》《西安新獲墓誌集萃》,208—209 頁;《故茂王墓誌銘并序》,《大唐西市博物館藏墓誌》,912—913 頁。

[4]《唐故涼王墓誌銘并序》,吴鋼主編《全唐文補遺》第 2 輯,三秦出版社,1995 年,79 頁。

[5]《唐故夔王墓誌并序》,《西安新獲墓誌集萃》,228—229 頁;《唐故昭王墓誌銘并序》,趙力光主編《西安碑林博物館新藏墓誌彙編》,綫裝書局,2007 年,887—888 頁;《故慶王墓誌銘》,《西安碑林博物館新藏墓誌彙編》,811 頁;《唐故廣王墓誌銘并序》,吴鋼主編《全唐文補遺》第 7 輯,三秦出版社,2000 年,155 頁;《唐故康王墓誌銘并序》,《全唐文補遺》第 6 輯,三秦出版社,1999 年,195 頁。

[6]《唐故紀王墓誌銘并序》,《西安新獲墓誌集萃》,206—207 頁。

子后妃的相關官方史料更加罕見,幸有隱太子妃鄭氏、章懷太子妃房氏與良娣張氏、節愍太子妃楊氏、惠莊太子孺人段氏的碑誌,可略補史書所缺。如鄭氏墓誌,提供了一直懸而未決的隱太子妃的出身家族等基本信息,還對太宗(玄武門之變後)如何安置隱太子與巢王元吉的妻女這一重要政治事件的研究增加了新材料。段氏墓誌爲惠莊太子的婚姻狀況提供了珍貴綫索,還可知開元十二年申王薨後,段氏"敕隨女五郡主處於後宫",後卒於"西内别殿"等,玄宗對追謚太子嬪妃生活安排的特殊史實。總之,有關這類后妃群體的正史和碑誌皆很稀少,只能期待更多碑誌的出現纔能更深入研究。

第二,史料的錯訛。

除了史料的遺漏,官方史書中的后妃紀事還存在各種錯訛。

如上所説,兩《唐書·后妃傳》是研究唐代后妃制度的首選史料,但其中玄宗元獻楊后、肅宗章敬吴后、代宗崔妃、德宗韋賢妃、憲宗孝明鄭后的紀事皆有一些錯訛。如所謂張説撰寫的元獻楊后墓誌文,實出自其姊節愍太子妃墓誌;關於肅宗生後寄養之事,也被錯歸於王皇后名下,真實情況同樣是被寄養於宫外的節愍太子妃處。章敬吴后本傳的内容多有抵牾,吴縝早已糾出《新唐書》"所言虛謬"[1]之處。結合代宗生年與和政公主神道碑[2],可推知吴氏開元十三年被賜予肅宗,十四年生代宗,十七年生公主,卒於二十年的大致宫廷生活時間節點。其本傳中畫蛇添足性的杜撰,當因其生前過於無聞,再加上吴家與代宗的刻意神化而弄巧成拙。再如孝明鄭后,本爲李錡侍妾,《舊書》卻載"未見族姓所出、入宫之由",這類錯訛不知因何而成。還如,據兩《唐書》其他部分與《資治通鑑》中有關后妃的記載,諸如太宗鄭賢妃、代宗崔妃、德宗昭德王后與韋賢妃、順宗牛昭容、憲宗郭貴妃、武宗王賢妃、昭宗何后等,其名號、册封等細節方面皆有或多或少的錯訛[3]。這無疑提示我們,在研究后妃制度時,對現有的官方史料還得有所辨析,因爲錯訛幾乎遍佈於我們似乎早已熟知的史料當中。

第三,后妃職掌制度。

后妃的職掌制度,主要見載於《唐六典》[4]與《舊唐書·職官志》[5]《新唐

---

[1] 吴縝《新唐書糾謬》卷一"代宗母吴皇后傳",《景印文淵閣四庫全書》第276册,上海古籍出版社,1986年,624—625頁。
[2] 《和政公主神道碑》,《全唐文》卷三四四,3490—3493頁。
[3] 以上有關后妃史料方面的糾改,可參見拙文《讀兩〈唐書〉劄記四則》,《隋唐遼宋金元史論叢》第一輯,紫禁城出版社,2011年,202—212頁;《〈資治通鑑〉唐代后妃紀事獻疑》,《隋唐遼宋金元史論叢》第二輯,上海古籍出版社,2012年,179—186頁。
[4] 《唐六典》卷二,中華書局,2008年,38頁;卷一二,341—344、347—355頁;卷二六,659—660、673—674頁。
[5] 《舊唐書》卷四四,1866—1869、1909—1910頁。

書·百官志》[1]中,細分爲嬪妃和宮官兩個體系。一般認爲,嬪妃職掌的象徵性多於功能性,如三妃"佐后,坐而論婦禮也",才人"掌序宴寢,理絲枲,以獻歲功"等職掌,並非她們日常所需執行,而是一種所屬品階的象徵,最多出現於各種祭祀或禮慶場合中。因此,相較於嬪妃,服務於後宮的較爲龐大的宮官體系如何運轉和各司其職,應該是更具探討價值的問題。隨著各種碑誌的匯集,不僅可以逐漸勾勒出體系内宮官的職掌狀態,也爲體系外的宮官職掌劃分出了新領域。

傳世史料所載的(皇宮)六尚或(太子宮)三司宮官,品階爲五至從八品。六尚下屬二十四司,以及宮正下屬一司;三司下屬九掌。不過,若要從碑誌中找尋宮官的職掌,有四個值得注意的問題:所見碑誌中的宮人有品階者,從一品至九品,説明史書所載的宮官體系僅爲六尚三司,還應該存在其他宮官體系未載;因爲宮人碑誌書寫簡單,絕多大數僅載其品階,這爲確知其職掌增加了困難;有些宮人的品階應該只是追贈,而不代表她生前實際的職掌;有些宮人的碑誌中雖然没有確切記載職掌或品階,但從其他信息中可以推測出來。

碑誌所見明確職掌與品階的宮官僅寥寥幾例,有"掌供内服用采章之數,惣司寶、司衣、司飾、司仗四司之官署"的五品李尚服;"掌衣服裁製縫綫之事"的六品何司製;"掌宮人名簿、廩賜之事"的六品王司簿;"掌燈燭膏火之事"的七品某典燈。當然也有知名的尚宮如宋若昭墓誌已經出土(具體詳下)。還有幾位宮官,其職掌與史料不一,如麻掌闈、某典饎,僅能據尚寢局下設有八品"掌設、掌輿、掌苑、掌燈"之職與尚食局下設有"七品典饎"之職,推測其可能所屬。

有些宮官的職掌在碑誌中並未明書,需要我們用心追尋,如德宗朝宮人陳氏"少以良家子,長於禁中",後被賜婚宦官王希遷,得封"潁川郡君"。其墓誌記載了涇原之變"京邑騷擾,翠華南巡"時,陳氏"奉國璽以赴行在"的特殊事蹟,暗示她在宮内的司職或許與國璽有關。唐"天子有傳國璽及八璽,皆玉爲之","大朝會則符璽郎進神璽、受命璽於御座,行幸則合八璽爲五轝,函封存於黄鉞之内"[2]。而符璽郎"掌天子之八寶及國之符節,辨其所用,有事則請於内,既事則奉而藏之"[3],其實僅是有重大活動時璽印的捧奉者而非管理者,其所請之"内",當是尚服局下"掌琮寶、符契、圖籍。凡神寶、受命寶、銅魚符及契、四方傳符,皆識其行用之别安置,具立文簿。外司請用,執狀奏聞,同檢出付,仍録案

---

[1]《新唐書》卷四七,1225—1233頁。
[2]《新唐書》卷二四《車服志》,524頁。
[3]《唐六典》卷八,250—251頁。

記;符還,朱書記之"的司寶[1]。前人從未將符璽郎與司寶的職掌聯繫關注,也就疏忽了國璽的管理者實際是宮官的史實。陳氏墓誌不僅説明其當爲司寶或所屬宮人,更從側面證實了宮官職掌皆爲實職而非虛設,在有些特殊時刻更能發揮外臣所不及的用處。

當然,更有一些宮官的職掌或品階超然於六局三司之外,這總是我們更加關注的。如武則天在高宗晚期至稱帝後,網羅大批文人,内朝最著名者即上官婉兒,"年十四,武后召見,有所制作,若素構。自通天以來,内掌詔命,揓麗可觀",但上官氏的具體職掌並不確切,其人其事也多被當作特例,没有更多材料證明存在一批文化女性入宫及可能針對她們存在相關制度。但如今陸續可知,(韋餘慶妻)裴氏,上元元年亡夫後,以"良家而入侍,遂與女俱事宫掖","自司彤管,寵洽丹闈"[2]。"天后當寧,旁求女史",(顔昭甫妻)殷氏"以彤管之才,膺大家之選,召置左右,不遑顧復"[3]。(裴行儉妻)庫狄氏有"任姒之德,班左之才。聖后臨朝,召入宫闕,拜爲御正","中宗踐祚,歸養私門,歲時致禮",至"皇上(玄宗)臨極,旁求陰政,再降綸言,將留内輔,夫人深戒榮滿,遠悟真筌,固辭羸憊,超謝塵俗"[4]。載初元年,武則天廣"求諸女史",命其族弟潁川郡王武載德"詣門辟召侍奉",(司馬慎微妻)李氏入宫後,"宸極一十五年,墨勅制詞,多夫人所作"[5]。(嗣曹王李戢生母)金氏"先在王宫,掌以彤管"[6]。這些零散墓誌中的信息,雖無法復原武則天時代與這批女性相關的具體制度,但還是可以窺知當時徵召大批文化女性入宫職掌墨敕文辭的史實,且針對這批女性,肯定會有相關的名號與職掌制度産生的可能。

宫官碑誌不僅能解決一些與其品階與職掌對應的問題,還能引出其他有意思的問題,如王司簿、某六品[7]、七品[8]、八品[9]亡宫等墓誌顯示,她們皆爲東都宫官,説明在唐代兩都共存的狀態下,宫官也分設於兩都。而懿宗與僖宗朝的"春宫"宫人銀娘、穎娘墓誌,説明即使在太子長期位缺的晚唐時期,東宫的宫

---

[1]《唐六典》卷一二,350—352頁。
[2] 張婷《唐〈韋餘慶及妻裴氏墓誌〉考釋》,趙力光主編《碑林集刊》十六,三秦出版社,2011年,15—18頁。
[3]《杭州錢塘縣丞殷府君夫人顔君神道碣銘》,《全唐文》卷三四四,3493頁。
[4]《唐光禄大夫行侍中兼吏部尚書弘文館學士上柱國正平縣開國男贈太師河東裴公墓誌銘并序》。李政雲《新出裴光庭墓誌初探》,杜文玉主編《唐史論叢》第23輯,三秦出版社,2016年,229—248頁。
[5]《唐司馬慎微墓誌》,《秦晉豫新出土墓誌蒐佚》二,477頁。
[6]《大唐故寧遠將軍守左衛率府中郎嗣曹王墓誌銘并序》,《唐代墓誌彙編》天寶116,1613—1614頁。
[7]《大唐亡宫六品墓誌》,《唐代墓誌彙編》文明003,715—716頁。
[8]《大周七品亡宫誌銘并序》,趙君平編《邙洛墓誌三百種》,中華書局,2004年,100頁。
[9]《八品亡宫誌文一首并序》,《唐代墓誌彙編》萬歲登封001,884頁。

人設置依然存在。宫官碑誌還能爲研究宫人的年歲、籍貫、葬地、葬儀等問題提供豐富的原始資料，今後當撰别文一一分析。

以上從三個方面評述了碑誌對后妃制度研究的一些推進。在每年仍有大量碑誌刊發的當下，碑誌與后妃制度研究的關係在未來只會更加密切，總結而言，還有四個方面需要我們注意。

第一，唐代是筆者主要關注的一個歷史時期，但筆者以爲從東漢至晚清的碑誌材料，有關后妃的記載大致都是相類的，因此碑誌對唐代后妃制度研究的推進，應該也能通用於漢至清代后妃制度的研究。這也是同類材料對同類群體研究的一個共性特徵。

第二，儘管學界已多方位利用碑誌研究后妃制度，甚至利用碑誌糾改了不少正史史料中的錯漏，但碑誌的隱晦性和溢美性書寫特徵，決定了我們在利用這類材料時，不能過分强調碑誌内容的完全真實性，並借此輕易否定其他史料。

第三，碑誌記事的主體是人物，還具有記事碎化的局限性，只擅長記録以人物爲中心的家族或相關事件。即使針對人物，除了諸帝后妃的碑誌書寫較爲完整和個性鮮明外，宫人的碑誌均較爲簡約和程式化，所能提供的信息有限。而對追封皇后這一群體，可能更受限於她們曾經的無聞甚至未婚狀態，存世的碑誌就更少。這也是研究后妃制度時就原材料本身遇到的一個瓶頸，不同小群體間的原始資料並不處於同一狀態。

第四，從目前利用碑誌研究后妃制度取得的進展看，諸如后妃的服章、車輅、鹵簿、印綬、納取、册封、朝賀等方面的研究還是比較薄弱的，這也與碑誌記事以人物爲主，而不擅長關注制度或重大史事的局限有關。因此要全面研究后妃制度，傳世史料依然是最主要的背景和支持。而服章、車輅、印綬等制度研究若想有所突破，可能還需要一些實物和圖像資料的支持。

言詞內外：碑的社會史研究試筆

仇鹿鳴

近二十年來，出土墓誌成爲推動中古史研究進展的重要動力，特別是隨著基礎建設的展開及盜墓活動的猖獗，每年通過各種渠道刊佈的新出墓誌數量頗爲可觀。僅以唐代而論，周紹良主編《唐代墓誌彙編》及《唐代墓誌彙編續集》兩書共輯錄墓誌 5164 方，資料收集的下限是 1996 年。據氣賀澤保規《新版唐代墓誌所在總合目錄（增訂版）》統計，截至 2008 年前已達 8368 方（不含誌蓋）。目前已刊佈的數量雖難以確切掌握，但估計已在 11000 方以上。平岡武夫《唐代的散文作品》曾統計《全唐文》及《拾遺》《續拾》共輯錄唐人文章 22896 篇，則出土墓誌已佔存世唐人文章的三分之一以上。北朝墓誌整理刊佈的情況與唐代類似，其中可以一提的是近年來鄴城一帶大量出土東魏北齊墓誌，流散民間者已輯成《文化安豐》《北朝藝術研究院藏品圖錄·墓誌》《墨香閣藏北朝墓誌》等書出版。正是有了這些新資料的推動，出土墓誌研究近年來頗有成爲顯學的趨勢。

值得注意的是，這一自 20 世紀初延續至今的墓誌發現潮流，在某種程度上已悄然改變了一千年來金石學研究的傳統。由於新出石刻中，墓誌佔了絕大多數，使得石刻研究有被簡約爲墓誌研究的傾向。墓誌本身是一種格式性較強的文體，內容以記載誌主一生的經歷及世系、婚姻情況爲主。因此圍繞著墓誌展開的研究，儘管數目龐大，但大體可以歸爲三種模式：圍繞人物、家族及婚姻、交遊網絡展開的傳記式或群體傳記式研究；利用墓誌中涉及重要政治事件的文字，補充或糾訂傳統政治史因文獻不足造成的疏失；利用墓誌進行較大樣本的統計，對年壽、婚齡等普遍性的社會狀況進行描述、歸納。其中又以前兩種佔據了主導地位，這使得目前的墓誌研究具有明顯的政治史取向，即在資料上視之爲補充、糾訂傳世文獻的手段,研究内容上則以重要的政治人物、事件爲中心。這一研究理路承續金石學的傳統,取得的成績有目共睹,毋需筆者贅言,但總括其基本方法,大體是選取石刻中姓氏、爵里、世系、民族、仕宦、婚姻等有效信息與傳世文獻互證,披沙瀝金,或可目之爲"萃取式"的研究。值得反思的是,在這一學術傳統中,各種出土文獻,無論是甲骨、青銅器,還是簡帛、碑誌、文書,學者多不過視之爲文字的不同載體,其價值的高下,在於能否訂補傳世文獻的不足。在此背景下,石刻文獻難免成爲傳世文獻的附庸,其受學者重視的程度,往往取決於能否在傳世文獻中找到對應的記載。

另一方面,儘管對新出墓誌的收集與考釋在方法上承續了傳統金石學,但處理資料的廣度與深度較之於既往皆有所不如。僅從廣度而論,翻檢自《集古録》《金石録》以降的傳統金石學著作,不難注意到傳統金石學關注的範圍大體以立於地面的碑碣、摩崖、造像爲主,埋於地下的墓誌由於多是零散發現,僅是其中一端。現在學者則多受新資料帶來新問題的驅策,聚焦於新出墓誌一隅,宋至清歷代著録的地面石刻以及隨各種文集傳世的碑銘,早屬明日黄花,關注者稀,視野較之於前人,反而趨窄。某種意義上而言,當下的墓誌研究,是用舊方法研治新材料,因此雖忝居"預流"的學問,但反而感受不到新史學的衝擊,學者大都對於石刻這一文字載體的社會功能及在古人世界中的意義缺乏自覺。

衆所周知,中國古代紀念性石刻傳統的形成至少可以追溯至秦始皇巡幸各地時的刻石,直到當今社會,每逢重大的事件、工程,仍不乏刻石紀念、記述前後因果之舉。如果將簡帛、紙張及電子儲存介質視爲普遍通用的書寫材料,那麽在過去的兩千餘年中,通用書寫材料已經歷了兩次重大革命,但紀念性石刻的傳統穿越其中,至今依然保有生命力,這無疑與石刻這一介質所具有的永恒性與公共性密切相關。而且這一傳統並非中國獨有,在世界各個文明中普遍存在,或可説是人類共通社會觀念的産物。如果説通用書寫載體的變革在於追求記録及傳播的便利,那麽金石這類介質則恰恰相反,甚至是借助鐫刻的不易而爲人所寶重,成爲超越於通用書寫載體之上,承擔特定社會功能的紀念物。循此思路,不難注意到墓誌雖佔據了已知中古石刻文獻的大宗,但因其鐫刻後便被埋於地下,僅具有永恒性而缺乏公共性,所承擔的社會功能也較爲單一。若以古人的觀念揆之,並非是最重要的紀念物,而現代學者關注較少的地面石刻,特別是各類紀功碑、德政碑等公共性的碑碣纔承載了古人"鏤之金石,以志不朽"觀念的核心。

因此,如果説當下以墓誌爲主體的石刻研究,採用的是"萃取式"的方法,具有政治史研究的取向,強調出土文獻與傳世文獻的互證,那麼我們若能更多地把注意力轉向探討碑這一公開的紀念物在古人世界中的功能與意義,開拓碑的社會史研究,至少在四個面向上,較之以往或將呈現出新的觀察角度。

碑作爲景觀的象徵意義。由於中國學術的傳統素來注重文字記載,對於研究者而言往往本能地關注碑銘上的文字,但如果回到古人的情境之中,作爲公共性的紀念物,碑在很多情況下是通過形制與空間的規劃來呈現其景觀效應,進而傳遞刻石背後的政治訊息,特別是對於文化層次不高的普通庶民而言,更多的是碑的"觀衆"而非"讀者"。因此,我們可以注意到唐代一些巨碑,如《何進滔德政碑》高達12.55米,寬3.04米,厚1.04米;玄宗《華岳廟碑》"高五十餘尺,闊丈餘,厚四五尺,天下碑莫比也"[1],皆遠遠超過實用的需要,有意借助碑本身的宏大規制,造成強烈的視覺衝擊,進而塑造政治權威。除此之外,也可以通過對石材的選擇、刻寫方式的變化等手段來傳遞政治訊息。例如張嘉貞於恒岳廟中立頌,"其碑用白石爲之,素質黑文,甚爲奇麗"[2];玄宗表彰楊國忠改良銓選制度,爲立頌德碑,"敕京兆尹鮮於仲通撰文,玄宗親改定數字。鐫畢,以金填改字處"[3]。可以想見,以金所填各字,在陽光的照射下呈現出別致的視覺效果,而玄宗對於楊國忠的恩寵便不待文辭而爲衆周知。正因如此,想到這一方法者並非玄宗一人,富有藝術家氣質的宋徽宗於崇寧四年(1105)十月二十三日詔,"中書省檢會應頒降天下御筆手詔摹本已刊石迄,詔並用金填,不得摹打,違者以違制論"[4],與玄宗的做法不謀而合。當然,更常見的方法是在碑文中保留詔書的原有格式,早在東漢乙瑛碑中"制曰可"一行便高出一格刻寫,宋代以降石刻公文中大量保留了原有格式,這種形式或是有意將官文書的權威借助永恒性的碑石展現給公衆。

筆者之前曾討論過古人對於立碑的地點往往做精心的選擇,立碑於大市通衢或對碑主具有紀念意義的地點,以便更多的往來吏民能注意到這一景觀,達成廣泛的傳播的效用是其中重要的考量。因此,在普通城市中,官署府衙兩側作爲城市的視覺中心往往成爲首選[5]。這一考訂,目前也能得到考古發現的支持,徐州蘇寧廣場工地出土的五代王晏德政碑,據考古現場情況可推斷原立

---

[1]《開天傳信記》,收入《唐五代筆記小説大觀》,上海古籍出版社,2000年,1224頁。
[2]《舊唐書》卷九九《張嘉貞傳》,中華書局,1975年,3092頁。
[3] 封演撰,趙貞信校注《封氏聞見記校注》卷五,中華書局,2005年,40—41頁。
[4]《宋會要輯稿·崇儒》,河南大學出版社,2000年,334頁。
[5] 仇鹿鳴《權力與觀衆:德政碑所見唐代的中央與地方》,《唐研究》第19卷,北京大學出版社,2013年,84—85頁。

於武寧軍節度使衙東南側,該處直到明代仍是徐州府衙所在,至明天啓四年(1624)爲洪水所淹没,因此此碑出土於距地表深5米的地層中。判斷其爲道東,緣於天啓大水自徐州城東南方向破奎河大堤而入,王晏德政碑倒向西側,碑首飛走不知去向,碑身倒塌時撞上龜趺首,故碑身上部及趺首缺失,出土時殘斷碑身叠壓在龜趺之上,這也與文獻記載和各地點考古所見房屋的倒塌方向一致[1]。如能進一步結合考古發現與文獻記載,將會進一步深化對立碑地點選擇與都市空間關係的認識。

碑作爲信息與知識傳播媒介的社會功能。作爲一種永恒性的景觀,碑當然不像紙張這樣的通用書寫材料具有携帶上的便利性,但碑依然具有重要的信息與知識傳播功能。碑的刻立、廢弃、重鐫本身就傳遞出不同的政治訊息,唐憲宗平定淮西,特別選擇利用吴少誠德政碑的舊石改刻平淮西碑,通過對碑銘這一永久性景觀的重新定義,重塑唐廷在當地的政治權威。另據宋人龐元英《文昌雜録》記載:"余昔年隨侍至定武,見總管廳有唐段文昌撰平淮西碑石。"[2]則唐廷似曾於多地立平淮西碑,其所欲傳遞的政治訊號則不言而喻,定武軍即唐代定州,義武節度使恰是河北藩鎮中對唐廷較爲恭順者。類似的例子亦見於後世,清乾隆平定準噶爾、回部後,不但將告成碑立於太學,更下詔於省、府、州、縣各級文廟中復製此碑,以達成向一般吏民宣揚宏業的目的[3]。另一方面,碑文可以通過拓本、抄寫等手段化身爲通用的書寫材料,擴大自己的傳播範圍與效力。如玄宗曾將華岳廟碑的拓本張架立於洛陽應天門,供文武百官觀覽。太宗親自撰書的魏徵神道碑,"刻畢,停於將作北門,公卿士庶競以模寫,車馬填噎,日有數千"[4],於是碑從"固定的景觀"變成"流動的文本"。敦煌文獻中《敕河西節度兵部尚書張公(淮深)德政之碑》鈔本則於正文之中多用雙行小字箋釋典故與史事,這一詳注古典與今典的鈔本或是向歸義軍中文化程度不高的節將士卒宣講碑文所用,而敦煌兒童習字也有以《張淮深德政碑》《史大奈碑》爲素材者,可見這類文本傳播於各個階層。如果說碑的興廢及碑文的流佈在當時是窺測政治氣候移易的風向標,那麽對於後世而言,長存於地面的碑碣則成爲重要的知識資源。如中唐張建章爲人好學,"經太宗征遼碑,半在水中。建章則以帛

---

[1] 這一信息蒙張學鋒先生賜告,特此致謝。另該碑録文與考釋,見孫愛芹、于康唯、鄭洪全《讀徐州新出土"太原王公德政碑"》,《東南文化》2014年第1期,84—92頁。

[2] 龐元英《文昌雜録》卷三,收入《全宋筆記》第2編第4册,大象出版社,2006年,138頁。

[3] 朱玉麒《從告於廟社到告成太學:清代西北邊疆平定的禮儀重建》,《高田時雄教授退休紀念東方學研究論集》,臨川書店,2014年,403—410頁。

[4] 《册府元龜》卷四〇,中華書局,1960年,451頁。

苞麥屑置於水中,摸而讀之,不失一字,其篤學也如此"[1]。宋以降金石學興起後,圍繞著訪碑、拓碑產生的各種故事及作爲禮物流動的拓本等都構成了中國古代知識社會史上的重要一頁。

石刻生產過程中的社會網絡。碑誌製作的過程中往往透露出誌主生前及家族的人際網絡。北朝唐初墓誌多不題撰書者姓名,至盛唐後方漸普及,這或與墓誌這一文體漸爲人所重有關,中唐後重金禮聘名家撰書墓誌已蔚然成風。既往學者對碑誌作者與誌主間的關係不乏關注,但這僅是石刻生產中社會網絡中的一端,如墓誌製作至少包含撰寫、書丹、鐫刻三道程序,撰者、書家、刻工三者間的分工與網絡,便注意不多。如柳公權書寫的《玄秘塔碑》《迴元觀鐘樓銘》《符璘碑》《金剛經》皆由刻工邵建和、邵建初兄弟鐫刻,兩者間有密切的合作關係。俄藏敦煌文書中的鄭虔手劄則透露了以詩、書、畫三絕名世的鄭虔與刻工陳博士如何商議合作製碑。這種固定的合作關係並不局限於著名的書家與刻工之間,會昌三年(843)、四年(844)分別落葬的神策軍將李遂晏及妻田氏這兩方墓誌皆署何賞撰、劉文貞書、李從慶刻字,考慮到誌主的身份及誌文中未提及撰書者與誌主生前的交誼,大約是倩人作文,而這三人顯然也是一固定的組合。朝廷製作的一些巨碑,往往差專使勒碑,如規制巨大的華岳廟碑,玄宗以呂向爲鐫勒使,孫逖、徐安貞分別有《春初送呂補闕往西岳勒碑得雲字》《送呂向補闕西岳勒碑》詩紀其事。除了社會網絡,刻石過程中涉及的經濟活動也值得注意,如石材的獲取、刻石所需的時間與費用等問題,儘管相關史料寥寥,仍頗具探討價值。如從目前所見唐墓誌的物質形態而言,高規格墓誌文的長度與誌石大小嚴絲合縫,事先當有設計,誌石亦爲定制。而一些中下層人物的墓誌,如宮女墓誌(著名的井真成墓誌亦如此),由於誌文簡略,誌石左側往往留有大端空白,似可推測這類預先畫好罫綫的標準格式誌石能從市場上購得或預先批量製作,滿足官府及一般階層需求。

作爲政治、社會事件的立碑活動。古人素有"立德、立功、立言"三不朽之說,立碑頌德、流芳後世是立功最直觀的體現,故爲人所重。因此圍繞著德政、紀功之類紀念性碑刻興立背後往往充斥著種種政治的角力,是確認君臣關係、塑造政治秩序的重要一環。既往的研究儘管重視將傳世文獻與石刻文獻相比勘,但受制於"萃取法"的取向,多將碑文割裂開來,尋找有無糾訂傳世文獻記載之處,但對於如何從整體上理解碑文的表達與當時政治角逐間的關係,立碑的

---

[1]《册府元龜》卷七九八,9486頁。

過程中碑主與朝廷的互動等則措意無多,所重者仍是碑文的内容,而對碑文言詞内外的蘊意及與立碑相關的政治運作則缺乏關注。筆者以爲可以嘗試用"代入法"展開碑的社會史研究,由於古人對立碑一事的崇重,立碑本身就是當時重要的政治、社會事件,圍繞從立碑的許可、碑文的撰寫到碑落成前後的宣傳等皆可引申出進一步探究的綫索。重要的頌德碑、紀功碑,除碑文外,往往在史籍中也保留了不少相關記載,若能綜合地加以運用,激發周邊史料的活性,足以勾勒出更加豐富的細節,復原一個完整的政治事件。

由於碑與墓誌不同的功能,相對而言,碑具有更加豐富的内涵,在當時的政治、社會生活中扮演著更重要的角色。20世紀以來的石刻研究以墓誌爲主體,以新史料的發現爲驅動,但從現代學術的要求而言,更需要提升方法上的自覺,在文獻考訂的基礎上,思考石刻的社會功能,復原立碑前後的政治場景,由物見人,借助文本通向歷史現場,構成我們進入古人世界的重要路徑。

朝集使在郊廟禮儀中的出現

——《大唐開元禮》校讀劄記一則

吴麗娱

閲讀和校勘《開元禮》的過程中,發現有關郊廟祭祀的各卷雖然時間、地點、對象乃至名目非一,程序卻基本一致,例如都有齋戒、陳設、省牲器、奠玉帛、進熟(宗廟則是晨祼和饋食)等節,如果皇帝親祭,還要加上鑾駕出宫、鑾駕還宫,各節的説明文字也是大同小异,幾乎是呈機械性、固定式的狀態。於是只要核對版本,並將各卷之間加以比較,找到規律,就比較容易發現問題和正誤。但是也有例外,即諸卷在細微處文字處理和寫法出現了不一樣的情况,這給理解《開元禮》的制作和相關校勘增加了一些疑點和難度。

朝集使在郊廟祭祀禮中的出現或許就是這樣的一個問題。一直以來,朝集使和朝集制度都曾受到唐史學者的關注[1]。朝集使作爲地方代表,在《大唐開元禮》中自也不能少,特别在吉禮的皇帝親郊或廟祭場合,都有諸多在京官員及國賓、蕃客參加,其中也包括朝集使和諸州使人。但關於朝集使,諸卷所載並不完全一樣。《大唐開元禮》卷四《皇帝冬至祀圜丘·陳設》一節説明其參加者排序及站位有曰:

---

[1] 以往研究參見青山定雄《朝集使と進奏院》,見氏著《唐宋時代交通と地制地圖研究》,東京:吉川弘文館,1963年;曾我部靜雄《中國社會經濟史の研究》第六章《上計史と朝集使》,東京:吉川弘文館,1976年,371—403頁;胡寶華《唐代朝集制度初探》,《河北學刊》1986年第3期,第73—75頁;渡邊信一郎《天空の玉座·中國古代帝國の朝政と儀禮》第I章第三節《元會儀禮の展開——第三期·隋唐期》,東京:柏書房,1996年,163—193頁。于賡哲《從朝集使到進奏院》,《上海師範大學學報》2002年第5期,45—50頁;申忠玲《唐代朝集制度的廢止及其原因》,《青海大學學報》2009年第6期,第76—78頁;雷聞《隋唐朝集制度研究——兼論其與兩漢上計制之异同》,《唐研究》第7卷,北京大學出版社,2001年,289—310頁;李永《從朝集使到進奏官——兼談中國古代的駐京辦事處》,《天府新論》2011年第6期,132—136頁;秦陽《從唐代進奏院的職能角度分析其選址問題》,《安康學院學報》2016年第3期,83—86頁。

> 前祀三日，尚舍直長施大次於外壝東門之內道北，南向。尚舍奉御鋪御座，衛尉設文武侍臣次於大次之前。文官在左，武官在右，俱相向。設諸祀官次於東壝之外道南，從祀文官九品以上於祀官之東，東方、南方朝集使於文官之東，東方、南方蕃客又於其東，俱重行，每等異位，北面西上。介公、鄭公於西壝之外道南，武官九品以上於介公、鄭公之西，西方、北方朝集使於武官之西，西方、北方蕃客又於其西，俱重行，每等異位，北面東上。其褒聖侯若在朝，位於文官三品之下。（中略）
>
> 前祀一日，奉禮設御位於壇之東南，西向。……設從祀文官九品以上位於執事之南，東方、南方朝集使於文官之南，東方、南方蕃客又於其南，俱每等異位，重行，西面北上。介公、鄭公位於中壝西門之內道南，武官九品以上位於介公、鄭公之南，西方、北方朝集使於武官之南，西方、北方蕃客又於其南，俱每等異位重行，東面北上。其褒聖侯於文官三品之下，諸州使人分方各位於朝集使之後。[1]

這裏尚舍直長等的設位，包括文武侍臣，九品以上文武官，東方、南方和西方、北方的朝集使，介公、鄭公，東方、南方和西方、北方的蕃客，褒聖侯等。值得注意的是這裏出現了朝集使之名。而在下文的注文中，不僅有朝集使，還有排在其後的諸州使人。卷六《皇帝正月上辛祈穀於圜丘·陳設》則是在"前祀三日"有一段注文"其褒聖侯若在朝，位於文官三品之下"，也有"諸州使人分方各位於朝集使之後"一句，作爲參加者的"諸州使人"不應見後不見前，可見卷四"前祀三日"的注文"其褒聖侯若在朝，位於文官三品之下"一句有奪文，而諸州使人與朝集使雖然都是"使"，卻是有所分別的。

還有一個很值得注意之處，就是在卷一〇《皇帝季秋大享於明堂》的"陳設"一節中，朝集使卻不見了，其文如下：

> 前祀三日，尚舍直長施大次於明堂東門之外道北，尚舍奉御鋪御座。守宮設文武侍臣次於大次之後，文官在左，武官在右，俱南向。設諸祀官次於璧水東門之外道南，從祀官文官九品以上於祀官之東，東方、南方蕃客又於其東，俱重行，每等異位，北面西上。介公、鄭公於璧水西門之外道南，武官九品以上於介公、鄭公之西，西方、北方蕃客又於其西，俱重行，每等異位，北面東上。其褒聖侯於文官三品之下，若有諸州使人，分方各位於文武官之後。（中略）
>
> 前祀一日，奉禮設御座於堂之東南，西向。……設從祀官位：文官九品以上於

---

[1]《大唐開元禮》卷四《皇帝冬至祀圜丘》，民族出版社，2000年，36—37頁。

執事之南,東方、南方蕃客又於其南,俱每等異位,重行,西面北上。介公、鄫公位於西門之內道南,武官九品以上於介公、鄫公之後,西方、北方蕃客於武官之南,俱每等異位,重行,東面北上。其褒聖侯於文官三品之下,若有諸州使人,分方各位於文武官之後。[1]

乍從文字看,此卷與前卷差別不大,至少文意基本相同,但是所設從祀官之位中,明顯沒有提到朝集使,而只是籠統提到諸州使人。初讀或認爲其中有錯漏,但進一步搜集和比對,可以發現在皇帝親祀的郊禮其他卷也分別採用了這兩種寫法。以下用表格顯示[2]。

卷　數	吉　禮　名　稱	朝集使
卷四	皇帝冬至祀圓丘	有
卷六	皇帝正月上辛祈穀於圓丘	有
卷八	皇帝孟夏雩祀於圓丘	無
卷一〇	皇帝季秋大享於明堂	無
卷一二	皇帝立春祀青帝於東郊	有
卷一四	皇帝立夏祀赤帝於南郊	無
卷一六	皇帝季夏土王日祀黃帝於南郊	無
卷一八	皇帝立秋祀白帝於西郊	無
卷二〇	皇帝立冬祀黑帝於北郊	無
卷二二	皇帝臘日蜡百神於南郊	無
卷二四	皇帝春分朝日於東郊	無
卷二六	皇帝秋分夕月於西郊	無
卷二九	皇帝夏至祭方丘后土禮同	無
卷三一	皇帝孟冬祭神州於北郊	無
卷三三	皇帝仲春仲秋上戊祭太社	無
卷三七	皇帝時享於太廟	有
卷三九	皇帝祫享於太廟	無
卷四一	皇帝禘享於太廟	無
卷四五	皇帝拜五陵	有
卷四六	皇帝孟春吉亥享先農耕籍	有

---

[1]《大唐開元禮》卷一〇《皇帝季秋大享於明堂》,74頁。
[2] 下表僅含吉禮,且皇帝在外巡狩、封禪以及不定時的告祀與視學活動都未列在內。

可以看出,在所有皇帝親祀的重大場合,只有冬至祀圜丘、正月上辛祈穀、立春祀青帝、時享太廟、孟春吉亥享先農以及皇帝拜五陵説明有朝集使參加,其他則無。例如除了卷一〇《皇帝季秋大享於明堂》之外,卷三九《皇帝祫享於太廟》的"陳設"部分也在依次説到九廟子孫、文武官、蕃客、介公酅公位置之下,有"其褒聖侯於文官三品之下,若有諸州使人分方位於文武官之後"的注文,也没有提及朝集使。可見無論是郊祭還是廟祭,朝集使出席與否都有兩種情况。圜丘和明堂的文字都不是獨一無二的。

衆所周知,朝集使是来自地方的使人,但與一般的諸州使人還是有區別的。以往的研究證明,朝集使源於秦漢的上計制度,其名自隋代開始出現。但與前朝單純的"計吏"不同,唐代朝集使由都督、刺史或州上佐的長史、司馬(如有關可由録事參軍代)等充任,其主要的功能與地方官考課關係密切,即須攜帶其當年所在州考課簿記到京,並須代表地方參加一系列朝廷舉辦的禮儀活動。因此,上述一些皇帝親祀的重大禮儀場合,有朝集使出現是毫不奇怪的,除吉禮外,嘉禮中"皇帝加元服"、"皇太子加元服"、"納后"(實際也包括"臨軒册后")、"皇太子納妃"、"臨軒册命太子"和"内册皇太子",以及皇帝、皇后、皇太子"元正、冬至受群臣(或宫臣)朝賀"等,都有朝集使參加,更不用説是專門針對朝集使的"朝集使朝見并辭"、"朝集使於尚書省禮見"、"皇太子受朝集使參辭"等儀目了。

毋庸置疑,朝集使是作爲地方長官、地方代表參加禮儀活動的。他們的出席是一種象徵,既顯示了中央對地方的全面統治,也意味著地方對朝廷的恭順和服從。正如以往學者已經指出的,在類如元日這樣的慶賀日子中,"文武百官與天下朝集使必集,給人天下一統,治化升平之感,而各羈縻州朝集使的參與,更是四夷來服的象徵",可以説"内外官員俯身朝覲之際,也就是朝廷宣威於天下之時"[1]。中央由此向地方展示政權統治的强大。既然如此,爲什麽在所列20種皇帝親祭郊廟儀中,只有6種儀目有朝集使出現呢?

在考慮這一問題時,筆者最先懷疑是與禮儀活動的重要性和規模有關。例如有朝集使參加的冬至祀圜丘和正月祈穀都是大祀,是比較重大的祭天活動,相對而言不那麽重要的或者等級低一些的祭祀就没有,比如屬於中祀的朝日夕月。這樣解釋或者也算合理,但與之不合的是,同樣重大的孟夏雩祀以及特別是季秋大享明堂卻與之相反——明堂也有介公、酅公、蕃客、褒聖侯、諸州使人,

---

[1] 以上關於朝集使參加觀禮及其意義,參見雷聞《隋唐朝集制度研究——兼論其與兩漢上計制之異同》,296—297 頁;于賡哲《從朝集使到進奏院》,47 頁。

一樣不少,規格極高,卻獨獨没有朝集使參加,同在大祀的方丘和神州也没有,很令人奇怪。另外在史料中被稱爲五郊迎氣而實際上是五方帝(青、赤、黄、白、黑)的獨祭中,只有孟春青帝的祭祀有朝集使,其他卻没有,可見與重要性和規模不一定有關。更何況宗廟的祭祀中,禘、祫二祭都是祖宗合祭,其規格應超過日常的時享,而朝集使卻僅出現在時祭中,因此如完全以禮儀重要性、規模大小相解,邏輯是不通的。

那麽,究竟是何種原因會造成目前的不一致? 仔細分析,發現此問題並不複雜。因爲如果將有朝集使的諸儀加以比對,就會看到它們在時間上有一個共性,即都發生在冬春之交,如冬至、正月上辛,孟春、立春。宗廟時享的五時祭祀雖不是全部,但也含有冬、春兩季。《唐會要·緣祀裁制》載正月、四月、七月、十月、十二月享太廟[1],其中正月、十二月都在内。再以"皇帝拜五陵"爲例,雖然制度似乎没有規定具體時間,但史載太宗貞觀十三年(639)正月一日朝獻陵(高祖),高宗永徽六年(655)正月一日謁昭陵(太宗),玄宗開元十七年(729)十一月十日朝橋陵(玄宗)[2],這三次皇帝拜陵的時間都在元正或冬至前後。這就説明了一個情況: 有朝集使參加的必須是冬、春兩季,相反屬於夏、秋兩季的,無論是立夏、季夏抑或夏至,立秋、季秋、秋分等,一定没有朝集使出現,這與朝集使在京城的時間是基本相符的。

朝集使何時在京城呢? 據《唐六典》卷三户部郎中員外郎條,朝集使"以十月二十五日至於京都。十一月一日,户部引見訖,於尚書省與群官禮見,然後集於考堂應考績之事。元日陳其貢篚於殿庭"[3]。敦煌文書 Дх.6521 所載《考課令》也規定朝集使"〔限十〕月廿五日到京,十一月一日見"[4]。《唐會要·諸侯入朝》開元八年(720)十月敕也有同樣的規定[5]。因此,朝集使入京的時間是準確的,不會早於十月二十五日,這個季節是仲冬。而十一月初的冬至是朝集使到後必參加的第一個節日,當然如有祀圜丘的大典一定會參加,還有冬至、元日兩節的朝會,正月上辛的祈穀,朝集使在京的禮儀活動逐漸展開,是可以想見的。

但朝集使何時離京似未有明確規定。《開元禮》的"朝集使朝見并辭"儀目

---

[1]《唐會要》卷二三《緣祀裁制》,上海古籍出版社,1991年,514—516頁。
[2]《唐會要》卷二〇《親謁陵》,464頁。
[3]《唐六典》卷三户部郎中員外郎條,中華書局,1992年,79頁。
[4] 見《俄藏敦煌文獻》第13册,上海古籍出版社,2000年。録文轉引自雷聞《隋唐朝集制度研究——兼論其與兩漢上計制之異同》,294頁。
[5]《唐會要》卷二四《諸侯入朝》,536頁。

说明,朝集使無論朝見或辭,都是集體行爲,應有統一時間。《資治通鑑》載貞觀五年(631)朝集使趙郡王孝恭等上表請封禪,太宗手詔不許。胡三省注云:"此元正朝集既畢,將歸者。"[1]其實禮儀活動此後還有很多,不一定元正後馬上回歸。正月離京只有《册府元龜》開元"十年正月,朝集使各還本州"的一條史料支持,尚不知有否誤記[2]。因爲多數史料表明從十一月直到二月,朝集使的活動都很頻繁,有些年頭三月也有宴會的記載[3]。

事實上,朝集使告辭的時間各年也不完全相同。如《册府元龜》載"(貞觀)二十二年(648)二月,朝集使奉辭,引五品以上升殿宴","(開元)十六年二月,諸州朝集使還","(開元)二十年二月諸州朝集使還,宴之朝堂,送之,賜帛各有差"[4],都在二月。三月離京的也有,如"(景雲)二年(710)三月,朝集使辭","(開元七年)三月,朝集使還本任"[5]。則朝集使各年告辭時間應在二月(仲春)或三月(季春),但最晚不超過三月[6]。《册府元龜·宰輔部》載開元五年十一月,宰相宋璟與蘇頲"又奏朝集使每至春末還,多有改轉,率以爲常"[7],所指"春末"不會晚於三月季春。這樣,夏、秋以及十月(孟冬)以前的禮儀活動就被排除在外。上面表格中青、赤、黄、白、黑五帝的祭祀只有青帝一目有朝集使,就是因爲立春所在的正月在上述朝集使所在的月份之内,而其他時日,包括立冬祀黑帝,也因在十月初而不在限内,所以這是冬至祀圜丘等儀中有朝集使參加的一個主要原因。

但是如此解釋還是存在一些矛盾。"皇帝臘日蜡百神於南郊"的臘日在十二月八日,"皇帝春分朝日于東郊"的春分在二月十五日前後,"皇帝仲春仲秋上戊祭太社"的仲春也在二月,都在季春以前,卻都沒有提到朝集使。

竊以爲,出現這樣的不一致或者與《開元禮》自身的寫法和文字處理有關。如再仔細閱讀一下以上幾禮,就會發現朝日和臘日關於參加者的文字都相當簡略。朝日的"陳設"涉及參加者只有前祀二日"設文武侍臣次,又設祀官及從祀、

---

[1]《資治通鑑》卷一九三貞觀五年春正月癸未條,中華書局,1956年,6086頁。
[2]《册府元龜》卷一五八《帝王部·誡勵三》,中華書局,1960年,1906頁。
[3] 如《册府元龜》卷一〇九《帝王部·宴享一》武德九年三月丙申條,卷八〇《帝王部·慶賜二》開元九年三月條、開元十二年三月條等,1300、931—932頁。
[4]《册府元龜》卷一五七《帝王部·誡勵二》,卷一五八《帝王部·誡勵三》;卷八〇《帝王部·慶賜二》,1900、1907、933頁。
[5]《册府元龜》卷一五七《帝王部·誡勵二》,1901、1903頁。
[6] 有一些記載雖在此外,但不可信。如《册府元龜》卷一五七《帝王部·誡勵二》開元五年六月條後有"七月,諸州朝集使辭"(1902頁);卷一五八《帝王部·誡勵三》開元十年正月條後有"十二月朝集使各還本州"(1906頁),"七月"和"十二月"的"月"疑均爲"年"之誤。
[7]《册府元龜》卷三一三《宰輔部·謀猷三》,3690頁。

群官、諸州使人、蕃客等次"[1],"蜡百神"則前蜡三日、前蜡一日基本與之相同,完全沒有提到他們的站位次序。朝日夕月的祭祀不屬大祀而屬中祀,其等級和重要性低於圜丘祭昊天以及"迎氣"的五方帝,臘日的百神也以日(大明)、月(夜明)爲首,所以等級基本相同。《開元禮》對於這些二等的祭祀顯然沒有一等的大祀重視,所以採用簡略的敍述。事實上這類祭祀皇帝很少親行,《開元禮》只是備儀而已。在這種情況下,不特別提出朝集使是可以理解的。

不過這裏還有仲春祭太社。社稷的等級與朝日夕月相同,也屬中祀,並且祭祀時間也在同月。只是祭社似乎規模較大而相對重要,所以《開元禮》的"陳設"部分對參加者交待十分鄭重:

> 前祭二(三)日……尚舍奉御設御座,衛尉設文武侍臣次於大次之後,文官在左,武官在右,俱南向。設諸祭官次於齋坊之內。三師於北門之外,道西;諸王於三師之北,俱東面南上。文官從一品以下九品已上於齋坊南門之外,重行,東面北上。介公、鄫公於北門之外道東西向,以南爲上。諸州使人東方南方於諸王西北東面,西方北方於介公、鄫公東北西面,俱重行南上。武官三品以下九品以上於東門之外道北南向,以西爲上。諸國之客於東門之外,東方南方於武官東北南向,西方北方於道南北向,俱以西爲上。(下略)
>
> 前祭一日,奉禮……設從祭之官位:三師位於北門之內道西,諸王位於三師之西,俱面東上。設介公、鄫公位於道東,俱南面西上。文官從一品以下九品以上位於執事之北,每等異位,重行東向。武官三品以下九品以上位於東方,值文官[2],每等異位,重行西向,皆以南爲上。諸州使人位:東方、南方於北門之內道西,於諸王西北,重行南向,以東爲上;西方、北方於道東,於介公鄫公東北,重行南向,以西爲上。設諸蕃客位於北門之內:東方、南方於諸州使人之西,每國異位,俱重行南向,以東爲上;西方、北方於諸州使人之東,每國異位,俱重行南向,以西爲上。
>
> 設門外位:祭官、公卿以下皆於西門之外道南,每等異位,重行北向,以東爲上。三師位於北門之外道西,諸王於三師之北,俱東向。介公、鄫公位於道東,西向,皆以南爲上。文官從一品以下九品以上位於西門之外祭官之南,每等異位,重行北向,以東爲上;武官三品以下九品以上位於東門之外道北,每等異位,重行南向,以西爲上。諸州使人位:東方、南方於諸王西北,重行東向;西方、北方於介公鄫公東北,西面,俱南上。設諸國客位,東方、南方於武官東北,每國異位,俱重行

---

[1]《大唐開元禮》卷二四《皇帝春分朝日于東郊》,148頁。
[2] 值文官 "值"字意不明,《大唐開元禮》卷二九《皇帝夏至祭方丘》作"當",166頁。

南向；西方、北方於道南，每國異位，重行北向，皆以西爲上。[1]

以上《開元禮》記述了官員參加社稷祭祀的三處站位安排，其文字的詳細程度甚至超過了冬至圜丘。由此也可以見出社稷實在是大禮儀，此禮與日月五星在天寶三載(744)都改爲大祀，詔書有"社稷列爲中祀，頗紊大猷"的說法[2]。而從《開元禮》來看，對社稷禮的重視似乎早已如此。這樣的大禮如果舉辦，按理應有朝集使參加。但爲什麼《開元禮》的制作者也沒有寫進？

當然也有一種可能是朝集使被漏記。雖然這種可能性似乎不是太大，但是不管是漏記還是有意不寫，這種情況因何會發生呢？竊以爲還應與《開元禮》的制作聯繫起來。

我們知道《開元禮》制作之初，宰相張說與朝臣議定《開元禮》須"折衷"《貞觀》《顯慶》二禮[3]，在這一原則之下，將二禮的觀點、立場加以調和，並將其內容統一並吸收是必然的。開元二十年制作完成的《開元禮·序例上》在關於"神位"的解釋中也說到《開元禮》要像《禮記》所說對前二禮"有其舉之，莫可廢也"[4]。朝集制度始自隋代，武德、貞觀中也早已有之，那麼關於朝集使的不同記載是不是分別來自二禮，而被《開元禮》吸收了呢？這一點或者無從否定，但從上面的分析，說明《開元禮》的制作者對於朝集使應在何時何禮出現是有實際考慮的，並不能視作對舊制簡單盲目的抄襲，由此也可斷定關於朝集使的不同並非是出自文本的錯誤。

另外根據列表的情況，也可以知道吉禮皇帝親祭中沒有朝集使出現的是大多數，這類儀目提到地方時往往只有"諸州使人"，這個"諸州使人"究竟包括哪些人其實是含混不清的。而上述"皇帝仲春仲秋上戊祭太社"一儀，就是將"諸州使人"作爲專門一類予以說明；另外如明堂，雖簡要也須特別注明諸州使人的參加和站位。在這樣的儀目中，如果認爲朝集使也可以包括在諸州使人之內，似乎也是說得過去的。

但是如果有朝集使的儀目，則諸州使人的位置就被朝集使取代，注文也改成"諸州使人分方位於朝集使之後"。其中的變化不過是一類人變成了兩類人。所以比較兩種寫法，令人感到，沒有朝集使的儀目更像是最初的寫法，也就是原

---

[1]《大唐開元禮》卷三三《皇帝仲春仲秋上戊祭太社》，187—188頁。
[2]《唐會要》卷二二《社稷》，494頁。
[3]《唐會要》卷三七《五禮》，783頁。
[4]《大唐開元禮》卷一《序例上》，14頁。

來不分朝集使有無都用"諸州使人"一言以蔽之,而後來纔根據情況將有些儀目增加了朝集使。

按照這樣的分析,我更傾向於有朝集使諸條是《開元禮》對前禮的修改。有一個情況毋庸置疑,即雖然朝集使制度唐初就有,但至開元中最爲興盛,史料關於開元中的朝集使活動也記載最多。雖然有關朝集使出席禮儀的規定最早見於哪一禮不能斷定,但如果原來二禮僅將之附在"諸州使人"中沒有特別提出也是可能的。如果這個推斷合理,鑒於皇帝和朝廷對治理地方的加强和對朝集使的重視,《開元禮》或者就不無增補。但不是普遍意義的增補,而是視需要爲之,因爲確有朝集使在與不在的問題。這樣首先被關注的自然是大祀,中祀以下或者就被忽略。特別是本來記述簡略的,如上面所說朝日和臘祭,就自然不再提到。其次要考慮的便是與實際結合的季節問題。有一個情況也許對此可以提供支持,就是開元中雖然朝集使離京時間二月、三月都有,但在上面引用的材料中,發現接近《開元禮》制成的年頭,如開元十六年、開元二十年都是二月離京。那麼是不是在《開元禮》制成之際,朝集使的離京被定在二月?若是如此,則在春分的朝日也好,仲春的社稷也好,沒有出現朝集使就更能解釋得通了。

因此《開元禮》所反映的朝集使和朝集制度,是密切結合現實的。它們可以反映《開元禮》對朝集制度的重視和某些强化。不過《開元禮》關於朝集使參加的祭祀活動,其實仍不能代表朝集使觀摩朝廷禮儀的全部。除了上面已經談到的嘉禮諸儀不論外,現實生活中還有一些臨時的祭禮活動也是不能少的。例如雖然宗廟祭祀只有時享提到朝集使,但如中宗神龍元年(707)"十一月壬子帝謁太廟,告謝受尊號之意",玄宗"開元六年十一月辛卯,至自東都,丙申,親謁太廟"[1],敕書或詔敕都提到朝集使的升遷或賜予,說明都有朝集使參加。這類皇帝的親祭不在時享之內,但在京的朝集使無疑是要參加的。

另外還有一些雖不見於《開元禮》的規定,但玄宗朝已逐漸形成常制。如開元五年九月詔令"諸州鄉貢明經、進士見訖,宜令引就國子監謁先師","其日清官五品已上及朝集使並往觀禮,即爲常式"。這就是所謂"貢舉人謁先師",同樣是朝集使觀摩的盛會。更重要的則莫過於封禪。史載太宗貞觀二十一年正月下詔封禪,就要求"今年朝集使,宜集洛陽宮"[2]。這次封禪雖未實現,但玄宗開元十三年封泰山,四月癸酉即下詔要當年"朝集使各奉所部孝悌文武集於泰

---

[1]《册府元龜》卷八四《帝王部·赦宥三》,卷八〇《帝王部·慶賜二》,996、930頁。
[2]《唐大詔令集》卷六六《封禪詔》,北京:商務印書館,1959年,369頁。

山之下"[1]。而同年十一月"壬辰,玄宗御朝覲之帳殿,大備陳布。文武百寮、二王後、孔子後,諸方朝集使、岳牧舉賢良及儒生、文士上賦頌者"[2],可見朝集使是真正躬逢盛踐。《大唐開元禮》卷六三《皇帝封祀泰山》沒有朝集使但有諸州使人,並有東方諸州刺史縣令,應該就是禮儀所說皇帝封禪"所經州縣刺史縣令"[3]。我懷疑之所以沒有朝集使,也是因爲《開元禮》遵從貞觀、顯慶禮的寫法而沒有改動,同樣《開元禮》只有"國子釋奠於孔宣父","貢舉人謁先師"儀未被《開元禮》吸收。可見《開元禮》雖有改革的一面,但沿襲舊禮格局的情況還是很多的。

　　本文試對吉禮皇帝親祀諸卷中朝集使的出現作了分析。儘管目前結論仍屬推測,尚沒有更直接的材料予以證實,但無論如何,通過其中的分別,還是可以知道《開元禮》制作中的複雜性,即對於其中的禮儀而言,並不是簡單的因襲,也不僅是機械模仿禮儀形式,而是有著朝廷制度和現實生活的影響和依據。另外,《開元禮》的制作,並不單純是對前禮原則的繼承和修改,還包括諸多細節的變化。不同儀目間的寫法差異,也是其中的一個方面。這些問題無處不在,還有賴於多方面的發現,纔能對《開元禮》的制作和價值有更深入的認識。

　　本文爲 2015 年度國家社會科學基金重點項目"《大唐開元禮》校勘整理與研究"(15AZS001)階段性成果。

---

[1]《册府元龜》卷三六《帝王部·封禪二》,398 頁。
[2]《舊唐書》卷二三《禮儀志三》,北京:中華書局,1975 年,900 頁。
[3]《大唐開元禮》卷六三《皇帝封祀泰山》之《鑾駕進發》與《陳設》,328、330 頁。

敦煌文書與中國古文書學

黄正建

一

中國本來没有古文書學,到 2010 年,在中國社會科學院歷史研究所幾位研究者的倡導下,成立了以商周金文、秦漢簡帛、(隋唐)敦煌吐魯番文書、(宋元)黑水城文書、(明清)徽州文書爲主的"古文書研究班"。到 2012 年召開第一届"中國古文書學研討會",正式宣佈成立了"中國古文書學"。此後,分别於 2013、2014、2015 年連續召開了第二届、第三届、第四届古文書學研討會。通過幾次研討會,大致確定了"古文書學"研究的對象、内容、方法等。雖然仍有不同意見,但中國終於有了自己的"古文書學",而且其影響也在逐漸擴大。採用"古文書學"的立場和方法研究出土或傳世古文書,已經越來越成爲學者的共識。

中國古文書學之所以能夠成立,是因爲出土和傳世古文書的發現越來越多、研究越來越深入。這其中,敦煌文書的發現與研究,是古文書學得以成立的一個重要基礎。

二

"古文書學"中的"文書",是指狹義的"文書"。用古文書學的定義來説,就是指具有"發出者"與"接受者"的、具有移動意義的文書。這種文書保持了原有的"書式",未經後人删改。典型的文書如官文書中的牒、符、帖、狀;私文書中的契約、書信,等等。敦煌文書中保存了大量這類"古文書",因此是"古文書學"得以成立的重要史料來源與基礎。

但是,由於中國過去存世的中古時代的古文書數量極少,學人心目中没有"古文書"的概念,因此在"敦煌遺書"(以下暫稱敦煌莫高窟藏經洞發現的所有紙質文字資料爲"敦煌遺書")發現的當時,很少有學者關注其中的"文書"。即使看到這些文書的巨大價值,也没有從文書學的角度予以關注,更少有稱其爲"文書"者。

林聰明《敦煌文書學》[1]在第一章第一節"敦煌文書總名的商榷"中,按時代先後列出了中國學者對"敦煌遺書"的不同稱呼,分别爲:

書:羅振玉,1909年

遺書:羅振玉,1909年

經卷:李翊灼,1911年

佚書:羅振玉,1913年

寫本:羅振玉,1917年

古籍:羅振玉,1917年

本:陳寅恪,1929年

叢抄:向達,1931年

殘卷:王重民,1935年

寫經:許國霖,1936年

舊抄:聞一多,1936年

寫卷:吴世昌,1937年

秘笈:羅振玉,1939年

卷子:向達,1939年

遺籍:袁同禮,1940年

古抄:陳祚龍,1961年

文件:韓國磐,1962年

文獻:陶振譽,1962年

藏經:蘇瑩輝,1965年

遺經:雨弟,1972年

---

[1] 林聰明《敦煌文書學》,臺灣新文豐出版公司,1991年。

從這個列表看，没有一位中國學者稱其爲"文書"。我們還可以補充幾個例子。比如中國科學院歷史所編寫的《敦煌資料》第一輯[1]，"對推動我國敦煌文獻研究的發展起了重要作用"[2]，收録的全部是經濟文書，但總名則稱之爲"資料"。又，姜亮夫《敦煌學概論》[3]，是"根據他在1983年的講課録音整理而成的。……是我國第一本講述敦煌學的簡明教材"[4]。在這本《概論》中，總稱敦煌這批發現物爲"卷子"。在介紹"卷子"内容時，又稱之爲"經卷"。我們所説的狹義"文書"資料，被稱之爲"史地材料"或"社會史材料"，統統放到"經卷簡介"章節中予以介紹。

當然，實際上自20世紀50年代以來，除敦煌遺書"總名"外，中國學者對這批敦煌發現物中的"文書"類，倒也有稱之爲"文書"者。例如上述《敦煌資料》第一輯，在"前言"中介紹本輯所收内容時，就提到有"契約文書"類。唐師長孺先生1964年發表的論文《敦煌所出唐代法律文書兩種跋》[5]，也是徑直稱了"文書"的。

直到20世紀90年代以後，稱"敦煌文書"或稱其中某部分爲"法制文書""田制文書""賦役制文書"等[6]纔多了起來。但學者們並不清楚這其中"文書"的概念究竟爲何，因此不僅"文書"與"遺書"混用，而且往往還將"文書"與其他典籍甚至宗教文獻混同[7]。

總之，對於中國學者而言，由於不甚瞭解何爲"文書"，也没有"文書"的意識，因此自"敦煌遺書"發現伊始，就没有從"文書"的角度予以關心，以致後來即使使用了"文書"一詞，但對它究竟有何種含義，仍是不太明瞭。這些都是因爲中國當時還不存在"古文書學"。

三

但是反觀日本，則有所不同。上述林聰明所引關於"敦煌遺書"的不同説法時，唯一一個稱"文書"的，就是日本學者那波利貞。説法出自其文章《佛、獨、英

---

[1] 中國科學院歷史所《敦煌資料》第一輯，中華書局，1961年。
[2] 劉進寶《敦煌學述論》，甘肅教育出版社，1991年，285頁。
[3] 姜亮夫《敦煌學概論》，北京出版社，2004年。
[4] 參見《敦煌學概論》柴劍虹序。
[5] 見《中華文史論叢》第五輯。
[6] 劉進寶《敦煌學述論》，200頁。
[7] 參見1990年代以後出版的多種敦煌學概論類著作。

に於る敦煌文書の調查》,時間是1933年[1]。那波利貞在這篇文章中將所有"敦煌遺書"都稱作"文書",實際反映了他對其中狹義"文書"類的高度關注。所以有時他會有意識地區別狹義"文書"之外的"敦煌文書"。比如在其他文章中對其中的《唐令》或《史記·孝景本紀》,就稱之爲"唐鈔本"而非"文書"(1935年)[2]。

日本學者大致從得知"敦煌遺書"開始,雖然對其也有不同稱呼,但將其稱爲"文書"的已經比較多了。神田喜一郎《敦煌學五十年》[3]是1953年在龍谷大學演講時的演講稿,涉及内容自"敦煌遺書"傳至日本一直到20世紀50年代中後期。在本書中,作者引用了大量當時的第一手資料(包括報紙報導、學者交往記録、講演文字等),如實反映了日本學術界面對"敦煌遺書"時對它們的用語。

根據本書中《敦煌學五十年》一文,作者是將"敦煌遺書"統稱爲"古書"的[4]。但同時又提到,在明治四十三年(1910)黑板勝美從歐洲回國,向日本學界介紹各種出土文物時,介紹了斯坦因藏品,其中提到有"唐代咸通九年的金剛經版本,還有稱爲書儀的文書類别"[5]。這裏直接稱"書儀"爲"文書"。書中也提到在昭和十年至十一年(1935—1936年),日本學者紛紛到法國調查敦煌古書的事情,"其中在較偏僻的領域取得成績的首推京都大學的那波利貞教授。調查研究敦煌古書的學者一般都將注意力放到佛典和漢籍上,而那波博士抄寫了大量史料文書帶回國"[6]。這裏的"文書"主要指社會經濟類文書。

在《敦煌學五十年》的《敦煌學近況(二)》中,雖然還在使用"敦煌古書"一詞,但使用"敦煌文書"的明顯多了起來。比如説介紹榎一雄教授"親自執筆的《敦煌文書攝影回想》";説"如今我們就可以自由地查閱收藏於大英博物館的敦煌文書";説印度維拉博士"進行拍攝北京圖書館所藏超過四千八百八十八卷敦煌文書的艱巨工作"[7]。特别"要提到的就是與社會經濟史和法制史相關的文書研究。東京大學的仁井田陞博士過去在這一方面曾經取得過出色成績……在《東洋文化研究所紀要》上接連不斷地發表了……《斯坦因在敦煌發現的唐代奴隸解放文書》、《斯坦因發現的唐宋家族法相關文書》等多篇論文。同時山本

---

[1] 林聰明《敦煌文書學》,3頁。
[2] 那波利貞《唐代社會文化史研究》,創文社,1974年,687頁。
[3] 原書由二玄社於1960年出版。譯文爲高野雪、初曉波、高野哲次翻譯,北京大學出版社,2004年。譯文因爲有日本學者參與,用詞應該比較準確。以下引文均據譯文。
[4] 神田喜一郎《敦煌學五十年》,2頁。
[5] 神田喜一郎《敦煌學五十年》,14頁。
[6] 神田喜一郎《敦煌學五十年》,23頁。
[7] 神田喜一郎《敦煌學五十年》,40—41頁。

達郎博士在《東洋學報》雜誌上發表的《在敦煌發現的計帳文書殘簡》、在《東洋文化研究所紀要》上發表的《在敦煌發現的户制田制相關文書十五種》等等，皆爲飽含心血的作品……大阪市立大學的内藤乾吉教授則選擇了伯希和帶回法國的敦煌文書中的《唐律》作爲研究課題"[1]等等。可以説"敦煌文書"的使用逐漸普及開來。

日本學者之所以很快就以"文書"命名這批"敦煌遺書"，原因可能有兩點。第一，日本保留了從中世紀以來的大批古文書，以至從"正倉院文書"開始，一直將刻本以前的寫本稱之爲"文書"。第二，日本早在19世紀末就建立了自己的"古文書學"，界定了古文書的定義、範圍、研究方法等。日本學者很多接受過有關"古文書學"的教育，因此心目中具有"古文書學"意識，一旦看到與日本古文書類似的文物，就很自然地將其稱爲"文書"了。

關於後一點，還可舉一個例子。在《敦煌學五十年》中有一篇《内藤湖南先生與支那古文書學》的文章。文章説：内藤湖南先生從明治末年到大正末年在京都大學東洋史課程中開設了支那古文書學講座，當時稱爲"公牘"，講解了漢代公文書、唐代制文、《元典章》、清朝公文書等，使學生們（包括神田喜一郎）"掌握了正確閱讀公文書的技巧"[2]。"内藤先生是我國支那古文書學的開拓者"[3]。可以想見，接受過這種古文書學訓練的學者，當接觸到"敦煌遺書"中有類似作品時，會很自然地以"文書"來稱呼它們了。這與没有古文書學、没有接觸過古文書學知識的中國學者就有著很大的不同。

稱"敦煌遺書"爲"文書"，並有意識地與古文書學聯繫起來的是那波利貞。他在《千佛岩莫高窟と敦煌文書》的長文[4]中談到了敦煌文書的四點價值。其中第四點價值爲[5]：

> 中國中世以前的古文書，傳世遺存者稀有。故而諸種文書本來的書式，現今不明者甚多。此乃不必絮説之現象。文書的文字雖然往往登載於《全唐文》、《唐文粹》、《文館詞林》殘卷等已刊刻的圖書中，使我們得以知道其内容，但記録的書式則被完全破壞。因此想要知道文書書式，殆屬不可能之事。甚至只能以我國王朝時代的現存古文書——其范式仿照唐制——的樣式類推。然而敦煌文書中保

---

[1] 神田喜一郎《敦煌學五十年》，41—42頁。
[2] 神田喜一郎《敦煌學五十年》，84頁。
[3] 神田喜一郎《敦煌學五十年》，83頁。
[4] 載《西域文化研究第二：敦煌吐魯番社會經濟資料（上）》，法藏館，1959年，13—68頁。
[5] 文字爲我所翻譯，缺乏推敲，請讀者見諒。

存有自南北朝至北宋初期豐富的文書,包括有任命官吏的任命書、官吏致地方長官的書信、買賣借貸契約等契書、民間結社的社條、官署的告示等種種文書的書式。單是能知道這些文書通行的是何種書式,就已經很多,何況其中還有不少帶有花押、指畫。僅此,即這些文書僅在研究中國中世時期文書的各種樣式方面,就具有絕大的史料價值了。特別是,若站在法制史的立場上,應該關注的最貴重的文書,是那些可以稱爲"公文書書式樣本"的遺存。在那遺存上面列舉、登載了唐代官署的公式文書樣式。登載此種文書樣式的唐代書籍現今已基本佚失,能夠知道唐代過所書式的,只有我國滋賀縣三井寺所藏智證大師圓珍在唐時使用的越州都督府發行的旅行許可證。在這種情形下,我們看到了法國第二八一九號紙背文書。文書雖然首尾闕如,是個殘卷,但尚完整保存了關式、牒式、符式、制授告身式、奏授告身式共五種書式的格式。單是記錄了關、牒、符等書式名稱,就能補充不能提供這些書式格式的《大唐六典》的闕文。這在中國古文書學、中國法制史的研究方面,是難得的好資料。確實可以評價爲唐代古文書書式的吉光片羽了〔1〕。

那波利貞先生提出的敦煌文書的其他三點價值分別是:提供了構成編纂史書的根本性資料;提供了研究東西文化交流的資料;提供了衆多已亡佚的書籍。將"提供了古文書的書式"列爲敦煌文書價值的第四點,可見日本學者對古文書"書式"的關注和重視,而這一點正是古文書學的精髓所在。

池田溫先生也是深諳古文書學的日本學者。他在《敦煌文書的世界》〔2〕中主張使用"敦煌文獻"一詞,認爲它"是對在敦煌地域發現的古代文字資料的總稱"。他還辨析説:"另外'文書'一詞在歷史的史料學和古文書學中,是有別於書籍的帶有限定的專門用於記錄的意思(是有特定發信人和收信人)的文件〔3〕,因此對包含有典籍、文書、記錄在内的敦煌資料,比起稱爲'文書'來,使用'文獻'的通稱更好一些。"〔4〕

這就明確了狹義"文書"的特有性質。在這一立場上,池田先生把敦煌文獻

---

〔1〕《西域文化研究第二:敦煌吐魯番社會經濟資料(上)》,67頁。
〔2〕 原書由名著刊行社於2003年出版。譯文由中華書局於2007年出版。譯者爲張銘心、郝軼君。據"譯後記",譯文還經過日本學者廣中智之的修改,因此是可以信賴的。以下引文均出自譯文。但要説明一點:"譯後記"説"池田先生主張統一使用'敦煌文獻'的名稱,但是書中有的地方用'敦煌文獻',也有的地方用'敦煌文書'等等。鑒於各章節的行文內容,我們基本上沒有進行統一處理"(313頁)。沒有統一處理是對的,因爲實際上池田先生使用"文書"一詞時有着特定含義,並非隨意混用。又,本譯文在翻譯英文時,存在用詞不統一的地方。比如山本達郎、池田溫等編纂的英文版的《敦煌吐魯番社會經濟史文書》,在本譯文中就有4種不同譯法:1.《敦煌吐魯番社會經濟史資料系列》(92頁)。2.《敦煌吐魯番社會經濟資料集》(163頁)。3.《敦煌吐魯番社會經濟史料集》(262頁)。4.《敦煌吐魯番社會經濟史文書》(279頁)。可見如何翻譯"敦煌資料""敦煌文書",是個很複雜的問題。
〔3〕 這句關於文書的話,翻譯得很彆扭。
〔4〕 池田溫《敦煌文書的世界》,41—42頁。

區分爲"書籍和文書"[1],並且特別强調了其中文書的價值,以及日本學者因具有古文書學立場而擁有的優勢。他説:"文書類雖只佔全體數量的百分之幾,但是在傳世古文書幾近絶跡的中國,其珍貴的文物價值就非常值得重視了。"[2]"宋代普及了刻版的結果,使唐末之前的寫經、寫本在中國傳承下來的幾近於無,與繼承了不少8世紀之後寫經和舶來的唐鈔本的日本相比有相當大的差異。敦煌寫經對中國人來説可以説是頭一回到手的此類古代遺物,同類的古寫經在日本也有少量傳存下來,在對它們進行研究時應該掌握的常識日本人已經具有了。在適應實物(?)的古寫本學、古文書學的領域[3],日本研究者所做出的顯著貢獻,由此背景看是理所當然的結果。"[4]換句話説,在"文書"研究領域,日本學者正因爲具有古文書學的常識,因此會很快在"敦煌遺書"中找出"文書",並立即採用古文書學的方法對其進行研究。而對於此前很少古文書存世的中國,學者没有古文書學的常識,對"文書"的關心就相對要遲緩一些,對"文書"書式的關心就會很淡漠了。

四

通過以上分析,可知在"敦煌遺書"公佈後,對其中的"文書"類資料,日本學者基於其自身的古文書學傳統,很快以古文書學的立場和方法,對其進行了研究,並進而出現了將這批"敦煌遺書"稱之爲"敦煌文書"的做法。嚴謹一點的學者,也會將書籍和文書區分開來,用"文書"特指那些非撰述的、原始的記録,甚至是具有發信者和收信者的,即有一定格式的文件。

現在尚不能判定中國學者稱這批資料爲"敦煌文書"是否受到日本學者的影響。從前引林聰明《敦煌文書學》排列的史料看,中國學者在60年代之前,很少將其稱爲"敦煌文書",而如前述,那波利貞早在1939年就使用"敦煌文書"稱謂了,到1959年更發表了全面介紹"敦煌文書"的長文,並用很大篇幅指出了它在古文書學上的貢獻。由此來看,中國學者稱"敦煌遺書"爲"敦煌文書"很可能是受到了日本學者的影響。當然,要想落實這一推測,還需要更多的資料支持。

---

[1] 池田温《敦煌文書的世界》,190頁。
[2] 池田温《敦煌文書的世界》,45頁。
[3] "在適應實物的古寫本學、古文書學的領域"一句不通,似有誤字,因未見原文,不能確定,特加問號以存疑。
[4] 池田温《敦煌文書的世界》,62頁。

不過,自20世紀60年代以來,儘管中國學者也使用了"敦煌文書"的稱謂,但其實並不清楚這其中"文書"的含義,因此纔有與"遺書""文獻"等的混用。究其原因,就是因爲中國没有自己的古文書學,學者們没有掌握古文書學的知識,也没有受過古文書學的訓練。因此,要想真正弄懂"文書"的含義,弄清日本學者區别書籍和文書的用意,瞭解文書書式的價值,就必須學習古文書學。這也是我們成立"中國古文書學"的初衷之一。

前述神田喜一郎認爲内藤湖南是日本"中國古文書學"的開拓者,但實際上,當時並没有多少可供研究的中國古文書,因此一般並不認同神田喜一郎的説法。直到敦煌文書發現、特别是對"敦煌遺書"中的"文書"研究成果斐然之後,纔可以説日本的"中國古文書學"出現了。而日本的"中國古文書學"其實就主要建立在敦煌文書和吐魯番文書(大谷文書)研究的基礎上[1]。换句話説,如果没有敦煌文書的發現,日本的"中國古文書學"就不會出現。敦煌文書及其研究是日本"中國古文書學"建立和發展的基礎所在。

這就是敦煌文書與中國古文書學的關係。回望中國,敦煌文書及其研究,也是中國"中國古文書學"建立的基礎之一。由於在出土文獻的研究中,敦煌文書的研究起步早、成果多、水準高,特别是其中關於狹義"文書"的研究,包括公私文書的紙張、字體、書法、簽署、畫押、書式、内容、性質等的研究,走在整個古文書研究的前列,甚至帶動著其他如黑水城文書的研究,因此可以毫不誇張地説,敦煌文書及其研究,也是構成"中國古文書學"建立的一個非常重要的基礎。

從中國古文書學的立場看,敦煌文書的重要性是不言而喻的。這一點上述那波利貞已經談到了。如何有意識地從古文書學的視角,使用古文書學的方法,去研究敦煌文書中那些典籍之外特别是具有"書式"的文書,是我們今後努力的方向之一。也只有有意識地從古文書學的立場去重新審視那些"文書",纔能使敦煌文書的意義和價值更加升華,反過來促進中國古文書學的進步。這一點,也是我們所深深期待的。

  本文爲2014年度國家社科基金重大項目"中國古文書學研究"(項目批准號:14ZDB024)的階段性成果。

---

[1] 參見黄正建《中國古文書學的歷史與現狀》,《史學理論研究》2015年第3期,137頁。

魏晉至隋唐的官府部門之學

樓　勁

　　在我國古代教育史或學校史上,官學體系一直佔有特殊重要的地位。這不僅是由於官學所覆蓋的知識門類十分完整,其教學活動的規範化和系統化程度堪稱當時學校教學之最;更是因爲官學代表了當時社會主流的知識觀和教育觀,並在許多方面深切影響了整個知識系統和人才培養的發展結構和方向。從其總體發展過程來看,三代時期隱約存在的"學在官府"及"宦學事師"之制,到秦漢顯然已發生了較大變化[1]。漢武帝以來國學的出現,略可視爲官方意識形態和公共知識體系再次定型以後,其教學過程已有可能和必要集中進行的産物;以儒學教學爲中心的各地州郡縣學的逐漸建置,則是進一步貫徹官方意識形態和強調公共知識培養的結果。而其餘各種官方所需的專業技術人員,除直接從社會上招攬徵選外,也仍由各主管官署通過相應的教學設施來培養和訓練,此即官府部門之學。這三個方面共同構成了完整的官學體系,以往教育史及學校史著作卻很少涉及後一方面,其研究迄今仍相當薄弱,以至於其基本狀況仍然多有不明之處[2]。有鑒於此,本文擬就魏晉至隋唐官學體系中的部門之學加以梳理、探討,以見其在此期的轉折、定型過程,及其不同程度地具有的官辦職業技術學校的性質。

---

　　[1] 三代"學在官府",乃學界長期以來的共識。《禮記·曲禮上》有"宦學事師"之語,其大意爲做官做事的過程即學習有關知識或技藝的過程,這種知識技藝的見習性傳授體制,可以概括官、私各行各業中存在的師徒關係和教學活動。
　　[2] 相比之下律學的研究要來得相對充分,其成果主要集中於法制史研究,而學校史或教育史對之關注仍頗不足。參葉煒《論魏晉至宋律學的興衰及其社會政治原因》,《史學月刊》2006年第5期;陳璽《唐代的律學教育與明法考試》,《西南大學學報》2008年第1期;呂志興《南朝律學的發展及其特點:兼論"中原律學衰於南而盛於北"説不能成立》,《政法論壇》2012年第1期。

以下分爲法律、方術、樂舞、工巧等專門知識和技藝共四類，依次考察官府部門之學的教學培訓之況及其發展歷程，以有助於對此期教育史、學校史和相關問題的進一步研究。

一、律學

專門教授法律、司法知識的官辦學校，一般都認爲創始於曹魏[1]。自此直至隋唐時期，以律博士和律生爲主體的律學設置史不絶書。像兩晉主管刑獄的廷尉之下，均有"律博士"的編制[2]。劉宋、蕭齊皆置廷尉律博士1人[3]，梁武帝天監四年(505)改在廷尉之下設"胄子律博士"，其制爲陳所襲[4]，從其名稱似可推測南朝後期已在貴族子弟中展開法律教學[5]。十六國時期如後趙石勒稱趙王後，即以"律學祭酒"與經學祭酒、史學祭酒並置；後秦姚興亦"立律學於長安"[6]。北魏廷尉之下亦設律博士[7]，北齊大理寺下置律博士4員，其制當沿自北魏[8]。與南朝律博士常止1員的情況相比，其律學規模顯然要大得多。隋初增大理律博士至8員，其規模又擴大了1倍。尤其值得注意的是，當時又推廣北朝以來某些成例，在州、縣設立了律博士和律生[9]。若按北周末年州211個、郡508個、縣1124個計算[10]，即便其州、縣律學生額皆僅10人[11]，總量也將輕易超過10000人。但實施不過數年，隋文帝就下詔停廢了大理寺和各州縣

---

[1]《宋書》卷三九《百官志上》："廷尉律博士一人，魏武初建，魏國置。"《晉書》卷三〇《刑法志》述魏明帝時衛覬"請置律博士，轉相教授。事遂施行"。是律博士初設於曹操封魏王後，至魏明帝時成爲朝廷定制。又《宋書》卷四〇《百官志下》述漢末以來，各州或置"律令師一人，平律"。推其亦當有一定的法律教學或吏師功能，曹魏亦當有此，然其本非定制，各地具體設置與否當以長官意志爲轉移。參邢義田《秦漢的律令學——兼論曹魏律博士的出現》，臺灣《中研院歷史語言研究所集刊》第五十四本四分。
[2]《晉書》卷二四《職官志》。
[3]《宋書》卷三九《百官志上》、《南齊書》卷一六《百官志》。
[4]《隋書》卷二六《百官志上》載天監四年胄子律博士"位視員外郎"，至天監七年定胄子律博士位三班，高於二班的太學博士、國子助教；又載陳胄子律博士與太學博士、國子助教皆第八品，秩六百石。
[5] 其名蓋取於《尚書·虞書》帝命夔教胄子之事，故此"胄子"當非皇族之謂，而應泛指一段時期以來不願習律的士族子弟。
[6]《晉書》卷一〇五《石勒載記下》、卷一一七《姚興載記上》。
[7]《魏書》卷一一三《官氏志》載太和中官品，律博士與太學博士皆爲第六品中階；至正始年間所頒官品，律博士已降至第九品上階，地位猶在同階的四門小學博士之下。
[8]《隋書》卷二七《百官志中》。
[9]《隋書》卷二八《百官志下》，同書卷二五《刑法志》載開皇五年廢律學詔文，有"因襲往代，別置律官"之語，可見文帝此舉乃因襲以往有關做法而來。
[10]《隋書》卷二九《地理志上》述北周大象二年(580)州、郡、縣數。
[11]《隋書》卷二八《百官志下》載開皇三年(583)四月，"罷郡，以州統縣"。隋文帝置律學亦在開皇三年，當在罷郡之後，故郡一級可不計在內。

的律學[1]。唐初重建律學,將之歸屬國學系統,至高祖及高宗兩度廢置[2],其歸屬亦有反復[3]。到玄宗開元年間重新確定了律學及其隸屬於國學之制,律學博士置1員,另設助教1員,典學2員,生徒爲50人[4]。

由上可見,魏晉至隋唐的律學,除後趙和唐代被歸入國學外,經常都是直屬於主管刑獄的廷尉(大理)寺的專門法律學校[5]。至於律學的教學培養之況,儘管記載很少,也仍有若干蹤跡可循。《三國志》卷二一《魏書·衛覬傳》載其曹魏明帝時上書請立律博士有曰:

> 九章之律,自古所傳,斷定刑罪,其意微妙。百里長吏,皆宜知律。刑法者,國家之所貴重,而私議之所輕賤;獄吏者,百姓之所懸命,而選用者之所卑下。王政之弊,未必不由此也。請置律博士,轉相教授。

其中所述"刑法者,國家之所貴重,而私議之所輕賤;獄吏者,百姓之所懸命,而選用者之所卑下",這兩句話總體地反映了魏晉以來法律教學所處的不利環境,同時也説明律學的教學内容在理論上固然可以包括各種法律,實際卻是以刑律爲中心,其培養的也主要是執掌刑獄的法吏。

此後如十六國時期的後秦姚興所立律學,"召郡縣散吏以授之,其通明者還之郡縣,論決刑獄"[6]。其律學生源主要來自"郡縣散吏",經課試確認其是否"通明"刑律,合格者回原地升擢爲論決刑獄的法吏。蕭齊高帝時,崔祖思上書論事,稱"今廷尉律生,乃令史門户,族非咸、弘,庭缺於訓"云云[7]。可見此前律學生徒皆出身於社會下層,結業後則多出任朝廷機要部門的文法吏。而崔祖思則建議改善律學生源,強化課試和選拔環節,優其生徒出路。至永明九年(491),又有大臣奏請"國學置律學助教,依五經例,國子生有欲讀者,策試上過

---

[1]《隋書》卷二五《刑法志》載文帝開皇三年"置律博士弟子員",至五年詔"大理律博士、尚書刑部曹明法、州縣律生,並可停廢"。六年又"敕諸州長史以下,行參軍已上,並令習律,集京之日,試其通不"。同書卷二八《百官志下》述開皇三年"罷大理寺監、評及律博士員"。《四庫》本"罷"作"減"。疑是。

[2]《新唐書》卷四八《百官志》述律學"武德初隸國子監,尋廢"。《舊唐書》卷三《太宗紀下》貞觀六年(632)二月戊辰"初置律學"。同書卷四《高宗紀上》載顯慶三年九月,"廢書、算、律學";龍朔二年(662)五月乙巳,"復置律、書、算三學"。

[3]《舊唐書》卷四《高宗紀上》及卷二四《禮儀志四》俱載龍朔三年以書學隸蘭臺,算學隸秘閣局,律學隸詳刑寺。

[4]《唐六典》卷二一《國子監》。《新唐書》卷四八《百官志三》國子監載律學博士3人。

[5] 隋代一度設立的州、縣律學,當與地方其他官學一樣由州、縣長官統轄,從開皇六年命各地官吏習律而集京通試的規定看,各地律學未廢時,其教學過程亦應受大理寺指導並與寺屬的律學基本一致。

[6]《晉書》卷一一七《姚興載記上》。

[7]《南齊書》卷二八《崔祖思傳》。

高第,即便擢用,使處法職,以勸士流"〔1〕。這是要求在國學中展開法律教學,按經學的策試方法加以課督,以培養身份和知識素質更高的國學生來出任法官。這些建議雖未落實,但其與蕭梁改置"胄子律博士"升其品階的事實一樣,都代表了一種更加關注律學的趨勢。這種趨勢在北朝也有所體現,北魏孝文帝曾親自過問律博士人選〔2〕,宣武帝以來律博士常參與朝廷的立法活動〔3〕,説明北魏律學頗有地位,律博士選擇甚精,在朝廷立法或議決涉法事務時相當活躍。這種律學教官參與實務的精神,後來亦爲隋代所繼承,隋初大理寺和州、縣的律學師生,都要參與本級司法過程。隋文帝廢止律學,起因即是始平縣律生舞文弄法,其詔稱"因襲往代,别置律官,報判之人,推其爲首。殺生之柄,常委小人,刑罰所以未清,威福所以妄作"〔4〕。可見當時各級律博士和律生身份地位依然較低而被稱爲"小人",卻在論决刑獄時作用突出,其教學活動似是與相關的司法實務密切結合的。

  唐初以來律學歸屬國學系統,其生徒身份規定與書、算生相同,皆爲文武官"八品以下子及庶人之通其學者",年齡限制在18—25歲之間,較其他官學生徒皆限14—19歲要大一些〔5〕。高宗時修撰《唐律疏議》,爲的是"律學未有定疏,每年所舉明法,遂無憑准"〔6〕。故其部分用意,是要爲律學的教學和科舉明法考試提供標準教材,説明刑律仍在其教學内容中佔有中心地位。玄宗開元時期所定律學之制,大體是律生"以《律》、《令》爲專業,《格》、《式》、法例亦兼習之";課試習業管理之制與國子學相同,結業者通過科舉"明法"考試而入仕擔任法官;在學六年課試仍不合格者,罷遣出學〔7〕。由此可以看出,律學歸屬國學,入學者在身份地位和知識基礎方面的要求都會相應提高;其課試習業等教學環節也要按國學的標準進一步規範化;而其生徒出路與科舉明法科的銜接,又有助於改善其初仕官職的級别和地位。這樣的狀況,正是循南北朝後期律學日益受到關注的趨勢發展而來的,同時也仍保留了魏晉以來律學面向平民子弟和主要

---

  〔1〕《南齊書》卷四八《孔稚珪傳》。
  〔2〕《魏書》卷八二《常景傳》述其少讀《論語》《毛詩》,長有才思,雅好文章。"廷尉公孫良舉爲律博士,高祖親得其名,既而用之"。《北史》卷四二《常爽傳》附《常景傳》述爲"廷尉公孫良舉爲協律博士"。《册府元龜》卷七九九《總録部·强記》亦述常景聰敏而由公孫良舉爲"協律博士"。而《洛陽伽藍記》卷一《永寧寺》載常景"太和十九年爲高祖所器,拔爲律學博士,刑法疑獄,多訪於景"。今案《魏書》卷一一三《官氏志》載太和中官品惟有"太樂博士"而無"協律博士",景既由廷尉公孫良舉爲博士,當是律學博士。
  〔3〕《魏書》卷六九《袁翻傳》載正始年間詔尚書、門下於金墉中書外省考論律令時,參與者有"律博士侯堅固";《魏書》卷一一一《刑罰志》載延昌三年議"除名之例"時,與議者有"律博士劉安元"。
  〔4〕《隋書》卷二五《刑法志》。
  〔5〕《新唐書》卷四四《選舉志上》。
  〔6〕《舊唐書》卷五〇《刑法志》。《唐律疏議》所附《進律表疏》附署有"律學博士飛騎尉司馬鋭"。
  〔7〕《唐六典》卷二一《國子監》。

培養涉法官吏的基本性質。

二、方術之學

在主管方技和術數事務的官署設置"學室",培養具有天算、卜筮、醫藥等專業知識的官吏,秦漢時期已有明確的法律規定[1]。魏晉以來則繼承和發展了這樣的做法,北朝至隋唐更多設方術博士各自教習弟子,可稱是建立了主要爲官府相關技術部門提供專業人員的學校系統。

魏晉時期主管醫藥的太醫令下,便有招收醫家子弟,集中教習醫藥之術的制度[2]。五胡時期後趙石虎擴大後宫規模時:

> 内置女官十有八等,教宫人星占及馬步射;置女太史於靈臺,仰觀災祥,以考外太史之虛實;又置女鼓吹羽儀,雜伎工巧;皆與外侔。[3]

這套女官教習之制或者摻雜了石虎的創造,但也不失爲漢魏以來太史及工、樂官教習之制的進一步發展。所謂"皆與外侔",更説明其宫外整套行政系統中,本來就存在著星占、雜伎等方面的教學設施和相應的培養活動[4],而其顯然是承自魏晉以來的有關制度。這種存在於各技術主管部門的教學活動和傳統,植根於任何官署中都會出現的職事知識傳授過程,在有條件和必要時,則可建立專門處所和官員,由經驗豐富、術業較精者向新來見習者集中傳授有關知識技能,卻仍可程度不同地保留其官、師合一,職、學不分的狀態。儘管相關記載留存至今者很少,但從魏晉以來私習"内學"被明令禁止,民間相關知識的傳授已遭限制的事實看,官方星曆筮占等主管部門加強其所屬官吏的教學和培訓,可以説是必然的選擇。

南朝官府有關於方術的部門之學,如劉宋文帝之時,一度曾在太醫令下設

---

[1] 雲夢秦簡所出《秦律十八種》之《内史雜律》有史之子就讀學室的規定,張家山漢簡所出《二年律令》之《史律》有太史、太卜、太祝及各郡之史招收和課試學童的完整規定。參彭浩、陳偉、工藤元男主編之《二年律令與奏讞書:張家山二四七號漢墓出土法律文獻釋讀》之《二年律令釋文・史律》,上海古籍出版社,2007年。
[2] 《唐六典》卷一四《太常寺》太醫署:"晉代以上手醫子弟代習者,令助教部教之。"説明魏晉時期醫藥主管部門亦招收醫家子弟集中教學,當承自秦漢各技術主管部門的"學室"之制。
[3] 《晉書》卷一〇六《石季龍載記上》。
[4] 《晉書》卷一〇六至一〇七《石季龍載記》上、下載其時有太史令趙攬,先後奏"歲星守燕"、"白雁集殿庭"、"熒惑守房"及"天文錯亂"諸事,可見其"外太史"確掌星占災祥等事,所屬應有關於天象觀測和災祥卜占的教學活動。

立"醫學,以廣教授"[1]。這説明執事於有關方術機構的技術人員,平素也還是有其教習培養辦法的,唯史乘對之罕有記載,其詳今已不得而知。北魏的部門方術之學似乎呈現了新的發展態勢,其標誌是道武帝時設立了"仙人博士"之官[2],太武帝時又出現了"算生博士"等官稱[3]。這類職務既然稱爲"博士",其擔任者的教育職能當已較前突出,"算生博士"之稱更表明教、學雙方及其所展開的教學活動,必已有了較以往更爲獨立和穩定的形態。因而在有關官署設置博士和生徒,實際上是建立了擁有專職教師和學生的職業學校,部門之學至此已分化爲較爲原始的見習培訓和相對高級的學校教學兩種形式。太武帝以來,這種在官署内部設立職業學校培養朝廷所需技術官員的辦法,顯然得到了迅速發展。孝文帝太和十六年(492)確定的官職序列中,僅與方術之學相關的,就有太史博士、助教和太醫博士、助教及太卜博士,以及尚書算生、諸寺算生等一批建制[4],説明當時分别主管天曆、醫藥和卜筮等事務的機構中,均已建立了培養方術官的職業學校,另又在尚書省和諸寺分别設立了若干算學。北齊尚書、門下和中書等省皆設"醫師",似乎也反映了當時醫學教學分頭展開的特定狀態[5]。

到隋唐,部門性方術學校的設置已更爲普遍[6]。隋初算學已與書學一起歸屬國學,秘書省所屬太史曹置有曆、天文、漏刻、視祲博士和生員;太常寺所屬主管醫學的太醫署,置有醫博士、助教各2人,另置按摩博士、祝禁博士各2人;太常寺所屬主管卜筮的太卜署,置有太卜博士、助教各2人和相博士、助教各1

---

[1]《唐六典》卷一四《太常寺》太醫署載醫博士之制,述"元嘉二十年,太醫令秦承祖奏置醫學,以廣教授。至三十年,省"。"以廣教授"説明其本有教授之法。

[2]《魏書》卷一一三《官氏志》:天興三年"置仙人博士官,典煮煉百藥";同書卷一一四《釋老志》述道武帝當時爲仙人博士"立仙坊",封西山以充其給,且稱之爲"鍊藥之官"。可見此官的教學活動與履職過程仍密切相關,名爲"博士",大概只能説明當時"仙坊"中教學的一面已比較突出。又《通典》卷三六《秩品一·漢官秩差次》載西漢有"太常太卜博士"秩六百石。但當時博士非必與教學相關,這條記載無法説明西漢已有部門性方術學校。

[3]《魏書》卷九一《術藝殷紹傳》述其"世祖時爲算生博士"。北朝常泛稱教師爲"博士",此"算生博士"或非正式官名,但當時設有算學則無問題。《魏書》卷七九《范紹傳》載其"太和初,充太學生,轉算生,頗涉經史"。此太和初年的"算生",當承自太武帝以來。

[4]《魏書》卷一一三《官氏志》。其載太和中所定官品"太史博士"兩見,一是與太學博士和律博士皆爲第六品中階的太史博士,一是與太卜博士和太醫博士皆從從七品下階的太史博士。比照尚書算生第九品中和諸寺算生第九品下的規定,這個事實似乎可以説明當時設立的天占星曆之學不止一處。又《官氏志》後文所載景明官品中,這些官銜均已消失,然據《魏書》卷一〇七下《律曆志下》載東魏興和二年(540)命李業興撰《甲子元曆》,奏上者中,有"太史博士臣胡仲和"之銜。是宣武帝以來仍有"太史博士",此類或已進入視品或流外序列。《唐六典》卷一四《太常寺》太樂署述"凡習樂,立師以教",且述"諸無品博士隨番",是其樂舞博士已無品階。

[5]《隋書》卷二七《百官志中》載北齊河清時所定官品,"尚書、門下、中書等省醫師,爲從第九品"。

[6]《唐六典》卷一四《太常寺》太醫署述"後周醫正有醫生三百人,隋太醫有生一百二十人,皇朝置四十人"。可見北魏部門之學被北齊、北周不同程度地沿襲了下來,構成了隋唐部門之學的發展基礎。

人;太僕寺又置獸醫博士120人,這就構成了規模可觀的部門方術學體系。隋文帝開皇五年(585)雖停廢律學,晚年又大肆縮減國學,但各部門的方術之學卻仍得到了重視和延續[1]。唐代基本沿襲此制而略有損益,據《唐六典》所載開元之制,秘書省所屬太史局之下,設相當於曆博士的保章正1人,曆生36人,裝書曆生5人;又設相當於天文博士的靈臺郎2人,天文觀生90人,天文生60人;又設漏刻博士6人,漏刻生360人[2]。太常寺所屬的太醫署,設醫、針博士和助教各1人、按摩博士、咒禁博士各1人,分別教授醫生40人,針生20人,按摩生15人,咒禁生10人,另有藥園師2人,藥園生8人,藥童24人;太常寺所屬的太卜署,設卜博士和助教各2人,有卜筮生45人[3]。太僕寺所屬有獸醫博士1人,學生100人[4]。更爲重要的是,唐太宗以來開始在各州開辦醫學[5],玄宗開元年間又爲之設立了醫博士和助教,並規定府、州醫學生規模爲京府20人、大、中都督府和上州15人,下都督府和中州12人,下州10人[6]。依此再按《通典》所載開天時期各等府州數計算,則唐代盛時各州醫學生總數可達3000餘人。[7]

部門方術之學的教學培養過程,可以從唐代的規定見其大概,史載可徵者約有下列幾端。

首先,這些學校都附設於主管有關技術的官署,都在本署長官的節制之下。其教學活動及教官的考核、生徒的選補、課試的組織實施和業成者擢補本署官吏等事,除有法律統一規定者外,長官可以全權處理。如太醫署的藥園師爲流

---

[1] 以上俱見《隋書》卷二八《百官志下》,其後文又載煬帝大業三年定制,太卜署"省博士員,置太卜正二十人,以掌其事"。又《隋書》卷一九《天文志上》載平陳後,得善天官者周墳,任其"爲太史令。墳博考經書,勤於教習,自此太史觀生,始能識天官"。又《隋書》卷一七《律曆志中》載開皇十七年詔責太史造曆諸官,內有"曆博士蘇粲、曆助教傅雋、成珍"之名。又宋代張杲《醫説》卷一《歷代名醫·巢元方》述其"大業中爲太醫博士,奉詔撰《諸病源候論》五十卷"。以上可證開皇五年至文帝末年裁減國學直至煬帝以來,除太卜博士改爲卜正外,各署博士大多仍照舊設置。

[2] 見《唐六典》卷一〇《秘書省》太史局,其載唐初沿隋設曆博士1人,"長安四年省曆博士,置保章正以當之,掌教曆生"。後文又載"天文博士掌教習天文氣色",唐初因隋置2人,"長安四年省天文博士之職,置靈臺郎以當之"。同書卷二七《太子三寺》載太子率更寺下亦設漏刻博士2人,漏童60人。

[3] 《唐六典》卷一四《太常寺》,並參《新唐書》卷四八《百官志三》太常寺。

[4] 《唐六典》卷一七《太僕寺》。

[5] 《舊唐書》卷二《太宗紀上》貞觀三年九月癸丑,"諸州置醫學"。

[6] 《唐六典》卷三〇《府州縣》述各府州醫學生"貞觀初置",醫學博士、助教"開元初置"。又《隋書》卷二六《百官志上》載梁初定制,"郡縣吏有書僮、有武吏、有醫……亦各因其大小而置焉";卷二七《百官志中》又載北齊王國置"典醫丞"。唐太宗設各州醫學,當有鑒於南北朝這類設置而來。

[7] 前已引《通典》載開元二十八年有上州109,中州29,下州189個,共計327州;其中京府醫學生3×20 = 60人,減去京府3個後,上州醫學生爲106×15 = 1590人,中州醫學生爲29×12 = 348人,下州醫學生爲189×10 = 1890人;以上各項總計3888人。然《天一閣藏明鈔本天聖令校證(附唐令復原研究)》下册校錄本《醫疾令卷第二十六》關於各州醫學有"若州在邊遠及管夷獠之處,無人堪習業者,不在置限"之條,故僅估測爲3000餘人。天一閣博物館、中國社會科學院歷史研究所天聖令整理課題組《天一閣藏明鈔本天聖令校證(附唐令復原研究)》,中華書局,2006年。

外六品,由太常卿從藥園生業成者中選補[1];而太僕寺的獸醫博士則並無官品,地位更低,可由主管其事的太僕丞從優秀獸醫生中選充[2]。這種分散設置、各教其事的狀態,體現了其完全服務於各技術部門的特點,且與專門教授公共知識和統一管理的國學形成了鮮明對照。

其次,博士、助教往往兼有部分實務,本署其他官員也常參與其教學活動。像天文博士至長安四年改爲靈臺郎後,既要"教習天文氣色",又要"觀天文之變而占候之"。太醫署的醫師和醫工、針師和針工、按摩師和按摩工、咒禁師和咒禁工,都要佐助醫博士、助教、針博士、助教和按摩博士、咒禁博士對生徒的教習過程。與之相應,有些生徒也仍要從事實務,像太史局的天文觀生,便要"晝夜在靈臺伺候天文氣色";漏刻生則既要"習漏刻之節",又要"以時唱漏"。這都說明這些學校仍不同程度地具有見習培訓特點,而未全脫宦學事師時期官、師一體,職、學不分的原始性。

其三,生徒常從民間選充,有年齡限制,有的須具有一定的知識基礎。如太史局曆生,"取中男年十八以上解算數者爲之";太史局的天文生和太卜署的卜筮生,"並取中男年十六以上性識聰敏者";太史局的漏刻生和太子率更寺的漏童,皆"取十三、十四者充"[3];太僕寺獸醫生"以庶人之子考試"選充。各學生徒地位最高的是天文觀生和曆生,入學後即爲流外七品[4];其餘均爲無品職吏。這兩類生徒課試業成後限在本部門服務而不得轉業[5],前者可依次升補爲流內官,後者亦可逐漸上升至流外官再進而爲流內官,但其最高只能做到本局本署的長官,也很難再轉爲其他部門的官吏[6]。由此可見這些學校面向民間專門培養專業技術官吏的基本性質。

其四,教學內容以高度專業化爲其特徵。如太醫署的醫生和針生,其規定是"讀《本草》者,即令識藥形而知藥性;讀《明堂》者,即令驗圖,識其孔穴;讀《脈訣》者,即令遞相診候,使知四時浮沈澀滑之狀。讀《素問》、《黃帝針經》、《甲乙》、《脈經》,皆使精熟"。其中對醫生的教學,還要按體療、瘡腫、少小、耳目口

---

[1]《通典》卷四〇《職官二十二·大唐官品》、《唐六典》卷一四《太常寺》太醫署條,並參《天一閣藏明鈔本天聖令校證(附唐令復原研究)》下册校錄本《醫疾令卷第二十六》。

[2]《唐六典》卷一七《太僕寺》。

[3]《天一閣藏明鈔本天聖令校證(附唐令復原研究)》下册校錄本《雜令卷第三十》。

[4]《通典》卷四〇《職官二十二·大唐官品》載太史監曆生、天文觀生爲流外七品。《文苑英華》卷五一二《判十·書數師學射投壺圍棋門二十七道》有"習卜算判",即爲卜筮生及曆生選補之事,可參。

[5]《唐律疏議·名例篇》"工樂雜戶及太常音聲人犯流"條,規定天文等生徒習業已成而犯徒、流罪者,可以加杖替代徒役和遠配,以便其繼續服務於有關官署。

[6]《唐會要》卷六七《伎術官》。

齒、角法五科來"分業教習";而針生又須兼習"《流注》、《偃側》等圖,《赤烏神針》等經"。算學在唐初雖已歸屬國學,教學內容卻仍保留了其以往作爲部門學的專業特色,算學兩個專業的法定教材,一是"習《九章》、《海島》、《孫子》、《五曹》、《張丘建》、《夏侯陽》、《周髀》",一是"習《綴術》、《緝古》",兩者都要兼習"《記遺》、《三等數》"。此外,有些知識技能涉及禁法秘術十分敏感,只限本專業生徒傳習。如太卜署的三類"式占"中,只有"六壬式"官民通用,"雷公式"和"太乙式"並禁私家所蓄,也就只有所屬卜筮生可以學習。又如太史局掌握的星曆占候知識切關天命氣數,所屬各學不僅要嚴守專業禁止兼習,而且規定天文觀生"不得讀占書,所見徵祥災異密封聞奏,漏泄有刑"。

其五,各部門學皆有依法課試之制,其具體辦法各專業有所不同。其中規範化程度最高的是太醫署所屬醫、針、按摩、咒禁四學,朝廷明令其"考試登用,如國子監之法",故太醫署亦如國學設有"典學"二人,專事課督學業;而博士教授《素問》《黃帝內經》《針經》《甲乙經》等醫典時,亦"皆案文講說,如講五經之法"。其課試問答之式及考等高下的衡量,"並准試國子監學生例"。其中如醫、針生皆由博士每月一試,太醫令、丞每季一試,又由主管太醫署的太常寺長官年終總試,凡其"業術過於見任官者,即聽補替";在學 9 年無成者,罷退出學,各還本業。具體則醫生試《甲乙》4 條,《本草》《脈經》各 3 條;而針生則試《素問》4 條,《黃帝針經》和《明堂》《脈訣》各 2 條;此外還要試其兼習的醫、針書各 3 條。同時,各專業還有課試業成的不同年限規定,如醫生、針生在 9 年的總期限內,醫生習體療科者限 7 年完成學業,習少小科、瘡腫科者限 5 年,習耳目口齒科、角法科者限 2 年;針生則限 7 年內完成學業。其餘按摩生限 3 年,咒禁生限 2 年業成。

其六,各州醫博士、助教除教授醫學生外,均須"救療平民有疾者",說明其教學活動也是與履職過程相結合的,並且兼有服務於社會的功能。其博士、助教依法由州司優先考選本地"醫術優長者爲之",報尚書省備案。學生的身份和年齡規定、教習課試的內容和完成學業的年限,均比照太醫署之學執行,允許兼習各種行之有效的"雜療"術。其生徒的課試辦法,則每季由博士、助教考試,年終由本州長官與博士會同考試,皆"明立試簿,考定優劣",劣者有罰,"終無長進者,隨事解黜",另補新生;業成者即充本州醫師,輪番巡行各地治病救人[1]。

---

[1] 以上除別注出處者外,皆見《唐六典》卷一〇《秘書省》、卷一四《太常寺》、卷一七《太僕寺》、卷三〇《府州縣》,其中醫學部分又見《天一閣藏明鈔本天聖令校證(附唐令復原研究)》下冊校錄本《醫疾令卷第二十六》。

由此看來，唐代的府、州醫學既是直屬地方長官的一個技術部門，也是一所培養地方醫藥人員的學校，行政上由地方長官統轄，業務上大體與太醫署之學一致，故可歸之爲地方部門之學。

三、樂舞之學

主管樂舞的官署皆須訓練所屬音樂歌舞等藝術人員，樂舞之學也像其他部門之學一樣，程度不同地具有官、師合一，職、學不分的特點，其主要是要解決初入官府樂署者的技藝教學和培訓問題，並因官方所需樂舞者數量甚大而規模可觀。

如《三國志》卷二九《魏書·方技·杜夔傳》載其東漢以知音爲雅樂郎，後去官，奔荆州，爲曹操所獲：

> 太祖以夔爲軍謀祭酒，參太樂事，因令創制雅樂……時散郎鄧靜、尹齊善詠雅樂，歌師尹胡能歌宗廟郊祀之曲，舞師馮肅、服養曉知先代諸舞，夔總統研精，遠考諸經，近采故事，教習講肄，備作樂器，紹複先代古樂，皆自夔始也。

這是曹魏初建其雅樂體制的過程。所謂"教習講肄"，即有一批音樂舞蹈之人集中接受杜夔主持的雅樂訓練，而散郎鄧靜、尹齊、歌師尹胡、舞師馮肅、服養等，除協助杜夔創制雅樂外，亦當爲其師資[1]。又《晉書》卷一六《律曆志上》載西晉欲定律管之制，校試御府所藏曹魏製造的銅竹律二十二具，問協律中郎將列和，和曰：

> 昔魏明帝時，令和承受笛聲，以作此律，欲使學者別居一坊，歌詠講習，依此律調。至於都合樂時，但識其尺寸之名，則絲竹歌詠，皆得均合。歌聲濁者用長笛長律，歌聲清者用短笛短律。凡弦歌調張清濁之制，不依笛尺寸名之，則不可知也。

這就說明曹魏杜夔以來建立的樂舞之學，存在著分部教習、合而排練的體制，並按統一的律呂系統來校定音準。當時"使學者別居一坊，歌詠講習"，此法

---

[1]《世說新語》卷下《忿狷第三十一》："魏武有一妓，聲最清高，而情性酷惡。欲殺則愛才，欲置則不堪，於是選百人一時俱教，少時果有一人聲及之，便殺惡性者。"可見曹操時即有規模化的樂伎教學體制。

不僅有類於漢來各部門所屬的"學室"之制,而且可以看作是後世"教坊"的前聲。西晉泰始十年荀勖等校正笛律,以爲"講肆彈擊"與廟堂奏樂之准,説明當時樂署"講肆"之制,大體亦應沿襲了曹魏的這種教習體制[1]。何晏《景福殿賦》述:

> 又有教坊、講肆,才士布列,新詩變聲,曲調殊别,吟清商之激哇,發角徵與折雪,音感靈以動物,超世俗以獨絶。[2]

即爲當時宫廷樂舞部門設立"教坊、講肆",展開技藝訓練的寫照。東晉南朝及十六國北朝屢屢在戰亂後重建廟堂樂舞,各朝競相爭取轉輾流散的前朝伶官伎人以重建樂制[3],其背後自然也都存在著與魏晉教坊講肆相類的規模化樂舞教學活動。

北魏孝文帝太和年間,對部門樂舞之學有所整頓、擴展。當時除有太樂令主管樂舞之事外[4],還設立了"太樂祭酒"、"太樂博士"和"太樂典録",其制與太學設祭酒、博士和典録之況相類[5]。説明當時官方樂舞之學在傳統見習培訓的基礎上,也像部門方術之學一樣分化出了專門化的職業學校。但這個勢頭似未持續鞏固發展,只是在後世樂舞教官之制中得到了某種延續。北齊太常寺下設太樂署和鼓吹署主管樂舞[6],另有直屬宫廷的"内伎"[7]。史稱當時雜樂發達,吹笛、彈琵琶、五弦及歌舞之伎"傳習尤盛"[8],但其是否專設教官今已不得而知。西魏、北周先由大司樂總掌樂舞及相應的教習活動[9],周官改制後,教學諸務總歸樂部大夫掌管,其所屬除太學、小學博士、助教外,其餘爲司樂、樂

---

[1] 參《宋書》卷一九《樂志一》、《宋書》卷一一《律曆志上》。又《三國志》卷九《魏書·曹真傳》附《曹爽傳》述其輔政時"詐作詔書,發才人五十七人送鄴台,使先帝倢伃教習爲伎"。

[2] 《藝文類聚》卷六二《居處部》二《殿》引。

[3] 參《晉書》卷二三《樂志下》、《宋書》卷一九《樂志一》、《魏書》卷一〇九《樂志》。

[4] 《魏書》卷一八《太武五王傳·東平王翰傳》附《元孚傳》載其孝莊帝永安末年監作樂品,上疏述及太和中太樂令公孫崇修造金石之事,又述當時執掌太樂署的太樂令爲張乾龜。

[5] 《魏書》卷一一三《官氏志》載太和中官品"太樂祭酒"從五品中,"太樂博士"第六品下,"太樂典録"從七品下。至景明所頒官品序列中,這3個官職已然消失。但從隋、唐樂舞教官仍稱博士的事實看,太和末年以來樂舞博士當與部分方術博士一樣進入了視品或流外序列。

[6] 《隋書》卷二七《百官志中》。

[7] 《北齊書》卷三九《崔季舒傳》載其文襄帝時爲中書監而善音樂,移門下機事總歸中書,"内伎亦通隸焉"。是内伎原屬門下省,至此改屬中書省。《隋書》卷二七《百官志中》載中書省"司進御之音樂",包括西涼四部、龜兹四部和清商四部樂。

[8] 《隋書》卷一四《音樂志中》,參《北齊書》卷五〇《恩倖韓寶業傳》。

[9] 《隋書》卷一四《音樂志中》載北周"太祖輔魏之時,高昌款附,乃得其伎,教習以備饗宴之禮……其後帝娉皇后於北狄,得其所獲康國、龜兹等樂,更雜以高昌之舊,並於大司樂習焉"。皆爲樂舞教習之例。《周書》卷五《武帝紀上》載保定四年五月丁亥改大司樂爲樂部。

師、樂胥、司歌、司鐘磬、司鼓、司吹、司舞、籥章、掌散樂、典夷樂、典庸器等樂舞官[1]，其中"樂師"的執教功能當相對突出[2]，整套系統分工甚細而規模可觀。

隋文帝時，太常寺所屬太樂、清商二署分別有"樂師"8人和2人，鼓吹署又置"哄師"2人。至煬帝時改"師"爲"正"，仍兼樂舞教學[3]，又大肆擴充樂舞人員及其教學規模，朝廷禮樂宴饗所需樂舞外，各色歌舞雜伎"皆置博士、弟子，遞相教傳"[4]。唐代太常寺所屬太樂署和鼓吹署長官皆有教習之責，其下分置樂正8人和4人，皆兼教各色音樂、舞蹈，轄有專事傳授技藝的博士、助教[5]。另值得注意的是，唐高祖以來又專門設置了直屬宮廷的教坊[6]，玄宗開元二年將之擴充爲分擅舞蹈和歌曲的左、右教坊，專供御前娛樂，兼事雜伎，亦有各色博士以爲教職[7]。此外，散在各地的大量官妓和營妓，也各有"教頭"從事樂舞技藝的教習培訓[8]。

由上所述不難看出，自北魏至隋唐，部門樂舞之學的博士，已從正式官員降至無品職吏，又從獨立負責樂舞教授變而爲輔助樂舞之官從事演奏技藝的傳授。如果說太樂博士的設立意味著專職樂舞教官的出現，那麼其地位和職能的這種下移，適足以說明部門樂舞之學中，學校教學方式已被限制在較低層次而未佔據主導地位，說明樂舞教學和履職過程的分化程度，相比於部門方術之學要來得更低。

正因如此，魏晉至隋唐的部門樂舞之學，也就一直都在更大程度上保留著宦學事師的原始性。在此前提下，所有供職於朝廷的樂舞之人，幾乎均可計入其見習培訓的規模。具體如魏晉至梁、陳，朝廷所屬樂舞之人的數量下限，當是

---

[1] 王仲犖《北周六典》卷四《春官府第九》。

[2] 《唐六典》卷一四《太常寺》太樂署太樂令條下載"後周有司樂上士、中士"，樂正條下又載後周"置樂師上士一人，中士一人"。可見當時"司樂"與"樂師"並置，前者當重在職事，而後者則應如隋唐樂師(樂正)側重於教習。

[3] 《隋書》卷二八《百官志下》，其載煬帝大業三年"改樂師爲樂正，置十人；太卜又省博士員，置太卜正二十人；以掌其事"。可見樂正、卜正略相當於博士。

[4] 《隋書》卷六七《裴蘊傳》。

[5] 《新唐書》卷四八《百官志三》太常寺太樂署條載"凡習樂，立師以教……業成，行修謹者爲助教，博士缺，以次補之"。《唐六典》卷一四《太常寺》太樂署載其教樂博士爲"無品博士"。可見唐代部門樂舞之學的助教和博士皆無官品，從習樂優秀者中隨便選補。

[6] 《唐會要》卷三四《雜錄》："內文學館、教坊，武德以來置在禁門內。"又《舊唐書》卷三《太宗紀下》貞觀五年七月定死刑復奏之制，"其日尚食進蔬食，內教坊及太常不舉樂"。可證其時"內教坊"與"太常"樂舞已並存。

[7] 《新唐書》卷四八《百官志三》述"開元二年又置內教坊於蓬萊宮側，有音聲博士、第一曹博士、第二曹博士"。

[8] 《新唐書》卷一九六《隱逸·陸羽傳》載其復州竟陵人，開天時曾"匿爲優人……吏署羽伶師"。《白氏長慶集》卷二一《格詩歌行雜體·小童薛陽陶吹觱栗歌》述薛陽陶年方十二，"指點之下師授聲"。此樂童吹觱栗於潤州公堂宴席間，是其必爲官伎而指點之"師"當爲官伎教頭。又《碧雞漫志》卷五《喝馱子》條述《喝馱子》曲乃唐末"單州營妓教頭葛大姊所撰新聲"。

象徵正統所在和維持基本禮樂活動的廟堂樂舞人員,依制爲 380 餘人[1]。但爲之必須培訓儲備者,總要超過廟堂樂舞的法定人數[2],況且還有其他各色散樂雜伎,故其實際蓄有和需要訓練的樂舞之人,往往在 1000 人以上[3]。北魏至隋初其數不詳,隋煬帝則增廟堂樂舞者編制爲 1083 人[4],又"總追四方散樂……自是皆于太常教習",其總數一度竟達 30000 人上下[5]。另一個較大的數字出現在盛唐,史稱當時隸於太常分番接受教習的各色樂舞雜伎,總數共有"數萬人"[6],加上左、右教坊習藝諸伎,總數當與隋煬帝時相仿。而開元前期的法定規模:太常所屬有"文、武二舞郎 140 人,散樂 382 人,仗内散樂 1000 人,音聲人 10027 人"[7];此外又有處於宫中宜春院的"别教院",亦即教坊女伎的習藝之所,其人數常在 1000 人上下[8];以上共計 12500 餘人。直至晚唐宣宗大中初年,"太常樂工"仍有 5000 餘人,另有教坊"俗樂"1500 餘人[9]。這還只是朝廷直屬樂舞之人的教學培訓規模,如果再加上各地授藝培訓的官妓和營妓,數量當然還要大大增加。

　　魏晉以來部門樂舞教學的規模之大,是因爲其教學與履職過程的分化不充分;而這種分化之所以難以展開,又是與當時樂舞的理論化和規範化程度較低,與樂舞教學强調演奏技藝遠甚於規範化樂理舞技的狀態分不開的。就拿北魏

---

[1] 《隋書》卷一五《音樂志下》:"自漢至梁陳樂工,其大數不相逾越。"這個"大數",也就是《隋書·音樂志》序所述"漢郊廟及武樂三百八十人"。又《續漢書·百官志二》太常太予樂令條注引《漢官》,述其"樂人八佾舞三百八十人"。是爲樂者與舞者合計之數。

[2] 如文、武舞,歷朝各八佾 64 人,共需 128 人,而《唐六典》卷一四《太常寺》太樂署置"文、武二舞郎一百四十人",原注則述"隋太樂署有舞郎三百"。

[3] 《三國志》卷三《魏書·明帝紀》載青龍三年(235)大治洛陽宫,裴注引《魏略》述帝充實後宫,"自貴人以下至尚保,及給掖廷酒掃,習伎歌者,各有千數"。《南齊書》卷二八《崔祖思傳》述其太祖時奏請裁撤雜伎,述西漢孔光定樂,"奏罷不合經法者四百四十一人,正樂定員,唯置三百八十八人。今户口不能百户,而太樂雅、鄭,元徽時校試千有餘人,後堂雜伎,不在其數"。又《陳書》卷七《皇后傳》末史臣述陳後主使諸貴人及女學士與狎客共賦新詩,"選宫女有容色者以千百數,令習而歌之,分部迭進,持以相樂"。

[4] 《隋書》卷一五《音樂志下》述煬帝更造三部樂,五郊樂工 143 人,廟庭樂工 150 人,饗宴樂工 107 人;另有文、武舞郎各二等,並 132 人,共有 528 人;又改置九部伎樂,共有樂工 155 人。以上總計 1083 人,散樂雜伎不在其列。

[5] 《隋書》卷一五《音樂志下》。其述煬帝時朝廷所蓄樂舞者"殆三萬人",《隋書》卷六七《裴藴傳》載爲"三萬餘"人。

[6] 《新唐書》卷二二《禮樂志十二》:"唐之盛時,凡樂人、音聲人、太常雜户子弟隸太常及鼓吹署,皆番上,總號音聲人,至數萬人。"所謂"番上",即在籍樂舞雜伎人按離京路途遠近每年分成若干批,輪流赴京當直,教習亦然。

[7] 《新唐書》卷四八《百官志三》太常寺太樂署原注。又《新唐書》卷一二三《李嶠傳》載其中宗時奏"太常樂户已多,復求散樂,獨持鞀鼓者已二萬員。願量留之,餘勒還籍"。《通典》卷一四六《樂六·清樂》:"國家每歲閱司農户容儀端正者歸太樂,與前代樂户總名音聲人,歷代滋多,至有萬數。"可見一般情況,直屬太常的樂人與音聲人均在 10000 以上,在考慮樂舞之學規模時,須注意的是其分番教習供職,並非同時在京。

[8] 《舊唐書》卷二八《音樂志一》:"太常又有别教院,教供奉新曲……别教院廩食常千人,宫中居宜春院。"又據唐代崔令欽所撰《教坊記》:"妓女入宜春院,謂之'内人',亦曰'前頭人',常在上前頭也。其家得在教坊,謂之'内人家',四季給米。"兩相對照,是"别教院"即宜春院,乃教坊女伎在宫中的教習和供奉場所。

[9] 《新唐書》卷二二《禮樂志十二》。

孝文帝時期的樂舞之學來看,當時擔任太樂祭酒的公孫崇"徒教樂童書學而已,不恭樂事"。遂有大臣擔憂樂童曠廢音律,無法專精其業,不符朝廷設立樂舞學校的本意,奏准公孫崇參掌律呂鐘磬之事,以此促進其樂舞教學回到正軌[1]。這件事情既證明了孝文帝設立的太樂祭酒和博士,本來確在很大程度上脫離了日常樂舞活動;也反映了樂舞之學重在掌握實用演奏技藝,爲此必須限制其教官和教學過程完全脫離實務。這也就解釋了北魏以後樂舞博士、助教地位和作用的蛻變,而唐代部門樂舞之學的教學培養辦法,也正是在此背景下形成的。其具體內容除與其他部門之學相類者外,還包括如下幾點:

首先,習業者多從樂户及其他官户中選充[2],業成者供事於本司。其具體規定是:刑部都官司每年校閱各種配没放免的户口時,都要從中選取"容貌端正"和符合規定年限者,充當"太常音聲人"或"樂人",將之列入直屬太常寺的專籍,核定名數,依法接受太樂署和鼓吹署的"教習"[3]。所有樂人和音聲人,凡習業已成課試合格者,即在本部門"專執其事";其中品行修謹者可依次選充爲助教、博士,仍須輪番供事、執教於官府而無官品[4];資深業優者則可在本部門逐步升擢爲官[5]。

其次,教習或供事常分批輪番進行,教習活動按此展開和調整。除太常寺自行在民間訪召的部分"長上"樂人外,列入專籍的樂人和音聲人,均須按其居處遠近,輪番赴太樂署和鼓吹署供事和接受教習,因故無法前往者可以納資代替[6]。這説明其接受教習和供事具有服役的強制性。其分批輪番辦法是:關外諸州每年分爲6番,關内諸州5番,京兆府4番;每次教習供事1個月,離京1500里之外的2番並上,一次性教習供事2個月;分6番的每天教習至申時,分4番的每天教習至午時。

---

[1]《魏書》卷一〇七上《律曆志上》太和十八年(494)高閭奏事。
[2] 唐制因罪配爲官奴婢的,一免爲番户,二免爲雜户,皆有專籍,有伎藝者配隸各司,無伎藝者割屬司農,皆稱官户,其中包括樂户。見《唐六典》卷六《刑部》都官中、員外郎條及《天一閣藏明鈔本天聖令校證(附唐令復原研究)》下册校録本《雜令卷第三十》,並參張澤咸《唐代階級結構》第十四章《官户、雜户及其他》第一節《官奴婢和官户》、第三節《樂户與太常音聲人》。
[3]《唐六典》卷六《刑部》都官中、員外郎條述其年限規定是:在京13歲以上,外州15歲以上送太樂署,16歲以上送鼓吹署。又《天一閣藏明鈔本天聖令校證(附唐令復原研究)》下册校録本《雜令卷第三十》:"太常寺二舞郎,取太常樂舞手年十五以上、二十以下容貌端正者充,教習成訖,每行事日,追上其事,放還本色。"是舞郎從一般樂舞者中選充。
[4]《新唐書》卷四八《百官志三》太常寺太樂署條:"其内教博士及弟子長教者,給資錢而留之。"説明樂舞博士一般仍須輪番供事執教。
[5]《唐會要》卷六七《伎術官》。
[6]《新唐書》卷四八《百官志三》太常寺太樂署條:"有故及不任供奉,則輸資錢,以充伎衣樂器之用。散樂,閏月人出資錢百六十,長上者復徭役,音聲人納次者歲錢二千。"《唐會要》卷三三《散樂》載散樂閏月人各徵資錢爲一百六十七文。

其三，"皆在本司習業"[1]。其教、學内容爲本部門掌管的各色樂舞，教習過程按不同樂舞分頭展開。具體如太樂署掌朝廷禮樂燕享活動所需的雅樂和坐、立二部伎樂及各色散樂[2]，其中僅雅樂，唐初即定有12《和》之樂，合31曲84調，所用樂器包括編鐘、編磬、鼓、柷、敔、笙、竽、笛、簫、箎、埙、琴、瑟、筝、筑，伴以登歌和文、武二舞，各有特定分工組合和服章儀節[3]。相關樂者、歌者和舞者的教習，各須通過系統培養和訓練，讓初學者逐步掌握其所需技藝和儀節，達到能夠熟練演奏和配合的程度。

其四，"依法各有程試"[4]。即由主管部門課督所屬樂舞人的教習進度。其分類教習的年限規定是：教習較難的大部伎限3年而成，次部伎2年，小部伎1年；教習樂曲的，以熟練演奏50首較難的曲子爲業成；教習大、小橫吹者，較難的限4番而成，較易的限3番而成[5]。其課試辦法大體是：教者和學者皆每年課試，每10年大校一次，按其程度分爲上、中、下三等；教者的等級以其課督學者完成藝業的程度來定[6]，並須上報禮部覆准，經15年有5次課試爲上等者，可以獲得官員身份繼續在本部門供事；若10年而藝業未成，可延長5年再加校試，據其合格與否，決定其繼續供事還是退習難度較底的技藝或黜還原籍[7]。

其五，教坊樂舞人直接爲皇帝服務而性質特殊，開元以來改由宦官任教坊使掌管，可稱是直屬宮廷的部門樂舞之學。供事和教習其中的樂舞人，從配没官户及太常樂人和音聲人中擇優選充，也有直接從民間選取的，其中的技藝優異者常年供職教習，婦女比例較大。教坊所習皆爲散樂雜伎[8]，藝術形式爭奇鬥艷，許多膾炙人口的散樂散曲，往往都由教坊藝人創作或因教坊演奏而流播於世。教坊的教習課試之法，當有類於太常樂舞人而更爲靈活，有興趣特長的皇帝如玄宗，甚至親自主持傳授和排練某些樂舞。從其内部按技藝高下有"内人家"、"搊彈家"和"雲韶宮人"之別，又有第一曹、第二曹房和音

---

[1] 《唐律疏議·名例篇》"工樂雜户及太常音聲人犯流"條。
[2] 坐、立二部伎的構成，參《唐會要》卷三三《讌樂》；散樂"非部伍之聲"，形式、名稱多樣，包括各色俳優歌舞雜奏百戲，參《唐會要》卷三三《散樂》。
[3] 參《新唐書》卷二一《禮樂志十一》、《唐會要》卷三二《雅樂上》、《樂府雜録·雅樂部》。
[4] 《唐律疏議·名例篇》"工樂雜户及太常音聲人犯流"條。
[5] 《新唐書》卷四八《百官志三》太常寺太樂署條。
[6] 《新唐書》卷四八《百官志三》太常寺太樂署條載其標準是：教長上弟子習較難和次難樂舞者各2人，四年而業成者，"進考"。《文苑英華》卷五〇八《判六·樂門十九道》首爲《樂官樂師請考判》，其事由是"丙任樂司博士，教弟子雜色，五周成，請進考。所司以不能發蒙，教不進考，不伏"。其下判辭兩道反映了其教學獎勸督課之況，可見朝廷及各地樂署的教學有五年而成者。同處所録的"樂師教舞判"，則述樂師教舞時有不受命者可加鞭撻。
[7] 以上除別注出處者外，皆見《唐六典》卷一四《太常寺》太樂署及鼓吹署條。
[8] 參《資治通鑑》卷二一一《唐紀二十七》開元二年正月己卯條。

聲博士等名目[1],可以推知其教習過程當按樂舞類別和難易程度分頭展開,亦有校試定等之制[2]。至於各地官伎和營伎的教習供事,亦當與太常樂人相類而有所簡化。

四、工巧之學及其他

上述律學、方術之學和樂舞之學,可說是魏晉至隋唐部門之學中發展脈絡較爲連貫的幾種。其學校形態,則從律學和方術之學的相對明朗,降至樂舞之學已不甚明朗。而是否專設相關博士官,可說是衡量這一點的重要指標。情形與樂舞之學類似,不設專職博士而仍存在規模化教學體制的,還有範圍廣及工程、製作乃至於烹調、駕馭、種植等各種工藝技能的工巧之學。

魏晉以來宮廷和官府需要的大量能工巧匠,除必要時直接從民間徵發外,正常情況下主要是由隸屬於各技術主管部門的匠戶來提供的。而匠戶身份及其服役供事的管理,向來都與樂户類似[3],也就同樣應當存在著規模化的教習活動。

如《宋書》卷一《武帝紀上》載東晉末劉裕北上滅南燕,獲慕容超巧匠張綱而攻克其都城廣固:

> 綱治攻具成,設諸奇巧,飛樓木幔之屬,莫不畢備。城上火石弓矢無所用之。

這當然不可能是由張綱逐個教會工匠,而是利用官府作匠固有的逐層督責和集中教習之制,纔能在其設計基礎上大批製造出"飛樓木幔之屬"[4]。《文房四譜》卷四《紙譜三》引《晉令》:

> 諸作紙,大紙一尺三分,長一尺八分,聽參作廣一尺四寸。小紙廣九寸五分,

---

[1] 白居易《琵琶行》:"自云本是京城女,家在蝦蟆陵下住,十三學得琵琶成,名屬教坊第一部。"其顯然是平民女選入教坊第一曹房習業者。

[2] 以上除別注出處者外,皆參《教坊記》、《唐會要》卷三四《雜錄》開元二十三年勅及《新唐書》卷四八《百官志三》太常寺太樂署條。另參修海林《隋唐宮廷音樂機構中的音樂教育活動》,載《音樂藝術》1997年第一期。

[3] 參魏明孔《中國手工業經濟通史(魏晉南北朝隋唐五代卷)》第三章《魏晉南北朝時期的手工業工匠》,福建人民出版社,2004年;熊德基《六朝史考實》所收《六朝的屯、牧、官商、伎作和雜户》,中華書局,2000年。

[4] 《三國志》卷二九《魏書·杜夔傳》裴注引傅玄所序曹魏馬鈞之事,述其爲朝廷製作攻城所用的連發拋石車,亦當如此。

長一尺四寸。

是爲西晉官府造紙作坊的製紙規格,而其必定還會存在一系列相應的技術工藝要求[1]。因而凡是官府作坊徵集的工匠,首先都要統一教習培訓纔行。由於秦漢以來這方面已有相當成熟的制度[2],魏晉以來其學亦當承此繼續發展。《魏書》卷四下《世祖紀下》太平真君五年(444)正月庚戌詔:

> 自頃以來,軍國多事,未宣文教,非所以整齊風俗,示軌則於天下也。今制自王公已下至於卿士,其子息皆詣太學。其百工伎巧、騶卒子息,當習其父兄所業,不聽私立學校。違者師身死,主人門誅。

此詔隨同當時禁毀佛教的一系列措施下達,故其規定十分嚴厲。這裏的"百工伎巧",自然包括了工藝、樂舞等各種技藝者;"騶卒"當是車馬驛傳的駕馭和服務人員[3]。此詔允許其世業傳習而禁止民間私學其術,説明他們大都是繫籍於豪門或官方的伎術人户;"不聽私立學校",又説明官府建制中,百工技巧和車馬驛傳的主管部門有其相應的技藝教習體制。孝文帝太和十六年所定官品中出現的"方驛博士",應當就是與此詔所述"騶卒"相關,教授車馬驛傳相關技術的專職教官[4]。這個職務到景明時頒佈的官品中業已消失,似乎也不應是徹底裁撤,而是與太史、太醫、太樂等博士、助教一樣變成了流外或無品職吏。晚唐敦煌官、私工匠在繪畫、雕塑、建造、擀氈、金銀器等領域手藝高超者皆稱"博士"[5],便從一個側面反映了北朝以來工藝技術領域的授徒傳業者地位不斷下降,但也仍像其他領域的教師一樣稱爲博士的事實。

從唐代各技術部門所隸匠户的教學體制來看,爲適應官方建築和器物、製

---

[1] 參《太平御覽》卷六〇五《文部二十一·墨》引韋仲將《筆墨方》述製墨之法,韋仲將即曹魏時常爲宫中和官府書寫匾額的著名書法家韋誕,其法應是官府作坊製作宫廷顯貴所用好墨的技術工藝。

[2] 雲夢秦簡《秦律十八種·均工律》、張家山漢簡中的《複律》中,就都包含了這類內容。

[3] 《魏書》卷一九上《景穆十二王傳上·廣平王洛侯傳》附《元匡傳》載其孝明帝時爲御史中尉,尚書令任城王澄"與匡逢遇,騶卒相搏,朝野駭愕"。《南齊書》卷四七《王融傳》載其嘗歎曰:"車前無八騶卒,何得稱爲丈夫!"是騶卒爲車馬馭夫隨從之類。又《天一閣藏明鈔本天聖令校證(附唐令復原研究)》下册校錄本《雜令卷第三十》載唐令:"諸司流外非長上者,總名'番官';其習馭、掌閑、翼馭、執馭、馭士、駕士、幕士、稱長、門僕、主膳、供膳、典食、主酪、獸醫、典鼓、價人、大理問事,總名'庶士'……"其中"習馭"至"駕馭"六種人員皆爲車馬之人,足見騶卒及所涉技術門類之多樣。

[4] 《魏書》卷一一三《官氏志》太和十六年官品的從九品中階中,惟有"方驛博士"一個職務,其位次於第九中階的"太醫、太史助教"。至景明所頒官品中,此類皆已消失。

[5] 參馬德《敦煌工匠史料》研究篇之《敦煌工匠的技術級別》、史料篇下篇《工匠技術級別》二《博士》,甘肅人民出版社,1997年。

品的特殊標準和要求[1],除按官學事師的傳統方式見習和提高技藝外,匠户在番上供事服役時,恐亦不免要由本司集中進行一定程度的專門訓練[2]。特別是爲維持各部門所需匠户的數量,朝廷每年都要像樂舞之人的培養和訓練那樣,從官户中選取聰敏少年分隸主管部門,輪番赴京接受教習以掌握相應的工藝技能。其具體規定是:刑部都官司每年核定配没官户時,除部分中男容貌端正者被隸籍太樂、鼓吹署外,也要選取十六歲以上符合規定者隸籍少府監,分番接受"教習,使有工能"[3]。《唐律》規定:諸工、樂、雜户及太常音聲人,"皆取在本司習業,依法各有程試"[4]。這條法律中的"工户",專指隸籍於少府監從事器物製作和織造、冶煉的工藝技術人員;"雜户"則包括了配没於各主管部門的各色技術者。其程試之法,如《唐六典》卷二二《少府監》載監中教習各種工藝技巧之法:

> 金、銀、銅、鐵、鑄、鎬、鑿、鏤、錯、鍍,所謂工夫者,限四年成;以外限三年成;平慢者,限二年成;諸雜作,有一年半者,有一年者,有九月者,有三月者,有五十日者,有四十日者。[5]

這樣的規定,應當也適用於其他各部門的技術教學。其顯然是一種規模化的定向培養和訓練,並與樂舞之學一樣具有某種學校教學的性質。

除以上所述之外,魏晉以來還零星出現過其他一些教習專業技藝的部門性教學設施。由於記載較少,對此只能綴其一零半爪略作介紹。

如書法之學:西晉曾在秘書監下設立"書博士,置弟子教習,以鍾、胡爲法"[6]。這裏鍾爲鍾繇,胡即胡昭,爲漢魏間書法名家[7],可見這是一所專門教

---

[1] 参《天一閣藏明鈔本天聖令校證(附唐令復原研究)》下册校錄本《營繕令卷第二十八》。
[2] 《天一閣藏明鈔本天聖令校證(附唐令復原研究)》下册校錄本《雜令卷第三十》載唐令:無官之人"有技能者,各隨其所能配諸司"。此外,每年十月都官案比官户中男送少府監教習工藝技能,"其父兄先有技業,堪傳習者,不在簡例"。可以推知匠户子弟可由父兄自行教習,然其番上供事時仍當有針對相關工程或製作的集中訓練。
[3] 《唐六典》卷六《刑部》都官郎中、員外郎條及《天一閣藏明鈔本天聖令校證(附唐令復原研究)》下册校錄本《雜令卷第三十》。令文中只提到少府監而未及内侍省、殿中省、將作監、軍器監等同樣隸有大批專業技術人員的部門。據同書下册校錄本《廄牧令卷第三十》載唐令:飼養馬、駝、騾、牛、驢處各給獸醫,"其牧户、奴中男,亦令於牧所分番教習,並使能解"。可以推知選取聰敏少年隸籍主管部門分番教習的,並非止是少府監一個部門。
[4] 《唐律疏議·名例篇》"工樂雜户及太常音聲人犯流"條。
[5] 吐魯番阿斯塔那一五四號墓所出文書,包括了多件"高昌作人名籍",即高昌官作坊工匠之籍。
[6] 《晉書》卷三九《荀勗傳》。
[7] 《晉書》卷三六《衛瓘傳》附《衛恒傳》載其《四體書勢序》有曰:"魏初有鍾、胡二家,爲行書,法俱學之於劉德升,而鍾氏小異,然各有巧,今大行於世云"。参《三國志》卷一一《魏書·管寧傳》附《胡昭傳》、卷一三《魏書·鍾繇傳》。《法書要錄》卷一錄王僧虔《論書》:"鍾公之書,謂之盡妙。鍾有三體:一曰銘石書,最妙者也;二曰章程書,世傳秘書,教小學者也;三曰行押書,行書是也。三法皆世人所善。"卷八張懷瓘《書斷》中《妙品》述:"胡昭……甚能史書,真、行又妙。"

習書法的學校。十六國、北朝的國學都很重視識字與書法,至隋唐國學包括書、算學,其中書學以識字爲主,性質與西晉秘書監所屬"書學"不同。倒是北齊設有"八書博士"2 人[1],顧名思義當以教習八種字體爲主[2],性質似與西晉秘書監所屬的書博士相類。

再如禮儀之學:除各種官學教習的博士外,曹魏文帝另設太常博士專掌禮儀,其制爲後世沿襲損益[3]。魏晉以來,朝廷禮制不斷系統和規範化,士族門閥對之強調不一而足,但一般官民對繁複的禮儀典章卻已日漸生疏,操辦各種儀式和掌握相關的典章故事,成了一項專門化和技術性較強的工作,遂有必要加強對有關禮儀人員的培養和訓練。北魏孝文帝太和十六年頒佈的官品序列中,出現了"禮官博士"之職[4],從其與太學博士、太史博士和律博士地位相同,以及當時所設各類博士皆爲教官的情況來看,"禮官博士"的設立,似乎也應標誌當時建立了某種形式的部門禮儀之學。到唐代,太常寺和太常博士主持的禮院之下,各設置有行政地位類似吏員的"禮生"35 人[5]。且其既要在儀式活動中充當引導等輔助性角色[6],也就必須接受相應的教習和訓練[7]。此外,唐代秘書省太史局的五官正之下,另有"五官禮生"15 人,似乎是供事和教習節氣時令之儀的人員[8]。大體說來,唐代這兩種禮生,都只是見習和供事於朝廷禮儀活動的人員,因而與之相關的教習過程和設施,在性質上與部門方術或樂舞之學並無不同。

---

[1]《隋書》卷二七《百官志中》。
[2]《晉書》卷六〇《索靖傳》載其作《草書狀》,述當時字體"觸類生變,離析八體"。《魏書》卷九一《術藝江式傳》述其延昌三年上表奏准編集字書,"兼教八書史",以學士五人助之,又置生五人專事抄寫。其表前文述其祖上六代俱習八體,"一曰大篆,二曰小篆,三曰刻符,四曰蟲書,五曰摹印,六曰署書,七曰殳書,八曰隸書"。《北齊書》卷四四《儒林張景仁傳》載其以書法封王,"自蒼頡以來,八體取進,一人而已"。《唐六典》卷二一《國子監》稱書學亦教"古文八體"。又可見"八體"爲魏晉以來書家所重,而北魏江式編書之時,八書教學已具雛形。
[3]《晉書》卷二四《職官志》並參《通典》卷二五《職官七·太常博士》。
[4]《魏書》卷一一三《官氏志》載太和中官品,無"太常博士"而有"禮官博士",與太學博士、太史博士、律博士皆爲第六品中階;景明中官品則無"禮官博士"而有"太常博士",與太學博士同爲從七品下階。又《魏書》卷四八《高允傳》載其作《徵士頌》,內有"太常博士鉅鹿公趙郡李靈虎"。同書卷一〇八之一《禮志一》載泰常三年(418)八月明元帝祭白登廟時,有"太廟博士許鍾";又載太武帝神䴥二年(429)九月立密太后廟於鄴,"置祀官太常博士、齋郎三十餘人"。可見北魏明元帝時有"太廟博士",太武帝時有"太常博士",俱爲祀官。
[5]《新唐書》卷四八《百官志三》太常寺條。"禮院"統管朝廷一應禮事禮制的諮詢顧問,與太常寺相對獨立,由太常博士主持。《舊唐書》卷八《玄宗紀》載其正式設立於開元十九年四月壬午。
[6]《通典·禮典》多處引《大唐元陵儀注》規定了禮生在相關儀式扮演執紼引導等角色,故《唐大詔令集》載諸禮事制策或德音,常包括了賜參與儀式的禮生以勳級或優予出身的條款。
[7] 參《舊唐書》卷一六二《陸亙傳》、《新唐書》卷一七七《高鈇傳》附《高銖傳》,並參《唐會要》卷六五《太常寺》貞元八年(792)四月太常寺奏。
[8]《舊唐書》卷四三《職官志二》載秘書省司天臺有"五官禮生十五人"。所謂"五官"指春、夏、秋、冬、中官。又《唐會要》卷六五《太常寺》載長慶二年(822)太常寺奏稱"兩院禮生,元額三十五人"。

再如宫人之學：内廷宫人動輒成千上萬，其教習培訓向來自成系統[1]。魏晉以來見於記載者，如前引後趙石虎"内置女官十八等，教宫人星占及馬步射"[2]。所置的"女官十八等"，顯然擴充了魏晉宫官之制；其教宫人以"星占及馬步射"，也應是在以往宫人教習的基礎上增加的新内容[3]。前秦苻堅"課後宫，置典學，立内司，以授於掖庭；選閹人及女隸有聰識者署博士以授經"[4]。這似乎是歷史上首次在宫中設置了專門教授宫人的經學學校，其制包括了典學及相應的官署和從宦官和宫人中選任的博士。南北朝以來的宫人之學，如南朝劉宋文帝時，曾以嫻於文辭的宫人韓蘭英爲博士，"教六宫書學"[5]。北齊長秋寺所屬掖廷和晉陽、中山的別宫"各置宫教博士二人"[6]。隋初内侍省置宫教博士13人，唐開元年間則置2人，"掌教習宫人書、算衆藝"[7]。但唐太宗以來也曾在宫人中展開過經學教學[8]，具體則設立了"内文學館"，選宫人有儒學者一人爲學士，"掌教宫人"。武則天以來改"内文學館"爲"習藝館"（一度亦稱"翰林内教坊"），其規模則大爲擴充，置有内教博士18人，其中包括經學5人，史、子、集、綴文3人，楷書2人，《莊》《老》、太一、篆書、律令、吟詠、飛白書、棋各1人[9]。這種盛況，當然是武則天身爲女主時發生的特殊現象，此後宫人學規模當已減縮。不過内廷習藝館中唐以來仍然存在，其教習活動與宫教博士並行不悖[10]。

綜上所述，魏晉至隋唐的官方部門之學，特別是經北魏轉折變遷而發展至

---

[1]《後漢書》卷一〇《皇后紀》序："明帝聿遵先旨，宫教頗修。"可見漢代宫人自有教習之制。

[2]《晉書》卷一〇六《石季龍載記上》。

[3]《唐六典》卷一二《宫官》引《晉令》述晉宫官有二千石的銀章艾綬、千石的銅印墨綬和千石以下的碧綸綬三等，包括大監、食監、都監、上監以及女史、賢人、恭人、中使、大使等不等級別的職務。其中女史如《周禮·天官塚宰》篇鄭注謂其"如太史之於王也"；《後漢書》卷一〇《皇后紀》序稱古來女史"記功書過"。魏晉女史亦然，故顧愷之《女史箴圖》繪女史執筆記事，而《藝文類聚》卷一五《后妃部·后妃》載西晉張華及裴頠所撰《女史箴》文，大抵亦皆規諫之語。這說明内廷存在著一套由宫人組成的文書簿記系統，也就意味著宫人不僅須在禮儀起居上，也須在書算知識上接受必要的教習。而石季龍增置女官十八等中的"女太史"，顯然就是在魏晉内廷女史的基礎上增出來的。

[4]《晉書》卷一一三《苻堅載記上》。

[5]《南齊書》卷二〇《皇后列傳》武穆裴皇后傳附韓蘭英事蹟。

[6]《隋書》卷二七《百官志中》。

[7]《唐六典》卷一二《内侍省》掖庭局條。其載唐代宫教博士從九品下，《隋書》卷二八《百官志下》載隋宫教博士從九品。又《舊唐書》卷一九〇上《文苑蔡允恭傳》述其仕隋歷著作佐郎、起居舍人，煬帝"嘗遣教宫女，允恭深以爲恥，因稱氣疾，不時應召。煬帝又許授以内史舍人，更令入内教宫人，允恭固辭不就，以是稍被疏絕"。

[8]《舊唐書》卷一八九上《儒學傳》序。

[9]《新唐書》卷四七《百官志二》内侍省掖庭局條及《舊唐書》卷四三《職官志二》中書省習藝館條。

[10]《新唐書》卷四七《百官志二》内侍省掖庭局述習藝館"開元末館廢，以内教博士以下隸内侍省，中官爲之"。然據《新唐書》卷七七《后妃傳下》尚宫宋若昭傳，其父庭芬德宗時擢爲饒州司馬、習藝館内教。可見中唐以來内廷仍有習藝館。又《唐會要》卷九一《内外官料錢上》載大曆十二年(777)定百官料錢，宫教博士與按摩、咒禁、卜筮博士各1917文。是宫教博士安史亂後仍在正常履職。

隋唐的這類專業技術知識、技能的教學體制,其總體表現出來的完備性和規範性,不僅達到了空前的程度,也在當時整個官學體系和各種教育設施中佔有重要地位。當時官學體系各組成部分的功能區分,大體是由國學各學和州郡縣學針對身份較高的社會成員,培養可以成為各種重要官吏的文儒之士和文書之人,以體現和鞏固經學的官方意識形態地位和經史子文等主流公共知識的影響;又由各種部門之學針對身份較低的社會成員,培養在官府中不佔重要地位,卻仍不可或缺的各種技術官吏和專業服務人員,同時也可通過一定的課程設置,展開不同程度的公共知識教學。若從各種專業技術知識、技能對於整個文明發展和社會生活品質的重要性,從官府部門之學幾乎包括各專業門類而培養規模可觀,切關乎官府施政又兼有一定的公共服務功能,並在推進相關知識技能本身發展時佔有重要地位的角度來看,加強對之的關注和研究應是今後教育史和學校史亟待補足、改進的重要方向。

時間法與唐代日常生活

——《天聖令·假寧令》劄記

牛來穎

對王朝統治中的時間秩序和規定,歷來是傳統社會日常行爲與政治倫理的準則。對相關問題的關注,成爲禮儀、思想、文化乃至經濟、制度史研究的對象。如楊聯陞《帝制中國的作息時間表》[1]的貫通闡述,[日]久保田和男對開封時空的細節注意所撰寫的《宋代開封研究》[2],到[美]司徒琳(LynnA.Struve)《世界時間與東亞時間中的明清變遷:從明到清時間的重塑》[3],等等。時辰、時節到《時令》,反映出時間的多重層面的內容及秩序的漸進强化,直至宋代《時令》以令典的篇目形式出現在律令體系當中。本文擬從幾個例證來説明這一漸進過程在唐宋律令制度中的具體體現,從而展現這一時段時間法形成中漸次完善的歷史過程。

一

寧波天一閣藏明鈔本《天聖令》整理出版後,令條文字的解讀和制度史的把握關係至密,唐宋時期制度的變遷是對唐宋令異同理解的基礎和令文復原的依據,而對制度的長時段考察就顯得愈加重要。《天聖令·假寧令》宋19條記載:

---

[1] 《國史探微》,中信出版社,2015年,45—66頁。
[2] 王水照主編《日本宋學研究六人集》(第二輯),上海古籍出版社,2010年。
[3] 生活·讀書·新知三聯書店,2009年。

　　　　諸私忌日給假一日，忌前之夕聽還。[1]

日本《養老令》中没有這一條，仁井田陞《唐令拾遺》、池田温《唐令拾遺補》作了增補。此次復原，其依據是《天聖令》之前有的《大唐開元禮》卷三和《唐六典》卷二吏部郎中員外郎條注文[2]。今日所見的《天聖令》宋19條與二者文字相同，可以篤定此條保留了唐令令文的原貌而未作改動。

　　所謂私忌日，按照《資治通鑑》卷二三五"賈耽私忌"胡三省注曰："父母及祖父母、曾祖父母死日爲私忌。"[3]葉夢得《石林燕語》卷二敍述其源流："舊法：祖父母私忌不爲假。元豐編勅脩《假寧令》，於父母私忌假下，添入逮事祖父母者准此，意謂生時祖父母尚存爾。然不當言逮事，蓋誤用禮之文也。原爲此法者，謂生而祖父母死，則爲不假，存則爲假，所以别於父母也。"[4]則唐宋在私忌的理解和所包含的對象上是有所區别的。《假寧令》是對官員放假的規定，分作公假（節日、旬假、國忌等）與私假（婚喪、病假、探親等），私忌與國忌相對應，屬於私假。

　　按照規定，私忌日前一晚即"忌前之夕"官員得以還家，第二天放假一天。令文中"忌前之夕"的規定，顯然是唐代視事制度所規範的。《唐六典》卷一《尚書都省》記載：

　　　　凡内外百僚日出而視事，既午而退，有事則直官省之；其務繁，不在此例。[5]

賴瑞和《論唐代官員的辦公時間》[6]，後林曉潔《唐代西州官吏日常生活的時與空》[7]再論，唐代官員是有早衙和晚衙之分的，按照韓愈《上張僕射書》中對工作的不適應和要求改以一般的上班時間是：

　　　　有自九月至明年二月之終，皆晨入夜歸，非有疾病事故輒不許出。當時以初受命不敢言……愈蒙幸於執事，其所從舊矣。若寬假之使不失其性，加待之使足

---

[1] 《天一閣藏明鈔本天聖令校證——附唐令復原研究》，中華書局，2006年，413頁。
[2] 中華書局，1992年，35頁。
[3] 《資治通鑑》卷二三五，德宗貞元十二年(796)九月條，中華書局，1956年，7575頁。
[4] 《全宋筆記》第二編，十，大象出版社，2006年，24頁。
[5] 《唐六典》卷一，12頁。《唐會要》卷八二《當直》同。
[6] 《中國史研究》2005年第4期。相關内容收入《唐代基層文官》，中華書局，2008年，300—307頁。
[7] 《西域研究》2008年第1期，61—83頁。

以爲名,寅而入,盡辰而退;申而入,終酉而退:率以爲常,亦不廢事。[1]

韓愈提出的"寅而入,盡辰而退;申而入,終酉而退",以爲常事。按照上午寅至辰而退,是3—5時上班,9時回家;下午申至酉,是3—5時上班,至遲7時返家。這樣,唐令規定的"忌前之夕"就是在晚衙結束之後,也就是說,上完一天班再許可回家[2]。

但是,令文没有規定何等人不在其中。《唐會要》卷八二《當直》有一條記載如下:

> 開元二十年九月二十一日,是中書舍人梁升卿私忌。二十日晚,欲還,即令傳制報給事中元彥沖,令宿衛。會彥沖已出,升卿至宅,令狀報。彥沖以旬假與親朋聚宴,醉中詬曰:"汝何不直?"升卿又作書報云:"明辰是先忌。"比往復,日已暮矣。其夜,有中使賫黄勅,見直官不見,回奏。上大怒,出彥沖爲邠州刺史,因新昌公主進狀申理,公主即彥沖甥張垍之妻,云:"元不承報,此是中書省之失。"由是出升卿爲莫州刺史。[3]

上引史料中的當事人梁升卿,就是那件有名的由崔湜撰寫、完成於開元十一年(723)的《御史臺精舍碑》的八分書法的書寫者。中書舍人梁升卿在私忌日的前一晚想返家,但是他需要狀報請求別人幫忙,是因爲那天晚上他當值,而被他托付的人没有替他當班,以致中使送敕書時找不到直官,升卿因此被貶官。按照令文規定,既然允許在私忌日前一晚返家,爲何還要遭貶?原因恰恰是梁升卿正在值班,即當直。按照唐朝對直官的制度要求,當直者若不在崗是要受罰的。《唐律疏議》卷九《職制律》"在官應直不直"條有規定:

> 諸在官應直不直,應宿不宿,各笞二十;通晝夜者,笞三十。
> 疏議曰:依令:"内外官應分番宿直。"若應直不直,應宿不宿,晝夜不相須,各笞二十。通晝夜不直者,笞三十。
> 若點不到者,一點笞十。(一日之點,限取二點爲坐)。

---

[1] (唐)韓愈撰,馬其昶校注《韓昌黎文集校注》卷三,上海古籍出版社,1987年,180—182頁。
[2] 十二地支計時法,每個時辰相當於如今的兩小時。即子時23—24時;丑時1—2時;寅時3—4時;卯時5—6時;辰時7—8時;巳時9—10時;午時11—12時;未時13—14時;申時15—16時;酉時17—18時;戌時19—20時;亥時21—22時。
[3] 《唐會要》卷八二《當直》,上海古籍出版社,1991年,1796頁。

> 疏議曰：內外官司應點檢者，或數度頻點，點即不到者，一點笞十。注云"一日之點，限取二點爲坐"，謂一日之內，點檢雖多，止據二點得罪，限笞二十。若全不來，上計日以無故不上科之。[1]

唐律中当直細節的約束是點檢，一天中不論幾次點檢，只計兩次，不到即受笞罰。這樣，梁升卿的受罰說明官員遇到私忌日給假一天，前一天的晚上得以回家的令文內容，是有特定例外或附加條件的約束，起碼直官不行。再比如《舊唐書》卷一三六《竇參傳》的記載，同樣是因爲宿值者缺位：

> （竇）參習法令，通政術，性矜嚴，強直而果斷。少以門蔭，累官至萬年尉。時同僚有直官曹者，將夕，聞親疾，請參代之。會獄囚亡走，京兆尹按直簿，將奏，參遽請曰："彼以不及狀謁，參實代之，宜當罪。"坐貶江夏尉，人多義之。[2]

這條材料也是對於當直官離崗的處罰。重視行政辦事效率的大唐對於當直的紀律約束是嚴格的，從相關規定入律來看，對違反者是不留情面的，即使是私忌日前夕，也不能豁免。

進而再考察宋以後該制度的沿用，可見《續資治通鑑長編》卷六二的記載：

> 初，開寶中，文武官郎中、刺史、將軍以上，私忌日給假，其後，編敕者失不載，有司第相緣遵用。乙亥，始詔群臣自今私忌日並給假一日，忌前之夕，聽還私第。[3]

《宋史》卷一二三《禮二六》也記載：

> 群臣私忌。開寶敕文："應常參官及內殿起居職官等，自今刺史、郎中、將軍以下遇私忌，請准式假一日。忌前之夕，聽還私第。"[4]

可見宋初還是延續唐代令文，未作修改。這種情況延續了多久並不得知，但是現在從保留下來的南宋《慶元條法事類》來看，令文在南宋以前已經做了更改，

---

[1] （唐）長孫無忌等撰，劉俊文點校《唐律疏議》卷九，中華書局，1983年，185頁。
[2] 中華書局，1975年，3745頁。
[3] 《續資治通鑑長編》卷六二，真宗景德三年（1006）二月條，中華書局，2004年，1386頁。
[4] 中華書局，1977年，2893頁。

增加了内容,具體爲:

> 諸應給私忌假者,忌前之夕直宿聽免。[1]

説明至遲在《慶元條法事類》的時代已見到針對直宿者的立法,明確規定在私忌日前夕他們即使當直也獲准還家。不僅體現出令典的人性化,也是行政實踐中針對制度缺陷長期積累下來的問題最終解決的結果。此後不會再發生梁升卿之輩的爲難,更不會遭致貶官。

至此,唐令還僅僅是籠統規定了私忌日前官員聽還家,未針對當值者等特殊情況加以限定(或者像南宋令中的豁免)的内容,所以纔會一再出現像梁升卿所遇到的實際問題。由此聯繫到另一條令文的復原文字,似乎也可以提出再討論。這就是私忌日條的前一條令文,即宋18條:

> 諸遭喪被起者,服内忌給假三日,大、小祥各七日,禫五日,每月朔、望各一日。祥、禫假給程。若在節假内,朝集、宿直皆聽不預。[2]

在這條宋令當中,也有明確的對於朝集和宿直者的規定性内容,即使是地方朝集中央的使者,抑或當班的值官,這一類特殊身份者也獲准與普通官一樣放假。從立法精神上與宋19條應該是一致的。在針對宋19條作唐令復原時,池田温《唐令拾遺補》沒有復原"若在節假内,朝集、宿直皆聽不預"十三個字。《天聖令·假寧令》的唐令復原文字則幾乎完全與宋令相同,僅"服内忌"後補"日"字,從《開元禮》;並認爲上述十三字的内容在《儀制令》中有所體現,所以認定爲唐令文字。這就是《唐令拾遺》所復原的《儀制令》第十八第六條:

> 諸文武官九品以上,應朔望朝參者,十月一日以後二月二十日以前,並服袴褶。五品以上者,著珂繖。周喪未練、大功未葬,非供及諸宿衛官,皆聽不赴。[3]

第二五條:

---

[1] 楊一凡、田濤主編,戴建國點校《中國珍稀法律典籍續編》第一册,黑龍江人民出版社,2002年,211頁。
[2] 《天一閣藏明鈔本天聖令校證——附唐令復原研究》,413頁。
[3] [日]仁井田陞《唐令拾遺》,477頁。

> 諸齊衰心喪已上，雖有奪情，並終喪。不吊、不賀、不預宴。周喪未練、大功未葬，並不得朝賀，仍終喪，不得宴會。[1]

從仁井田陞復原的兩條來看，並沒有關於當直官的內容，所以，依此來推斷上述文字應爲唐令原有文字，似乎證據不足。況且將宋18條與宋19條聯繫起來看，唐代似乎還沒有對當直官的特別規定的可能性更大。故贊從池田溫先生的審慎復原，"若在節假內，朝集、宿直皆聽不預"或非唐令。

此外，唐代除了前面所述十二時辰計時法以外，另一種計時方法也見於《天聖令》，如《關市令》宋9條：

> 諸關門並日出開、日入閉。管鑰，關司官長者執之。[2]

唐8條：

> 諸非州縣之所，不得置市。其市當以午時擊鼓三百下而衆大會，日入前七刻擊鉦三百下散。其州縣領戶少之處，欲不設鉦鼓者，聽之。[3]

以"日出"、"日入"等根據太陽的出入爲參照的計時，從日出到日落爲一天，即莊子所説的"日出而作，日入而息，逍遥於天地之間而心意自得。吾何以天下爲哉！"[4]這種計時法結合漏刻，而分晝夜爲十八時。按馬融云：

> 古制，刻漏晝夜百刻，晝長六十刻，夜短四十刻；晝短四十刻，夜長六十刻；晝中五十刻，夜亦五十刻。融之此言，據日出見爲説。天之晝夜以日出入爲分，人之晝夜以昏明爲限。日未出前二刻半爲明，日入後二刻半爲昏。損夜五刻以裨於晝，則晝多於夜，復校五刻。古今曆術與太史所候皆云夏至之晝六十五刻，夜三十五刻；冬至之晝四十五刻，夜五十五刻；春分、秋分之晝五十五刻，夜四十五刻。此其不易之法也。[5]

---

[1] [日]仁井田陞《唐令拾遺》，505頁。
[2] 《天一閣藏明鈔本天聖令校證——附唐令復原研究》，404頁。
[3] 《天一閣藏明鈔本天聖令校證——附唐令復原研究》，406頁。
[4] 莊子《讓王第二十八》。
[5] 孔安國《尚書注疏》附釋音尚書注疏卷二。

日出爲晝,日入爲夜,進而細分爲十八時,包括夜半,夜大半,雞鳴,晨時,平旦,日出,蚤食,食時,東中,日中,昳中,晡時,下晡,日入,昏時,夜食,人定,夜少半等十八時。而這種計時方法,更多的是與農業社會的生產實踐相聯的。

二

筆者曾經參加北大中國史研究中心榮新江主持的"長安讀書班",就唐宋時期的假日進行過討論。按照《文昌雜錄》的記載宋代的假期有76天,見該書卷一記載:

> 祠部休假,歲凡七十有六日,元日、寒食、冬至各七日。天慶節、上元節同天聖節、夏至、先天節、中元節、下元節、降聖節、臘各三日。立春、人日、中和節、春分、社、清明、上巳、天祺節、立夏、端午、天貺節、初伏、中伏、立秋、七夕、末伏、社、秋分、授衣、重陽、立冬各一日,上中下旬各一日。大忌十五,小忌四。而天慶、夏至、先天、中元、下元、降聖、臘,皆前後一日後殿視事,其日不坐。立春、春分、立夏、夏至、立秋、七夕、秋分、授衣、立冬、大忌,前一日亦後殿坐,餘假皆不坐,百司休務焉。[1]

這是宋神宗元豐五年(1082)祠部所訂立的新令,此時正式將鴻臚寺分管的官員放假等事宜全部收歸祠部。而《天聖令·假寧令》是宋仁宗天聖七年(1029)所頒定,茲移錄所涉令文如下:

> 宋1 元日、冬至、寒食,各給假七日(前後各三日)。
>
> 宋2 天慶、先天、降聖、乾元、長寧、上元、夏至、中元、下元、臘等節,各給假三日(前後各一日。長寧節惟京師給假)。
>
> 宋3 天祺、天貺、人日、中和節、春秋社、三月上巳、重五、三伏、七夕、九月朔授衣、重陽、立春、春分、立秋、秋分、立夏、立冬,諸大忌日及每旬,並給休假一日(若公務急速,不在此限)。[2]

---

[1] 《全宋筆記》第二編,四,大象出版社,2006年,117頁。
[2] 《天一閣藏明鈔本天聖令校證——附唐令復原研究》,412頁。

表面看,《天聖假寧令》大忌日給休假一日,似乎與《元豐假寧令》"大忌十五"不一致,所謂十五者,是總計十五位皇帝的忌日,而遇每一位的忌日假依舊是一日。兩個《假寧令》的區別,首先是清明節的出現。在唐代清明節與寒食節爲同一節連假,即敦煌文獻 P.2504《天寶令式表》所記載:"元日、冬至,並給七日。節前三日,節後三日。寒食通清明,給假四日。"而寒食清明放假時間的變化也恰恰發生在唐代。敦煌文獻 S.6537v‐14 鄭餘慶《大唐新定吉凶書儀》記載:"寒食通清明休假七日(寒食禁火,爲介子推投綿上山,怨晉文公,公及焚山,子推抱樹而燒死。文公乃於太原禁火七日,天下禁火一日)。"時間上延長了。在史籍中也有所反映。如《册府元龜》卷六〇《帝王部·立制度一》:

(大曆)十三年,詔自今已後,寒食通清明,休假五日。
(貞元)六年三月丙午,加寒食假寧七日。[1]

直到元豐五年爲清明節立節,給假,而《天聖假寧令》還没有清明節單獨假日,是延續唐令體系的緣故。

其次是休務與放假間的關係。"休務"的記載不見唐代,這一辭彙雖然早見於前朝[2]。唐代與之對應的是"廢務",如《唐律疏議》卷二六《雜律》"忌日作樂"條:

諸國忌廢務日作樂者,杖一百;私忌,減二等。
疏議曰:"國忌",謂在令廢務日。若輒有作樂者,杖一百。私家忌日作樂者,減二等,合杖八十。[3]

《容齋隨筆》卷三《國忌休務》記載:

《刑統》載唐大和七年敕:"准令,國忌日唯禁飲酒舉樂,至於科罰人吏,都無明文。但緣其日不合釐務,官曹即不得決斷刑獄,其小小笞責,在禮律固無所妨,起今以後,縱有此類,臺府更不要舉奏。"《舊唐書》載此事,因御史臺奏均王傅王堪男國忌日於私第科決作人,故降此詔。蓋唐世國忌休務,正與私忌義等,故雖刑獄亦不決斷,謂之不合釐務者,此也。今在京百官,唯雙忌作假,以其拜跪多,又晝漏已

---

[1] 中華書局,1960年,673頁,674頁。
[2] 如《北齊書》卷一三,"休務一日"。《北史》卷五一等。
[3] (唐)長孫無忌等撰,劉俊文點校《唐律疏議》卷二六,480頁。

數刻,若單忌,獨三省歸休耳,百司坐曹決獄,與常日亡異,視古誼爲不同。元微之詩云:"縛遣推囚名御史,狼藉囚徒滿田地,明日不推緣國忌。"又可證也。[1]

同是國忌日,唐因以廢務,宋則稱休務,是爲放假。同樣,一個不甚明確的問題是哪些假日官員真正享受假期,而哪些假日官員並非休假,在唐令中並沒有明確標注,故而宋人存疑。

又《容齋五筆》卷一《天慶諸節》:

> 大中祥符之世,諛佞之臣,造爲司命天尊下降及天書等事,於是降聖、天慶、天祺、天貺諸節並興。始時,京師宮觀每節齋醮七日,旋減爲三日、一日,後不復講。百官朝謁之禮亦罷。今中都未嘗舉行,亦無休假,獨外郡必詣天慶觀朝拜,遂休務,至有前後各一日。此爲敬事司命過於上帝矣,其當寢明甚,惜無人能建白者。[2]

至《慶元條法事類》卷一一《給假》引《假寧令》規定:

> 諸假皆休務(軍期若頒膳赦降、給受官物、禁推罪人、領送囚徒之類,不用此令)。人日、中和、七夕、授衣、立春、春分、立秋、秋分、立夏、立冬、單忌日並不休務。天慶、開基、先天、降聖、三元、夏至,臘前後日准此。[3]

在休務與不休務上規定得非常明確,不會再有疑問。諸如"皇帝前後殿不視朝,百司作休務假"等類似的記載在《宋會要輯稿》中頻頻出現。休務的假日意味似乎更濃,更明確。

---

[1] (宋)洪邁撰,孔凡禮點校《容齋隨筆》卷三,唐宋史料筆記,中華書局,2005年,36—37頁。
[2] 同上,831頁。
[3] 楊一凡、田濤主編,戴建國點校《中國珍稀法律典籍續編》第一册,211頁。

中國國家圖書館藏 BD16300 號《職制律》殘片綴合與録文勘正

趙 晶

拙文《中國國家圖書館藏兩件敦煌法典殘片考略》曾就《中國國家圖書館藏敦煌遺書》(以下稱"《遺書》")第 146 册所刊 BD16300 號《職制律》殘片進行簡釋[1]。然而當時行文倉促,思慮未周,導致部分結論甚爲乖謬,特此補論,糾正前説。

從《遺書》所刊圖版(如圖一)[2]可知,寫有"罪四等"的殘片右側邊緣留有殘筆,與拼接的另一殘片上的"皆須"二字無法密合,"皆"字下半部多出一豎,"須"字左半也同一般寫法有異。唯一的解決辦法是:將這一殘片往下移一個字距(如圖二)。

如此,相應的録文應修正爲:

3　即推,皆須申上聽裁。若犯當死罪,留身 待報。違者,各

4　減所犯 罪四等。

岡野誠在 2001 年發表的《中國國家圖書館所藏の唐律斷簡について——〈目连救母變文〉にふれて》中便已作出正確推斷(如圖三)[3],前述拙文在第 3 行的字數計算上出現了不應有的疏漏,致使相關結論有誤,故修正如上。

---

[1] 刊登於劉曉、雷聞主編《隋唐遼宋金元史論叢》第六輯,上海古籍出版社,2016 年,206—208 頁。
[2] 《中國國家圖書館藏敦煌遺書》第 146 册,北京圖書館出版社,2012 年,93 頁。
[3] 刊登於《明治大學社會科學研究所紀要》第 39 卷第 2 號,2001 年,71 頁。

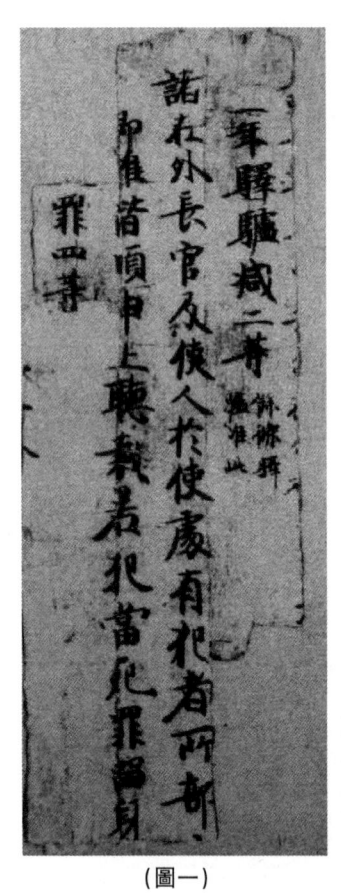

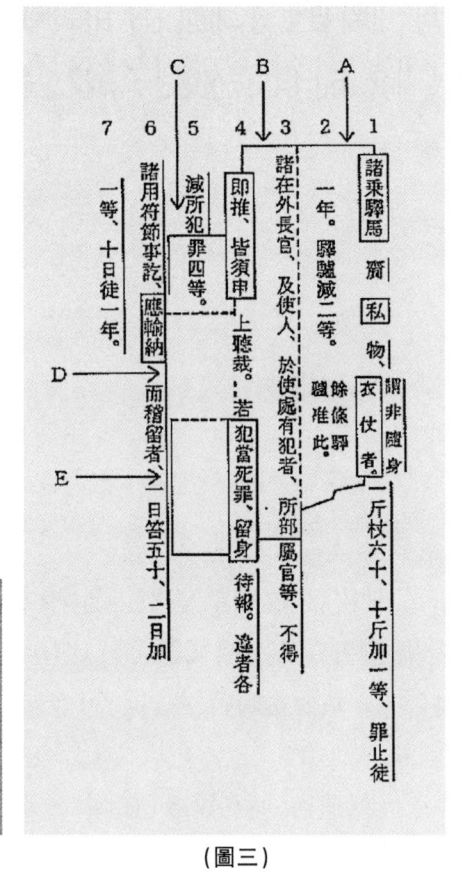

(圖一) (圖二) (圖三)

唐宋射禮的性質及其關係補論

王 博

序

"射"被列入六藝(禮、樂、射、御、書、數)之一,是古代貴族的基本素養,從其在《周禮》中的排序來看,地位僅次於禮、樂,不可謂不高[1],歷來受到學界重視,相關研究成果積累十分豐厚。梁滿倉氏曾指出國家層面的禮儀作爲五禮制度發端於東漢末、三國,經魏晉南北朝的發展進化,成熟於隋唐,其標誌即唐玄宗開元二十年(732)《大唐開元禮》(以下略作《開元禮》)的頒佈[2]。那麼,"射"從技藝發展至"入禮"(成爲射禮),乃至作爲五禮制度中的一環後又是如何演變的?這成爲一個重要問題。遺憾的是,目前關於射禮研究多集中於秦漢以前,且圍繞考古出土發現進行,對此後的發展則明顯關注不夠,筆者雖也曾寫過相關小文,仍覺未盡之處頗多,特別是對於射禮在唐宋兩代的性質等問題仍有值得進一步探討的餘地,以上種種擬通過本文進行梳理分析[3]。

---

[1]《周禮·地官·大司徒》:"三曰六藝:禮、樂、射、御、書、數。"
[2] 梁滿倉《魏晉南北朝五禮制度考論》,社會科學文獻出版社,2009年,126—144頁。
[3] 相關研究有:丸橋充拓《中國射禮の形成過程―〈儀禮〉鄉射·大射と〈大唐開元禮〉のあいだ》(《島根大學法文學部紀要·社會文化論集》第10號,2014年3月,45—64頁)、拙稿《唐宋射禮的性質及其變遷》(《唐史論叢》第19輯,2014年10月,98—118頁)、蔡藝《秦漢之後大射禮的發展與嬗變》(《湖南工業大學學報》2015年第6期,114—118頁)、馬明達《宋朝的玉津園宴射》(《西北民族研究》2006年第2期,13—18頁)等。此外,尹承《〈太常因革禮〉研究》(山東大學歷史文化學院2015年度博士論文,150—151頁)對北宋前期《太常因革禮》"皇帝射於射宫"儀式結構進行了大致復原。下文中提到的相關研究,如無特別說明,均來自於此。

(一) 唐代大射禮軍事性衰減的另一面

射禮存在兩面性,一方面其作爲射箭的技藝與軍事活動密切(軍禮性:以軍禮同邦國)相關,另一方面,其又同時存在和諧友愛(嘉禮性:以嘉禮親萬民)的特性。這種雙重性格使得射禮在進入五禮制度(吉、凶、軍、賓、嘉)後,長期處於在軍、嘉禮這兩大禮儀系統中徘徊搖擺的尷尬局面[1]。日本學者丸橋充拓氏對射禮進行分析,其討論的範圍始於國家層面禮儀制度輪廓初步顯現的西漢,同時梳理了魏晉南北朝這一歷史階段下射禮與作爲閱兵式的講武禮的混合實施及此後兩者分離的動態過程,認爲唐《開元禮》之所以將射禮列入軍禮系統是直接受北齊"馬射→講武"這一做法影響後的結果。

筆者認同丸橋氏的這一觀點,同時對其予以補充,提出講武禮之所以能夠取代射禮充當軍事訓練的核心作用的背後有兩個不可忽視的原因:其一,隨著府兵制的發展,動員大量農民兵參與到軍事訓練中變得十分重要,但農民兵普遍射術不精,而射禮的實施卻需要參加者具有較高的射箭技藝,假使當場數射不中,顯然有失軍威;其二,相較於射禮而言,講武禮的規模更大,更有利於控制農民兵作大規模陣法演習,從突顯壯大軍威這一面來看,其效果顯然遠較射禮有效。可以説,射禮被講武禮所取代是符合情理的。

事實上,通過對唐代講武禮的研究也可看出,其整體軍事級別及軍事上的規則要求也顯然比射禮更爲嚴苛[2]。此外,從《開元禮》卷八六"皇帝射於射宫"、"皇帝觀射於射宫"的内容來看,射禮的具體儀節中所含軍事訓練要素也十分淡薄,現將"皇帝射於射宫"内容進行整理如下:

1. 準備階段(前日,太樂令、鼓吹令、登歌等作音樂方面準備;有司準備"熊侯"、"乏"、"位次"、"賞物"、"罰豐"等)。

2. 宴會階段(樂作,飲酒三巡,如元會之儀)。

---

[1] 據丸橋充拓氏的整理如下,嘉禮(《周禮・春官・大宗伯》、《儀禮・鄉射》所引《鄭玄目録》、同書《大射》所引《鄭玄目録》、《晉書・禮儀志》、《宋書・禮儀志》、《政和五禮新儀》、《宋史・禮志》);軍禮(《隋書・禮儀志》(北齊、北周、隋)、<u>《貞觀禮》、《顯慶禮》</u>、《大唐開元禮》、《太常因革禮》)。下劃綫部分的《貞觀禮》、《顯慶禮》爲筆者所加。其實在中國國家禮典中,類似情況並不鮮見,如《開元禮》中,諸馬祭(馬祖、先牧、馬社、馬步)爲軍禮(北宋中期的《太常因革禮》亦因襲之),而在北宋末期的《政和五禮新儀》中則被納入吉禮便爲一例。

[2] 《唐會要》卷二六《講武》便記載有先天二年十月十三日,玄宗親自於驪山下,徵兵二十萬主持講武禮,因"虧失軍容"而將兵部尚書郭元振流放,並處斬給事中知禮儀使唐紹的經過。關於唐代講武的實施背景,參見拙稿《唐代講武禮實施背景新考》,《隋唐遼宋金元史論叢》第六輯,218—231頁。

3. 射禮階段(有司請射,侍射者等作相關準備,作騶虞之樂,五節起,皇帝依節分射四箭至第九節,皇帝射罷。侍射者依樂貍之樂射四箭至第七節)。

4. 賞罰階段(有司奏請賞侍射中者,罰不中者。行賞賜、罰飲酒)。

該儀式可分爲"準備階段、宴會階段、射禮階段、賞罰階段"四個大環節,《開元禮》對射禮儀式的命名已首先折射出其是以皇帝爲核心的儀式,這就要求其中各方面,無論是在整體還是細節上都須以突出"皇帝"的核心身份爲前提。這一做法早在唐初的《貞觀禮》中便已奠定,《開元禮》只是對其進行了延續和擴充罷了[1]。於是,儀式中的每一個階段實施前都有"有(所)司奏請,侍中稱制曰:'可'"的存在以顯示皇帝的主宰權,儀式中無論是作爲箭靶的"熊侯"[2],還是奏樂所用"騶虞、樂貍之樂",都符合周禮對"王、諸侯"等級的規定[3]。侍射者(受命在射禮儀式中射箭者)的身份由九品乃至於王公級別,都由皇帝本人在儀式前臨時決定,"侍射資格"體現出政治上的特殊恩遇。當然,這種對身份差別的凸顯不僅限於皇帝與臣下之間,臣子與臣子間的品級關係、文武屬性等身份元素也通過位次及射箭的先後順序等展露無疑。可以説,《開元禮》射禮本身從儀式開始到結束都貫穿著"皇帝主導"、"君臣、臣臣之別"等秩序,這種秩序通過一個一個細節淋漓盡致、清晰明白地折射於在場者的雙眼之中,透露出唐代射禮有著相當的規範性及嚴謹的禮制性。

射禮發展到玄宗朝,在唐代統治者及編纂禮典的官員眼中,其體現秩序及禮儀的特性遠超軍事性,這一認知也直接反映在唐代國家禮典層面的《開元禮》中。換言之,衡量大射禮的性質,不能僅看其與軍事性的關聯,射禮在政治上的含義也具有十分重要的意義。而且,大射禮軍事性的衰退並不意味著其作爲國家禮儀地位的下降,《開元禮》中將其宴會規格設置爲"如元會之儀"便是一個很好的說明。關於唐代元會的規模,渡邊信一郎氏認爲:在唐代的元會儀式中,僅進入太極殿的官員就有在京九品以上官員2600餘人,若算上自地方進京的朝集使及外國使節團,則超過3000人[4]。雖然這一數字僅爲大致計算所得,且每次射禮也未必均動員了九品以上官員參加,但《開元禮》射禮的這一設定仍足以説明其規模之龐大,從中不難看出唐代前期對之的重視態度。那麼,《開元禮》

---

[1]《唐會要》卷二六《五禮篇目》云:"初,玄齡與禮官建議(中略)天子大射、合朔、陳五兵於太社、農隙講武(中略)皆周隋所闕,凡增二十九條,餘並依古禮。"所示,此時的大射已被冠以天子二字。

[2]《周禮·天官·司裘》:"王大射,則共虎侯、熊侯、豹侯,設其鵠。"賈公彥疏:"熊侯者,以熊皮飾其側,七十步之侯,諸侯射之也。"

[3]《周禮·春官·鍾師》:"凡射,王奏騶虞,諸侯奏貍首。"

[4] 參見渡邊信一郎《天空の玉座》,柏書房,1996年,第166頁。

爲什麽要如此重視大射禮呢？除了儀式中的因素外，大射禮與皇帝之間還有怎樣密切的關係呢？

（二）大射禮與皇帝初執政

從現有大射禮的史料來看，其在政治上的特殊意義早在唐初便已十分明確。《唐會要》卷二六《大射》記載了如下四條大射禮的實施例子值得注意，下面依次予以説明（史料中括號内文字爲筆者所加，爲需加留意部分）。

【史料 A】武德二年正月。（高祖）賜群臣大射於玄武門。

高祖武德元年(618)夏，高祖接受隋帝禪讓，並於太極殿（原大興殿）即皇帝位，與此同時，高祖開展了一系列動作，其中包括"告南郊，大赦天下，改元（隋義寧二年爲唐武德元年），頒佈新格，詔行《戊寅曆》"，雖然其時天下未定，但通過這些動作，建國伊始的唐王朝開始呈現出一派新氣象，向天下誇示了新王朝的建立，高祖以此宣示君臨天下。跨年後的正月便"賜群臣大射於玄武門"行大射禮。

【史料 B】貞觀三年三月三日。（太宗）賜重臣大射於玄德門。

太宗朝起射禮在唐代迎來了發展高峰期，貞觀三年(629)三月三日，其時天下大定，政府對於國家禮儀的重視高漲，認知亦逐漸成熟。貞觀二年年底，太宗先於圜丘行祭祀，又於正月謁太廟，並親自行籍田禮，最後賜朝廷重臣大射於玄德門。相較於平常對圜丘及太廟的告禮多由太宗遣告官以"有司代行"的方式進行，此次則是太宗本人親自主持，可見重視程度[1]。這些動作顯然都是圍繞著"四月，太上皇徙居大安宫。甲子，太宗始於太極殿聽政"這一事件進行的準備工作[2]。也就是説，雖然太宗在此之前三年便已即皇帝位，但卻一直居於東宫的顯德殿處理政務，直到此時纔正式轉移至太極殿這一政治中樞執政。因

---

[1] 關於唐代皇帝祭祀的親祭及有司攝事，金子修一氏認爲：唐代所規定的應由皇帝親行的祭祀多爲有司代行。參見金子修一《唐代皇帝祭祀の親祭と有司攝事》，《東洋史研究》47-2,284—313 頁。
[2] 《舊唐書》卷二《太宗本紀上》。

此,此次大射禮的實施地點雖然爲東宮北門[1],卻是表明太宗即將入主宮城的重要信號。

【史料C】永徽三年三月三日。(高宗)幸觀德殿。賜群臣大射。

永徽三年(652),高宗即位後第三年,此時服孝三年期滿,因此在此前的永徽二年十月起,一系列關於實施新政的準備工作便已開展,包括頒佈由長孫無忌所奏的新刪定的永徽律、令、格、式,親祀南郊、太廟,行籍田禮,最後於三月三日在觀德殿初行大射禮[2]。

【史料D】先天元年九月九日。御安福門觀百僚射。至八日乃止。

先天元年八月玄宗即位,尊睿宗爲太上皇,即於当月赦天下、改元,十月謁太廟,並於九月九日御安福門觀百僚行射禮,對此次儀式史書描述"至八日乃止",可見參與人數及規模之大,很有可能是唐代建國以來所實施的最大規模的一次射禮。此次射禮的實施雖然有玄宗本人的意願在內,其中也應有已爲太上皇的睿宗的意見。因爲在此前的景雲二年,諫議大夫源乾曜曾請行射禮,上表曰:

> 臣聞聖王之理天下也。必制禮以正人情。人情正。則孝於家而忠於國。此道不替。所以理也。故君子三年不爲禮。禮必壞。是以古之擇士。先觀射禮。所以明和容之義。非取樂一時。夫射者。別正邪。觀德行。中祭祀。辟寇戎。古先哲王。莫不遞襲。臣竊見數年以來。射禮便廢。或緣所司惜費。遂使大射有虧。臣愚以爲所費者財。所全者禮。故孔子云。爾愛其羊。我愛其禮。伏望令聖人之教。今古常行。天下幸甚。

從上述史料及筆者對於其實施背景的略述可以看出,大射禮的實施雖然被規定爲春秋兩季(三月三日、九月九日)[3],但其實際上在唐初及前期,除武后、中宗、睿宗外,高祖、太宗、高宗、玄宗連續四朝均在新皇帝登基或正式執政時結合南郊、太廟、籍田禮等儀式共同舉行,與新皇帝執政有著直接的密切關係,這

---

[1]《類編長安志》卷二云:"東宮北門曰玄德門,當承天門内,其北曰太極門。"
[2]《舊唐書》卷四《高宗本紀》。
[3]《通典》卷七七《軍禮·天子諸侯大射鄉射》:"大唐之制,(前略),三月三日、九月九日賜百僚射。"

一做法至少在唐前期成爲慣例。諫議大夫源乾曜的上表中云"故君子三年不爲禮。禮必懷",無疑是對中宗、睿宗執政初未行射禮的指摘。

如果説行南郊大禮意味著向昊天上帝、行太廟祭祀意味著向先代皇帝作正式執政報告的話,親行籍田禮則象徵了將農業所獲供給宗廟、借助民力治理天下及祈農事[1]。然而,爲什麽要在宣示執政時實施大射禮,這又象徵了什麽呢? 從史料來看,帝王於始執政之際實施大射禮的做法早已有先例。

《漢書》卷九九《王莽傳》記載道:

> 居攝元年正月,莽祀上帝於南郊,迎春於東郊,行大射禮於明堂,養三老五更,成禮而去。

王莽於開始攝政之際,相繼祀南郊,迎春於東郊,行大射禮於明堂,並養三老五更,這一系列只有天子之尊方有資格實施的禮儀動作在成爲其正式宣告執政標誌的同時[2],也因其野心昭然若揭而進一步加劇了對劉氏忠心耿耿的朝臣的不滿[3]。

東漢建立後,明帝執政初期所行大射禮值得注意。《後漢書》卷二《明帝紀》載:

> (永平)二年春正月辛未,宗祀光武皇帝於明堂,帝及公卿列侯始服冠冕、衣裳、玉佩、絇屨以行事。禮畢,登靈臺。使尚書令持節詔驃騎將軍、三公曰:"今令月吉日……(中略)。朕以闇陋,奉承大業,親執珪璧,恭祀天地。仰惟先帝受命中興,撥亂反正,<u>以寧天下</u>,封泰山,建明堂,立辟雍,起靈台,恢弘大道,被之八極。(後略)"<u>三月,臨辟雍,初行大射禮</u>。冬十月壬子,幸辟雍,初行養老禮。詔曰:"光武皇帝建三朝之禮,而未及臨饗。<u>眇眇小子,屬當聖業</u>。間暮春吉辰,初行大射(中略)。"(中略)冬十月壬子,幸辟雍,初行養老禮。詔曰:"光武皇帝建三朝之禮,而未及臨饗;令月元日,復踐辟雍。(中略)朕固薄德,何以克當?"

---

[1]《史記·孝文本紀》:"上曰:'農,天下之本,其開籍田,朕親率耕,以給宗廟粢盛。'裴駰集解:應劭曰:'古者天子耕籍田千畝,爲天下先。籍者,帝王典籍之常。'韋昭曰:'籍,借也。借民力以治之,以奉宗廟,且以勸率天下,使務農也。'"

[2]《後漢書》卷五〇《陳思王鈞傳》:"鈞立,多不法,遂行天子大射。"陳思王實施了本應天子方有資格實施的大射禮,被認爲是"不法"的行爲。

[3] 前引《王莽傳》記事後又云:"四月,安衆侯劉崇與相張紹謀曰:安漢公莽專制朝政,必危劉氏。"

光武帝於中元元年初修建了明堂、靈臺、辟雍及北郊祭祀壇[1]，但因次年駕崩，未及行禮。辟雍本身便是天子行禮樂、宣道化之所，及明帝即位，方於服喪結束後在辟雍行大射禮，"使天下郡國行鄉飲酒禮於學校"[2]。而這與泰山封禪等一同被看作是"恢弘大道，被之八極"之舉，也被看作是帝王的"聖業"，須得有德之君纔有資格主持。東漢滅亡後，三國時期曹魏的名臣高堂隆曾針對其時"軍國多事，用法深重"的現狀，向魏明帝曹叡上表[3]：

> 宜崇禮樂，班敍明堂，修三雍、大射、養老，營建郊廟，尊儒士，舉逸民，表章制度，改正朔，易服色，布愷悌，尚儉素，然後備禮封禪……斯蓋至治之美事，不朽之貴業也。然九域之内，可揖讓而治，尚何憂哉！

高堂隆認爲，應停止其時"務糾刑書，不本大道"的做法，改爲"崇禮樂"，而具體的方法則是班敍明堂、於三雍(辟雍、明堂、靈臺的總稱)舉行大射、養老、營建郊廟，並行封禪大典等，如此方能形成安定昌盛、教化大行的政治局面，這是不朽的偉業。九域之内，可以通過"三揖三讓"(比喻禮樂文德)而得到治理。

新皇帝於初執政時實施大射禮的例子在此後的北周也可見到(參見《周書》卷五《武帝紀上》)[4]，次年，武帝又"御太武殿大射，公卿列將皆會。戊午，講武於少陵原"。可見，雖然大射禮被貼有"禮樂文德"的標籤，但這並不妨礙它同時具有軍事性[5]，特別是在北朝據風俗將七月七日馬射與講武相捆綁加以實施，其作爲軍事訓練的性質得到更進一步強調。《魏書》卷七《孝文帝本紀下》記載道[6]：

---

[1]《水經注·穀水》："又逕明堂北，漢光武中元元年立，尋其基搆，上圓下方，九室重隅十二堂。"
[2]《白虎通·辟雍》："天子立辟雍何？所以行禮樂宣德化也。辟者，璧也，象璧圓，又以法天，於雍水側，象教化流行也。"又《後漢紀》卷九《孝明皇帝紀》："三月，上初禮於學，臨辟雍，行大射禮。使天下郡國行鄉飲酒禮於學校。"
[3]《三國志》卷二五《魏書·高堂隆傳》。
[4]《周書》卷五《武帝紀上》："保定元年春正月戊申，詔曰：'塞暑丞周，奄及出歲，改元命始，國之典章。朕祇承寶圖，宜遵故實。可改武成三年爲保定元年。嘉號既新，惠澤宜布，文武百官，可增四級。'以大冢宰、晉國公護爲都督中外諸軍事，令五府總於天官。庚戌，祠圜丘。壬子，祠方丘。甲寅，祠感生帝於南郊。乙卯，祠太社。(中略)。戊辰，詔曰：'履端開物，實資元後；代終成務，諒惟宰棟。故周文公以上聖之智，翼彼姬周，爰作六典，用光七百。自茲厥後，代失其緒，俾巍巍之化，歷千祀而莫傳；鬱鬱之風，終百王而永墜。我太祖文皇帝稟純和之氣，挺天縱之英，德配乾元，功侔造化，故能捨末世之弊風，蹈隆周之叙典，誕述百官，厥用允集。所謂乾坤改而重構，豈非王洪範而已哉。朕入嗣大寶，思揚休烈。今可班斯禮於太祖廟庭。'己巳，祠太廟，班太祖所述六官焉。(中略)。乙亥，親耕籍田。丙子，大射於正武殿，賜百官各有差。"
[5]《周書》卷五《武帝紀上》："(建德二年)十一月辛巳，帝親率大軍講武於城東。癸未，集諸軍都督以上五十人於道會苑大射，帝親臨射宫，大備軍容。"
[6]《魏書》卷七《孝文帝本紀下》。

(太和十六年八月)司徒尉元以老遜位。己酉,以尉元爲三老,游明根爲五更。又養國老、庶老。將行大射之禮,雨,不克成。癸丑,詔曰:"文武之道,自古並行,威福之施,必也相藉。故三、五至仁,尚有征伐之事;夏殷明睿,未捨兵甲之行。然則天下雖平,忘戰者殆,不教民戰,可謂棄之。是以周立司馬之官,漢置將軍之職,皆所以輔文强武,威肅四方者矣。國家雖崇文以懷九服,修武以寧八荒,然於習武之方,猶爲未盡。今則訓文有典,教武闕然。將於馬射之前,先行講武之式,可敕有司豫修場埒。其列陣之儀,五戎之數,別俟後敕。"

北魏太和十六年八月,原定舉行的大射禮因雨停辦,對此孝文帝專門下詔督促實施大射及講武,其中將三老、五更與大射、講武稱作"文武之道並行",而大射則被與講武一起劃分至"武"的範疇。

從上面可以看出,唐前期皇帝將大射與南郊、太廟祭祀、籍田等進行捆綁以向天下誇示其"初執政"這一做法並非首創,而是漢以來的延續。在此過程中,射禮的"文"與"武"同時並存,是彰顯"文治武功"的特殊性儀式。

關於大射禮的意義,《禮記·射義》一開頭的一段記載值得注意,其一曰:

古者諸侯之射也,必先行燕禮;卿大夫士之射也,必先行鄉飲酒之禮。故燕禮者,所以明君臣之義也;鄉飲酒之禮者,所以明長幼之序也。

也就是說,通過大射禮可以明君臣之義,起到確立及鞏固皇權的作用。正義曰:"燕禮者,所以明君臣之義也者,謂臣於堂下再拜稽首,升成拜,君答拜,似若臣盡竭其力致敬於君,君施惠以報之也。"通過這樣的君臣間應酬,達到確定君臣名分的目的。

其二曰:

故射者,進退周還必中禮,內志正,外體直,然後持弓矢審固,持弓矢審固,然後可以言中,此可以觀德行矣。

通過射禮的實施,考察官員的德行也是重要目的之一[1]。

其三曰:

---

[1]《大戴禮記·朝事》:"與之大射,以考其習禮樂而觀其德行。"

其節。（中略）。天子則以備官爲節，諸侯以時會爲節，卿大夫以循法爲節，士以不失職爲節。

天子之責在於合理任用官員，諸侯之責在於定期（或不定期）朝見天子，卿大夫之責在於循法守正，士之責在於恪守職責，從而在明確君臣之分的基礎上，確定君臣的職責。

正是由於這樣的一系列特徵，纔促使大射禮在唐前期的皇帝初執政過程中發揮了相當重要的作用。雖然史料中沒有明證，但我們能大致看出：自唐代以後，大射禮雖具有一定的軍事性，但其實施的終極目的是誇示皇帝權威及文德，皇權衰落或天下有事則往往不行大射（強調射禮軍事性的北朝是例外），這也是唐前期武后至玄宗朝及唐後期大射不行的根本原因之一。

《宋史》卷一一四《嘉禮五》記載道[1]：

> 大射之禮，廢於五季，太宗始命有司草定儀注。其群臣朝謁如元會。酒三行，有司言請賜王、公以下射，侍中稱制可。皇帝改服武弁，布七垛於殿下，王、公以次射，開樂懸東西廂，設熊虎等侯。陳賞物於東階，以賚能者；設豐爵於西階，以罰否者。並圖其冠冕、儀式、表著、墩垛之位以進。帝覽而嘉之，謂宰臣曰："俟弭兵，當與卿等行之。"

北宋太宗朝時，大射禮儀注已然纂定，但其實施須待"弭兵"後，從中不難看出雖然大射禮停廢於唐玄宗朝後期，但直至此時關於其象徵"文德"及"天下大定"的政治含義仍未消失，這一意識依然深入人心。是與此同時，與之形成鮮明對比的是在御苑等地頻繁舉行燕射[2]，這些都說明在北宋統治者的認知中，大射禮與平日實施的燕射完全不同，其地位超然於燕射之上，且規模及禮儀性遠高於燕射。

結語

本文指出了大射禮在唐前期與其他軍禮儀式不同的政治含義，其與南郊、

---

[1]《宋史》卷一一四《嘉禮五》。
[2] 參見拙稿《唐宋射禮的性質及其變遷》，《唐史論叢》第19輯，98—118頁。

太廟祭祀、籍田等諸多行爲構成了新即位皇帝初次執政的強烈信號,這一信號並非首創自唐,至少在兩漢便已有之。據周制,大射是祭祀之前擇士的方式,這一做法雖然此時已不存,但大射禮在政治上的地位依然崇高,通過其實施,新皇帝不僅能夠體現出"文武大治"的積極面,還能借助這種大場面確認君臣關係及名分,達到誇示皇權至高無上的目的。某種意義上説,大射禮的軍事性雖然在某一時期(北朝)得到了強調,但自兩漢至北宋這一漫長歷史時期,其主體仍是擁有崇高政治性的重要的國家大典,在這一點上,大射禮與北宋盛行的氣氛較爲活潑的宴射禮顯然有著根本差異。

定林上寺經藏考

陳志遠

　　齊梁兩朝,搜聚圖籍、抄撰類書在皇室和士人間蔚然成風[1],胡寶國先生曾經用"知識至上"來描述南朝學風[2],這是非常敏鋭的觀察。當時的佛教僧俗信徒也浸染在這種風氣裏,或者説是這種風氣的重要推動者。定林寺和華林園寶雲殿兩個最重要的佛教學術中心,既是佛經寫本聚藏之所,也是一系列佛教類書的編撰機構。關於華林園寶雲殿的記載非常有限[3],而位於建康東郊的定林寺經歷了相對漫長的經營,内外史籍還班班可考。這一"寫本圖書館"的成立過程,可以爲觀察南朝學術文化提供一個絶佳剖面,同時也爲理解僧祐在此編撰的一系列作品展示較爲立體的文化語境。

一、定林上寺的崛起

　　定林寺坐落在建康東郊的鍾山[4],本有上寺、下寺之别,據《建康實録》,下

---

　　[1] 田曉菲《烽火與流星——蕭梁王朝的文學與文化》第二章《重構文化世界版圖之一:經營文本》,中華書局,2010年,48—72頁。
　　[2] 胡寶國《知識至上的南朝學風》,《文史》2009年第4期,151—170頁。
　　[3] 寶雲殿也有一處經藏,考證參見 Chen Jinhua, "Buddhist Establishments within Liang Wudi's (r.502‑549) Imperial Park," in *Development and Practice of Humanitarian Buddhism: Interdisciplinary Perspectives* (eds. Hsu Mu-chu, Chen Jinhua and Lori Meeks,慈濟大學出版社,2007年。中譯本:《梁武帝御花園中的佛教設施》(石建剛譯),陳金華《佛教與中外交流》,中西書局,2016年,169—181頁。
　　[4] 南宋時期,陸游曾在定林下寺留下題刻,考古工作者調查發現了這些題刻,並確定鍾山二號寺遺址就是六朝時期的定林上寺。參見賀雲翱《南京鍾山二號寺遺址出土南朝及與南朝上定林寺關係研究》,《考古與文物》2007年第1期,73—82頁。

寺建於劉宋元嘉初年[1],上寺修建的時間有兩種記載。《建康實録》卷一二載:

> (元嘉十六年)置上定林寺,西南去縣十八里。案《寺記》:"元嘉十六年,禪師竺法秀造,在下定林之後。法秀初止祇洹寺,移居於此也。"[2]

案:法秀即曇摩蜜多,《高僧傳》本傳云其人出於罽賓,曾在祇洹寺譯出禪經,以坐禪聞名:

> 元嘉十年還都,止鍾山定林下寺。蜜多天性凝靖,雅愛山水。以爲鍾山鎮岳,埒美嵩華,常歎下寺基構臨澗低側,於是乘高相地,揆卜山勢。以元嘉十二年斬石刊木,營建上寺。士庶欽風,獻奉稠疊。禪房殿宇,鬱爾層構。於是息心之衆,萬里來集。諷誦肅邕,望風成化。定林達禪師即神足弟子。[3]

《高僧傳》與《寺記》[4]所述事蹟完全相合,只是時間一在元嘉十二年,一在十六年。兩者也許並不矛盾,大致可以理解爲:定林上寺於元嘉十二年破土動工,元嘉十六年竣工。

定林上寺建成以後,名僧輩出,宋齊之際最爲著名的是僧遠和法獻。僧遠出身於青州,劉宋孝武帝大明年間南渡,新安王子鸞爲生母殷貴妃造新安寺,因被徵召,遂與建康皇室有了接觸。史載大明六年(462),朝廷再次重提沙門致敬王者的話題,僧遠於是"隱跡上定林山"。雖然風波很快平息,宋明帝即位以後,請以師禮,竟不能致。"其後山居逸跡之賓,傲世陵雲之士,莫不崇踵山門,展敬禪室。"其所交結的名公巨卿包括何點、周顒、明僧紹、吴苞、張融,乃至建平王景素、齊太祖蕭道成、文惠太子蕭長懋以及竟陵王蕭子良。就是這樣一位人物,却堅持"蔬食五十餘年,澗飲二十餘載。游心法苑,緬想人外,高步山門,蕭然物表"[5]。這是非常耐人尋味的現象。《續高僧傳·法令傳》記載法令少於定林上寺出家,"足不下山三十三載。葷辛不食,弊衣畢世。以天監五年卒,春秋六

---

[1] 許嵩著,張忱石點校《建康實録》卷一二(中華書局,1986年,409頁):元嘉元年"置竹林寺"條,原注引《寺記》:"元嘉元年外國僧毗舍闍造。又置下定林寺,東去縣城一十五里,僧監造,在蔣山陵里也。"所謂"又置",不確定是否在同年,但似當在元嘉初年。

[2] 《建康實録》卷一二,432頁。

[3] 《高僧傳》卷三《曇摩蜜多傳》,湯用彤點校,中華書局,1992年,122頁。

[4] 《建康實録》兩處小注所引《寺記》,或作"京師寺記"或"塔寺記",可能是劉宋僧人曇宗的《京師塔寺記》,參見諏訪義純《中國南朝佛教史的研究》,法藏館,1997年,142頁。

[5] 《高僧傳》卷八《僧遠傳》,317—319頁。

十有九"[1]。《出三藏記集》卷一二僧祐《法集雜記銘》有"《鍾山定林上寺絶迹京邑五僧傳》一卷"[2],可見遁世苦行,絶非個例。無論出自何種動機,定林寺僧的高自標異,客觀上爲此地帶來了巨大的聲名。

永明二年,僧遠圓寂,受到南齊皇室的禮遇。齊武帝致書法獻,表示哀悼:

> 竟陵文宣王又書曰:"弟子意不欲遺形影迹雜處衆僧墓中,得别卜餘地,是所願也。方應樹刹表奇,刻石銘德矣。"即爲營墳於山南立碑頌德,太尉琅琊王儉制文。[3]

蕭子良爲僧遠别立墓所,這是一個標誌性的事件。《比丘尼傳·妙智傳》言"齊竟陵王疆界鍾山,集葬名德"[4],此後歷經齊、梁、陳三朝,鍾山定林寺附近成了碑石林立的名僧墓所。魏斌先生推測,這項改變了鍾山文化景觀的工程,其肇端正在於蕭子良的介入[5]。

永明後期,定林上寺的地位日益凸顯,其樞紐人物也正是蕭子良和前文提到爲僧遠料理喪事的法獻。法獻在梁州出家,元嘉十六年南渡建康,住錫定林寺。這一年,上寺剛剛竣工。也是在這一年,智猛從西域歸來,"七月七日,於鍾山定林寺造傳"[6]。元徽三年(475),法獻遠赴西域,求取佛牙,或許便是受到智猛《游外國傳》的啓發。

法獻從于闐僧處得到烏纏國所出佛牙,這件法物被建康僧俗所知有一段戲劇化的經過,記載此事最詳細的是《法苑珠林》:

> (法獻)齎還鍾山,十有五載,雖復親近而弟子莫知。唯密呈靈根寺法穎律師,頂戴苦勤,出示舊聞。……是時司徒竟陵王文宣王……以永明七年二月八日,於西第在内堂法會,見佛從東來,威容顯曜。文宣望身頂禮,因而侍立,自覺已冠裁及跌踝。佛俯而微笑。既而咳唾,白如凝雪。以手承捧,變爲玉稻。後移鎮東府,以六月二十九日又夢往定林,見先師稱疾而臥。因問:"生老病死,五通未免,法師衣鉢之餘,寧可營功德不?"對曰:"貧道庫中有無價神寶,敬以憑托,宜自取之。"依言往,見有函匱,次第開視多是經像,末見小函,懸在虚空。取而開之,光色不

---

[1]《續高僧傳》卷五《法令傳》,郭紹林點校,中華書局,2014年,167—168頁。
[2]《出三藏記集》卷一二,蘇晉仁、蕭煉子點校,中華書局,1995年,498頁。
[3]《高僧傳》卷八《僧遠傳》,319頁。
[4]《比丘尼傳》卷三《妙智傳》,王孺童《比丘尼傳校注》,中華書局,2006年,131頁。
[5] 魏斌《南朝建康的東郊》,《中國史研究》2016年第3期,67—84頁。
[6]《出三藏記集》卷一五《智猛傳》,580頁。《高僧傳》同傳不載造傳地點。

恒。始言是像,而復非像,既云非像,而復是像。文宣從夢而覺,心知休徵。明旦即遣左右楊曇明密夢證,法師庫中必有異寶,宜以惠示。先師造次之間,謂求俗珍,殊不意是牙,乃修常答旨。續更尋思,中夜方悟,以事難傳說,乃躬自到府,具敍本源:"貧道唯示穎律師一人,更無知者。今檀越感通冥應,信而有徵,便是不可思議。其跡已現,寧敢久辱威神,以廢佛事?今奉歸供養。"後經三日,自送東府。[1]

據文末小注可知,這段文字是根據《漢法內傳》《雜史》《高僧傳》糅合而成。但文中稱法獻爲"先師統上",顯然是弟子所作。記述法獻得佛牙事後,又敍蕭子良造寶臺供養舍利之事。考《出三藏記集》卷一二《法苑雜緣原始集》,其中有"佛牙並齊文宣王造七寶臺金藏記"一目,因此推測所謂"《雜史》"極有可能是僧祐所撰《法苑集》的這一條。

按照僧祐的說法,法獻將佛牙帶回鍾山定林寺以後,前後十五年一直密不示人。這個年數或許有些問題,因爲即使從元徽三年(475)法獻出發算起,到永明七年(489)蕭子良感夢得到佛牙,總共不到 15 年。但可以確定的是,從劉宋末年一直到永明七年,定林上寺與建康政界保持著相對疏離的關係。

"感夢"是蕭子良崇佛事業的重要手段。永明七年二月十九日,蕭子良夢咏古《維摩》一契,由此創製梵唄新聲[2];永明八年,夢東方普光世界天王如來樹立淨住淨行法門,因作《淨住子淨行法門》[3]。可以說,夢對於蕭子良以在家人身份強力推動某些激進的佛教改革,其意義是不言而喻的,它使原本並不光輝的個人創製,由於受到神聖啟示而獲得了合法性。蕭子良永明七、八兩年,連感三夢,都明確地指向了一種新型的佛教儀式,而以佛牙之夢爲發端,意義自然非比尋常。

法獻起初沒有領會蕭子良的用意,以爲所求只是尋常珍異。深夜方纔醒悟,乃親自到府述說佛牙來歷,三日之後又親自奉上,積極地配合了蕭子良的計劃。本傳記載法獻"以永明之中,被敕與長干玄暢同爲僧主,分任南北兩岸"。據李猛考證,此事發生在永明七年之前,所謂"分任南北",蓋因長干寺在秦淮河以南[4],

---

[1]《法苑珠林》卷一二《結集部·感應緣》,周叔迦《法苑珠林校注》,中華書局,2003 年,440—442 頁。
[2]《高僧傳》卷一三《僧辯傳》,503 頁。
[3]《廣弘明集》卷二七,高楠順次郎、渡邊海旭等編:《大正新修大藏經》,大正一切經刊行會,1924 年(以下簡稱《大正藏》)第 52 册,306 頁上欄。
[4] 六朝長干寺的遺址已被考古發掘,參見南京市考古研究所《南京大報恩寺遺址塔基與地宮發掘簡報》,《文物》2015 年第 2 期,4—52 頁。

定林寺在北,因而將建康以秦淮爲界,分爲兩個區域加以管理[1]。值得注意的是,與僧遠的強硬態度不同,法獻、玄暢二僧在沙門致敬王者的問題上對世俗權力做了讓步,從此僧人雖不禮拜,却須稱名。法獻"後被敕三吴,使妙簡二衆。暢亦東行,重申受戒之法"[2]。"妙簡"宋元明三本作"沙簡",即沙汰之意,無論哪種讀法,二人巡行三吴,必定掌握了極大的權力。這自然是南齊皇室給予他們的一種回饋。

永明七年、八年,蕭子良以"三夢"爲契機,啓動了一系列佛教改革措施,定林上寺僧人直接參與的還有抄略《成實論》之事。《成實論》是印度論師訶梨跋摩所作,鳩摩羅什譯本十六卷,是接受中土僧人曇影的建議,以五聚的結構重新整理佛教的重要名相[3]。永明年間,蕭子良請僧柔、慧次等人將之抄略爲九卷[4]。據《出三藏記集》卷一一所收僧祐新撰《略成實論記》、周顒《抄成實論序》可知,抄略《成實論》的目的是擔心學者"弃本逐末,喪功繁論",因而必須"删賒探要,取效本根"[5],強調《成實論》的修習只是研讀大乘經典的輔助。這是南朝後期佛教教理史上的一件大事,梁、陳兩朝,《成實》學漸衰,三論學興起,對此湯用彤先生已有詳細的論述[6]。本文需要補充的是上定林寺與此事的關係。

僧柔出身於定林上寺[7],是《成實論》的專家。梁朝義學僧人僧旻、智藏、法雲等年少時莫不禀學於僧柔,僧旻回憶説"宋世貴道生,開頓悟以通經;齊時重僧柔,影毗曇以講論"[8],僧柔的成實學確實在南齊風靡一世。蕭子良命僧柔、慧次講解、抄略《成實論》是在西邸中的普弘寺[9],其事從永明七年十月一直持續到八年正月二十三日,並"寫略論百部流通"[10]。《出三藏記集》另有"抄《成實論序》並上定林講共卷"[11],從寫卷合抄的方式推測,"上定林講"很可能就是僧柔回到本寺講述新抄的節略本《成實論》九卷。

---

[1] 李猛《論南齊武帝永明中後期對佛教的整頓》,未刊稿。先行研究中湯用彤先生指出了"分任南北"的正確含義,而張弓、賀光中等學者提出的江南江北,意指以長江爲界是錯誤的。
[2] 《高僧傳》卷一三《法獻傳》,488—489頁。
[3] 《高僧傳》卷六《曇影傳》:"初出《成實論》,凡諍論問答,皆次第往反。影恨其支離,乃結爲五番,竟以呈什。什曰:'大善,深得吾意。'"243頁。
[4] 《出三藏記集》卷五,220頁。
[5] 《出三藏記集》卷一一,405—406頁。
[6] 參見湯用彤《漢魏兩晉南北朝佛教史》第十八章《南朝〈成實論〉之流行與般若三論之復興》,武漢大學出版社,2008年,491—526頁,特別是500—502頁。
[7] 《高僧傳》只言僧柔居定林寺,《出三藏記集》《名僧傳抄》均言出上定林寺。
[8] 《續高僧傳》卷五《僧旻傳》,154—155頁;《法雲傳》,161頁;《智藏傳》,169頁。
[9] 李猛《蕭子良法集録考釋》"《西州法雲、小莊嚴、普弘寺講》並《述羊常弘廣齋》共卷"條,未刊稿。
[10] 《出三藏記集》卷一一,405—406頁。
[11] 《出三藏記集》卷一二,450頁。

回顧定林上寺的早期歷史可以看到，這所寺院起初是一個異域色彩濃厚的禪寺[1]，或許寺名"定林"即來源於此。宋齊之際，由於僧遠、法獻二人與建康皇室的接觸，定林上寺的聲名迅速擴大。永明年間，在蕭子良的崇佛運動中，此地成爲學術中心。齊武帝崩，蕭子良、文惠太子失勢，但定林上寺的發展並未因此中斷。天監初年，此處的藏書受到僧俗注目，催生了一批佛教類纂作品。這批作品有不少入藏保存至今，其製作的基礎是定林上寺的經藏。

二、定林上寺經藏的建立

定林上寺經藏的營造者是僧祐，僧祐在建初寺出家，十幾歲的時候投師定林法達，並在此受具足戒，法達即前引上寺的創立者曇摩蜜多的弟子"達禪師"。此後，僧祐在定林、建初二寺都建立了經藏，《高僧傳》本傳有一段敍述，很值得注意：

> 永明中敕入吳試簡五衆，並宣講《十誦》，更申受戒之法。凡獲信施，悉以治定林、建初，及修繕諸寺。並建無遮大集、捨身齋等，及造立經藏，搜校卷軸。使夫寺廟開廣，法言無墜，咸其力也。祐爲性巧思，能目准心計。及匠人依標，尺寸無爽。故光宅、攝山大像，剡縣石佛等，並請祐經始，准畫儀則。[2]

這裏有兩個問題需要略做澄清：一是關於經藏建立的時間。僧祐入吳料簡僧衆，據《續高僧傳·明徹傳》是在永明十年[3]。而僧祐此行很可能是隨侍定林寺的前輩僧人法獻和玄暢的[4]。上文已經討論過，這兩位是當時分管建康城秦淮河兩岸的僧官。此外，《出三藏記集》卷一二記載兩處經藏均稱"般若臺"，而且特別指出定林上寺的經藏得到了太尉臨川王的贊助[5]。臨川王蕭宏是梁

---

[1] 道宣《續高僧傳》卷二一《習禪篇論》(810頁)云："逮於梁武……又於鍾陽上下，雙建定林，使夫息心之侣，栖閑綜業。"考之史實，定林寺的肇建當然不是從梁武帝朝開始的，但道宣所述定林寺在南朝禪定實踐中的地位當屬可信。

[2]《高僧傳》卷一一《僧祐傳》，440頁。

[3]《續高僧傳》卷六《明徹傳》："齊永明十年，竟陵王請沙門僧祐三吳講律，中途相遇。雖則年齒懸殊，情同莫逆。徹因從祐受學《十誦》。"202頁。

[4]《高僧傳》卷一三《法獻傳》："獻後被敕三吳，使妙簡二衆。暢亦東行，重申受戒之法。"489頁。

[5]《出三藏記集》卷一二："定林上寺建般若臺大雲邑造經藏記第一；定林上寺太尉臨川王造鎮經藏記第二；建初寺立波若臺經藏記第三。"488—489頁。

武帝的異母弟,天監元年封臨川郡王,十一年爲太尉。蕭宏"以介弟之貴","恣意聚斂"之事[1],可以推想,他有實力贊助定林上寺經藏,必定是在天監年間。也就是説,定林上寺經藏始建於永明末年,而建築的修繕、寫本的擴充,一直持續到天監年間。

二是關於經藏建設的經費來源。史文羅列了僧祐主持的各項法事活動,其實無遮大集、捨身齋,特別是設計雕鑿大像,都是獲得施捨的重要方式。關於無遮大會的施捨,《廣弘明集》記載了梁武帝中大同五年(533)講《般若經》解座以後皇家施捨的具體數字,"皇帝捨財遍施錢絹銀錫杖等物二百一種,直一千九十六萬。皇太子奉嚫玉經格、七寶經函等,仍供養經。又施僧錢絹,直三百四十三萬。六宮所捨二百七十萬"[2]。此外梁武帝大同七年(541)講《三慧經》,也是"自開講迄於解座,日設遍供,普施京師"[3]。寺院或民間的無遮大會雖然難有如此規模,但對佛法僧三寶的供養是必不可少的環節。而對佛經的修繕、抄寫、保存,正是法供養的重要内容。關於捨身齋,需要指出的是,齊梁時期,捨身的含義不限於燃指、自焚一類激烈的自戕行爲,還包括以施捨財富作爲象徵的捨身[4]。沈約代南齊南郡王所作《疏》云:"敬捨肌膚之外凡百一十八種。"[5]天監八年,自作《捨身願疏》云:"捨身資服用百有一十七種,微自捐撤,以奉現前衆僧",而所請"息心上士,凡一百人。"[6]其施捨的規模可以想見。因此,僧祐主持的佛教法事活動是造藏的重要經費來源。

此外還有僧祐主持的光宅、攝山和剡縣三項佛像修造工程。光宅寺造丈九無量壽佛金像,事在天監八年。當時工匠計算需銅四萬斤,除了民間募捐,"敕給功德銅三千斤"[7]。攝山千佛岩,是南朝著名的佛教石窟羣。始建於南齊,據江總《栖霞寺碑》,臨川王宏"以天監十年八月,爰撤帑藏,復加瑩飾"[8],《出三藏記集》卷一二也有"太尉臨川王成就攝山龕大石像記"。前文提到,臨川王蕭宏爲太尉在天監十一年,因此工程竣工大致在此年以後不久。剡縣彌勒大

---

[1] 《南史》卷五一《臨川王宏傳》,中華書局,1975年,1276—1278頁。《梁書》卷二二《臨川王宏傳》(中華書局,1973年,341頁)云蕭宏普通元年方爲太尉,此時僧祐已死,因此應該採用《南史》的記載。
[2] 蕭子顯《御講金字摩訶般若波羅蜜經序》,《廣弘明集》卷一九,《大正藏》第52册,經號2103,237頁中欄。案:中大通五年,宋、元、明三本作"七年"。
[3] 陸雲公《御講波若經序》,《廣弘明集》卷一九,《大正藏》第52册,經號2103,236頁上欄。
[4] 參見船山徹《捨身の思想——六朝佛教史の一斷面》,《東方學報》第74册,2002年,311—358頁。
[5] 沈約《南齊南郡王捨身疏》,《廣弘明集》卷二八,《大正藏》第52册,經號2103,324頁上欄。
[6] 沈約《捨身願疏》,《廣弘明集》卷二八,《大正藏》第52册,經號2103,323頁下欄。
[7] 《高僧傳》卷一三《法悦》,493頁。《建康實録》繫此事於天監六年,不確。考證參見諏訪義純《中國南朝佛教史研究》,33頁。
[8] 江總《攝山棲霞寺碑》,參見向達《攝山佛教石刻小記》,《唐代長安與西域文明》,河北教育出版社,434—458頁。

佛,工程的動議雖然比較早,但大規模的開鑿還要等到天監六年,建安王蕭偉病勢嚴重,始豐縣令陸咸途經剡縣,受到神啓,第二年開始動工,十五年其功始畢[1]。蕭偉是梁武帝的異母弟,中村不折藏寫本尾題有"(天監十一年)壬辰歲,使持節散騎常侍、都督江州諸軍鎮南將軍、開府儀同……建安王蕭偉,敬造衆經一千卷流通"[2],可見他也是佛經寫本傳播的重要贊助人。我們現在没有直接的證據,證明此三項工程所得的資金曾用於造立定林上寺和建初寺的經藏,但不可否認的是,在天監十年前後,僧祐得到了梁朝皇室和宗王的支持,掌握了大量的資源。這些資財流向寺院,是情理之中的事。

三、定林上寺經藏與僧祐撰述

僧祐整理經書的結果囊括於《出三藏記集》,此書實際上是僧祐搜集和整理佛教文獻的總記録[3]。其中開列的現存經典目録,自然可以視爲定林上寺經藏的大體規模。此處試從幾個事例來觀察僧祐搜集寫本的努力。

《出三藏記集》卷十二收有蕭子良和其子蕭昭胄的法集。前者序云"祐昔以道緣,預屬嘉會,律任法使,謬荷其寄。齋堂梵席,時枉其請";後者序云"余昔緣法事,亟覯清徽。及律集稽川,屢延供禮"[4]。顯然,僧祐與蕭子良父子的交往主要是永明年間頻繁參與法事活動,而蕭子良失勢病死以後,高、武子孫受到猜忌,漸次誅戮。蕭昭胄永元元年(499)封巴陵王,次年參與崔慧景起兵,事敗被殺。僧祐既然稱昭胄"故撫軍巴陵王",則其整理二人的文集大概要到梁天監初年。

《出三藏記集》卷五著録了南齊太學博士江泌之女僧法尼口誦的經典。據目録,這些經典從永元元年開始誦出,直到天監四年(505),此事驚動了梁武帝,被召入華光殿案驗。僧祐説他得悉此事後,"就求省視,其家祕隱,不以見示。唯得《妙音師子吼經》三卷,以備疑經之録"[5]。同書《薩婆若陀眷屬莊嚴經》,

---

[1] 劉勰《梁建安王造剡山石城寺石像碑》,《會稽掇英總集》卷一六,《景印文淵閣四庫全書》本,第1321册,4a—11a。

[2] 圖版參見磯部彰《中村不折舊藏禹域墨書集成》(上册),二玄社,2005年,79頁。

[3] 今本《出三藏記集》卷一二有"僧祐法集",其中著録了"《出三藏記集》十卷",458頁。或許僧祐原本有一個十卷《出三藏記集》的編纂計劃,而將其本人的作品總稱爲"法集",但最終是以十五卷本《出三藏記集》作爲其整理經藏成果的總記録。

[4] 《出三藏記集》卷一二,448、455頁。

[5] 關於歷代經録家對僧法尼誦出經典的態度,參見方廣錩《關於江泌女子僧法誦出經》,《藏外佛教文獻》第9輯,宗教文化出版社,2003年,383—422頁。

是鄞州僧人妙光撰作的僞經,天監九年,其人解送京師,僧祐受命訊問其事,將之著録。

同書卷九記《賢愚經》傳來經過,此經是曇學等人在于闐般遮于瑟大會上的聽講筆記,在高昌結集,涼州譯出。僧祐是從時爲沙彌的弘宗那裏訪得此事:"泊梁天監(十)四年,春秋八十有四,凡六十四臘,京師之第一上座也,唯經至中國則七十年矣。祐總集經藏,訪訊遐邇,躬往諮問,面質其事。"[1]

此外還有闕經,《出三藏記集》卷二著録《雜寶藏經》等三經,云:"宋明帝時,西域三藏吉迦夜於北國以僞延興二年(472),共僧正釋曇曜譯出,劉孝標筆受。此三經並未至京都。"劉可以推測,這應當是從劉孝標處得到的信息[2]。同書同卷還著録法眷譯《法意經》等五部、外國沙門大乘譯《五百本生經》等兩部,均於廣州譯出,"未至京都"。僧祐未見經本,而能掌握譯出人員、卷數和大致年代,想必也有可靠的信息來源。

《出三藏記集》卷七有《合微密持經記》,"剡西臺曇斐"勘定。曇斐是會稽剡縣人,少受業於慧基法師,當時的名士周顒、何胤等人皆與交好。但傳記中只説他"居於鄉邑法華臺寺",似乎從未到過建康[3]。僧祐收集到他的作品,最有可能是通過這些蕭子良西邸中的居士,或者在天監年間親赴剡縣營造彌勒大佛之時。

由此可見,僧務裁判、齋會法事以及工程營造,不僅給僧祐提供了可觀的經濟資源,更使他有機會走訪和記録寫本流傳的逸聞。他關注的範圍不限於建康本地譯出的經典,還有北涼、北魏、廣州三個方向傳來的寫本。

搜集寫本的成果匯聚成定林上寺的經藏,這又成爲僧祐一系列作品的基礎。《高僧傳》本傳云:

> 初,祐集經藏既成,使人抄撰要事,爲《三藏記》、《法苑記》、《世界記》、《釋迦譜》及《弘明集》等,皆行於世。[4]

《出三藏記集》以外的四部作品,都具有類書性質。《釋迦譜》《弘明集》今

---

[1] 案,諸本均作"天監四年",但從下文"經至中國七十年矣"和譯出年代推算,此處當爲"天監十四年"。參見梁麗玲《〈賢愚經〉研究》,法鼓文化,2002年,27頁。陳金華《早期佛典翻譯程序管窺》(吳蔚琳譯),收入陳金華《佛教與中外交流》,中西書局,2016年,92—94頁。
[2] 《梁書》卷五〇《文學·劉峻傳》,701頁。
[3] 《高僧傳》卷八《曇斐傳》,341—342頁。
[4] 《高僧傳》卷一一《僧祐傳》,441頁。

存,《法苑記》和《世界紀》已佚,但目錄都保存於《出三藏記集》卷十二[1]。從現存本和目錄可知,《弘明集》是護教文獻的集成,其底本是宋明帝命中書侍郎陸澄所集的《法論》,其結構大體是按照世俗社會對佛教攻擊最力的幾個方面來選材組織的[2]。《釋迦譜》是仿照世俗譜牒的方法,編排散見於諸經中佛祖釋迦牟尼家族成員的相關事蹟。《世界記》梳理佛教宇宙觀,其主要依據是《長阿含經》和《樓炭經》,此外還參考了《華嚴經》《大集經》的有關論述。《法苑記》,《出三藏記集》所載目錄題爲"法苑雜緣原始集",該書的主旨是以當時僧團中流行的修行實踐爲基準,尋找其在佛教經律上的依據,以及傳入漢地以後的歷史流變。

僧祐在後兩書的序文裏,對當時僧界的風氣有所批評。《世界記》序云:"竊惟方等大典,多説深空。唯《長鋡》、《樓炭》辯章世界,而文博偈廣,難卒檢究。且名師法匠,職競玄義,事源委積,未必曲盡。"[3]《法苑雜緣原始集》的序文講得更直白,"講匠英德,鋭精於玄義;新進晚習,專志於轉讀。遂令法門常務,月修而莫識其源;僧衆恒儀,日用而不知其始。不亦甚乎!"[4]僧祐撰述的用意,在我看來,是要以世俗知識的結構重新梳理卷帙浩繁的佛教經典,是爲了服務於居士佛教修行的,同時也與南朝盛行的名士談辯之風相配合。

四、結語

以上考察了鍾山定林上寺經藏成立過程和僧祐撰述作品的性質。定林上寺作爲學術中心的崛起,關鍵的人物是蕭子良。蕭子良倡導的佛教改革,是以居士修行爲中心的。抄略《成實論》,撰作《淨住子淨行法門》,創製梵唄新聲,推廣受菩薩戒儀,都是圍繞這個目的展開,定林寺僧柔、法獻等先輩,已是密切的參與者。而僧祐的造藏和編纂事業,首先是對此前佛教知識的一次整理和重構,這種重構某種程度上成爲蕭子良佛教改革的知識準備和理論總結。

---

[1] 今本《釋迦譜》和《弘明集》的卷數與《出三藏記集》的記載存在出入。《釋迦譜》高麗藏五卷,與《祐錄》同,宋元明本十卷,當爲後人補入,參見小野玄妙《佛書解説大辭典》第五卷,大東出版社,1933年,38頁;陳士強《大藏經總目提要——文史藏》,上海古籍出版社,2008年,267頁。《弘明集》今本十四卷,《出三藏記集》云十卷。兩書都收錄了序文,今本《弘明集》也相應地將"類聚區分,列爲十卷"一句改爲了"十四卷"。
[2] 目錄亦收載於《出三藏記集》卷一二。關於《弘明集》與《法論》的關係,參見李小榮《〈弘明集〉〈廣弘明集〉論稿》,巴蜀書社,2005年,616—630頁。
[3] 《出三藏記集》卷一二,464頁。
[4] 《出三藏記集》卷一二,476頁。

從時間上看,僧祐的撰述活動開端甚早,一直持續到梁天監年間[1]。不僅如此,梁武帝還發起了一系列佛典撰述活動。其中,僧祐的弟子寶唱,依托本文開頭提到的另一處佛教學術中心華林園寶雲經藏,編纂了《經律異相》五十卷。一方面,寶唱其書從選材到編排對僧祐的繼承十分明顯,體現出齊梁間學術風氣的延續性[2];另一方面,學術中心從建康東郊的寺院轉移到皇宫禁省,也折射出南齊時代處於實驗階段的佛教思想在梁武帝朝進一步國家化,其中的轉變還值得研究。

---

[1] 參見蘇晉仁先生校點説明,《出三藏記集》,10頁。
[2] 關於寶唱與僧祐作品間的延續性,先行研究參見菅野龍清《僧祐撰法苑雜緣原始集について》,《印度學佛教學研究》第44卷第2號(1996年),553—556頁。筆者計劃另文探討這個問題。

哥舒翰與《隴右紀聖功頌》
——唐哥舒翰紀功碑考實

劉子凡

甘肅省臨洮縣有一方廣爲人知的哥舒翰紀功碑。哥舒翰爲唐玄宗朝名將，因與吐蕃作戰有功，曾任河西、隴右兩道節度使，威震邊塞。西鄙人有歌曰："北斗七星高，哥舒夜帶刀。至今窺牧馬，不敢過臨洮。"此碑因與哥舒翰有關，歷來爲學者所重視，清代以來的金石著作屢有著錄。然而，由於碑文漫漶不清，現存僅不到百字。關於此碑所立之時間、緣由、具體內容等重要信息，皆不易考證。除了金石學者的考證外，當代的相關研究成果極少，僅見有一些介紹性文字及關於碑刻保護的討論[1]。致使學界僅知有此碑，而不得其詳。2016年8月，筆者借參加"唐蕃古道"調研之機，得以觀摩臨洮縣哥舒翰紀功碑之原石，並校録其文字，發現據原碑碑題，此碑應名《隴右紀聖功頌》。本文即擬結合相關著録及考察所見，復原出目前可知的碑文，並略考其內容，以期揭示這一涉及唐代西北邊疆史事的重要碑刻的珍貴價值。

一

"哥舒翰紀功碑"一名最早見於宋鄭樵《通志》卷七三《金石略》，其中載有

---

[1] 康喜玉、康志強《哥舒翰紀功碑》，《社會科學》1986年第5期，34頁。徐鐵東《加強對〈哥舒翰紀功碑〉的保護》，《絲綢之路》1998年第2期，64頁。康明大、陳庚齡《臨洮哥舒翰紀功碑保存現狀調查》，《絲綢之路》2011年第20期，24—26頁。陳庚齡、康明大《臨洮哥舒翰紀功碑岩層礦物分析》，《絲綢之路》2012年第2期，114—116頁。吳景山、李永臣《甘肅唐代涉藏金石目録提要》，《西北民族大學學報》2012年第3期，71—73頁。

"哥舒翰紀功碑",在熙州[1]。宋代熙州治狄道縣,即今臨洮縣。清康熙朝《臨洮府志》卷二一《雜志》載:

> 古碑,府治南北極觀内,高二丈,闊六尺,厚三尺,首刻獸物,趺列人形,文皆隸書。累經兵火,字畫剥落,無所辨識。故老相傳,乃唐李晟平定羌戎,於此建碑鎮之,書乃葛舒翰也。[2]

又乾隆朝《狄道州志》卷五《寺觀》載有:

> 北極觀,在州治南。内有唐哥舒翰紀功碑,僅"丙戌哥舒"四字可辨。《府志》作李晟立碑而翰作書者,誤。[3]

可知此碑在清代是立於縣城内的北極觀。清初蔣薰《觀哥舒翰碑在臨洮北極觀》詩即有"北極臨洮觀,猶留節度碑"云云[4]。據乾隆《狄道州志》,碑上有"丙戌哥舒"四個字,正可與《通志》中所載的哥舒翰紀功碑對應。這樣,《狄道州志》便很自然地將臨洮縣唐碑稱爲哥舒翰紀功碑了,此後清人亦大多延續了這樣一種稱呼。至於康熙《臨洮府志》中提到的李晟立碑傳説,明顯有誤。李晟爲唐德宗朝名將,常與吐蕃交戰,然而安史之亂後臨州狄道縣(今臨洮縣)便陷於吐蕃,唐朝再未收復。李晟不可能在此立碑。其中所謂"書乃葛舒翰",或許是源自碑文的"丙戌哥舒"四字。

又道光朝《蘭州府志》卷二《地理下·狄道州》載:

> 唐碑亭,在州城北極觀。《州志》云有"丙戌哥舒"四字可辨,故相傳爲哥舒翰紀功碑。後僅存九十餘字,並此四字皆剥落矣。知州田自福建亭覆之,州人吴鎮集剩字爲《唐雅》六章。碑書八分甚古,容城楊耐谷證以所藏帖,以爲明皇御筆。[5]

---

[1]《通志》卷七三,中華書局,1987年,847頁。
[2] 高錫爵修,郭巍纂《臨洮府志》卷二一,《中國古代方志集成·甘肅府縣志集》2影印康熙二十六年(1687)刻本,鳳凰出版社,2008年,219—220頁。
[3] 呼延國華修,吴鎮纂《狄道州志》卷五,《中國古代方志集成·甘肅府縣志集》11影印光緒間官報書局排印本,370頁。
[4] 按蔣薰康熙二年(1663)選伏羌縣(今甘肅省甘谷縣)知縣,此詩應即作於此時。
[5] 陳世楨修,徐鴻儀纂《蘭州府志》卷二,《中國古代方志集成·甘肅府縣志集》1影印道光十三年(1833)刻本,486頁。

大致在道光時,石碑文字已剝落大半,僅見九十餘字,且已不見"丙戌哥舒"四字。值得注意的是,清代時哥舒翰紀功碑受到了地方的極大重視。狄道州知州田自福爲哥舒翰紀功碑建立了碑亭,進行了妥善保護。當地文人也愛惜其字,更有考證碑文爲唐玄宗御筆者,但這種考證顯然並不可靠。光緒三十一年(1905)葉昌熾往臨洮縣訪碑時,哥舒翰紀功碑在石壁觀,高如巨屋[1]。此石壁觀或即北極觀。1937年10月,顧頡剛在西北考察時亦曾到臨洮訪碑,其日記載哥舒翰紀功碑是在縣城内大街46號院内,碑石巍峨,"其地無門柵,頑童時以小石投擲,更易損,再過數年將成没字碑矣"[2]。大致在民國時,道觀即已不存。石碑尚在一院中,不過没有保護,損毁更甚了。

至於碑文,王昶《金石萃編》(以下簡稱《萃編》)進行了著録並略作考證,其書卷九〇載有:

哥舒翰紀功殘碑
(碑前後缺,高九尺六寸三分,僅存廣四尺五分,十行,行三十三字,隸書。)
(缺)皇之德施化眸天墜經綸象雲雷日月所臨之(缺)遠(缺)也懍□□夏其惟犬戎聚落倡狂保聚山谷故聖王之(缺)則懷(缺)舊章特申約言載錫姻好(缺)明德(缺)也潛通約而反間(缺)軍士(缺)未加(缺)乃親(缺)敗謀(缺)大□水(缺)德□□叛(缺)舉而定(缺)也武有七德今則過之而頌聲無聞何以□　聖策謀從(缺)頌曰(缺)

按此碑題哥舒翰紀功碑,文殘缺,僅存一百餘字,可讀者曰:"德化侔天,墜經綸,象雲雷"云云數語而已。不知所紀何功,且不見立碑歲月……更以《唐書·吐蕃傳》證之,吐蕃自中宗景龍三年和親,金城公主下嫁後,聘使往來,國以赤嶺爲界,表以大碑,刻約其上,詔張守珪分諭劍南、河西州縣,自今和好,無相侵暴。迨金城公主薨後未久,吐蕃乃悉衆入寇,攻振武軍石堡城。天寶元年,戰青海。明年,破洪濟城。又明年,帝以哥舒翰節度隴右,翰攻拔石堡,更號神武軍,禽其相兀論樣郭。又破洪濟、大莫門諸城,收九曲故地,列州縣,實天寶十二載。於是,置神策軍於臨洮西,澆河郡於積石西,及宛秀軍以實河曲。後二年,蘇毗子悉諾邏來降,封懷義王,賜姓李氏,此是十四載事。然則此碑所紀,正是洪濟、大莫門之戰,收九曲故地之功。碑中所謂約言、姻好、通約、反間等語,多與此合。碑後云:"武有七德,今則過之,而頌聲無聞",似是邊將紀哥舒翰功,而因以頌君德也……碑或立于天寶十二載,或在十四載悉諾邏來降之時,皆不可知,今姑附于十四載後。此碑

---

[1] 葉昌熾《緣督廬日記》光緒乙巳(1905)二月初六日,江蘇古籍出版社,2002年,4714頁。
[2] 顧頡剛《西北考察日記》,甘肅人民出版社,2002年,185頁。

得者絶少,昶官關中,德清宋維藩在陝甘制府幕中,購以見貽。未詳立碑所在,諸金石家多未著錄,惟鄭氏《通志·金石略》載此碑云在熙州。[1]

王昶録出的碑文,共有95字。王昶乾隆四十一年(1776)遷陝西按察使,在任十年[2]。他大致就是此時獲得了拓片,而在此之前金石學家多未著錄,當時得見此碑之人又絶少。故而王昶所刊佈的碑文,或爲目前所見最早的記録。王昶逕言碑題"哥舒翰紀功碑",應是參考了《通志·金石略》。由此出發,王昶認定此碑是邊將爲紀念哥舒翰戰功而立,認爲其中所謂"武有七德"云云,只是因紀哥舒翰功而讚頌玄宗的聖德。至於立碑的時間,王昶則推測爲哥舒翰攻破洪濟、大莫門諸城,收九曲故地的天寶十二載(753)至悉諾邏來降的天寶十四載之間。

方履籛《金石萃編補正》(以下簡稱《補正》)卷一載有"唐哥舒翰紀功碑殘字",共録有101字,如下:

```
之德施化侔天墜經綸象雲雷日月所臨之
    西夏其惟犬戎種落倡狂保聚山谷故聖王之
        月支   斤   舊章特申約言載錫姻
 好             賓也潛通約而反間
    遠  萬親              不加
    懷 敗謀    也僉聞何以頌曰
         明德  大服小
    也憬    軍士 舉而定    禾
 叛       聖策謀從 力也   有七
  德今則過之而頌聲[3]
```

此種録文與《萃編》稍有異同,且多出了"月支"、"斤"、"禾"、"賓"等字。可惜,《補正》的字句順序明顯有錯亂,尤其是現已剥落的字,個別已無法找到其原本位置。不過這也是目前所見著録字數最多者,大概是方履籛見到了更全的拓本。

民國時臨洮人張維《隴右金石録》(以下簡稱《金石録》)書中亦載有哥舒翰紀功碑。張維親見其碑,故能據原碑詳盡指出《萃編》及《補正》録文的錯訛,共

―――――――――
[1] 王昶《金石萃編》卷九〇,嘉慶十年(1805)經訓堂刻本,20—22頁。
[2] 《清史稿》卷三〇五《王昶傳》,中華書局,1977年,10524頁。
[3] 方履籛《金石萃編補正》卷一,光緒二十年(1894)上海石印本,31頁。

録出81字。但張維給出的録文明顯上下對錯了行,且録出新字極少,這裏不再引用,詳見後文碑文校注。張維又有考證曰:

> 此碑既録於《金石略》,又有"哥舒"二字,自係邊人爲哥舒翰紀功所作,觀西鄙人歌"北斗七星高,哥舒夜帶刀。至今窺牧馬,不敢過臨洮"之詩,蓋邊人之稱翰深矣。唐初置臨洮軍於狄道,其後始移鄯州節度衙内,故此碑立於狄道。至於碑有"丙戌"二字者,丙戌爲天寶五年,是年吐蕃寇邊,翰拒之於苦拔海,所向摧靡,由是知名。明年,乃擢翰隴西節度副使。蓋敍其功業所自,而非樹碑之年也。舊《志》以爲李晟所立,自屬訛誤。或又以爲明皇御筆,亦無佐證,姑闕疑焉可矣。[1]

張維亦是根據《通志·金石略》及《狄道州志》的記載,將其定作邊人爲哥舒翰所作的紀功碑。他提出"丙戌哥舒"四字中的"丙戌"爲天寶五載,但樹碑之年卻不一定在此時。哥舒翰紀功碑在清代、民國時的著録和研究情況大致如此。

二

2016年8月11日,筆者有幸作爲中國社科院國情調研項目課題組成員,與課題組諸位先生同至臨洮縣,考察了哥舒翰紀功碑。此碑就樹立在臨洮縣城南大街的路邊,有後代建立的青磚墻體支撐石碑,其上有頂,周圍立有一人高的鐵栅欄,此外便沒有更多的保護措施(見圖1、2)。從現場觀察情況看,哥舒翰紀功碑碑體部分極高。根據甘肅省博物館康明大、陳庚齡先生的測量資料,石碑總高度約7.57米,其中碑額高0.92米,碑身高5.25米,寬1.84米[2]。因長期遭受日曬雨淋,石碑表面風化剥蝕非常嚴重,表層已經開始脱落。結合現場觀察,目前所見的未脱落的碑文共5片,共餘76字。相比於清代,字數又少了一些。而石碑現在仍然暴露在户外,如果不立即採取技術手段保護,碑文或將脱離殆盡。

---

[1] 張維《隴右金石録》卷二,民國三十二年甘肅省文獻徵集委員會校印,26—28頁。
[2] 康明大、陳庚齡《臨洮哥舒翰紀功碑保存現狀調查》,24頁。

图 1　石碑全貌　　　　　　　图 2　石碑局部

以下在现存碑文的基础上，参照《萃编》《补正》及《金石录》的录文，将已知的剥落文字补入，作成目前可知的较全的碑文文本。其中字体加粗者为今存文字，其余为补入文字。中缺字数、行数，皆据原碑字距、行距推算而得。

聖功頌　□右□

（前缺）
1 皇之德施化俾天墜經綸象雲雷日月所臨之
2 遠者也懍□西夏其惟犬戎種落倡狂保聚山谷故聖王之
3 則懷舊章特申約言載錫姻好
4 明德賓也潛通約而反間
5 軍士
6 意
7 工
8 □
9 未加
10
11 乃親
12 敗謀
13 大服小德□□叛
14 一舉而定
15 聖策謀從
16 頌曰

　　也武有七德今則過之而頌聲無聞何以
（後缺）

碑額　《萃編》《補正》《金石錄》皆不錄碑額。根據現場拍攝的照片及甘肅省圖書館藏拓片[1]，可以摹繪出碑額文字，如圖所示(見圖3)。碑額爲篆書，原有6字，今存4字，爲"□右□聖功頌"[2]。

第1行　"皇"及句末"之"，已泐，據《萃編》《補正》《金石錄》補。《金石錄》將"皇之德化"以下與"遠者"對爲一行，誤。"遠者"應在第2行，與"也憬□西夏"爲同一行。《金石錄》以下對行皆誤，不再一一舉出。

同行　"侔"，《萃編》作"眸"，誤。

第2行　"也憬□西"，已泐，《萃編》《金石錄》作"也憬□□"，另據《補正》補入"西"字。

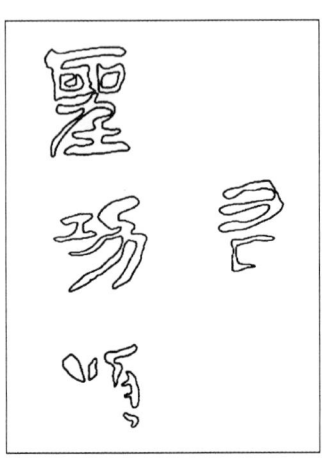

圖3　碑首文字描摹圖

同行　"種落"，《萃編》作"聚落"，誤。

同行　"之"，已泐，據《萃編》《補正》補。

第3行　"舊章特申"、"姻好"，已泐，據《萃編》《補正》《金石錄》補。

第4行　"賓"，已泐，據《補正》補。

同行　"也潛通"、"反間"，已泐，據《萃編》《補正》《金石錄》補。

第6行　"意"，《萃編》《補正》無，據《金石錄》及原石錄入。

第8行　"工"，諸書皆無，據原石錄入。

第9行　"未加"，已泐，據《金石錄》補入並確定位置，《補正》作"不加"。

第11行　"乃"，《補正》作"万"，《金石錄》作"身"。視原石當爲"乃"。

第13行　"大服小"，《萃編》作"大□水"，誤。

同行　"德□□叛"，據《萃編》《金石錄》補，並據《金石錄》確定位置。

第14行　"一"，漫漶不清，《萃編》《補正》皆無，據《金石錄》確定。

同行　"也"、"以"，已泐，據《萃編》《金石錄》補。

第15行　"頌曰"，已泐，據《萃編》《補正》《金石錄》補。

三

明確碑文内容尤其是碑額文字之後，可以清楚地看到，傳統上習稱的"哥舒

---

[1] 李龍文主編《蘭州碑林藏甘肅古代碑刻拓片菁華》，甘肅人民美術出版社，2010年。
[2] 吳景山、李永臣《甘肅唐代涉藏金石目錄提要》已指出碑額左側有"聖功頌"三字(71頁)。

翰紀功碑"並非此碑之名,正確的碑名應是碑額題寫的"□右□聖功頌"。甘肅省臨洮縣在唐代爲狄道縣,屬隴右道,又在隴右節度使節制範圍內。故碑額的第一個字爲"隴"字,當無疑義。

至於"聖功頌",與此名相類似的碑銘,皆是爲紀述皇帝功績而作。如楊炎撰有《鳳翔出師紀聖功頌》,其中有:"主上以神武清難,至德遂人。崇勛絕瑞,光照萬古。開闢日月,於今六年。百姓豈忘力於帝乎!"[1]可知此碑是爲紀念唐肅宗自鳳翔起兵平定安史之亂而作,立碑時間爲肅宗無年號之元年(762)。又唐憲宗曾力排衆議決意削平蔡州藩鎮,元和十二年(817)平蔡後,群臣請爲憲宗立碑,此即韓愈所撰《平蔡碑》。關於此事,《新唐書·吳元濟傳》載:

> 既還奏,群臣請紀聖功,被之金石。皇帝以命臣愈,愈再拜稽首而獻文。[2]

可知,《平蔡碑》亦是爲"紀聖功"而作。憲宗時又有閻巨源請爲皇帝立紀聖功碑之事[3],但不詳其實。又唐武宗時回鶻被黠戛斯擊破,回鶻烏介可汗率衆南下。會昌二年(842),盧龍節度使張仲武擊退了烏介可汗的侵擾,並聯結奚、契丹以瓦解之。隨後烏介可汗被唐軍擊潰,遠遁西域,張仲武於是請於幽州立碑。《舊唐書·張仲武傳》載:

> 仲武表請立石以紀聖功,帝詔德裕爲銘,揭碑盧龍,以告後世。[4]

宰臣李德裕奉敕撰寫碑銘,即傳世之《幽州紀聖功碑》。此碑立於幽州,也有在藩鎮宣揚皇帝威德之意味。可以看到,此類碑銘皆是以"紀聖功"爲名。則臨洮縣的這一方"聖功頌",碑題"聖"字前所泐之字,也極有可能是"紀"。這又與相傳之"哥舒翰紀功碑"之"紀"字相合。這樣,所謂哥舒翰紀功碑的碑題當爲"隴右紀聖功頌",這纔是石碑的本名。

另外值得注意的是,楊炎《鳳翔出師紀聖功頌》、韓愈《平蔡碑》、李德裕《幽州紀聖功碑》,皆是因重大軍事勝利而贊頌皇帝戰功,其中涉及的肅宗鳳翔起兵、憲宗平蔡、武宗破回鶻,都是唐代至爲重要的軍事事件。這些紀聖功碑又都

---

[1]《文苑英華》卷七七四,中華書局,1966年,4077頁。《文苑英華》作《鳳翔出師頌》,《唐文粹》卷二〇作《鳳翔出師紀聖功頌》。
[2]《新唐書》卷二一四《吳元濟傳》,中華書局,1975年,6010頁。
[3]《舊唐書》卷一六四《李絳傳》,中華書局,1975年,4286頁。
[4]《舊唐書》卷二一二《張仲武傳》,5981頁。

是由當代重要詞臣撰寫,具有重要的象徵意義。其中既有由群臣共同倡議立碑者,也有由某地節度使奏請立碑的實例。而這方《隴右紀聖功頌》,從殘存文字看,也具有極爲明顯的頌聖意味。第 1 行"皇之德,施化侔天,墜經綸,象雲雷,日月所臨之"云云,爲歌頌皇帝盛德。第 2 行之"聖王",自然也是指皇帝。第 14 行之"武有七德,今則過之,而頌聲無聞",以及第 15 行"聖策謀從",則明確指向了武德,應是指在"聖策"指揮下取得的重要軍事勝利。

清代州志中所載"丙戌哥舒"四字應當並非虛妄,則此《隴右紀聖功頌》一定與哥舒翰有關。其中所頌之聖王自然是指唐玄宗,所頌之聖功則應是玄宗時在隴右取得的重大軍事勝利。當時唐朝在隴右方向的勁敵是吐蕃,即碑文中所謂"犬戎"。前引王昶《萃編》已經據《新唐書·吐蕃傳》的內容考證出,碑文第 3 行"舊章,特申約言,載錫姻好"中的"姻好"是指唐中宗景龍三年(709)金城公主和親之事,"約言"則是指開元二十一年(733)唐朝與吐蕃在赤嶺立碑分界,相約互不侵擾。此後唐蕃再次交兵,金城公主死後,吐蕃更是攻佔石堡城,此即第 4 行所謂"潛通約而反間"。然而,王昶認爲此碑是邊將爲隴右節度使哥舒翰而立,並不正確。此碑實際上並非爲哥舒翰紀功,而是頌聖功,應是哥舒翰爲唐玄宗立碑。故而,《隴右紀聖功頌》所記之具體戰功,不僅應與哥舒翰有關,也要與玄宗的"聖策"密切相關。

哥舒翰起家甚晚,他出身於西突厥中的突騎施哥舒部落,其父哥舒道元爲唐朝安西都護府副都護。哥舒翰長期在安西過著富足安逸的生活,直到父親去世後纔入仕,那時他已年逾四十。哥舒翰先是追隨節度使王忠嗣任大斗軍副使,因在苦拔海擊退吐蕃而知名。天寶六載(747),充隴右節度副使、都知關西兵馬使、河源軍使,率衆於積石軍擊退吐蕃,其年冬便代王忠嗣出任隴右節度使。天寶七載,在青海湖龍駒島築應龍城。天寶八載,率領隴右、河西及突厥阿布思等軍攻佔石堡城。天寶十二載,又加河西節度使。天寶十三載,破吐蕃洪濟、大莫門諸城,收黃河九曲,於其地置洮陽、澆河二郡及神策軍。但隨後哥舒翰便因遘風疾於天寶十四載二月入京,廢疾於家。同年十一月安祿山發動叛亂,洛陽失守後玄宗命哥舒翰率衆駐守潼關。哥舒翰戰敗被安祿山生擒,爲安祿山修書招降李光弼等諸將,但終被安祿山殺害[1]。

哥舒翰在隴右的功業,最重要的便是天寶八載攻陷石堡城,以及天寶十三

---

[1] 以上參見《舊唐書》卷一〇四《哥舒翰傳》,3211—3216 頁。《新唐書》卷二一六上《吐蕃傳上》,6087 頁。《資治通鑑》卷二一七,中華書局,1956 年,6927—6932 頁。

載收黄河九曲。至於王昶提到的蘇毗王子悉諾邏來降,是在天寶十四載正月[1],與哥舒翰遘風疾入京幾乎同時,或與其立碑無關。綜合史籍所載來看,《隴右紀聖功頌》中所記之戰功,更可能是天寶八載石堡城之戰。石堡城是唐、蕃邊境上極爲重要的軍事據點,唐朝與吐蕃的爭奪經常圍遶這一綫來展開。《唐會要》卷七八載:

> 振武軍,置在鄯州鄯城縣西界吐蕃鐵仞城,亦名石堡城。開元十七年三月二十四日,信安王褘拔之置。四月,改爲振武軍。二十九年十二月六日,蓋嘉運不能守,遂陷吐蕃。天寶八載六月,哥舒翰又拔之。閏六月三日,改爲神武軍。[2]

可知,石堡城原爲吐蕃所有,亦名鐵仞城。開元十七年,信安王李褘功拔石堡城,這是唐朝第一次佔領此城。開元二十九年,吐蕃又攻陷了石堡城。這一事件正是發生在金城公主死後不久,即《隴右紀聖功頌》中所謂"潛通約而反間"之事。再後便是天寶八載,哥舒翰功拔之,這是唐朝第二次佔領石堡城。

唐玄宗對於開元末年石堡城的失陷耿耿於懷,一直力圖奪回此城。天寶四載,隴右節度使皇甫惟明曾與吐蕃戰於石堡城,不僅沒有收復城堡,還付出了副將褚䛒戰死的代價[3]。天寶六載,唐玄宗再次謀劃收復石堡城。《舊唐書·王忠嗣傳》載:

> 玄宗方事石堡城,詔問以攻取之略,忠嗣奏云:"石堡險固,吐蕃舉國而守之。若頓兵堅城之下,必死者數萬,然後事可圖也。臣恐所得不如所失,請休兵秣馬,觀釁而取之,計之上者。"玄宗因不快。李林甫尤忌忠嗣,日求其過。六載,會董延光獻策請下石堡城,詔忠嗣分兵應接之。忠嗣俛仰而從,延光不悅……及延光過期不克,訴忠嗣緩師,故師出無功。李林甫又令濟陽别駕魏林告忠嗣,稱往任朔州刺史,忠嗣爲河東節度,云"早與忠王同養宫中,我欲尊奉太子"。玄宗大怒,因徵入朝,令三司推訊之,幾陷極刑。[4]

可見,唐玄宗奪取石堡城的計劃已經籌備多時,但卻遭到了王忠嗣的激烈反對。王忠嗣長於宫中,爲唐玄宗養子,屢立戰功,頗得唐玄宗信任。天寶五載,王忠

---

[1]《資治通鑑》卷二一七,6929 頁。
[2]《唐會要》卷七三,中華書局,1955 年,1427 頁。
[3]《資治通鑑》卷二一五,6868 頁。
[4]《舊唐書》卷一〇三《王忠嗣傳》,3199—3200 頁。

嗣已爲河西、隴右節度使,又兼領河東、朔方節度使,成爲唐朝西北邊疆的軍事統帥。但他卻對爭奪石堡城頗不以爲然,認爲"得之未制於敵,不得之未害於國"。這令玄宗極爲不快。董延光進攻石堡城失敗後,玄宗遷怒於王忠嗣,加上李林甫的進陷,王忠嗣竟被貶爲漢陽太守,天寶七載便鬱鬱而終。

接替王忠嗣的哥舒翰忠實地執行了玄宗的計劃,傾全力進攻石堡城。《資治通鑑》卷二一六載:

> 上命隴右節度使哥舒翰帥隴右、河西及突厥阿布思兵,益以朔方、河東兵,凡六萬三千,攻吐蕃石堡城。其城三面險絕,惟一徑可上,吐蕃但以數百人守之,多貯糧食,積檑木及石,唐兵前後屢攻之,不能克。翰進攻數日不拔,召裨將高秀巖、張守瑜,欲斬之,二人請三日期可克;如期拔之,獲吐蕃鐵刃悉諾羅等四百人,唐士卒死者數萬,果如王忠嗣之言。[1]

經過一番苦戰,唐軍付出了巨大的代價拿下石堡城。這一戰,唐朝調集了隴右、河西、朔方、河東四節度的兵馬,並有突厥阿布思兵助陣,而吐蕃守軍只有數百人。但這一戰果卻令玄宗極爲快意。《舊唐書·哥舒翰傳》載:

> 上錄其功,拜特進、鴻臚員外卿,與一子五品官,賜物千匹、莊宅各一所,加攝御史大夫。[2]

玄宗對哥舒翰可謂大加賞賜。而在攻克石堡城的次月,群臣即上尊號曰開元天地大寶聖文神武應道皇帝,大赦天下。可見,天寶八載哥舒翰攻克石堡城的戰役,是玄宗蓄謀已久的,即使遭到了王忠嗣的激烈反對,玄宗依然屢次發動對石堡城的攻擊。奪回石堡城,在玄宗眼中無疑是對吐蕃的巨大勝利。

《隴右紀聖功頌》中殘存的語句,也正可與這樣一種情境相對應。前文提到第3行"潛通約而反間"與開元末年吐蕃攻陷石堡城有關。第2行提到犬戎"保聚山谷",或也可以比附吐蕃固守險要的石堡城。第13行"大服小",第14行"一舉而定",可與圍攻石堡城的形勢相應。而第15行所謂"聖策謀從",是唐玄宗堅定地收復石堡城策略的體現。第14行"武有七德,今則過之",更是對唐玄宗戰功的稱頌。對於"聖策"的強調和武德的表述,恐怕也只有玄宗高度重視的石

---

[1]《資治通鑑》卷二一六,6896頁。
[2]《舊唐書》卷一〇四,3213頁。

堡城之役可以相對應了。

綜上所述,可以說《隴右紀聖功頌》就是天寶八載攻克石堡城後,哥舒翰爲玄宗所立之紀聖功碑,而並非邊將或邊人爲哥舒翰立的紀功碑。至於石碑所立的狄道縣,天寶初在此置臨州,臨洮軍最早亦是在狄道縣。《隴右紀聖功頌》立於此,或也説明天寶時臨州狄道縣在隴右節度使的軍事體系中具有比較重要的地位。無論如何,如此巨大而宏偉的豐碑,象徵著唐玄宗平定石堡城的武功,也成爲了唐朝鼎盛時期對吐蕃軍事勝利的極爲重要的歷史見證。總之,《隴右紀聖功頌》應是天寶八載哥舒翰攻克石堡城後爲歌頌唐玄宗武功而立的紀功碑。

四

《隴右紀聖功頌》雖然已存字不多,但其本身的性質卻對於我們理解唐玄宗與蕃將的關係具有十分重要的價值。《資治通鑑》卷二一六天寶六載十二月高仙芝爲安西四鎮節度使事下載有:

> 自唐興以來,邊帥皆用忠厚名臣,不久任,不遥領,不兼統,功名著者往往入爲宰相。其四夷之將,雖才略如阿史那社爾、契苾何力猶不專大將之任,皆以大臣爲使以制之。及開元中,天子有吞四夷之志,爲邊將者十餘年不易,始久任矣;皇子則慶、忠諸王,宰相則蕭嵩、牛仙客,始遥領矣;蓋嘉運、王忠嗣專制數道,始兼統矣。李林甫欲杜邊帥入相之路,以胡人不知書,乃奏言:"文臣爲將,怯當矢石,不若用寒畯胡人;胡人則勇决習戰,寒族則孤立無黨,陛下誠以恩洽其心,彼必能爲朝廷盡死。"上悦其言,始用安禄山。至是,諸道節度盡用胡人,精兵咸戍北邊,天下之勢偏重,卒使禄山傾覆天下,皆出於林甫專寵固位之謀也。[1]

蕃將在唐代歷史中扮演著重要的角色,李唐自開國起便重用蕃將,只不過唐初行用行軍制度,阿史那社爾、契苾何力等名將只是以行軍總管身份出征,並不常任邊地。而在唐玄宗時代,隨著節度使制度的完善,節度使逐漸成爲了地方的最高軍政長官,職權頗大,威望亦重。杜暹、蕭嵩、牛仙客等都是自節度使入相。與此同時,也出現了蕃將任節度使的情況。尤其是在王忠嗣失勢之後,蕃將的地位開始變得更加重要。天寶六載王忠嗣入朝後,西北諸鎮新任節度使便皆是

---

[1]《資治通鑑》卷二一六,6888—6889頁。

蕃將,其中安思順出任河西節度使,哥舒翰任隴右節度使,高仙芝任安西四鎮節度使[1]。而此前王忠嗣罷去河東、朔方節度使,也在一定程度上給了安禄山更大的發展空間。

由於安禄山的叛亂,傳統史家通常將唐玄宗重用蕃將看作是一個錯誤的決策。而李林甫提出重用寒畯胡人的建議,也被認爲是其杜絶"邊帥入相之路"的計謀。此事背後固然有極爲複雜的政治背景,但就當時的邊疆形勢來看,任用蕃將自有其軍事意義。陳寅恪先生指出,唐玄宗任用的胡人通常並非部落酋長,但可統率邊疆雜居的諸胡族部落[2]。再加上蕃將本身習於攻戰,在對外軍事行動中有其優勢。更值得注意的是李林甫所謂"陛下誠以恩洽其心,彼必能爲朝廷盡死"。蕃將通常不會過多地涉足朝廷政治,要想穩固地位,大概唯有取得更多的軍功,並以此向皇帝表現出忠誠。對於天寶年間希望對外採取攻勢的唐玄宗來説,蕃將無疑可以更好地執行他的戰略意圖。

哥舒翰《隴右紀聖功頌》就很好地反映了這一點。自開元末年起,唐玄宗就開始對吐蕃採取了大規模進攻的態勢。然而如前文所述,石堡城的陷落對於唐玄宗的進攻策略是一個沉重的打擊,故其一定要收復石堡城。天寶五載王忠嗣出任河西、隴右節度使,其主要任務便也是處理與吐蕃的軍務[3],但王忠嗣保守的態度卻讓玄宗極爲不滿。哥舒翰接任隴右節度使後,隨即對吐蕃展開了攻勢,並完成了玄宗的心願,不惜代價攻下石堡城。這也正應了李林甫所説胡人會"爲朝廷盡死",説明在當時形勢下,蕃將能夠更好地執行唐玄宗的戰略。哥舒翰顯然也是很好地理解了唐玄宗的意圖,《隴右紀聖功頌》碑在宣揚這次戰鬥的勝利之外,更是歌頌唐玄宗的武功,爲玄宗整個邊疆戰略證明。故而哥舒翰在紀念這次戰功之時,便特意突出了"聖功",這就是以軍功表達其忠心的一種最好形式。

綜上所述,可以説《隴右紀聖功頌》就是天寶八載攻克石堡城後,哥舒翰爲玄宗所立之紀聖功碑,而並非邊將或邊人爲哥舒翰立的紀功碑。如此巨大而宏偉的豐碑,記録了唐玄宗平定石堡城的武功,是唐朝鼎盛時期對吐蕃軍事勝利的象徵。然而僅僅數年之後安史之亂爆發,大唐盛世也就一去不返了。

---

[1]《資治通鑑》卷二一六,6879—6887頁。
[2] 陳寅恪《論唐代之蕃將與府兵》,原載《中山大學學報》1957年第1期;此據《金明館叢稿初編》,三聯出版社,2009年,302—303頁。
[3] 丁俊《李林甫研究》,鳳凰出版社,2014年,438—440頁。

關於《宋會要》帝系類帝號門及選舉類進士門的説明

陳智超

開場白

一、今天就大家提出的問題講兩門：帝系類帝號門和選舉類進士門。

這些問題都是大家在整理過程中遇到並提出的，我在研究這些問題中得到很多啓發，進一步加深了對《宋會要》的認識，對提高我們這個項目的質量很有好處。所以我歡迎大家提出問題及意見。當然，我的水平和精力有限，不可能解答大家提出的每一個問題，而且我們有一個很好的團隊，集合了各方面有專長的學者，從現在起，應該採取有效措施，加強審稿工作。

二、在談具體問題之前，我還要強調三點。

第一，《宋會要輯稿》的定性：它是一部經過三次轉錄，又經過三次不得其法的整理，並且整理者因準備另輯新本而不準備保存，已被攪亂並遺棄部分的稿本(大部被遺棄部分經整理出版，即《宋會要輯稿補編》)。所謂"三次轉錄"，就是從《宋會要》原本到《永樂大典》正本，再到《永樂大典》副本，最後到現在保存的《宋會要輯稿》及《宋會要輯稿補編》。所謂"三次不得其法的整理"，即第一徐松，第二繆荃孫、屠寄的廣雅書局稿本以及第三署名"大興徐松輯大典本、吳興劉承幹編定"的嘉業堂清本。所謂"整理者因準備另輯新本而不準備保存，已被攪亂"，並非像打牌的洗牌一樣，故意把它弄得與前一副牌面目全非，而是絕大部分還保留了長短不等的一個個片段。

第二，1935年照原樣影印《宋會要輯稿》是非常時期(九一八之後，日本侵略軍進逼華北)採取的非常措施(屬搶救性質，因學術價值巨大而又不屬於古籍、古文物之範疇，未能南遷)。

第三，我在《解開〈宋會要〉之謎》一書中提出，我們工作的第一步就是回到徐松的出發點，將《輯稿》内容全部打散，按照他們在《大典》中的位置重新排列。然後讀懂並充分利用現在還保存完整的《大典目録》，作進一步的分析與研究。這是一條不能逾越的紅綫，也是每一類、一門解題首先必須向讀者交代清楚的。又因為我們項目的名稱是"新輯《宋會要》"，而不是"整理《宋會要輯稿》"，只要證據充足，論證合理，我們可以不受《輯稿》及《補編》内容的限制。我提出的整理帝系類帝號門、選舉類進士門的方案就是這方面的一次嘗試，希望大家充分發表意見。

關於《宋會要》帝系類帝號門的説明

一、帝系類帝號門是《宋會要》的第一類第一門。以前的整理者也都意識到這一點，都作了一些整理工作，所以我們關於此門的新輯工作做得如何，關係重大。

二、現在《宋會要輯稿》中有關此門的材料很少，要認真分析研究，儘量吸取其中的信息(包括綫索)。

三、在現存文獻中，包含自太祖起至寧宗止共十三帝的帝號門内容的只有兩種，一是《輯稿》禮類四九之一至二四、四四至九七［録自《大典》卷一七二八七、一七二八八、一七二九一、一七二九二，為"號"字韻"宋尊號(一、二、五、六)"事目］，但較分散；二是嘉業堂清本卷一之一頁下至十五頁下，它較《輯稿》禮類更符合帝號門的格式、更為集中，兩者可互為補充，互相糾正。此外，李埴《十朝綱要》的内容包括自太祖至高宗十帝，每帝開首都有一段概述，我稱之為序言，這些序言也有與《宋會要》帝號門相近的内容，《輯稿》帝號門有些即以《綱要》為正文，《宋會要》為注文。這些序言也可以校勘、補充本門。

四、解決本門的關鍵問題，是要確定嘉業堂清本十三帝的來源。究竟是據《輯稿》《補編》及《十朝綱要》加工，還是另有來源？如是另有來源，是否源自《大典》所録《宋會要》帝號門？

五、經過對《輯稿》禮類四九、《十朝綱要》和嘉業堂清本的仔細核對，可知嘉業堂清本除與前兩者相同或相近者可以互校外,還有前兩者所無之内容,如宰相若干人,改年號時間,部分册文、謚議之撰者等等。特别值得重視的是所録徐松及繆荃孫的案語。在太祖朝於使相三十四人之下録"松案:永樂大典引宋會要太祖朝於使相三十四人之下有三司使、學士舍人院、御史中丞、進士及升改廢置州府人數地名,蓋李燾十朝綱要之文誤入會要也,考削之"。所引《大典》爲卷一二三〇〇,"宋"字韻"太祖(三)"事目。在英宗朝元豐六年加今謚下録"荃孫按:徐原輯漏此,據大典一萬七千五十五補",爲"廟"字韻"宋宗廟(三)"事目。在神宗朝政和三年加上今謚小注謚議撰者强淵明下録"荃孫按:大典卷一萬七千五十六作翰林學士張閣撰册文太師蔡京撰",爲"廟"字韻"宋宗廟(四)"事目。可見徐、繆兩人是看過嘉業堂清本所據原本並另用《大典》他卷校對過。又在神宗朝宰相八人中有陳旭其人,據《宋史》卷三一二《陳升之傳》,知"旭"爲其原名,因避神宗嫌名改升之,其他文獻均稱陳升之。有以上四條證據,應該可以斷定,嘉業堂清本帝號門十四帝的内容,並非自編,確有來源,可以依據。同時也證明,嘉業堂清本中確有録自《大典》之《宋會要》文而《輯稿》及《補編》均未收、現已遺失者。當然,嘉業堂清本有而《輯稿》及《補編》均未收者,是否確爲《宋會要》的内容,需要一一證實。

六、在《輯稿》中保存此門的比較完整(注意:只能説是比較完整)的兩處,是太祖朝和孝宗朝,現逐一加以分析。

七、帝號門太祖朝:現收在《輯稿》帝系一之一至三,在首行"宋會要"下題"帝號"二字,包括了兩門:帝號門及帝號雜録門。兩門門名均著録在正文中。在帝號門中,包括了五帝的内容,依次爲僖祖(太祖高祖)、順祖(太祖曾祖)、翼祖(太祖祖父)、宣祖(太祖父)、太祖。其中僖祖至宣祖四代,生前並未稱帝,爲太祖即位後追尊,故知帝號門包括死後追尊各帝。其内容包括:廟號、謚號、名諱、家世、出生地(順祖至宣祖無此内容)、仕履、卒年、追尊謚號情况、謚議及册文撰者(用小字注文)、陵名及陵地、所據會要(國朝會要等)、神主奉藏處。宣祖、太祖有母姓氏。太祖朝内容有出生日,即位時、地及年歲,歷次上尊號情况,卒時及享年,加謚情况,年號改變時間。帝號雜録門共三條(開寶四年九月至九年二月),記群臣請加尊號情况,均不允。

帝號門及帝號雜録門太祖朝録自《大典》卷一二三〇〇(其中帝系一之二,抄者誤注一一二〇〇),爲"宋"字韻"宋太祖(三)"事目。但《輯稿》及《補編》中還有録自《大典》卷一二二九九("宋"字韻"宋太祖(二)"事目)的文字,見《輯稿》帝系一之二一首段及《補編》432頁下至433頁上,兩者本銜接,整理者將後半部剪下棄置,後被我收入《補編》,只要對照即可知。特别值得注意者,帝系一之二一首段爲李壁《十朝綱要》卷一,在"三司使八人"前有一段小字注文:"使相三十四人內有皇弟晉王。"《輯稿》雖未説明此段文字出自何處,但我可證明爲《宋朝會要》,證據即在《輯稿》帝系一之二二第 13 行所引《十朝綱要》卷二,原文爲"使相二十人",《大典》編者在其下小字注"宋朝會要[使]相二十一人,內有眞宗",由此可知,《宋會要》帝號門太祖朝在《輯稿》所録之外,還有使相若干人的內容,由此亦可推論,帝號門其他各朝亦應有同樣內容。

八、帝號門孝宗朝:收在《輯稿》帝系一之七,應是録自《大典》卷一二九三三,"宋"字韻"宋孝宗(三)"事目。宋孝宗能即帝位在宋代爲特例。宋高宗在二十三歲時即喪失了生育能力,他唯一的兒子也在幼年去世,在諸多因素的綜合作用下,他在宮中撫育了兩名宋太祖一系的第七代孫,其中一人就是後來的孝宗。紹興三十二年六月十一日,高宗正式禪位於孝宗。因此,《輯稿》帝號門孝宗朝僅記載了他的廟號、家世、出生時日以及高宗撫養後歷次加封時間、即位時間、遜位於光宗時間、上尊號時間、卒年及享壽年數、歷次上謚號及謚議(撰者用小字注文)。因此朝爲特例,故對於帝號門其他各帝無借鑒作用。此門上有眉批"此條後接寫後頁光宗",應爲嘉業堂所批。經查,清本帝號門確有光宗朝內容。

九、帝號門太宗朝:收在 1.《輯稿》帝系一之四;2.《補編》433 頁下至 435 頁下;3.《輯稿》帝系一之二一次段至一之二三。此三段本相銜接,爲整理者剪開。此朝以《十朝綱要》爲正文,以《宋會要》爲注文,録自《大典》卷一二三一五,爲"宋"字韻"宋太宗(二)"事目。所引《宋朝會要》中,與太祖朝相同,對太宗時各年號改變時間有詳細記録,見帝系一之四。並可證明帝號門中確有"使相"之內容,見帝系一之二二第 13 行。

十、帝號門仁宗朝:收在《輯稿》帝系一之五至六,未注録自《大典》何卷,應爲卷一二三七九"宋"字韻"宋仁宗(二)"事目,亦不全。《輯稿》亦以《十朝綱要》爲正文,《宋朝會要》爲注文。與帝號門太祖朝、太宗朝相同,對仁宗朝各年號改變時間亦有詳細記録。

十一、調整、復原方案:根據前面所作分析,我建議調整《解開〈宋會要〉之謎》一書中所提出的帝號門復原方案。具體方案如下:以嘉業堂清本爲基礎,以《輯稿》帝系類帝號門、禮類宋尊號門、《十朝綱要》及《宋史》本紀與之互校互補。

茲事體大,請參加"新輯《宋會要》"全體成員對此方案充分提出你們的意見。

2016 年 10 月 7 日修改

關於《宋會要》帝系類帝號門的補充説明

近日收到曲鳴麗女史在我關於帝系類帝號門的復原方案的基礎上所作的樣稿,其中最可寶貴的是利用了《輯稿》禮類四九之一至二四、四九之四四至九七(録自《大典》卷一七二八七、一七二八八、一七二九一、一七二九二,爲"號"字韻"宋尊號(一、二、五、六)"事目)以及嘉業堂清本之帝號門,爲我的方案作了重要補充,提供了有力的證據和支持,帝系類帝號門的整理工作,主要由曲鳴麗女史完成。

此外,還有兩個問題可以進一步探討。

第一,既然帝系類帝號門從時間上一直延續到寧宗,與帝號門平行的帝系類帝號雜録門也應該延續到寧宗。而且,我們從太祖朝的帝號雜録門可以推知,它的内容主要是大臣請上尊號而爲太祖所拒絶。其他各帝類似的内容完全可以從禮類四九及《宋史》各帝本紀中收集到,是否也要補輯?

第二,現在既已證明,帝號門太祖、太宗兩朝都有宰相、使相的内容,其他各朝也應有相應内容,也可以從有關文獻中收集,是否也要補輯? 請各位發表意見。

關於選舉類進士門的説明——答胡旭寧女史

一、首先要理清《宋會要》選舉類進士門的基本情況。

進士門在《大典》中分别收入兩個事目。其一是卷一〇六五一、一〇六五二"舉"字韻"舉士"事目,現分散在①《宋會要輯稿補編》(以下簡稱《補編》)335頁上至336頁上,記事自開寶五年至端拱二年四月八日,爲《大典》卷一〇六五一之第77頁16行至79頁3行(卷一〇六五一至此止)。②《補編》336頁下,記事自淳化三年三月九日至咸平五年四月十八日,爲《大典》卷一〇六五二之第1頁。③《宋會要輯稿》(以下簡稱《輯稿》)選舉二之五,記事自景德二年四月十四日至祥符七年九月十一日,但被裁去第1行及倒數第2行末4字。現已查明,首行裁去的"通判諸州夏焕"等23字,正爲選舉二之四(《大典》卷五六九六)末23字,應是整理者以爲淳化五年四月十八日條兩者相同,又擬採用後者,而將前者删去。該頁倒數第 2 行需補上裁去的"八年四月"四字,再接《補編》337 頁上末行。④《補編》337 頁上末行至 345 頁上第 6 行,記事自祥符八年四月十一日至乾道八年五月一日,爲《大典》卷一〇六五二之第 2 頁 22 行至第 18 頁 6 行,此門至此結束。此門記事時間自開寶五年至乾道八年,採自甲合訂本。"舉士"事目自《大典》卷一〇六四一至一〇六五四共 14 卷,收錄了《宋會要》選舉類的 24 門,"進士門"是其中的第 13 門,之前爲"宏詞"門,之後爲"明經"門。見《解開〈宋會要〉之謎》(以下簡稱《解謎》)第 127 至 128 頁。其二是卷五六九六"科"字韻"進士科"事目,現分散在①《輯稿》選舉二之一第 5 行至二之四第 11 行,記事自開寶五年閏二月三日至咸平五年四月十八日,其中自選舉二之二第 16 行"三人九經高丙"至選舉二之三第 13 行倒 2 字"授官"爲錯簡。②《輯稿》選舉二之六第 2 段"[祥符]八年四月十一日"至選舉二之三三結束,記事止於嘉定十六年六月。可見《大典》卷五六九六包含甲、乙兩個合訂本之内容。其中自選舉二之二五第 5 行末 2 字至選舉二之二七第 5 行前 3 字"勸所至"爲"進士科雜錄"門,與"進士科"門平行。其甲合訂本部分(選舉二之二一第 12 行倒數第 4、5 字"守選"止)可與《大典》卷一〇六五一、一〇六五二互校。《大典》"科"字韻收錄了《宋會要》選舉類的 14 門,"進士科"門、"進士科雜錄"門是其中的第 6、7 門,之前爲"經明行修科"門,之後爲"制科"門。還需要理清的問題有兩處:一爲查明選舉二之六首段的出處。此條有屠寄眉批及條末案語:"此條徐輯無《大典》卷數。"一爲解釋此頁第 10 行至 12 行首 2 字"[大中祥符]八年四月十一日"等語從何而來。

二、因爲《輯稿》"進士"門及"進士科"門保留了此前廣雅書局屠寄不得其法的整理結果,使問題複雜化,我們需要做的工作是:

1.《大典》此兩門被分割、打亂,首先要恢復它們在《大典》中的原貌,此點我已在前述理清基本情況時完成了。

2. 恢復《大典》卷一〇六五二第 2 頁"進士"門被屠寄裁去的第 1、2 行"通判諸州夏焕等三十三人九經高丙並爲大理評事知縣"23 字及倒 2 行末"八年四月"4 字。

3.《大典》卷五六九六"進士科"門中,前述自《輯稿》選舉二之二第 16 行"三人九經高丙並爲大理評事知縣"至選舉二之三第 13 行末 2 字"授官"爲錯簡,應删去而非挪動。因爲此 20 行爲復文,小部分見於《大典》卷五六九六之第 9 頁、《輯稿》選舉二之四 10 行至 11 行,全文又見於《大典》卷一〇六五二第 2 頁第 1 行第 10 字起至倒 2 行第 11 字。可出一校記。

4. 將《大典》卷五六九六乾道九年記事以前部分(至選舉二之二一第 12 行

"守選"二字與《大典》卷一○六五一、一○六五二互校。有前者誤而後者不誤者,如仁宗天聖二年四月八日條,前者誤"八日"爲"八月",誤"廬州"爲"盧州"。亦有後者誤而前者不誤者,同上條,"新及第進士第一人宋郊",後者脱"第"字。有兩者同誤者,如紹聖二年十月九日條,"奉禮郎陳覺民",兩者同誤"郎"爲"部"。但前者之誤遠較後者爲多,且有大段脱漏,需一一校出。

三、我的處理意見。

按照《大典》卷一○六五一至一○六五四"舉"字韻"舉士"事目及卷一○六六九、一○六七二至一○六七五"舉"字韻"舉賢良方正"等事目的順序,將《大典》卷五六九五至五六九七與之相對應的"科"字韻"明經科"等事目及卷五六九九、五七○○"科"字韻"宏詞科"等事目置於其後,兩者互校,兩者並存。

具體順序及門名如下:1."試判門"(即"科"字韻之"書判拔萃科"門。以下凡"科"字韻門名與"舉"字韻有異者,均加括弧表示)。2."新科明法門"("明法門")。3."銓試門"。4."宏詞門"。5."進士門"("進士科門")。6."明經門"。7."經明行修門"。8."八行門"。9."百篇門"。10."特奏名門"("恩科門")。11."舉賢良方正門"("賢良方正科門"、"制科門")。12."武舉門"。13."童子舉門"("童子科門")。

這也是對我在《解謎》一書中選舉類復原方案的修正。

2016 年 10 月 28 日

本文係國家社科基金重大項目"《宋會要》的復原、校勘與研究"(項目批准號:14ZDB033)的階段性成果之一。

元豐政局述論

江小濤

王安石第二次罷相時,宋神宗已届而立之年,羽翼已豐,帝德已成。變法派的星散分裂雖令他感到遺憾和惆悵,卻並未動搖他實現"富國強兵"的堅定決心。與熙寧初年新法剛剛推行的時候相比,此時的宋神宗更有了一種乾綱獨斷的從容自信。朱熹説:"神宗盡得荆公許多伎俩,更何用他?到元豐間,事皆自做。"[1]作爲皇帝,他已經完全成熟,可以獨立主持朝綱和變法大業了。熙、豐雖爲一體,但與熙寧時期相比,元豐年間的内外政策也呈現出若干新的特點,有助於人們更好地理解新法的前後變化和政局走向,應當給予足夠的重視。

一、元豐年間的人事調整

爲了吸取熙寧末年新法人物喧囂攻訐、勾心鬥角的教訓,也爲了適當安撫反對派人士,增進"安定團結"的氣氛,宋神宗對朝廷人事作了一定的調整。

接替王安石擔任宰相的是吴充。他是王安石的親家,此前曾主持西府多年。史書説:"充雖與安石連姻,而心不善其所爲,數爲帝言政事不便。"[2]宋神宗看中的,正是他這種不偏不倚甚至略帶保守的政治態度。

吴充爲相之初的確想有所作爲,對熙寧年間過於激進的變法舉措稍加糾正。爲此,他請求宋神宗召還司馬光、吕公著、韓維和蘇頌等反對新法的著名人士,並推薦了孫覺、李常、程顥等數十名反對派人士。受其鼓舞,司馬光覺得時

---

[1] (宋)黎靖德編《朱子語類》卷一三〇《本朝四·自熙寧至靖康用人》,中華書局,1986年,3096頁。
[2] 《宋史》卷三一二《吴充傳》,中華書局,1977年,10239頁。

局已出現轉機,遂致書吳充,歷數新法之弊,要求朝廷改弦更張。其言曰:"自新法之行,中外洶洶。民困於煩苛,迫於誅斂,愁怨流離,轉死溝壑。日夜引領,冀朝廷覺悟,一變敝法,幾年於兹矣。今日救天下之急,苟不罷青苗、免役、保甲、市易,息征伐之謀,而欲求成效,猶惡湯之沸,而益薪鼓橐也。欲去此五者,必先别利害,以悟人主之心。欲悟人主之心,必先開言路。今病雖已深,猶未至膏肓,失今不治,遂爲痼疾矣。"[1]

然而此時宋神宗並無廢除新法的意思,更不會放棄經略西北、重振國威的雄心。且吳充本人能力平平,缺乏宰相之才,絶無改弦易轍的勇氣和魄力,因而對司馬光的建議自然是"不能用",也不敢用。在此期間,吳充雖貴爲宰相,日子卻並不好過:"既數遭同列(按指王珪、蔡確)困毀,素病瘤,積憂畏,疾益侵。"[2]因此在元豐三年(1080)三月就罷相歸第,一個月後便去世了。當時人們對他的評價是"心正而力不足",對他"知不可而弗能勇退"的苟且行爲頗多諷辭[3]。

另一位宰相王珪更是庸碌之輩。此人雖頗具文才,卻是個"官迷",曾因"典内外制十八年"卻仍未躋身執政之列而心生哀怨,遂"賦詩有所感"。宋神宗覺得他挺可憐,就在熙寧三年(1070)讓他做了參知政事。史書説他"自執政至宰相,凡十六年,無所建明,率道諛將順。當時目爲'三旨相公',以其上殿進呈,云'取聖旨';上可否訖,云'領聖旨';退諭稟事者,云'已得聖旨'也"[4]。此公有一句名言——"利不百,不變法"[5],足見其立場比反對派還要保守消極。當王安石在位時,他没有膽量跟安石爭鋒。等到吳充與他並相時,他卻敢"陰掣其肘"。爲了排擠吳充,穩住自己的位置,他不惜與蔡確互相勾結,卒爲蔡氏利用。爲了阻止司馬光等人回朝,他又迎合"聖意",力主對西夏用兵。後因缺乏充分準備而招致永樂城之敗,宋軍死傷慘重[6]。

元豐年間稍微能跟"權相"一詞沾邊的人物是蔡確。此人與吕惠卿都是泉州晉江人,但其奉上壓下、陰險姦詐、翻雲覆雨的本領較之吕惠卿要高超厲害得多。

蔡確"儀觀秀偉",且"有智數,尚氣,不謹細行",早年就有過招權納賄的劣跡。但他卻先後受到薛向、韓絳、王安石等人的賞識,很快就官至監察御史裏

---

[1] 《宋史》卷三一二《吳充傳》,10240頁。
[2] 《宋史》卷三一二《吳充傳》,10240頁。
[3] 《宋史》卷三一二《吳充傳》,10240頁。
[4] 《宋史》卷三一二《王珪傳》,10242頁。
[5] (宋)李燾《續資治通鑑長編》(以下簡稱《長編》)卷二九六元豐二年正月丙申,中華書局,1992年,7202頁。
[6] 《宋史》卷三一二《吳充傳》,卷三一二《王珪傳》,10240、10242—10243頁。

行。蔡確身爲御史,外示公正,中藏憸詐,且"善觀人主意,與時上下"[1]。熙寧六年(1073),他覺察到宋神宗對王安石的執拗專斷有所不滿,便利用王安石策馬入宣德門一事彈劾安石,並且別有用心地對神宗説:"臣恐陛下大權一去,不可復收還矣。"通過這件事,宋神宗果然覺得他"忠直敢言","自是有大用確意"[2]。不久,他就被提升爲侍御史知雜事。蔡確正是利用了宋神宗的猜忌心理,纔得以售姦取直而遂其私意。這大概也是蔡確在元豐年間邀君寵、固己位的"制勝法寶"。

此後,他彈劾知制誥熊本黨附文彦博,自己取而代之,官升知制誥、知諫院兼判司農寺,成爲朝中實權人物;又彈劾三司使沈括私謁宰相吴充,非議新法,卒使沈括罷知宣州,同時也警告了吴充;又利用陳安民一案打擊吴充及其子、婿,參倒御史中丞鄧潤甫,自己取而代之;繼而又借太學生虞蕃訟學官案窮加鞫治,曲意羅織,致使參知政事元絳被罷,出知亳州,而蔡確也終於取代元絳,進入了執政之列。總之,蔡確每升一次官,幾乎都是靠起大獄、奪人位而實現的。當時的士大夫們對其卑劣行徑交口唾罵,而蔡確卻自鳴得意[3]。

蔡確當上執政後,又打著維護新法的旗號,一再玩弄權術。先是利用王珪擠走吴充,自己當了宰相;繼而又將愚昧自私的王珪玩於股掌之上,自己獨攬大權。當時,老臣富弼曾上言"蔡確小人不宜大用"[4],可宋神宗根本聽不進去。在宋神宗看來,蔡確顯然比吴充、王珪能幹,又一貫支持新法,對自己忠順之至,以他爲相,自然允當。這不能不説是宋神宗用人的一大失誤。

除上述三位宰相外,元豐時期曾位列執政者還有王安禮、章惇、蒲宗孟、馮京、吕公著、薛向、孫固等人。這其中既有新法人士,也有反對派人士,體現了宋神宗新、舊並用的用人策略。

王安禮是王安石之弟,馮京是王安石的"齊年"(謂同年生),吕公著曾是王安石的好友,孫固也曾對王安石的文才和人品極爲推崇,可他們卻一概是新法的反對者。宋神宗尊重他們,給他們以很高的禮遇,原因在於宋神宗認爲他們都是公正無私的正人君子。但因爲政見不同,神宗很難指望他們全力支持自己繼續推行新法。所以,對這些人"善善而不能用"也就很自然了。

在新法人士中,章惇雖吃過吕惠卿、鄧綰的苦頭,卻也是一位頗有爭議的人

---

[1]《宋史》卷四七一《蔡確傳》,13698 頁。
[2]《長編》卷二四二熙寧六年二月丁丑,5898—5900 頁。
[3]《宋史》卷四七一《蔡確傳》,13698—13699 頁。
[4]《宋史》卷四七一《蔡確傳》,13699 頁。

物。元豐三年剛剛拜爲參政,就因其父冒佔民田等事而再次被貶出京城。元豐五年(1082)復召拜門下侍郎,仍免不了被臺諫官一再彈劾,處境頗有些自顧不暇[1];蒲宗孟擁護新法,遇事也敢擔當,卻每每愛走極端。熙寧間,吕惠卿創手實法,"猶許災傷五分以上不預"。蒲宗孟卻認爲"使民自供,初無所擾,何待豐歲",要求朝廷"勿以豐凶弛張其法"。朝廷接受了他的建議,"民於是益病矣"。因此,在一般士大夫看來,他也是典型的"好生事"之人。而且此公行爲不檢,性好侈汰,多聚財帑,窮奢極欲。擔任尚書左丞僅一年,御史就彈劾他"荒於酒色及繕治府舍過制",被罷知汝州[2]。薛向是變法派中的理財專家,曾深得宋神宗、王安石的信任。元豐元年(1078)同知樞密院,卻因反對民户畜馬,主張在西北問題上"養威持重"、謹慎從事,忤逆了神宗的"聖意",被舒亶彈劾爲"論事反復,無大臣體",隨即遭貶,出知潁州[3]。

從宋神宗元豐年間的用人政策可以看出:他雖然主張新、舊兩派人士並用,但對反對派人士只是給予表面的尊重,並不真正接受他們的意見;他在重用新法人士的同時,也處處約束、提防他們。這固然是由於新法人士自身不團結使然,卻也體現了宋神宗的帝王權術。有一次,他跟吕公著談起古今治道,對"唐太宗能以權智御臣下"[4]表現出濃厚的興趣。這種無意間的即興流露,的確反映了宋神宗此刻的真實心理:他更樂於看到群臣對他百依百順、惟命是從,而不再能夠容忍類似王安石那樣遇事愛爭辯、不給皇帝面子的"特殊人物"。朱熹説:"(神宗)到元豐間,事皆自做,只是用一等庸人備左右趨承耳。"[5]樓鑰也指出:"元豐之初,主德已成,天容毅然,群臣尊仰,將順之不暇,非復熙寧之比。"[6]這些評論都是合乎事實的。概而言之,對反對派人士和元老舊臣尊禮而不能用,對新法人士雖用而時時加以制約,使舉朝上下都服從於皇帝本人的意志,是元豐年間神宗用人政策的主要特點。

這種用人政策所造成的負面影響是顯而易見的。宋神宗曾言:"朕享天下之奉,非喜勞惡逸,誠欲以此勤報之也。"[7]這固然反映了他勤政自律的美德,卻也是無可奈何之語。自王安石罷相離京後,朝廷再也没有勇於任事,敢於擔當,一心一意輔佐神宗實現宏圖大業的人物了。循默之風,死灰復燃。朝中大

---

[1] 《宋史》卷四七一《章惇傳》,13710—13711頁。
[2] 《宋史》卷三二八《蒲宗孟傳》,10571頁。
[3] 《宋史》卷三二八《薛向傳》,10588頁。
[4] 《宋史》卷三三六《吕公著傳》,10774頁。
[5] (宋)黎靖德編《朱子語類》卷一三〇《本朝四·自熙寧至靖康用人》,3096頁。
[6] 《樓鑰集》卷四八《王魏公文集序》,浙江古籍出版社,2010年,904頁。
[7] 《長編》卷三五三元豐八年三月戊戌,8457頁。

臣們張口"誠如聖諭",閉口"聖學非臣所及"[1],甚者奉上壓下,互相傾軋,專以弄權爲能事。稍有才具,能夠任事,且頭腦還算清醒的官員,如薛向、沈括等輩本就不多,卻因爲種種原因總是成爲被攻擊、被彈劾的對象,在朝中難以立足。地方官吏更一味迎合朝廷意旨,奉行新法每每過當,專務聚斂,成事不足,敗事有餘。在這種情況下,宋神宗又怎能不宵衣旰食、焦思勞苦呢?

與宋神宗所要實現的宏圖偉業相比,當時的人才狀況是很難令他滿意的。於是,"無人才"也就成了元豐年間神宗皇帝時常掛在嘴邊的慨歎[2]。這既是他個人的悲劇,更是北宋百餘年來奉行"祖宗家法"的必然惡果。

二、聚斂色彩愈益濃厚的財政舉措

自熙寧變法以來,北宋朝廷的財政收入有了很大增加。以青苗息錢爲例,據元豐六年(1083)正月户部所言,元豐五年的息錢收入已達二百九十二萬餘貫、石、匹、兩[3]。熙寧九年(1076),役錢總收入爲一千零四十一萬四千五百餘貫、石、匹、兩,總支出爲六百四十八萬七千六百餘貫、石、匹、兩,餘額達三百九十二萬六千八百餘貫、石、匹、兩[4]。再以開封市易務(熙寧六年改爲都提舉市易司)爲例,從熙寧八年(1075)八月到熙寧九年七月底,一年所收的息錢及市例錢達一百三十三萬二千餘貫[5]。

但因連年自然災害,西北開邊用兵,且對官僚機構的龐大冗費未加任何節減之故,到熙寧末、元豐初,朝廷財政已又陷入困難的境地。熙寧十年(1077),權發遣三司使李承之上言:近年三司財貨困乏,計月支給猶恐不足,"以承平百餘年,當陛下緝熙庶政之日,國用如此,可不深慮!夫國無三年之蓄,國非其國,況無兼月之備乎?此則有司失職,因循苟且之罪也"[6]。司馬光在致宰相吳充的信中説:"今府庫之實耗費殆竭,倉廩之儲僅支數月,民間貨産朝不謀夕,而用度日廣,掊斂日急。"[7]曾在仁宗年間兩度出任三司使的老臣張方平也上疏指

---

[1] (宋)邵伯温《邵氏聞見録》卷九,中華書局,1983年,93頁。
[2] 《宋史》卷三二八《蒲宗孟傳》,10571頁。
[3] (清)徐松輯《宋會要輯稿》(以下簡稱《輯稿》)食貨五三之一三,中華書局,1957年,5726頁。《長編》卷三三二元豐六年正月壬寅,8006頁。
[4] 《輯稿》食貨六六之四〇,6227頁。
[5] 《輯稿》食貨五五之四〇,5768頁。《長編》卷二七七熙寧九年九月辛未,6783頁。
[6] 《長編》卷二八四熙寧十年八月辛丑,6956頁。
[7] 《長編》卷二八六熙寧十年十二月,7003頁。

出："數年以來，公私窘乏，內府累世之積，掃地無餘，州郡征稅之儲，上供殆盡。百官廩俸僅而能繼，南郊賞給久而未辦，以此舉動，雖有智者無以善其後矣。"[1]

爲了扭轉這種困窘的局面，神宗君臣想方設法開闢財源，增加收入。

一是加大新法的斂財力度。

以開封的都提舉市易司爲例，熙寧十年，共收息錢一百四十三萬餘貫，市例錢近九萬八千貫[2]，較上年增加約二十萬貫。元豐元年，開封市易司又請"遣官以物貨至諸路貿易，十萬緡以上期以二年，二十萬緡以上三年，斂及三分者比遞年推恩，八分者理爲任，期盡不及者勿賞，官吏廩給並罷"[3]。元豐二年，申嚴西北沿邊地區私市之禁："令秦、熙、河、岷州、通遠軍五市易務，募牙儈引蕃貨赴市易務中買，私市者許糾告，賞倍所告之數。"據經制熙河邊防財用司統計，該司初置時所收息錢爲四十一萬四千六百二十六緡、石，第二年即增至六十八萬四千餘緡、石[4]。當時內外市易務除按例收取息錢外，商戶若不能按時歸還本息，所罰至重，民多困窮破產。如執政王安禮所云："市易法行，取息滋多，而輸官不時者有罰息，民至窮困。"[5]

役錢的收入也大爲增加。元豐七年（1084），役錢收入達到一千八百七十二萬九千三百貫[6]，較之熙寧九年增加了近一倍。早在熙寧十年，知彭州呂陶就上書反映免役寬剩錢徵收過當，要求朝廷給予裁減或暫免數年。其言曰："朝廷欲寬力役，立法召募，初無過斂民財之意，有司奉行過當，增添科出，謂之寬剩。自熙寧六年施行役法，至今四年，臣本州四縣，已有寬剩錢四萬八千七百餘貫，今歲又須科納一萬餘貫。以成都一路計之，無慮五六十萬，推之天下，見今約有六七百萬貫寬剩在官。歲歲如此，泉幣絕乏，貨法不通，商旅農夫，最受其弊。……乞契勘見在約支幾歲不至缺乏，需發德音，特免數年；或逐年限定，不得過十分之一。所貴民不重困。"[7]呂陶只是要求對免役法作些局部調整，然而即便如此，朝廷對他的建議仍置若罔聞。同時，元豐年間官府非法升民戶等、多收役錢的現象也十分普遍。以兩浙路爲例，最初規定"坊郭戶家產不及二百千，鄉村戶不及五十千，毋輸役錢"，後來卻是"鄉戶不及五十千亦不免輸"。元

---

[1]《長編》卷二八六熙寧十年十二月，7008頁。
[2]《輯稿》食貨三七之二五、二六，5460—5461頁。
[3]《宋史》卷一八六《食貨下八》，4552頁。
[4]《宋史》卷一八六《食貨下八》，4552—4553頁。
[5]《宋史》卷一八六《食貨下八》，4553頁。
[6]《長編》卷三五〇元豐七年十二月癸巳，8397頁。
[7]《宋史》卷一七七《食貨上五》，4308—4309頁。

豐二年,提舉司又聲言坊郭户免輸法太優,朝廷遂又詔令"如鄉户法裁定所敷錢數"[1]。對於此類現象,史書評論說:"(免役法)既不究終防弊,而聚斂小人又乘此增取……至是(元豐中),雇役不加多,而歲入比前增廣……其流弊已見矣。"[2]

二是强化壟斷經營,侵奪商人利益。

熙、豐年間,官府對鹽、茶、礬、鐵、酒等主要商品的生産和流通普遍加强了控制,希圖通過全方位的壟斷經營來增加財政收入。

1. 鹽

《宋史》卷一八一《食貨下三》說:"宋自削平諸國,天下鹽利皆歸縣官。官鬻、通商,隨州郡所宜,然亦變革不常,而尤重私販之禁。"[3]所謂"官鬻",又稱"禁榷",指官府對食鹽的生産、運輸、銷售各環節進行全面的壟斷經營;所謂"通商",並非民間自由貿易,而是指官府將鹽轉賣給商人,再由商人按指定的鹽區從事運銷。"通商"的主要形式爲鈔鹽制。宋仁宗慶曆八年(1048),陝西提點刑獄兼制置解鹽事范祥首創並推行該制,由商人輸現錢於沿邊州軍,購得鹽鈔(鹽引)後,憑鈔赴解池請鹽貨賣。鈔鹽制是對此前解鹽專賣制度的改革,既是爲了適應助邊的形勢需要,也是爲了對付邊境地區日益嚴重的青白鹽走私活動[4]。由於鹽利巨大,官府和鹽商圍繞著禁榷與通商、走私與反走私不斷展開鬥爭,其表現形式則是鹽法的屢次變更。但不管怎麽變,朝廷"尤重私販之禁"的主旨是始終一貫的。

鈔鹽制實行後,"解鹽通商,官不復榷"[5]。然而到神宗熙寧年間,市易司又在開封及曹、濮等州實行榷禁。熙寧八年,在大理寺丞張景温的主持下,"開封府界陽武、酸棗、封丘、考城、東明、白馬、中牟、陳留、長垣、胙城、韋城、曹、濮、澶、懷、濟、單、解州、河中府等州縣,皆官自賣"。不久,實行解鹽官賣的區域又擴大到衛、同、華、陝、應天、河陽等地。官府榷禁後,"鹽價既增,民不肯買,乃課民買官鹽,隨貧富作業爲多少之差。買賣私鹽,聽人告,重給賞,以犯人家財給之。買官鹽不盡,留經宿者,同私鹽法。於是民間騷怨"。王安石罷相後,朝廷雖在一些地區恢復解鹽通商,卻又因爲"其入不及官賣者"而"官復自賣"。同時,朝廷還重申了市易務在食鹽買賣上的絶對壟斷權:"商鹽入京,悉賣之市易

---

[1]《宋史》卷一七七《食貨上五》,4309頁。
[2]《宋史》卷一七七《食貨上五》,4310頁。
[3]《宋史》卷一八一《食貨下三》,4413頁。
[4]《宋史》卷一八一《食貨下三》,4417—4418頁。
[5](宋)司馬光《涑水記聞》卷一五,中華書局,1989年,303頁。

務……民鹽皆買之市易務,私與商人爲市,許告,沒其鹽。"此外,因西北邊事連綿,用度浩大,官府不免濫發鹽鈔,以至鈔引貶值,邊糴踴貴。據載:"鹽鈔舊法每席六緡,至是二緡有餘,商不入粟,邊儲失備。"元豐中雖嘗試了若干辦法來扭轉局面,"然鈔多,卒不能平價"[1]。

在生産海鹽的京東、河北、兩浙、淮南、福建、廣南等路,原先"諸路鹽場廢置,皆視其利之厚薄,價之贏縮,亦未嘗有一定之制"[2]。自元豐三年起,李察、吳居厚相繼在京東路厲行壟斷,"盡竈戶所煮鹽而官自賣,重禁私爲市者",到元豐六年即獲息錢三十六萬緡[3]。接著,朝廷又令河北路效法施行。元豐七年,知滄州趙瞻要求在大名府、澶、恩、信安、雄、霸、瀛、莫、冀等州盡行榷賣以增其利。僅僅過了半年,官府即牟取息錢十六萬七千緡[4]。

值得一提的是,在河北實行榷禁,屬最爲荒謬之舉。早在慶曆年間,三司使王拱辰曾建議在河北實行榷鹽,被張方平阻止,其理由是:"周世宗榷河北鹽,犯輒處死。世宗北伐,父老遮道泣訴,願以鹽課均之兩稅,而弛其禁,許之,今兩稅鹽錢是也。豈非再榷乎?且今未榷,而契丹盜販不已,若榷則鹽貴,契丹之鹽益售,是爲我斂怨而使契丹獲福也。"[5]北宋建立以前,河北民戶所納兩稅中即已包含鹽課。如今再行禁榷,其斂錢害民之旨,彰彰明甚。後來,監察御史王巖叟也極言元豐新法之弊,其言曰:"河北二年以來新行鹽法,所在價增一倍,既奪商賈之利,又增居民之價以爲息,聞貧家至以鹽比藥。"[6]

北宋時期,東南鹽利爲天下之最。在官府壟斷經營的條件下,"鹽之入官,淮南、福建、兩浙之溫、台、明,斤爲錢四、杭、秀爲錢六,廣南爲錢五。其出,視去鹽道里遠近而上下其估,利有至十倍者"[7]。但禁榷既久,種種弊病也隨之産生。其弊之大者,有以下數端:第一,官府鹽價過高,百姓難以承受,因而"私販者衆,轉爲盜賊",反致官府"課額大失"[8];第二,官府之人監守自盜,走私官鹽以牟取暴利,致使官鹽流失。爲掩蓋其劣跡,又不惜以次充好、以沙羼鹽,以至鹽入民手皆苦惡難食[9];第三,"竈戶煮鹽,與官爲市,鹽場不時償其值,竈戶益

---

[1]《宋史》卷一八一《食貨下三》,4421—4423頁。
[2]《宋史》卷一八一《食貨下三》,4426—4427頁。
[3]《宋史》卷一八一《食貨下三》,4427頁。
[4]《宋史》卷一八二《食貨下四》,4433頁。
[5]《宋史》卷一八一《食貨下三》,4428—4429頁。
[6]《宋史》卷一八二《食貨下四》,4433頁。
[7]《宋史》卷一八二《食貨下四》,4438頁。
[8]《宋史》卷一八二《食貨下四》,4436頁。
[9]《宋史》卷一八二《食貨下四》,4439頁。

困"[1]；第四，官府鹽課既已流失，又須支付漕綱輓運的開銷，因而得不償失[2]。

榷禁之弊在江西、荆湖二路表現得尤爲突出。此二路均非產鹽區，自宋初以來，其鹽一概仰給於淮南地區。然"江、湖運鹽既雜惡，官估復高，故百姓利食私鹽……緣是不逞無賴盜販者衆，捕之急則起爲盜賊，江、淮間雖衣冠士人，狃於厚利，或以販鹽爲事"[3]。江西南部的虔州（今贛州）等地鄰近廣南，廣鹽的品質和價格優越於江西所用的淮南官鹽，因而民間走私廣鹽更爲猖獗[4]。熙寧三年，提點江西刑獄張頡曾言："虔州官鹽鹵濕雜惡，輕不及斤，而價至四十七錢。嶺南盜販入虔，以斤半當一斤，純白不雜，賣錢二十，以故虔人盡食嶺南鹽"[5]。在走私日益嚴重、官府鹽課不登的情況下，有人即提議在江西南部等地罷淮鹽而用廣鹽。

元豐三年，章惇爲參知政事，採用郟亶的建議，由三司度支副使蹇周輔前往江西相度更改鹽法。其法大致是："罷運淮鹽，通般廣鹽一千萬斤於江西虔州、南安軍，復均淮鹽六百一十六萬斤於洪、吉、筠、袁、撫、臨江、建昌、興國軍，以補舊額。"元豐六年，蹇周輔又請運廣鹽數百萬石，分鬻湖南郴、全、道三州，仍均淮鹽於潭、衡、永、全、邵等州。繼江西、湖南之後，"淮西亦推行周輔鹽法"[6]。

以質優價低的廣鹽代替質劣價高的淮鹽，本來是件好事，可蹇周輔的鹽法改革卻完全服務於增斂鹽課這一目的，並非爲老百姓著想。嘉祐以來主張以廣鹽代替淮鹽的人們，多以允許民間通商爲論。而蹇周輔所建立的鹽法，卻是由官府完全壟斷廣鹽銷售。不僅如此，以前允許民間買撲的江西鹽場，此時也全部收歸官營。更爲嚴重的是，江西、湖南在大量運進廣鹽的同時，卻依然保留了此前兩路官售淮鹽的定額，造成兩路官鹽總量劇增。奉行新法的各級官吏遂強行向民戶攤派，以求增課，使得兩路百姓苦不堪言。時人評論蹇氏鹽法"大率峻剝於民，民被其害"[7]，元祐中監察御史孫升又說："江西、湖南鹽法之害，兩路之民，殘虐塗炭，甚於兵火"[8]，大體都是事實。總而言之，不論廣鹽還是淮鹽，官府之利不能受到絲毫損壞，這便是元豐年間鹽法改革的第一要義。

---

[1]《宋史》卷一八二《食貨下四》，4436頁。
[2]《宋史》卷一八二《食貨下四》，4439頁。
[3]《宋史》卷一八二《食貨下四》，4441頁。
[4]《宋史》卷一八二《食貨下四》，4441頁。
[5]《宋史》卷一八二《食貨下四》，4443頁。
[6]《宋史》卷一八二《食貨下四》，4443—4444頁。
[7]《宋史》卷一八二《食貨下四》，4443頁。
[8]《宋史》卷一八三《食貨下五》，4463頁。

2. 茶

宋初實行茶葉專買專賣,謂之"榷茶"。凡榷茶地區,官府對種茶園户實行專門管理,園户"歲課作茶輸租,餘則官悉市之"。彼時"天下茶皆禁,唯川陜、廣南聽民自買賣",但也嚴禁出境貿易[1]。

榷茶法行之既久,到仁宗時已是弊端叢生。史書記載:"初,官既榷茶,民私蓄盜販皆有禁……然約束愈密而冒禁愈繁,歲報刑辟,不可勝數。園户困於征取,官司並緣侵擾,因陷罪戾至破產逃匿者,歲比有之。又茶法屢變,歲課日削。……官茶所在陳積,縣官獲利無幾。"[2]針對這種情況,許多人都建議廢除榷茶,改行通商。自嘉祐以來,"始行通商,雖議者或以爲不便,而更法之意則主於優民"[3]。

熙寧年間,因西北開邊經費日增,同時也爲了用茶葉跟蕃部交換馬匹,朝廷重又實行榷茶法。熙寧七年,三司幹當公事李杞在蜀地首推榷茶,"即蜀諸州創設官場,歲增息爲四十萬,而重禁榷之令"[4]。此時已多次發生園户輸納之際,官府"壓其斤重,侵其價直"的情事,使種茶園户深受其害。繼李杞主持其事的李稷又奉行過當,進一步加強了禁榷的力度,並且規定州郡地方官員不得越職干預茶場司的事務。從熙寧十年冬到元豐元年秋,不到一年的時間,蜀茶課利即增至七十六萬七千餘緡。李稷也因榷茶有功,被任命爲"都大提舉茶場",總領茶法之事。元豐五年,李稷死於永樂城之役。在他主持茶法的五年間,"百費外獲淨息四百二十八萬餘緡"[5]。除四川地區外,京西路金州亦設茶場六處,陝西的賣茶場則多達三百三十二個,並行禁榷[6]。元豐七年,福建茶亦復行榷賣,"度逐州軍民户多少及約鄰路民用之數計置,即官場賣,嚴立告賞禁"。在轉運副使王子京的主持下,強行抑配的現象也極爲嚴重[7]。在京師及開封府界,都提舉汴河堤岸宋用臣還建議由官方修置水磨,壟斷末茶經營:"凡在京茶户擅磨末茶者有禁,並許赴官請買。"又規定:"商賈販茶應往府界及在京,須令産茶山場州軍給引,並赴京場中賣,犯者依私販臘茶法。諸路末茶入府界者,復嚴爲之禁。"[8]這些措施對於增加政府收入效果並不明顯,卻已經給商賈造成了很

---

[1]《宋史》卷一八三《食貨下五》,4477、4478頁。
[2]《宋史》卷一八四《食貨下六》,4494頁。
[3]《宋史》卷一八四《食貨下六》,4497頁。
[4]《宋史》卷一八四《食貨下六》,4498頁。
[5]《宋史》卷一八四《食貨下六》,4498—4500頁。
[6]《宋史》卷一八四《食貨下六》,4500頁。
[7]《宋史》卷一八四《食貨下六》,4505—4506頁。
[8]《宋史》卷一八四《食貨下六》,4507頁。

大的不便。

3. 礬

礬課收入雖然有限,但官府控制也極嚴格。自入中貿易盛行以後,礬禁有所鬆動,走私漸形抬頭。神宗即位後,又對礬法重新作了整頓。整頓的主旨,仍是恢復和加強官府對礬的權賣。熙寧中,知慶州王廣淵"請河東、京東、河北、陝西别立礬法,專置提舉官"。隨後,楊蟠請於陝西重行礬禁,朝廷從之。元豐元年,又劃定了礬的銷售區域:"定畿内及京東、西五路許賣晉、隰礬;陝西自潼關以西、黄河以南,達於京西均、房、襄、鄧、金州,則售坊州礬;礬之出於西山、保、霸州者,售於成都、梓州路;出於無爲軍者,餘路售之。"並規定:"私鬻與越界者,如私礬法。""東南九路官自賣礬,發運司總之。"[1]

熙寧元年的礬課收入爲三萬六千四百餘緡。此後逐年增加,到熙寧六年達十八萬三千餘緡,並以該年收入定爲新額標準。由於元豐年間厲行禁榷,新額標準又被突破。到元豐六年,歲課增至三十三萬七千九百緡[2]。

4. 酒

酒、麴專賣也是北宋政府的重要財政來源。當時的酒、麴專賣大體分爲三種形式:第一,"三京(東京、西京、南京)官造麴,聽民納直以取";第二,"諸州城内皆置務釀酒";第三,"縣、鎮、鄉、閭許民釀而定其歲課"[3]。隨著社會的穩定和經濟的發展,酒的産銷量不斷擴大,政府的酒課收入也迅速增長。"至道二年,兩京諸州收榷課銅錢一百二十一萬四千餘貫,鐵錢一百五十六萬五千餘貫,京城賣麴錢四十八萬餘貫。天禧末,榷課銅錢增七百七十九萬六千餘貫,鐵錢增一百三十五萬四千餘貫,麴錢增三十九萬一千餘貫。"[4]到仁宗時,"天下承平既久,户口浸蕃,爲酒醪以靡穀者益衆","諸路酒課,月比歲增,無有藝極"。皇祐年間,酒麴歲課已近一千五百萬貫,另外還有金帛、絲纊、芻粟、材木之類的進項,合錢也達四百萬餘貫[5]。

神宗熙寧年間實行免役法,許民間承買酒麴坊場(此前多交付衙前經營,作爲其輦運官物、看守官庫的補償),向官府繳納課利。同時,因官府所定酒麴額度太高,酒户難以承擔,自熙寧四年(1071)起更定麴法,降低麴額,抬高麴價。元豐又厲行此制,"損額增直,均給(京師)七十店,令月輸錢,周歲而足,月輸不

---

[1]《宋史》卷一八五《食貨下七》,4535—4536頁。
[2]《宋史》卷一八五《食貨下七》,4536頁。
[3]《宋史》卷一八五《食貨下七》,4513頁。
[4]《宋史》卷一八五《食貨下七》,4515頁。
[5]《宋史》卷一八五《食貨下七》,4516—4517頁。

及數,計所負倍罰;其炊醖非時、擅益器量及用私麴,皆立告賞法"[1]。按照立法者的設想,損額抬價,可保官賣麴錢不受損失;而麴少則酒亦少,酒少則價高,酒戶的利益似也可以保證。但從該法實行的效果來看,前一個目的容易達到,後一個目標卻很難實現。史書說:"京師麴法,自熙寧四年更定後,(在京酒戶)多不能償,雖屢閣未請麴數,及損歲額爲百五十萬斤,斤增錢至二百四十,未免逋負。"[2]這種情況在元豐年間依然是存在的。

三是實行錢法改革。

北宋的主要貨幣仍是銅錢和鐵錢。立國之初,始鑄"宋通元寶",以取代諸州輕小惡錢和鐵鑞錢。同時,原先各割據政權的舊幣仍在各該區域內通行了一段時間。太宗、真宗年間,江南銅礦大量開採,銅錢鑄造逐年增加,逐漸淘汰了五代以來流行於江南地區的鐵錢。景德中,每年所鑄銅錢已達一百八十三萬貫。鐵錢的鑄造量,大中祥符年間爲每年二十一萬貫。仁宗時,西北軍興,用度不足,乃鑄當十大錢,與小錢並用。因"小銅錢三可鑄當十大銅錢一,以故民間盜鑄者衆,錢文大亂,物價翔踴,公私患之"。此後遂有當五、當三、折二之錢問世,盜鑄之風漸漸止息[3]。

在商品經濟日益發展的條件下,錢幣的需求量迅速增加。官府課稅,又多以錢爲色目,"諸路錢歲輸京師,四方由此錢重而貨輕"[4]。加之西北戰事連綿,用度日益浩繁,從北宋中期開始,"錢荒"的問題已經十分嚴重。民間毁錢鑄器以邀厚利以及銅錢流失境外等因素,又使"錢荒"現象進一步加劇。神宗熙寧末,張方平曾反映說:"比年公私上下並苦乏錢,百貨不通,人情窘迫,謂之錢荒。……夫鑄錢禁銅之法舊矣,令敕具載,而自熙寧七年頒行新敕,删去舊條,削除錢禁,以此邊關重車而出,海舶飽載而囘,聞沿邊州軍錢出外界,但每貫收稅錢而已。……又自廢罷銅禁,民間銷毁無復可辦。銷鎔十錢得精銅一兩,造作器用,獲利五倍。如此則逐州置爐,每爐增數,是猶畎澮之益,而供尾閭之泄也。"[5]

爲了解決錢荒問題,朝廷也採取了不少措施。例如:增加鑄幣總量,元豐年間的銅錢鑄造額達到五百零六萬貫[6],爲北宋時期的最高水平;盛鑄折二銅

---

[1]《宋史》卷一八五《食貨下七》,4517、4518頁。
[2]《宋史》卷一八五《食貨下七》,4517—4518頁。
[3]《宋史》卷一八〇《食貨下二》,4375—4382頁。
[4]《宋史》卷一八〇《食貨下二》,4379頁。
[5]《宋史》卷一八〇《食貨下二》,4384頁。
[6]《文獻通考》(以下簡稱《通考》)卷九《錢幣二》引畢仲衍《中書備對》,中華書局,2011年,237頁。

錢,使之行於天下,以杜絶民間私鑄之弊[1];申嚴銅禁,減少銅錢流失;增大紙幣的流通量,規定四川交子一次印行可行用兩界(原以兩年爲一界,隨界以新換舊),使實際發行額增加了一倍[2]。

但這些措施只是解決了政府的錢幣收入問題,對緩解民間錢荒的效果並不顯著。事實上,由於官府大量收取青苗錢和役錢,使錢幣囤積於官,民間反而更加缺錢,嚴重影響了商業流通。

除上述三端外,元豐時期政府還通過出賣度牒、根括賦役(唐、鄧、襄、汝等州的墾荒地也不能免)、假和買之名抑配民户以收取息錢等方式來增加收入,此處不再贅述。

三、對官僚體制的調整

在解決財政危機的同時,宋神宗還面臨著吏治腐敗、行政效能低下的問題。王安石等人曾設想通過增禄養廉的辦法來改善吏治,以爲"吏禄既厚,則人知自重,不敢冒法,可以省刑"。但實際效果並不理想,"良吏實寡,賕取如故,往往陷重辟",因而"議者不以爲善"[3]。要解決這個問題,必須從制度本身著手,元豐官制改革遂成爲神宗主政期間内政改革的一項重要舉措。這項改革雖不能直接促成富國強兵,卻是宋代官制史上的一件大事。

北宋建立之初,官制未暇釐整,其所設置大體因襲唐末五代之舊規。又出於安撫前僞官員及分割事權等項考慮,卒成名實相分、新舊並存的局面。所謂"官、職、差遣相分離",正反映了官僚制度過渡期的紊亂情形,並非立法建制有以完善的結果。是權宜之制,而非成型之制,適可訾病而無足艷稱。

此種局面因循百年,弊端叢生。舉其大者,有以下數端:名實不符,謂之混亂;機構重疊,謂之臃腫;員額冗濫,謂之糜費;職分不明,謂之誤事。體制、人員雖甚龐大,而優遊閑散、乾食吏禄者難以勝數;君主始欲總攬權力,而卒致事之巨細一並纏身,不勝其煩。由是"天子臨朝太息於上,而公卿大夫諮嗟悼歎發憤於下,不知幾十年矣"[4]。

---

[1]《宋史》卷一八〇《食貨下二》,4382頁。
[2]《宋史》卷一八一《食貨下三》,4404頁。《通考》)卷九《錢幣二》,中華書局,2011年,241頁。
[3]《宋史》卷一七九《食貨下一》,4355頁。
[4] (宋)趙汝愚《宋朝諸臣奏議》卷六九,畢仲遊《上哲宗論官制之失蔭補之濫》,上海古籍出版社,1999年,757頁。

司马光曾说:"今之所謂官者,古之爵也;所謂差遣者,古之官也。官以任能,爵以疇功。今官爵渾殽,品秩紊亂,名實不副,員數濫溢,是以官吏愈多,而萬事益廢。"[1]他還認爲官制之弊是造成朝廷財政危機的重要原因之一,因而要求在裁減用度方面作大力整頓。其言曰:"國用不足,在用度大奢,賞賜不節,宗室繁多,官職冗濫,軍旅不精。必須陛下與兩府大臣及三司官吏,深思救弊之術,磨以歲月,庶幾有效。"[2]這樣的觀點在當時頗具代表性。元豐官制改革,正可謂勢有必至,事所當然。

熙寧年間,爲了配合新法的推行,官僚機構已進行了一些局部的調整和改革。例如,初設制置三司條例司,掌經劃邦計、議變舊法、以通天下之利;後廢該司,歸於中書,改以司農寺主持青苗、農田水利、免役、保甲等法,兼掌考校升黜諸路提舉常平官;設軍器監,負責兵器製造;改審官院爲審官東院,負責文臣京朝官磨勘。另設審官西院,掌閣門祗候、大使臣以上武官磨勘、差遣(此前由樞密院負責)。審官東、西院並隸中書門下;恢復將作監的職能,專司土木工匠之政令及京城繕修事宜。此外,對大理寺、國子監、太學等機構也作了相應調整。到元豐年間,在宋神宗的主持下,對中央文官制度及機構進行了全面改革。

元豐三年,神宗頒賜經過校定的《唐六典》,成立詳定官制所,詔令參酌前代官制,"使臺、省、寺、監之官,實典職事,領空名者一切罷去,而易之以階,因以制禄"[3]。元豐改制的主旨可概括爲八個字:循名責實,因階制禄。即改變唐末五代以來官名與實職相分離的狀況,調整和裁併中央文官機構,對其職司、權限重新加以釐定;對原先的文散官進行調整,改二十九階爲二十四階,作爲新的寄禄官(所謂"以階易官"),以決定文臣京、朝官的官品與俸禄。

全面釐正官制是一件牽扯面極大的事情,爲了確保調整過程中的新舊銜接、職能轉換、政令傳達等能夠順利進行,一些朝臣勞思苦慮,提出過不少較爲合理的建議。如直龍圖閣曾肇曾經上言:"伏覩修定官制,即百司庶務既已類别,若以所分之職、所總之務,因今日之有司,擇可屬以事者,使之區處,自位敍、名分、憲令、版圖、文移、案牘、訟訴、期會,總領循行,舉明鉤考,有革有因,有損有益,有舉諸此而施諸彼,有捨諸彼而受諸此,有當警於官,有當布於衆者,自一事以上本末次第,使更制之前,習勒已定,則命出之日,但在奉行而已。蓋吏部

---

[1] (宋)司馬光《溫國文正司馬公文集》卷一九《十二等分職任差遣劄子》,《四部叢刊初編》,上海商務印書館,1922年,第833册。
[2] 《宋史》卷一七九《食貨下一》,4354頁。
[3] 《宋大詔令集》卷一六二《改官制詔》,中華書局,1962年,616頁。

於尚書爲六官之首,試節而言之:其所總者選事也,流内銓、三班、東審官之任,皆當歸之;誠因今日之有司,擇可屬以事者,使之區處。自令、僕射、尚書、侍郎、郎中、員外郎,以其位之升降,爲其任之繁簡,使省書審決,某當屬尚書、侍郎,某當屬令、僕射,各以其所屬,預爲科别,如此,則新命之官不煩而知其任矣。曹局吏員,如三班諸房十有六,諸吏六十有四,其所别之司,所隸之人,不必盡易,惟當合者合之,當析者析之,當損者損之,當益者益之,使諸曹所主,因其舊習,如此,則新補之吏不諭而知其守矣。憲令、版圖、文移、案牘、訟訴、期會,總領循行,舉明鉤考,其因革損益之不同,與有舉諸此而施諸彼,有捨諸彼而受諸此,有當警於官、布於衆者,皆前事之期,莫不考定,如此,則新出之政不戒而知其斂矣。夫新命之官不煩而知其任,新補之吏不諭而知其守,新出之政不戒而知其斂,則推行之始,去故取新,所以待之者備矣。其於選事如此,旁至於司封、司勳、考功當隸之者,内服、外服、庶工、萬事當歸之者,推此以通彼,則吏部之任,不待命出之日聞而後辨,推而後通也。試即吏部而言之,體當如此,其於百工庶職素具以待新政之行者,臣之妄意,竊以謂無易此也。夫然則體雖至大,而操之有要,事雖一變,而處之有素。一日之間,官號法制鼎新於上,彝倫庶政率行於下,内外遠近,雖改視易聽,而持循安習,無異於常。"[1]

經過改革後,中央文官系統實行三省六部制,以三省長官爲宰相、執政。同時保留樞密院,"省其務之細者歸之有司","隨事分隸六曹,專以本兵爲職"[2]。這樣就仍然保持了都堂(中書)與樞密院對掌行政、軍政的"二府"制格局。宰相之名,由"同中書門下平章事"改爲"尚書左僕射兼門下侍郎"(左相)、"尚書右僕射兼中書侍郎"(右相),右相之權重於左相;廢"參知政事"之名,改以尚書左、右丞、中書侍郎、門下侍郎爲執政;改"樞密使"爲"知樞密院事","樞密副使"爲"同知樞密院事",以爲樞密院長貳,仍在執政之列。

省、部、臺、諫、寺、監各機構的改革,均基本依照《唐六典》而有所充實。例如:三省履行政務並不嚴格遵循唐代"中書取旨,門下複奏,尚書施行"的分權制度,而是採取宰執事前共同商議,然後由"三省同奉聖旨"行下的方式,以利於提高施政效率;唐代中低級武官的選任均歸屬兵部,如今悉歸吏部。其中,原審官西院(主管中級武官選任)改爲吏部尚書右選,原三班院(負責初級武官選任)改爲吏部侍郎右選;廢除三司,其主體部分及司農寺的部分職權均歸於户部,使户部的事權較唐代更加充實;工部的職權原先幾乎全爲三司所奪,如今復歸本部;

---

[1]《長編》卷三一五元豐四年八月壬戌,7622—7623頁。
[2]《宋史》卷一六二《職官二》,3798頁。

兵部大政已歸於樞密院,且武官選任之權又爲吏部所奪,故其職事已大爲削弱;諫院被廢,仍設左、右諫議大夫,左、右司諫,左、右正言,左屬門下,右歸中書。諫官雖仍"掌規諷諭",但其工作對象已由皇帝轉向百官,"繩愆糾謬"的功能大爲增强,臺、諫並稱已成定局,這是有别於唐制的關鍵之處。

可以認爲,宋代官制在元豐改革後纔算步入正軌,其意義自然應予肯定。但此次改革僅涉及中央文官系統,而"倉庫百司及武臣、外官"則"未暇釐正"[1],因此是不全面的。更重要的是,此次改革基本没有觸及弊端更大、關乎宋朝國運至爲深切的軍事體制,特别是軍事統率系統和指揮機制,終至"積弱"之局難以挽回,這是十分令人遺憾的。

四、西北戰事的艱難與挫折

宋神宗夢寐以求的目標,就是痛懲西夏、契丹,一雪祖宗之恥,恢復中原王朝至尊無上的地位。其畢生精力和心血盡瘁於斯,熙、豐年間的變法也是圍繞著這一根本目標而展開的。陸佃在《神宗皇帝實録敍論》中説:

> (神宗)常惋憤敵人倔强,久割據燕,慨然有恢復之志,聚金帛内帑,自製四言詩一章曰:"五季失圖,獫狁孔熾。藝祖造邦,思有懲艾。積帛内帑,幾以募士。曾孫承之,敢忘闕志!"每庫以詩一字目之。既而儲積如丘山,屋盡溢,不能容。又别命置庫增廣之,賦詩二十字,分揭其上曰:"每虔夕惕心,妄意遵遺業。顧予不武姿,何日成戎捷?"其規模宏遠如此。迨元豐間,年穀屢登,積粟塞上,蓋數千萬石。而四方常平之錢,不可勝計,餘財羨澤,至今蒙利。[2]

宋神宗不惜承擔"聚斂"、"擾民"的惡名,費盡周折積累起巨額的財富,爲的就是在對外戰爭中有以逞志。然而他在這方面的努力並不順利。

自仁宗慶曆四年(1044)宋、夏和議後,中國北方出現了北宋、遼和西夏三足鼎立的局面。彼時遼朝仍保有北方强大帝國的威勢,與宋並峙稱雄。但因實力已有所衰減,又在西南蕃部問題上與西夏矛盾加劇,所以在北宋與西夏的持續

---

[1] 《輯稿》職官一之七五,2367頁。
[2] (宋)陸佃《陶山集》卷一一《神宗皇帝實録敍論》,《景印文淵閣四庫全書》,臺灣商務印書館,1986年,第1117册,143頁上。

衝突中基本保持中立,除偶有趁火打劫、以求漁翁之利的行徑外,並未對北宋邊防造成重大威脅。再看北宋與西夏的關係,雙方恢復和平僅二十年,即又重啓戰端,且兵連禍結,難分難解,迄於北宋末年。

如果說仁宗年間的宋、夏衝突是因爲新崛起的西夏帝國爲謀求與中原王朝平起平坐的地位而採取主動,那麽神宗時期雙方的交惡則是以北宋爲主動一方的。在此期間,宋神宗一直没有放棄痛懲乃至殄滅西夏的野心,直到永樂城之役慘敗後纔算夢醒。客觀的形勢和最高統治者的主觀願望,決定了這一時期北宋王朝的對外戰略,這就是:對北方的遼朝採取守勢,儘量避免衝突,維持和平局面;對西夏及西北諸蕃採取攻勢,積極招降納叛,開疆拓土,以求重振雄威。

治平四年(1067)正月,宋英宗去世,神宗繼位。同年底,夏毅宗諒祚也魂歸西天,其子秉常繼位,是爲夏惠宗。秉常繼位時年僅七歲,由母親梁太后攝政,母舅梁乙埋爲國相。在以後的歲月裏,這種"主少國疑"的局面以及由此而引發的西夏國主與太后、王室嵬名氏與外戚諸梁之間的矛盾,也成爲誘使宋朝"火中取栗"的重要原因。

就在這一年的冬十月,宋將知青澗城种諤突襲西夏,俘其監軍嵬名山,一舉收復了綏州。諒祚進行報復,誘殺了宋將楊定、侍其臻等人。宋、夏由此重開戰端[1]。諒祚死後,宋朝曾許以綏州交换塞門、安遠二砦,未果。宋方遂在綏州築城,改名綏德城,以爲長久佔領之計[2]。這些行動都得到了宋神宗的首肯。

熙寧元年(1068),"客遊陝西,訪採邊事"的王韶進京獻上《平戎策》三篇,其略云:

> 西夏可取。欲取西夏,當先復河、湟,則夏人有腹背受敵之擾。夏人比年攻青唐,不能克,萬一克之,必併兵南向,大掠秦、渭之間,牧馬於蘭、會,斷古渭境,盡服南山生羌,西築武勝,遣兵時掠洮、河,則隴、蜀諸郡當盡驚擾,瞎征兄弟其能自保邪?今唃氏子孫,唯董氈粗能自立,瞎征、欺巴温之徒,文法所及,各不過一二百里,其勢豈能與西人抗哉!武威之南,至於洮、河、蘭、鄯,皆故漢郡縣,所謂湟中、浩亹、大小榆、枹罕,土地肥美,宜五種者在焉。幸今諸羌瓜分,莫相統一,此正可併合而兼撫之時也。諸種既服,唃氏敢不歸?唃氏歸則河西李氏在吾股掌中矣。且唃氏子孫,瞎征差盛,爲諸羌所畏,若招諭之,使居武勝或渭源城,使糾合宗黨,制其部族,慣用漢法,異時族類雖盛,不過一延州李士彬、環州慕恩耳。爲漢有肘腋

---

[1] (宋)陳均《皇朝編年綱目備要》卷一七,中華書局,2006年,404—405頁。
[2] (宋)陳均《皇朝編年綱目備要》卷一七、一八、一九,405、416—417、450頁。

之助,且使夏人無所連結,策之上也。[1]

王韶所説的河、湟地區,北接西夏右廂之區,西連青唐(今西寧),長期以來是吐蕃諸部的居住地。對西夏、北宋而言,河、湟地區都具有極爲重要的戰略價值。西夏建國以來,一直企圖收服南部諸蕃,其首要目標則鎖定在盤踞於青唐地區、在吐蕃各部中最爲强大的唃廝囉部。因爲,若能解決唃氏,西夏就可徹底免除後顧之憂,向東、向北與宋、遼爭衡。同樣,爲了遏制西夏的崛起,遼、宋也每每利用和聯合青唐蕃部,以收牽制之效。從唃廝囉到董氈,情況一直如此。另外,河、湟地接秦鳳前綫,北宋若能收服此地,即可從側後拊西夏之背,對其造成嚴重威脅。從這個意義上講,王韶提出"欲取西夏,當先複河、湟"是很有見地的,因而受到神宗的高度重視,也得到了王安石的全力支持。

不久,王韶即被任命爲秦鳳路經略安撫司主管機宜文字[2]。熙寧四年八月,設置洮河安撫司,以王韶主持其事,開始經營河、湟地區[3]。次年五月,又以古渭寨爲通遠軍,由王韶兼知軍事[4]。八月,王韶率兵擊敗吐蕃及西羌軍隊[5]。不久,改鎮洮軍爲熙州(今甘肅臨洮),創置熙河路,以王韶爲經略安撫使[6]。熙寧六年春,王韶又親率部隊,南入洮州(今甘肅臨潭)界内,打敗蕃部首領木征,佔領了河州(今甘肅臨夏)[7]。隨即又進軍一千八百里,歷時五十四天,佔領了宕(今甘肅宕昌)、岷(今甘肅岷縣)、疊(今臨潭縣南的迭部)、洮等州[8]。經過兩年多的努力,王韶拓地二千餘里,招撫諸蕃三十餘萬帳,對西夏右廂地區建起了一道利於攻守進退的戰綫,基本實現了"斷西夏右臂"的目標。

收復河湟的勝利使宋神宗大受鼓舞,也使得北宋在對夏關係中居於更有利的地位。此後西夏的勢力有所收縮,對宋採取守勢。北宋則一方面忙於鞏固新收復的地區,另一方面又調整和充實西北邊備,以等待時機、圖謀再舉。熙寧八年,宋朝用於防備西夏的邊防軍達到四十二將。其中:鄜延路九將,涇原路十一將,環慶路八將,秦鳳路五將,熙河路九將[9]。

---

[1] 《宋史》卷三二八《王韶傳》,10579頁。
[2] (宋)彭百川《太平治跡統類》卷一六《神宗開熙河》,《景印文淵閣四庫全書》,臺灣商務印書館,1986年,第408册,第427頁。
[3] 《長編》卷二二六熙寧四年八月,5501頁。
[4] 《長編》卷二二六熙寧五年五月辛巳,5645頁。
[5] 《長編》卷二三七熙寧五年八月,5763—5764頁。
[6] 《長編》卷二三九熙寧五年十月戊戌,5818—5819頁。
[7] (宋)陳均《皇朝編年綱目備要》卷一九,458—459頁。
[8] (宋)陳均《皇朝編年綱目備要》卷一九,462頁。《長編》卷二四七熙寧六年十月,6022—6023頁。
[9] 《宋史》卷一八八《兵二》,4628頁。

熙寧九年,西夏國主秉常已滿十六歲,開始親政。與此同時,他跟母后及舅氏的矛盾也開始表面化。元豐三年,秉常因不滿於母后的支配,放棄了梁太后在熙寧三年恢復的党項族官方禮儀,轉而行用漢禮。元豐四年(1081)四月,西夏國內終於爆發了一場嚴重的政治危機:漢人將領李清建議秉常將黃河以南之地(一說是河州、洮州、積石軍一帶地區,另一說則指今鄂爾多斯南部地區)歸還給宋朝,與宋媾和,秉常意頗向之。梁太后知悉後大爲震怒,遂設計害死李清,並將秉常囚禁起來。西夏統治集團由此分裂,秉常的支持者召集軍隊,公然反對梁氏專權,雙方紛爭不已。

宋朝認爲,這正是進攻西夏的絶佳時機。在种諤、俞允等人的竭力陳説下,宋神宗於該年七月親下手詔,對西夏發動了規模空前的五路進攻[1]。其具體部署是:命宦官李憲出熙河,种諤出鄜延,高遵裕出環慶,劉昌祚出涇原,宦官王中正出麟府;涇原、環慶兩路會師先取靈州,麟府、鄜延兩路先會於夏州,再取懷州渡,最後會攻興州[2]。又詔蕃部首領董氈派蕃兵協同宋軍進攻,並指示李憲説:"若(蕃兵)赴興、靈道路阻遠,即領全軍過河,攻取涼州。"[3]宋神宗還在給李憲、种諤的詔書中聲言:"今來舉動,不同凡敵,圖人百年一國,甚非細事,苟非上下畢力,將士協心,曷以共濟?須不惜爵賞,鼓勵三軍之氣。"[4]言下頗有一鼓作氣、滅此朝食的決心。

戰事初起,宋軍進展順利,諸路捷報頻傳。但這樣的勢頭並未維持多久就終止了。

劉昌祚領兵五萬,受高遵裕節制,首先向夏境挺進。劉昌祚一路擊敗西夏守軍,乘勝直抵靈州城下。但高遵裕唯恐昌祚獨成大功,命他停止進攻,等待後兵。當高遵裕率軍到達時,西夏已作好防禦準備,以致宋軍圍城十八天卻無法攻下。夏人見宋方孤軍深入,遂决黃河水淹灌宋軍營壘,又派兵斷絶宋軍糧道,使宋軍凍溺饑餓而死者不可勝計。在這種情況下,高遵裕不得不下令撤退,途中又遭夏兵追擊,傷亡慘重[5]。

种諤率部從綏德城出發,沿無定河西進,連破銀、石、夏等州。前進到索家平(一謂"麻家平")時,軍糧缺乏,天又下起大雪,大校劉歸仁擅自南逃,种諤不

---

[1] 《長編》卷三一四元豐四年七月庚寅、甲午,7600—7601、7604頁。
[2] 《輯稿》兵八之二二至二四,6898—6899頁。
[3] 《輯稿》兵八之二四至二五,《輯稿》蕃夷六之一六,6899、7826頁。
[4] 《長編》卷三一五元豐四年八月庚辰,7634頁。
[5] 《宋史》卷三四九《劉昌祚傳》,卷四六四《高遵裕傳》,11054、13576頁。

得不引兵撤退，所部死亡潰散者甚衆，入塞者僅三萬人[1]。

王中正領兵六萬從麟州出發，渡過無定河，順水北行。沿途多沙泥濘，士馬多有陷沒，糧草又供應不上。軍行至宥州奈王井，軍糧告竭，士兵死者已達二萬人，被迫後撤[2]。

李憲統領熙河、秦鳳七軍及董氈的三萬蕃兵，先敗夏兵於西市新城，再破之於女遮谷，斬獲甚衆。宋軍乘勝收復古蘭州城，繼而又從蘭州出發，東進佔領龕谷，至十月駐營於天都山下。因獲知前綫失利，遂於十一月撤回熙河[3]。

在戰爭過程中，西夏經過初期的慌亂挫折後，即審時度勢，堅壁清野，縱敵深入，收縮戰綫，保存實力，不斷襲擾和疲弊宋軍，而在關鍵的戰略要點(如靈州)作堅強有力的抵抗，終於挫敗宋軍，迫其知難而退。反視宋軍戰略戰術，則可謂漏洞百出。試舉數端：第一，戰前未作充分的動員和準備，未作周密的計畫和部署，出兵失之於倉促草率；第二，缺少一位總攬全局、衆望所歸的戰場主帥，卒致諸路兵馬不能協同配合，陷於各自爲戰的境地；第三，個別重要將領(如高遵裕)無才無德，嫉賢妒能，私心作怪，以之統軍則無軍不亂，以之作戰則無仗不敗；第四，縱觀北宋開國以來的歷次對外戰爭，後勤補給之艱難始終是無法解決的痼疾，在此次五路行動中又突出地表現出來。這個問題絕非就事論事便可說明的。以當時的物質和技術條件而論，要組織一場數十萬人規模的、步兵佔絕大多數的、遠離後方戰略依托的、多個戰役方向的重大軍事行動，且又要做到後勤無虞、士飽馬騰、資訊暢通、配合協調，無疑是一樁極其困難的事情，似乎難以完全苛責古人；第五，檢點宋軍兵員損失，除去作戰傷亡及客觀因素所致(如天氣、地形、缺糧等)，潰散者佔有極大的比重。這暴露出宋軍將領的統兵能力以及士卒的訓練和素質等方面都存在嚴重缺陷，也表明宋神宗的整軍努力並無多大成效；第六，宋朝的戰爭決策者既不能很好地知己，更沒有做到知彼。其對於敵方內部的瞭解是非常淺薄的，至少是流於表面的。其發動戰爭的依據，除自身的衝動和野心外，往往寄托於敵方虛弱的假設之上，因而輕敵的心理，僥倖以求一逞的心理，在所難免。事實上，北宋君臣很少有人能夠或者願意正視西夏崛起的現實，這種認識上的誤區始終存在；最後，"將從中御"的祖宗家法仍具有極頑強的"生命力"，對武人的防範仍是宋朝君臣的一致共識。宋神宗親降《營

---

[1] 《宋史》卷三三五《种諤傳》，10746—10747 頁。《長編》卷三一九元豐四年十一月，7715 頁。
[2] 《宋史》卷四八六《夏國傳下》，14011 頁。
[3] 《宋史》卷四六七《李憲傳》，13639 頁。《輯稿》兵八之二四，6899 頁。

陣法》,已屬荒謬,而高遵裕仍恐"未諭深旨",要求朝廷派遣使臣前來督導[1]。我們無需過份指責宋神宗以宦者主兵事的做法,因為宦者裏面未必沒有知兵者,更何況深居九重的君主,對於"心腹耳目"始終有一種天然的依賴和信任。真正的問題在於,宋朝的立國精神和制度設計絕對有害於軍事人才的脱穎而出。軍事人才若没有足够的戰場自主權和施展其才華的空間,是絕對打不了勝仗的。越是私心自用、自視英明的君主,其對於戰爭所造成的負面影響往往越大。

宋神宗的滅夏熱情並没有因為"五路進攻"的受挫而降温。宋軍在此次行動中也絕非一無所獲:由於西夏執行堅壁清野的政策,精鋭主力大部北撤以保興、靈,宋軍得以順利進佔銀、石、夏、宥等州,使"陷没百年"之地一度復歸版圖。横山之利,宋有其半。這對西夏來説,的確是很大的損失;蘭州和會州爲熙河、秦鳳的北面屏障,此次被宋軍收復,使宋朝在戰略上處於更有利的地位。另外,通過厲行變法而積累起來的大量財富,也支撐著宋神宗"欲大有爲"的信心和底氣。

元豐五年,李憲請求再次出兵,集中主力於涇原一路,"自西寧寨進置保(堡)障,直抵鳴沙城,以爲駐兵討賊之地"[2]。种諤也上策説:"横山延袤千里,多馬宜稼,人物勁悍善戰,且有鹽鐵之利,夏人恃以爲生;其城壘皆控險,足以守禦。今之興功,當自銀州始。其次遷宥州,又其次修夏州,三郡鼎峙,則横山之地已囊括其中。又其次修鹽州,則横山強兵戰馬、山澤之利,盡歸中國。其勢居高,俯視興、靈,可以直覆巢穴。"[3]他建議朝廷重點經營横山之地,沿銀、宥、夏、鹽等州加強防衛,鞏固和擴大對這一地區的佔領,使之既成爲邊防前哨,又成爲前進基地。這樣就能在西夏南部建起一道戰略封鎖綫,困逼興州、靈州,迫使西夏就範。

李憲、种諤的建議得到了宋神宗和宰相王珪的支持。爲了進一步摸清情况,宋廷又派給事中徐禧和内侍李舜舉巡視邊防。徐禧主張先在銀、夏、宥三州交界之處修築永樂城(今陝西米脂西),其言曰:"銀州雖據明堂川、無定河之會,而故城東南已爲河水所吞,其西北又阻天塹,實不如永樂之形勢險阨。竊惟銀、夏、宥三州,陷没百年,一日興復,於邊將事功,實爲俊偉,軍鋒士氣,固已百倍;但建州之始,煩費不貲。若選擇要會,建置堡柵,名雖非州,實有其地,舊來疆

---

[1]《長編》卷二六〇熙寧八年二月,卷三一五元豐四年八月庚午,6339—6342、7628頁。
[2]《輯稿》兵二八之二五,7282頁。
[3]《宋史》卷三三五《种諤傳》,10747頁。

塞,乃在腹心。"[1]朝廷接受了他的意見,並命他專主築城之事。

徐禧發蕃、漢兵民興工修築,十四日即成。永樂城距銀州故城二十五里,迫近宥州,又扼横山關隘,形勢險峻,為兵家必爭之地。彼時西夏已在涇原以北集結重兵,隨時監視宋軍行動。永樂城剛剛築好,西夏即傾師來攻,號稱三十萬。告急者頻頻而至,徐禧卻不相信,且發為大言:"彼若大來,是吾立功取富貴之秋也。"[2]此時宋方守軍纔三萬餘人[3],力量對比如此懸殊,徐禧竟還一味做著破敵立功的美夢,可見其懵懂到什麼程度。

西夏精銳騎兵"鐵鷂子"首先搶渡無定河,突入宋軍戰陣,勢不可擋。宋軍倉惶退入城中,士卒前後相踐,死傷慘重。西夏以絶對優勢兵力圍住永樂城,遊騎掠及米脂;又佔據水砦,截斷宋軍水源。城中斷水多日,士卒渴死者十之六七,至絞馬糞汁飲之。夏兵乘夜雨急攻,城遂陷落[4]。此役,宋守城之兵全軍覆没,徐禧、李舜舉等人陣亡,城中囤聚的大量輜重財貨也損失殆盡。

永樂城之敗給宋神宗以極其沉重的打擊,先是"涕泣悲憤,為之不食",繼而又"深自悔咎",從此喪失了進取西夏的勇氣和信心,"無意於西伐矣"[5]。

西夏取得大勝後,攻勢稍稍恢復,多次襲擾北宋邊境。元豐六年、七年又對戰略要地蘭州發動了兩次大規模的進攻,但未能得逞[6]。宋軍則堅守已有的各戰略支點,並且採用淺攻之計,沿邊出擊,擾夏耕獲,形勢進入相持狀態。

---

[1]《宋史》卷三三四《徐禧傳》,10722 頁。
[2]《宋史》卷三三四《徐禧傳》,10723 頁。《長編》卷三二九元豐五年八月甲申,7926 頁。
[3]《長編》卷三二九元豐五年八月戊戌,7935 頁。
[4]《宋史》卷三三四《徐禧傳》,卷四八六《夏國傳下》,10723—10724、14012 頁。《長編》卷三二九元豐五年八月戊戌,7936—7937 頁。
[5]《宋史》卷三三四《徐禧傳》,10724 頁。
[6]《宋史》卷四八六《夏國傳下》,14013—14014 頁。

《宋會要輯稿》史料釋讀兩則

張衛忠

　　《宋會要輯稿》既以史料内容豐富、價值寶貴而爲宋史研究者所看重,又因門類編排紛亂、文字錯訛嚴重而影響了學界對其利用與研究的效果和深入。一般來説,文字脱、衍、訛、錯簡等問題,如果能夠細心發現,多能通過對校、本校、他校的方法解決。但有些條文,雖明顯與宋代情況不符,但苦無文獻旁證。這類問題的大量存在,也是《宋會要輯稿》難讀的一個重要原因。這類問題必須憑借對宋代史事與制度的通體掌握,纔能有一個大致合理的疏通解釋,有些甚至根本無法理解,亦只能存疑。這類問題的解決所用方法大概近於理校,但理校最難,前賢早有警示。下面試舉兩例,不敢便號校勘,但稱釋讀,不當之處,敬請批評。

一、《宋會要輯稿・職官》六一之一〇有一條:

　　　　五年六月十七日,李昭述言:"吏乞换文資,惟試讀律、寫家狀,便與换官。其年及格五班使臣卻試書算或弓弩,條制輕重不等。"詔依文資例與試。

　　此條爲"换官門"慶曆時事。"换官"作爲宋代官制術語,主要指文武换官,即文官和武階之間的身份互换(此外,换官還包括軍校换前班[1]以及武階、文資换南班官),本門記事基本不出此範圍(只有一條記事例外,疑爲錯簡)。此條"史

---

[1] 趙冬梅《文武之間:北宋武選官研究》,北京大學出版社,2010年,305頁。

乞換文資"的"史"所指並不清晰,即使視爲"吏"之誤,吏換文資也難理解。而"五班使臣"則遍檢宋代史料未見此語。"其年及格"、"依文資例與試"又是何意? 所以此條初看似不能解,亦無可供校勘之相關文獻。

《宋會要輯稿·職官》六一之九載:

> (天聖八年)五月,三班院言奉職林太蒙乞換文資,從之。仍詔今後班行委是文資之家骨肉,年二十五以上,特許改授文資。仍令逐處量試讀律,及親寫家狀繳奏以聞。

此條也是"換官門"記事,天聖八年(1030)五月,規定了三班官換文資的條件,其中讀律、親寫家狀正可解釋上條"惟試讀律、寫家狀,便與換官",且本門記載了不少此後三班官換文資試讀律、親寫家狀的事例。

慶曆三年(1043),范仲淹十事疏中的部分建議次第施行。十一月丁亥,宋廷下詔改革蔭補法,《續資治通鑑長編》(以下簡稱《長編》)載:

> 其武臣: 使相,子爲東頭供奉官,期親左侍禁,子及期親如舊,餘屬自左班殿直第官之……諸衛將軍、内諸司副使、樞密院承旨,子爲三班借職,嘗以入己贓坐罪,遷至諸司副使、諸衛將軍,止蔭子若孫一人。初任川、廣、福建七路,恩如舊。
>
> 凡三班,試弓弩於軍頭司,力及而射有法,爲中格。習書算者,三班院書家狀,誤纔三字;算錢穀五事通三,爲中格。習《六韜》、孫吴書,試義十而通五,爲中格。兼弓弩爲優等。願試策者聽之,五通三,爲中格。或習武藝五事,馳射嫻敏,通書算者,亦爲優等,補邊任。武藝不群,策詳而理暢爲異等,引見聽旨。
>
> 蔭長子孫,皆不限年,諸子孫須年過十五,若弟侄須年過二十,必五服親乃得蔭。已嘗蔭而物故者,無子孫禄仕,聽再蔭。[1]

上引詔書内容規定了武臣親屬受蔭補的年齡限制,年齡及格後,尚要經過考試。考試分幾類,包括書算或弓弩,中格以後方正式出仕。這一改革是對之前官員恩蔭太濫的矯正,考試要求相較前舉三班使臣換文資顯然更高。

然而自慶曆四年六月,范仲淹、富弼相繼出使,"慶曆新政"的推行也受到了阻撓,一些政策遭到回改。《長編》載慶曆五年六月"辛未,詔三班院,自今使臣

---

[1] 李燾《續資治通鑑長編》卷一四五,慶曆三年十一月丁亥條,中華書局點校本,2004年,3504—3505頁。部分標點和點校本不同,爲筆者自己所改。

159

參班,止令讀律、寫家狀"[1]。此時三班使臣的選任歸三班院,所謂"參班",即歸三班院選任的官員年齡及格後,到三班院接受考試以正式出仕[2]。慶曆五年六月辛丑日正是十七日,另據胡宿爲李昭述(李昉之孫,李宗諤之子)所作墓誌銘,李昭述在河北都轉運使任上,"宣撫使任中師表治行,詔書嘉獎,除龍圖閣直學士。移知澶州,遷給事中。代還,領三班院。秦州言糧道且乏,不足支數月。除公樞密直學士、陝西都轉運使"[3],而《長編》李燾按語則謂"昭述五年十一月初除密直、都轉運使"[4]。且慶曆五年七月壬寅王堯臣等奏疏中已有"准中書送下龍圖閣直學士李昭述奏"[5],則此前李昭述必已被從澶州代還,六月十七日李昭述正是以"領三班院"的身份上奏的。《長編》慶曆五年六月辛未條所載和前引《宋會要輯稿》慶曆五年六月十七日條顯係同一事,故"其年及格五班使臣"實應作"其年及格三班使臣"。在李昭述的建議下,宋廷同意降低恩蔭出身的三班使臣年齡及格後赴三班院考試時的要求,也像三班使臣換文資一樣只考讀律和寫家狀,所以"詔依文資例與試"實應作"詔依換文資例與試"。

經過以上釋讀,可試對《宋會要輯稿·職官》六一之一〇慶曆五年六月十七日條文字做一校正:

> 五年六月十七日,李昭述言:"使臣換文資,惟試讀律、寫家狀,便與換官。其年及格三班使臣御試書算或弓弩,條制輕重不等。"詔依換文資例與試。

二、《宋會要輯稿·職官》五二之二三有一條:

> 仁宗慶曆五年閏五月十七日,引進使、恩州刺史王克基以節度副使繫職三十五年,特乞解換一防禦使承出外重難任使。詔除遥領陵州團練使知本州事。

王克基曾祖父王審琦爲北宋開國勳臣,祖父王承衍娶宋太祖女,父王世隆爲公主子,在宋代王氏一族三人曾尚公主,爲著名的勳戚之家。遍檢現存宋代史料,

---

[1]《長編》卷一五六,慶曆五年六月辛未條,3785頁。
[2] 有學者對"參班"的解釋是使臣在一任差遣任期結束,回京向三班院報到。參見趙冬梅《文武之間:北宋武選官研究》,341頁。筆者解釋與此不同。
[3] 胡宿《文恭集》卷三八《宋翰林侍讀學士朝請大夫尚書右丞提舉萬壽觀公事勾當三班院上柱國隴西郡開國公食邑二千五百户食實封六百户賜紫金魚袋禮部尚書諡恪李公墓誌銘》,《影印文淵閣四庫全書》本。
[4]《長編》卷一五三,慶曆四年十二月乙卯條,3727頁。
[5]《長編》卷一五六,慶曆五年七月壬寅條,3789頁。

無王克基任節度副使的記載。且節度副使在宋代多用爲貶降或衰老官員安置，而王克基家世顯赫，又頗受真宗、仁宗寵任，其任官履歷雖非完全清晰，但大致綫索明確，斷無"以節度副使繫職三十五年"之可能。

王世隆景德元年(1004)八月逝世[1]，真宗"召見其三子，賜名克基、克緒、克忠，皆面授供奉官"[2]。從景德元年至慶曆五年共 42 年，景德二年十一月郊祀後，詔"群臣各以序進秩"[3]。大中祥符元年(1008)十月封禪大禮之後，又詔"文武官並進秩"[4]。大中祥符四年二月祀汾陰後，"恩賜如東封例"[5]，王克基第三次獲進秩機會。如果景德元年面授的是東頭供奉官的話，經內殿崇班、內殿承制到諸司副使，正是三次進秩。也就是到大中祥符四年，王克基應已升爲諸司副使，到慶曆五年，恰好是三十五年。這三十五年間，他一直任橫班、東西班諸司使副，所以"節度副使"實應作"諸司使副"。

慶曆五年正月庚辰，王克基被任爲回謝契丹副使，閏五月十七日應爲回京不久尚無新差遣，他請求不再任遙郡，而作正任防禦使，即繫銜中不再有諸司使，這就是"解換"之意。當然由遙郡刺史一下升爲正任防禦使，遠不符正常的升遷順序，所以王克基"乞特解換"，爲了能達到目的，他還主動要求擔任"出外重難任使"。宋朝對"出外重難任使"者雖有優遇，但由遙郡刺史徑升正任防禦使的請求還是被拒絶了，最終升其爲引進使、陵州團練使，即遙郡團練使。

然而"知本州事"又何解呢？按照文字意思當是知陵州。但陵州(今四川仁壽縣)地處川西，張方平稱"陵州事簡，地非要害"[6]，在宋初只是軍事州，至道二年由於知州張旦抵禦李順之亂有功繞升爲團練州，實在和"重難任使"不符，且其知州一直由文官擔任。王克基此前已任陝西體量安撫副使、河中鈐轄、潞州鈐轄、知定州等重要差遣，這次又是升遷，無反任一直由文官擔任且地位較低的陵州知州之可能。那麼有無可能是知恩州呢？恩州係慶曆八年王則之亂後貝州所改名，恩州在慶曆八年改名之前爲節度州，又位於河北路，自五代便是"水陸要衝"[7]，宋神宗稱其"河朔要地，土氣驕悍，常須得人彈制，則免意外生

---

[1]《宋會要輯稿·禮》四一之四〇。
[2]《宋史》卷二五〇《王審琦傳附王世隆傳》，中華書局，1977 年，8818 頁。
[3]《長編》卷六一，景德二年十一月癸亥條，1373 頁。
[4]《長編》卷七〇，大中祥符元年十月癸丑條，1572 頁。
[5]《長編》卷七五，大中祥符四年二月壬戌條，1712 頁。
[6] 張方平《樂全集》卷三〇《奏張顓知嘉州》，《影印文淵閣四庫全書》本。
[7]《舊五代史》卷九五《吳巒傳》，中華書局，1976 年，1267 頁。

事"[1],地位足夠重要。雖然現存史料中找不到王克基知恩州的記載,但王克基知恩州要遠比知陵州更符合當時的政治情勢。

　　本文係國家社科基金重大項目"《宋會要》的復原、校勘與研究"(項目批准號：14ZDB033)的階段性成果之一。

---

[1] 《長編》卷三三九,元豐六年九月癸亥條,8170頁。

試論孟子心學在北宋熙寧帝王政教中的作用

雷 博　俞菁慧

王安石學術服膺孟子,北宋熙寧時期的新法新政,雖以《周禮》爲綱憲,其精神氣質卻受孟子學影響至深[1]。學界對此問題主要有兩個關注角度:其一是以文集與學術著作爲對象,分析孟子對其心性義理之學的影響[2];其二則是從史實層面考察孟子政治思想在熙寧新法政策中的體現[3]。

然而現存史料中,關於王安石孟子學有相當豐富且重要的一部分內容未被足夠重視,即《續資治通鑑長編》中所載熙寧新法時期,王安石與宋神宗針對當時政事的種種對話、議論與辯難。其中孟子心學的影響,如"不動心""剛健""操持""養氣"之類的表述隨處可見;而在分析具體問題,或對反對者的駁難予以回擊時,王安石所秉持的議論風格,也與孟子十分類似。這類議論總體而言有兩重目標:一是希望以孟子式的雄辯,回應當時新法所面臨的種種非議;二是希望以孟子心學爲基石,塑造帝王的政治品格。

本文即嘗試從上述第二個角度,將對話還原到具體的歷史情境和矛盾爭議中,考察孟子心學的影響。這一"寓教於政"的角度與宋明理學的傳統關切有很大不同:理學對孟子心學的闡揚,多在其人性論與"四端"學說層面,從普遍人性和倫理實踐的角度理解"心"的概念及其工夫論意義。而王安石對心學的運用

---

[1] 王安石詠孟子詩云:"沉魄浮魂不可招,遺編一讀想風標。何妨舉世嫌迂闊,故有斯人慰寂寥。"參《王文公文集》卷七三《孟子》,上海人民出版社,1974年。

[2] 李祥俊《王安石學術思想研究》,北京師範大學出版社,2000年。金生楊《王安石〈易解〉與〈孟子〉的關係芻議》,《四川師範學院學報》2002第5期。周翠萍《兩宋孟學研究》,人民出版社,2007年。胡金旺《王安石的孟學思想》,《延邊大學學報》2012年第5期。

[3] 李華瑞《王安石與孟子——孟子與宋代士大夫政治研究之一》,《宋夏史探研集》,科學出版社,2016年,16—31頁。畢明《王安石政治哲學研究》,陝西師範大學哲學系博士論文,2012年。

则是在高度緊張的政治决策過程中,將"心"概括爲"人君方寸之地"。他借用孟子的表述,將改革的意志、動力、效果與皇帝個人政治品格的養成緊密關聯,即所謂"一正君而國定"[1]。

這一政教理念有助於養成君主剛健有爲的政治人格,但也容易將改革的成敗過度繫於君王一身。更有批評者認爲,這是縱容君王權力,强調人治而敗壞法度,從《長編》記載的語氣來看,李燾在王安石的很多議論之後以小注的形式附上陳瓘等人的批評意見,也體現出宋代特别是南宋士大夫的普遍態度。

然而换一個角度,我們更應當追問的是:王安石爲什麽要在熙豐新法中如此强調孟子心學?孟子思想在當時"祖宗之法"和"先王之法"的張力中起到了什麽樣的作用?帝王内在心性層面的鍛塑,和經術、法度、政策等外在制度的建構之間有何深層聯繫?基於這些問題意識,本文將從"先王心術"、"乾剛氣略"和"以道揆事"三個角度,對熙寧帝王政教中體現出的孟子心學思想進行梳理。以此爲基礎,對北宋熙寧新法時期帝王政教中,心性與法度之間的紐帶做一個嘗試性的詮解。

一、先王心術

(一) 效法堯舜

熙寧元年(1068)四月,王安石與宋神宗初次相見,就使用了一種孟子式的陳論方式,將政治問題上升到了道術德義的層面,以此振奮宋神宗的政治理想。據《續資治通鑑長編紀事本末》"王安石事蹟":

> 熙寧元年四月乙巳,詔新除翰林學士王安石越次入對。上謂安石曰:"朕久聞卿道術德義,有忠言嘉謀,當不惜告朕,方今治當何先?"對曰:"以擇術爲始。"上問:"唐太宗何如主?"對曰:"陛下每事當以堯舜爲法。唐太宗所知不遠,所爲不盡合法度,但乘隋極亂之後,子孫又皆昏惡,所以獨見稱於後世。道有升降,處今之世,

---

[1] 熙寧四年六月,宋神宗因賈蕃使民遮道沮壞助役事,批示令"治其不奉法之罪,其他罪勿劾。昭示四方,使知朝廷用刑公正",對此王安石評論曰:"臣於蕃輩,未嘗與之計校,緣臣所爲盡是國事,蕃輩附下罔上,壞得陛下國事,臣有何喜愠?且小人衆多,安可一一與計校?孟子謂'政不足間,人不足適,一正君而國定'。臣所以但欲開導聖心,庶幾感悟,若聖心感悟,不爲邪辭詖行所惑,則天下自定,小人自當革面順從,豈須臣區區每與計校?若聖心未能無惑,而臣一一與小人計校,亦何能勝其衆多!"參李燾《續資治通鑑長編》(以下簡稱《長編》)卷二二四,熙寧四年六月丁巳條,中華書局,2004年,5440頁。

恐須每事以堯舜爲法。堯舜所爲,至簡而不煩,至要而不迂,至易而不難,但末世學士大夫不能通知聖人之道,故常以堯舜爲高而不可及,不知聖人經世立法,常以中人爲制也。"上曰:"卿可謂責難於君矣。然朕自視眇然,恐無以副卿此意。卿可悉意輔朕,庶幾同濟此道。"[1]

此段對話的形式和《孟子·梁惠王上》中孟子對齊宣王之言非常相似:

> 齊宣王問曰:"齊桓、晉文之事,可得聞乎?"孟子對曰:"仲尼之徒無道桓、文之事者,是以後世無傳焉,臣未之聞也。無以,則王乎?"

孟子的意圖是提醒君主的眼光氣度應當超邁於桓、文這樣的當世霸主之上,而從根源上思考王道政治的建構方式。王安石借鑒其思路,向宋神宗指出,不應以唐太宗的武功霸業爲典範,而應追求像堯舜那樣道與政、知與行的統一,這就需要君王"講學爲事"、"擇術爲始"[2]。

而王安石在經術層面的特別貢獻是:他並不是將堯舜之治推高爲不可企及的理想楷模,而是指出堯舜之所以爲堯舜,恰恰是因爲其"經世立法,常以中人爲制",即以普通人的性情、能力與需求作爲政治施設的出發點與皈依。這一理念與漢唐以來儒學將堯舜理想化、神聖化的表述有很大差別,因此甚至被當時及後世批評爲"以堯舜之道文飾管商之術"。

關於"文飾"的爭論是一個宋代以來綿延已久的問題,筆者已具文從多個角度予以分辨,此不贅述[3]。這裏想要強調的是:王安石對堯舜之道的解釋並非臆斷,背後有一整套嚴縝的經學體系支持,特別是"中人爲制"的論斷,從政治理論和歷史經驗層面都有很強的穿透力與説服力。這使得"道"可以落實爲具體的法令、制度、政策和治國方略,對於政治家來説,堯舜的境界也就不僅僅是內在的"德",同時包括外在的"法"。因此,熙寧時期王安石"致君堯舜"的訴求,不能簡單等同於一般意義上臣子恭維皇帝的虛比浮辭,而是一個從學養、心術、能

---

[1] 楊仲良《皇宋通鑑長編紀事本末》(以下簡稱《長編紀事本末》)卷五九《王安石事蹟上》,書目文獻出版社影印《宛委別藏》本,2003年。
[2] 《長編紀事本末》卷五九《王安石事蹟上》:"明日,上謂安石曰:'昨閱卿所奏書至數遍,可謂精盡計,治道無以出此。所條衆失,卿必已一一經畫,試爲朕詳見設施之方。'對曰:'遽數之不可盡,願陛下以講學爲事。講學既明,則設施之方,不言而自喻。'上曰:'雖然,試爲朕言之。'於是馬上略陳設施之方。上大喜,曰:'此皆朕所未嘗聞,他人所學,固不及此。能與朕一一爲書條奏否?'對曰:'臣已嘗論奏,陛下以講學爲事,則諸如此類,皆不言而自喻。若陛下擇術未明,實未敢條奏。'"
[3] 俞菁慧、雷博《北宋熙寧青苗借貸及其經義論辯:以王安石〈周禮〉學爲綫索》,《歷史研究》2016年第2期。

力、意識、法度、政令等各個方面對皇帝的政治主體性進行鍛塑的系統工程[1]。

從心學角度看,其中的一個重要方面就是在政治決策中體會先王心術,而以中世之君的陋習爲戒。熙寧三年十一月,翰林學士承旨王珪上廣西轉運使杜杞奏議,敍述交趾建國以來世次及山川道路兵民諸事,並進存取之策[2]。神宗將此奏議轉給王安石,王安石進言曰:

> 臣聞先王智足以審是非於前,勇足以斷利害於後,仁足以宥善,義足以誅奸。闕廷之内,莫敢違上犯令,以肆其邪心,則蠻夷可以不誅而自服;即有所誅,則何憂而不克哉!中世以來,人君之舉事也,初常果敢而不畏其難,後常爲妨功害能之臣所共沮壞,至於無成而終不寤。忠計者更得罪,正論者更見疑,故大奸敢結私黨、托公議以沮事,大忠知事之有敗而難於自竭。如此則雖唱而孰敢和,雖行而孰敢從?彼奸人取悅於内而誕謾於外,愚人冒利徼幸於前而不圖患之在後,又皆不足任此。如此而以舉事,則事未發而智者前知其無成矣。蓋天下之憂,不在於疆場,而在於朝廷;不在於朝廷,而在於人君方寸之地。故先王詳於論道而略於議事,急於養心而緩於治人。臣愚不足以計事,然竊恐今日之天下,尚宜取法於先王,而以中世人君爲戒也[3]。

王安石認爲杜杞攻襲交趾的建議雖然有戰術上的利益,但是卻以計謀逆取爲主,即便獲利於一時,於戰略上未必有益,且一旦準備不足、行事受挫,反而遺患無窮。從時間點上看,當時正處於熙寧變法的初期,政府事務繁多,顯然關注的重心應當在内,而對外的擴張征伐則宜緩不宜急。

他更進一步向神宗嚴肅指出:"中世之君"之所以不能像上古帝王那樣建立功業,在於其心術不正、思慮不密,一開始做事的時候容易衝動,於是冒利徼倖的奸人、愚人窺伺人主好惡,"取悅於内而誕謾於外",輕易做出重大決定。一旦遇到阻難又猶豫不決,即使本來是好事,也會被妨功害能的人沮壞,以至於"雖唱而孰敢和,雖行而孰敢從"。因此王安石認爲,想要變法圖強,行大有爲之事,必須從根源、樞紐層面,解決決策的"發端",即"人君方寸之地",所以取法先王的著力點,就是要追尋先王爲政之道,所謂"詳於論道而略於議事,急於養心而緩於治人"。

---

[1] 雷博《北宋熙豐經術政教體系研究》,北京大學歷史系博士論文,2013年。
[2] 《長編》卷二一七,熙寧三年十一月乙卯條,5285頁。
[3] 《長編》卷二一七,熙寧三年十一月乙卯條,5286頁。

（二）操執大體

"養心"之説源於《孟子·告子上》，其説云：

> 孟子曰："牛山之木嘗美矣。以其郊於大國也，斧斤伐之，可以爲美乎？是其日夜之所息，雨露之所潤，非無萌蘖之生焉，牛羊又從而牧之，是以若彼濯濯也。人見其濯濯也，以爲未嘗有材焉，此豈山之性也哉？雖存乎人者，豈無仁義之心哉？其所以放其良心者，亦猶斧斤之於木也。旦旦而伐之，可以爲美乎？……故苟得其養，無物不長；苟失其養，無物不消。孔子曰：'操則存，舍則亡。出入無時，莫知其鄉。'惟心之謂與！"

孟子這段論述是其心學工夫論的核心，所謂"苟得其養，無物不長；苟失其養，無物不消"、"操則存，舍則亡"，明確强調人對於本心的關注、操持和長養的意義。在《公孫丑上》篇中，孟子論養浩然之氣，也從另一個角度指出養心之要在於"勿忘勿助長"。因此"養心"的關鍵在於"操持"，而"操持"的關鍵則是張弛有度，勿緩勿急。

王安石將孟子這一理念充分運用於廟堂的政治判斷與決策中，他多次向皇帝指出，應當執大體、謀大略，而避免將注意力分散在叢脞繁雜的具體事務中。最典型的一次討論發生在熙寧五年閏七月，當時雄州言北界（即遼國）巡馬又過拒馬河南，宋神宗命令地方官員"編攔襲逐"，對此王安石質疑曰："何須編攔襲逐？"神宗回答説："既罷卻弓手，彼又過來，若不編攔襲逐，彼將移口鋪向裏也。"意即對於契丹的過界侵擾，如果不及時驅逐，對方就會得寸進尺。對此王安石反問：

> 彼若欲内侮，即非特移口鋪而已。若未欲内侮，即雖不編攔襲逐，何故更移口鋪向裏？若待彼移口鋪向裏，乃可與公牒往來理會。昨罷鄉巡弓手，安撫司止令權罷，臣愚以爲既欲以柔靜待之，即宜分明示以不爭，假令便移口鋪，不與爭亦未妨大略。[1]

---

[1]《長編》卷二三六，熙寧五年閏七月戊申條，5725頁。

王安石的意思很明確,如果對方要侵犯,那就不僅僅是移口鋪的問題。對於這樣被動的戰略態勢,我方需要有明確而一以貫之的因應思路:如果目前是柔靜爲主,就無須輕啓事端,用"公牒理會"的外交手段解決,比起你驅我趕的意氣之爭,對於事態發展更有意義。神宗也意識到了這樣時而罷弓手,時而又對敵方巡馬編攔襲逐的措置,顯得前後矛盾,缺乏全局遠略,但是出於寸土必爭的理念,他還是堅持應當爭奪,但是他同意:"若終有以勝之,即雖移口鋪不爭可也。"

> 安石曰:"終有以勝之,豈可以它求,求之聖心而已,聖心思所以終勝則終勝矣。陛下夙夜憂鄰敵,然所以待鄰敵者,不過如爭巡馬過來之類,規模止於如此,即誠終無以勝敵。大抵能放得廣大即操得廣大,陛下每事未敢放,安能有所操?累世以來,夷狄人衆地大未有如今契丹,陛下若不務廣規模,則包制契丹不得。"又曰:"欲大有爲,當論定計策以次推行。"[1]

王安石的這一段話中大量化用了《孟子》中的概念,包括"求諸本心"、"放心"和"操之"。需要注意的是,他對"操之"這一持養工夫的詮釋比《孟子》本義有所擴展。孟子所說的"操"指的是對本心良知的操持把握,側重於對良知的"持有"和"控制",所謂"操則存,舍則亡";而王安石這裏則將"操"的概念延伸到對各種事務把握操持的能力,即強調心量的廣闊與涵容能力。

這樣一來,其對"放心"的解釋也與《孟子》不同。在《孟子》原義中,"放"指的是放僻恣肆,不能操執本心的狀態,所謂"人有雞犬放,則知求之,有放心,而不知求。學問之道無他,求其放心而已矣"。而王安石則將"放"解讀爲"舒放"、"放下",即須有所取捨,所謂"能放得廣大即操得廣大"。他認爲宋神宗在思維和決策中過於執著細節,不敢輕易"放",這樣夙夜憂患,不過是爭一些巡馬過來的細節,其規模氣局難以拓展,而對付像契丹這樣的大國宿敵,必須從戰略的層面進行系統地規劃措置,所以"欲大有爲,當論定計策以次推行"。

同年十二月,王韶取熙河之後,所上劄子中有"不怕西邊事宜,卻怕東邊事宜"等語,擔心朝廷一有變議,則軍心、民心就會動搖。神宗對此表示認可,認爲"事皆在廟堂",在中央層面應當有一個明確的定議,不能輕易疑慮更改[2]。王安石則更進一步指出:"事不在廟堂,乃皆在聖心。聖心辨君子小人情狀分

---

[1]《長編》卷二三六,熙寧五年閏七月戊申條,5725—5726頁。
[2]《長編》卷二四一,熙寧五年十二月丁酉條,5886頁。

明,不爲邪說所蔽,即無事不成。"他舉《尚書》經義,指出《尚書》"言服四鄰,必先曰:'食哉惟時','惇德允元而難任人'。言兼弱攻昧,必先曰:'佑賢輔德,顯忠遂良'。"顯然,服四鄰、兼夷狄,重要的不是偶一爲之的奇計妙算,關鍵在於執政者要有清晰明辨的政治判斷力,只有"聖心不爲邪說所蔽",纔能夠形成一個穩定可靠的戰略決策群體和決策機制,在內齊心協力,對外體恤邊將:"聖心誠能佑賢輔德,顯忠遂良,惇德允元而難任人,雖有如冒頓之夷狄,亦非所恤也。"〔1〕

這種從帝王心術層面統合內外、總體籌謀的大局觀,即王安石所反覆論述的調一天下、兼制夷狄之術:

> 王安石又爲上言:"邊事尋當帖息,正宜討論大計,如疆場尺寸之地,不足校計,要當有以兼制夷狄,乃稱天所以畀付陛下之意。今中國地廣民衆,無纖芥之患,四夷皆衰弱。陛下聰明齊聖,憂勤恭儉,欲調一天下、兼制夷狄,極不難,要討論大計而已。"上曰:"誠如此。夷狄非難兼制,但朝廷事未成次第,今欲收功於夷狄,即糧不足,兵亦不足,又無將帥。"安石曰:"此皆非方今之患也。……自古興王,皆起於窮困寡弱之中而能爲富強衆大,若待富強衆大然後可以有爲,即古無興王矣。方今之患,非兵糧少,亦非無將帥也。若陛下能考核事情,使君子甘自竭力,小人革面不敢爲欺,即陛下無爲而不成,調一天下,兼制夷狄,何難之有!"上大悦〔2〕。

王安石的觀點很清晰,須從戰略層面將對外征伐的功效和對內治理的水準緊密關聯。夷狄疲弱,並不難制。取勝關鍵不在兵糧器甲,而在"朝廷行事次第"。自古王者之興,都有以弱勝強的勳績,因此對於四夷進行攻伐治理的根本,不是財富或者兵員的數量積累,而需要"考核事情,使君子甘自竭力,小人革面不敢爲欺"。只有完成內部的機制改革和力量整合,纔有可能在外交、軍事征伐中取得勝機。因此"調一天下"與"兼制夷狄",是同一戰略的一體兩面。

除了樹立全局遠略外,"操執大體"的另一重含義是:政治家應從道術層面思考問題,而不應將注意力過多地投注在政務的細節上。這類建議是王安石針對宋神宗個人執政風格的針砭,下文"以道揆事"部分將予以詳細討論。

---

〔1〕《長編》卷二四一,熙寧五年十二月丁酉條,5886 頁。
〔2〕《長編》卷二三二,熙寧四年三月丁亥條,5368 頁。

二、乾剛氣略

（一）剛健之德

孟子心學的另一個重要方面是"養氣"，其說出自《公孫丑上》篇"我知言，我善養吾浩然之氣"。孟子認爲養氣是"不動心"的根本，而善養浩然之氣則是不動心的最高境界。他對浩然之氣做了這樣的定義：

> 其爲氣也至大至剛，以直養而無害，則塞於天地之間。其爲氣也配義與道，無是，餒也。是集義所生者，非義襲而取之也。行有不慊於心則餒矣。

這種"集義所生"而又剛健正大的氣魄，是王安石特別欣賞推崇的品質，尤其是對於擔負著變法改制之重任的皇帝，必須要有"剛健之德"，纔能在遭遇阻力困難的時候力排衆議，堅持己見。這類議論集中出現在熙寧三年到五年，這段時間正是新法受到阻撓攻擊最爲激烈的時期，面對朝野洶洶議論，特別需要皇帝堅定決心與意志。

熙寧三年八月辛未，王安石與神宗論王韶於古渭建軍取青唐一事，有議者認爲神宗對王韶的青睞支持，容易遭致嫉恨，反而對王韶不利。王安石認爲，之所以會有這種嫉賢妒能、和光同塵的官場習氣，根源在於君主不能篤定，容易被意見左右搖擺。他進而指出：

> 人主須彈壓得衆定，乃可立事。陛下用手詔戒飭縝輩，然不知痛行遣李師中使知警懼，則陛下不言，人自奔走以承聖旨；如其不能，雖手詔亦未免壞廢也。譬如天以陽氣興起萬物，不須物物澆灌，但以一氣運之而已。陛下剛健之德長，則天下不命而自隨；若陛下不能長剛德，則流俗群党日強，陛下權勢日削。以日削之權勢欲勝日強之群黨，必不能也。[1]

同月戊寅，神宗與王安石論及西事，王安石認爲邊事繁難的根源在於"止是朝廷綱紀未立，人趣向未一"，故皇帝須以乾道爲立身之本："乾，君道也。非剛

---

[1]《長編》卷二一四，熙寧三年八月辛未條，5207頁。

健純粹,不足以爲乾。"他貶斥"鄉原似道德而非道德也","事事苟合流俗,以是爲非者,亦豈盡是智不能也"〔1〕。

九月己丑,神宗謂王安石曰:"司馬光言方今是非淆亂。"因曰:"是非難明,誠亦爲患。"言下之意,對於如潮的反對聲浪,神宗本人也在動搖,不知應該如何處置。對此王安石的態度是"以先王法言考之,以事實驗之,則是非亦不可誣"。然而神宗從傳統政治習慣出發,還是擔心反對者"或引黨錮時事以況今,如何"?對此王安石曰:

> 人主昏亂,宦官奸利,暴橫士大夫,污穢朝廷,故成黨錮之事。今日何緣乃如黨錮時事?陛下明智,度越前世人主,但剛健不足,未能一道德以變風俗,故異論紛紛不止。若能力行不倦,每事斷以義理,則人情久自當變矣。陛下觀今秋人情已與春時不類,即可以知其漸變甚明。〔2〕

王安石的建議再次落在了皇帝"剛健"的決心上面,之所以會有異論,是因爲皇帝有猶豫動搖之心,如果秉持剛健不移的意志,每事斷以義理,力行不倦,則異論會慢慢平息,而人情也會逐漸發生改變。

在上述進言中,王安石大量使用"彈壓"、"戒飭"、"剛健"這類詞彙,這種面對反對意見的態度雖不無可議處,但也不能簡單視作鼓吹君權、壓制言路。從變法的整個歷程來看,熙寧三年下半年正是新法遇到諸多挫折,神宗態度有些猶豫不定的危險階段,由於李定"不服生母喪",被誣劾爲不孝一事,整個新法派都受到了來自士大夫群體的巨大倫理壓力,宋神宗本人也對"是非"問題產生了不自信甚至是懷疑的情緒。在這樣的關鍵時刻,王安石用"剛健"來鼓勵年輕的皇帝,對於其政治意志的養成十分關鍵。

更重要的是,王安石所論的"剛健"並非"剛愎",而是"每事斷以義理",即剛健正大的浩然之氣須"集義所生",這是孟子養氣之學的關鍵。而義理則須見於具體的法度典則,因此需要立法、行法,構建以先王之道爲核心的法度與治理體系。所以熙寧新法的重要工作之一,就是專門置局設官,編修條例,從政務根源處釐清綱目,確立規範〔3〕。同時,王安石又特別強調,政治家須心懷大略,不能

---

〔1〕《長編》卷二一四,熙寧三年八月戊寅條,5217—5218頁。
〔2〕《長編》卷二一五,熙寧三年九月己丑條,5231—5232頁。
〔3〕參遲景德《宋神宗時期中書檢正官之研究》,《國際宋史研討會論文集》,中國文化大學,1988年,637—642頁。裴汝誠、顧宏義《宋代檢正中書五房公事制度研究》,《宋史研究論叢》第5輯,河北大學出版社,2003年,99—101頁。陳克雙《熙豐時期的中書檢正官——兼談北宋前期的宰屬》,北京大學歷史系碩士學位論文,2007年。

汲汲於瑣碎的刀筆簿籍之事。因此在他的政治思想中,剛強的政治意志、細密的法度體系和宏大的戰略眼光,三者共同構成所謂的"帝王氣略"。

義理、法度、氣略三者相輔相成,這一思路在《長編》中熙寧時期的對話議論和施政措置中處處可見。如熙寧七年,鄧綰上書論遼國爭河東界事,認爲應當御之以堅強,使失其本望,而沮其後圖。不應盲從祖宗以來包荒含垢的態度,這樣只會長寇增恥。

> 上覽奏善之,謂王安石曰:"'王赫斯怒',此乃怒出不怒,非若忿速人見侮而怒也。"安石曰:"'帝謂文王,無然畔援,無然歆羨,誕先登於岸。'見侮而怒,動不思難,非謂誕先登於岸也。"上曰:"'爰整其旅,以遏徂莒,以篤周祜。'所以能安天下之民者,不輕怒耳。豈與夫好忿者同日而語哉!"安石曰:"陛下所以待夷狄者既盡其理,彼猶驕慢侵陵之不已,則我之人莫不思奮。且我無畔援歆羨,而又置之安平之地,則往無不勝矣。"……上又曰:"漢文帝雖不能立制度以合先王之道,而恭儉愛民,亦一世之人主也。"又曰:"秦雖不道,無惻怛愛民之心,而法制粗得先王之一二。然荀卿觀秦事,所以謂士大夫出於其門,入於公門,出於公門,歸於其家,無有私事。此但爲嚴令所迫,非若羔羊之委蛇正直,出於化之自然也。"[1]

這段對話中,宋神宗使用了《孟子·梁惠王下》篇中孟子所論"交鄰國之道"的義理,即"惟仁者爲能以大事小,惟智者爲能以小事大"。齊宣王以"寡人有疾,寡人好勇"推辭不能,孟子援引《詩·大雅·皇矣》"王赫斯怒"之説,論文王之勇,一怒可以安天下之民。宋神宗認爲,這樣的王者之怒,是"怒出不怒",在怒之中包含著縝密的義理結構,而非爲人所侮之後衝動而生的忿怒情緒。由此更進一步論及:漢文帝雖無先王制度,但恭儉愛民;秦制雖粗合先王法制,但以嚴令迫民,而不是用道化民。可見在宋神宗心目中,義理、法度、氣略三者,義理最爲重要,法制是義理的具體化,而王者氣略之吞吐收放,也須以義理爲根基。

(二) 養氣乘勢

"養氣"除了體現在君主的個人修養上之外,還有一個很重要的角度是對"士氣"的長養。北宋初期以來,由於重文輕武之制,加上對外戰爭屢次受挫,使

---

[1]《長編》卷二五〇,熙寧七年二月癸未條,第6095—6097頁。

軍隊士氣疲弱,將驕卒惰,難以爲用。王安石認爲,要想從根本上改變這一態勢,就必須從中央決策開始,進行合理地措置規劃,不打無準備之仗,而求每戰必勝。借助勝利長養士氣,高昂的士氣則可以更進一步鞏固邊防,獲得勝利。

這是一個需要從全局角度進行謀劃的系統工程,包括河北、河東的保甲體系建設,熙河地區的戰略推進,將帥人才培育以及獎懲機制的完善等。當時君臣就此問題有過多番討論。熙寧五年六月,宋神宗論河北兵不可用,王安石曰:

> 忘戰必危,好戰必亡。當無事之時作士氣,令不衰惰,乃所謂不忘戰也。人心排下進上,若鼓旗明麗、器械精善、壯勇有技者在衆上,即士氣雖當無事之時,亦不衰惰也。[1]

在他看來,並非河北人民不可用,而是以不教民戰,是爲棄之。因此需要在無事的時候不忘戰,作養士氣使之不衰惰。這就需要明鼓旗、善器械,拔擢勇武者爲首領,平日常加訓練,這樣纔能保持士氣的旺盛。

同年十二月,王安石與宋神宗討論河東路保甲事宜,再次提出王者應當養民之勝氣:

> 王安石白上:"曾孝寬等體量河東團保甲散馬至忻州,適會教義勇千五百人作三番召見,諭以朝廷所立法,無一人不忻然乞如此施行。"又言:"河東人至以團保甲散馬謳歌。古人以謳歌察民情所在而鼓舞之,樂所爲作也。"上曰:"人情好兵。"安石曰:"人情大抵好勝。先王能養其勝氣,故可以使之征伐。"上曰:"河東人惜財物,不憚征役,可使。"安石曰:"義可以使君子,利可以使小人。陛下誠操義利之權,而施之不失其當,賢若孔子,不肖如盜蹠皆可使,豈但河東人也?"[2]

據曾孝寬反饋,河東義勇保甲之法受到基層百姓的擁戴歡迎。宋神宗說這是河東路人情好兵愛利,不憚征伐,可以役使。王安石指出:並不是河東人皆好戰,而是人情普遍好勝,如果君主能夠操義利之權而養其氣,以義鼓舞而以利驅動,使其退而能養,戰而能勝,則不論是君子小人,都可以奮勇有爲。

王安石特別重視這種"勝"與"氣"的交互作用,當王韶經略熙河有功時,他

---

[1] 《長編》卷二三四,熙寧五年六月癸丑條,5673 頁。
[2] 《長編》卷二四一,熙寧五年十二月己卯條,5876—5877 頁。

173

極力强調通過勝利和捷奏之後的賞罰,長養士氣而勿傷。熙寧六年四月,熙河路經略司上河州得功將卒三千五百二十七人,詔每獲首一級賜絹五匹。

> 於是王安石白上:"士氣自此益振,要當養之而勿傷爾。"文彦博曰:"使更勿息,則南征北伐將無不可矣。"上曰:"古人謂舉事則才自練,此言是也。"安石曰:"舉事則才者出,不才者困,此不才者所以不樂舉事也。"[1]

通過舉事以練才,這是熙豐新法時期人才培育體系的核心,筆者已有專文論述[2],其基本思路是通過事功考察選拔人才,予以厚賞超擢,使之承擔更重要的責任,從而進一步推進新法政策。這種優選能吏的人事進退機制,不可避免地會對官場的舊制產生衝擊,因此需要執政者大膽革新。以熙河戰功為例,當踏白城奏捷之後,關於如何賞賜兵將,有議者認為應該比河州的首戰之功減等。

> 王安石曰:"河州如破竹之初,然一次,今雖在破竹之後,然四次,功狀難易多少相乘除。宜如河州厚賞。"上曰:"軍士或不須如河州厚賞。"安石曰:"累戰不惰,猶能有所斬獲,不宜令後賞反薄於前,以衰士氣。"乃一用河州賞罰法。

在王安石的堅持下,還是按照河州之捷的標準進行賞賜。

而對於將帥的恩賞,宋神宗認為主將景思立官位已高,依舊例宜厚賞財物,不須加官,王安石則認為"亦應與官,以勸將吏"。由此論及宋代駕馭將帥的祖宗之法:

> 或言祖宗時於將帥惜官職,上曰:"當時為諸國未服,若將帥皆滿志,即不為用。"安石曰:"今日事誠與祖宗時異,能立功者少,要厚賞以奮起中下之氣。候將帥可用者多,然後可如祖宗時愛惜官職。"蔡挺曰:"若轉團練使遂增一百貫料錢,可惜。"安石曰:"一年若增一千二百貫錢,極易,不足惜,若求一能辦事將吏,卻恐難得。"上以為然。[3]

王安石的意見是:當時的情況與宋初有所不同,將帥能立功者很少,因此厚

---

[1]《長編》卷二四四,熙寧六年四月乙酉條,5937頁。
[2] 雷博《北宋熙豐變法時期人才培育選任制度改革》,《國家行政學院學報》2014年第5期。
[3]《長編》卷二四六,熙寧六年七月乙卯條,5981頁。

賞的目的是要"奮起中下之氣",使人知進取而慕功業。如果能夠選拔出強幹的將吏,雖增官加俸亦不足惜。從振奮士氣的角度,恰恰需要額外之恩,而不能固守所謂的祖宗成法。

王安石更進一步指出,士氣之壯不僅需要用賞賜來鼓舞,更重要的是從戰略層面上構畫出有利的形勢。如踏白城之捷,斬獲甚衆,神宗認爲這是"涇原人精勇,故雖王寧庸將亦能克獲"。王安石則認爲:廟堂的措置、治軍的義理與用兵的形勢,纔是勇怯的關鍵所在。

> 安石曰:"人無勇怯,在所措置。洮、隴勁兵處,今羌人乃脆弱如此。李抱真所教潞人才二萬,教之非能盡如法,然已能雄視山東。孫武以爲'治亂,數也;強弱,形也;勇怯,勢也。'治軍旅有方,則數無不可使治,形無所不可使強,勢無所不可使勇。"上曰:"士但有技藝則勇。"安石曰:"爲勢所激,則雖無技之人亦可使勇。然所謂王者之兵,則於兵之義理能全之,能盡之,故無敵於天下。"[1]

在他看來,士兵的勇猛之氣固然與性格、體魄、技藝等基礎素質相關,但最重要的是王者"於兵之義理能全之、能盡之",以義理爲基礎,而治軍有方、廟算有謀,在作戰時能夠將進則必勝、退則必死的形勢展現給每一個士卒,"爲勢所激,則雖無技之人亦可使勇"。

同年十月,章惇奏疏言辰州屢獲首級,新附之民爭先思奮,蓋恐功在人後。

> 上曰:"近者諸路士氣甚振。凡兵以氣爲主,惟在朝廷養之耳。"馮京曰:"陛下賞之厚。"上曰:"慶曆日,用兵賞非不厚,然兵勢沮敗,不能複振,此可爲鑒也。"安石曰:"誠如聖旨。若令數敗,即雖厚賞之,何能振其氣?要當制置令勿敗耳。"[2]

兵以氣爲主,如不能勝,雖榮爵厚禄,亦不能振其氣,要當制置使勿敗。可以看出,王安石與宋神宗的上述議論對話都是對孟子"浩然之氣集義所生"之思想的發揮:浩然之氣不僅可以作用於個體修身,在國家治理與軍隊治理層面上,同樣需要這種剛勇奮發的氣概。這種氣概不能僅僅依靠行政命令或物質獎勵激發,而是由義理、戰略和法度措置共同支持建構而成。

---

[1]《長編》卷二四四,熙寧六年四月己亥條,5945—5946頁。
[2]《長編》卷二四七,熙寧六年十月壬申條,6019頁。

三、以道揆事

（一）以道揆事

上述以義理爲中心的帝王大略，即王安石在熙寧時期經常言及的"以道揆事"，其說出於《孟子·離婁上》："徒善不足以爲政，徒法不能以自行。上無道揆也，下無法守也。"朱子集注解云："道，義理也；揆，度也。道揆，謂以義理度量事物而制其宜。"引申爲在政治決策的關鍵過程中，依據義理制定法度，裁奪事務。由於"道"這個概念本身内涵的豐富性，因此在熙寧的對話議論中，延展出兩個不同的解釋方向：

一是自義理大端處著眼，體量是非利害，勿汲汲於紛繁的具體事務中。這樣纔能夠心智清明，不爲流言遮蔽。王安石對宋神宗的勸誡，很多時候是從這個角度切入。如熙寧四年五月，宋神宗與王安石討論免役法中户籍造簿和定户等的問題，王安石在向神宗詳述其措置之後，又建言皇帝不應爲"打鼓截駕"的百姓所動，過於操心叢脞細務，但責之有司即可：

> 安石又言曰："……今每一小事，陛下輒再三手敕質問，臣恐此體傷於叢脞，則股肱倚辦於上，不得不墮也。且王公之職，論道而已。若道術不明，雖勞適足自困，無由致治；若道術明，君子小人各當其位，則無爲而天下治，不須過自勞苦紛紛也。"上曰："聞得人役錢事，誠是人情便。"安石曰："陛下以道揆事，則不窺牖見天道，不出户知天下；若不能以道揆事，但問人言，淺近之人，何足以知天下大計，其言適足沮亂人意而已。"[1]

同月庚戌，王安石又進言曰：

> 臣愚以謂陛下憂勤衆事，可謂至矣。然事兼於德，德兼於道。陛下誠能明道以御衆，則不待憂勞而事自治；如其不能，則雖復憂勞未能使事事皆治也。陛下誠能討論帝王之道，垂拱無爲，觀群臣之情僞以道揆而應之，則孰敢爲欺？人莫敢爲

---

[1]《長編》卷二二三，熙寧四年五月庚子條，5427頁。

欺則天下已治矣！臣敢不且黽勉從事？若但如今日，恐無補聖治也。[1]

王安石強調"以道揆事"在政治中的重要作用，以"道術"爲治理的關鍵。皇帝應從義理大端處體察事務，進退臣僚，從整體、全域角度把握政治方向，而不須過分留意於刑名、度數、簿書之務[2]。這是一種抓大放小、舉重若輕的執政思路。所針對的是宋神宗過於執著細節，喜歡事必躬親的執政性格[3]，是非常中肯的建議。

第二方面是與"法"對照，強調"道"的靈活性，表現在政治中，就是臨機處置，不拘常法。王安石尤其強調中書作爲協理天下的政治中心，不應該拘泥條貫，而應當"以道揆事"，根據具體情況做出相應安排。熙寧四年三月，中書欲支章惇見任料錢、添支並給驛券。神宗認爲章惇"已請添支，又請驛券，恐礙條貫"，對此王安石指出：

> 嘉祐、治平已有例，且陛下患人才難得，今無能之人享禄賜而安逸，有能者乃見選用，奔走勞費，而與無能者所享同，則人孰肯勸而爲能？如惇以才選，令遠使極邊，豈可惜一驛券？縱有條貫，中書如臣者，亦當以道揆事，佐陛下以予奪馭群臣，不當守法，況有近例。[4]

他強調，如果拘泥於條例故事的規定，出外辦事的人領了薪酬就不能支取交通費用，這種慣例實際上是積習弊政，造成有能者、有勞者和無能者、偷惰者之間的差別無法體現，不利於人才的培養和獎掖。這時候就需要執政者從道的層面進行衡量去取，適當地突破機械的條貫規矩[5]。在王安石看來，這不是對法度的背離破壞，恰恰是通過道的合理權變，使法更加嚴格精確。特別是在變法改制、有所作爲的時期，更要有相應的政治魄力。

---

[1] 《長編》卷二二三，熙寧四年五月庚戌條，5436頁。
[2] 《長編》卷二三二，熙寧五年四月辛未條，"安石曰：'陛下能以道揆事，則豈患人不革面？若陛下未能以道揆事，即未革面之人日夕窺伺聖心，乘隙罅爲奸私，臣不能保其不亂政也。陛下於刑名、度數、簿書叢脞之事，可謂悉矣，然人主所務在於明道術，以應人情無方之變，刑名、度數、簿書之間，不足以了此'"。5634—5635頁。
[3] 《長編》卷二二四，熙寧四年六月乙丑條，"上曰：'人材絕少，宜務搜拔。'安石曰：'……爲天下，要以定取捨、變風俗爲先務，若不如此，而乃區區勞心於細故，適足以疲耗聰明為亂而已。且以近事驗之，邊事之興，陛下一日至十數批降指揮，城寨糧草多少，使臣、將校能否，群臣所不能知，陛下無所不察。然邊事更大壞，不若未經營時，此乃陛下於一切小事勞心，於一切大事獨誤。今日國事，亦猶前日邊事，陛下不可不察'"。5451頁。
[4] 《長編》卷二二一，熙寧四年三月丁亥條，5368頁。
[5] 《長編》卷二二一，熙寧四年三月丁亥條，5368頁。

上述兩個方面都是強調執政要從大處著眼,把握樞機規律,不可被細務條貫過度束縛。然而政治權力很多時候體現在對細節的掌控之中,王安石一方面強調君王應當捨棄細節關注道術,另一方面認爲宰相應當在道術層面擁有更多的執政靈活性,這客觀上呈現出限制君權而擴張相權的態勢。熙寧五年二月,宋神宗與王安石論及舉官須嚴立法制,詳加考察,王安石曰:

> 中書於諸司非不考察,陛下既詳閱吏文,臣亦性於簿書期會事不欲鹵莽。然天下事須自陛下倡率,若陛下於忠邪情偽勤怠之際,每示含容,但令如臣者督察,緣臣道不可過君,過君則於理分有害。且刑名法制非治之本,是爲吏事,非主道也。國有六職,坐而論道謂之三公。所謂主道者,非吏事而已。蓋精神之運,心術之化,使人自然遷善遠罪者,主道也。今於群臣忠邪情偽勤怠,未能明示好惡使知所勸懼,而每事專仰法制,固有所不及也。今日朝廷所謂,臣愚以爲可以僅存而已。若欲調一天下,兼制夷狄,臣愚以爲非明於帝王大略,使爲欺者不敢放肆,爲忠者無所顧忌,風俗丕變,人有自竭之志,則區區法制未足恃以收功。陛下於群臣非有適莫,用賞刑非有私意於其間,所以緩急先後之施或未足以變移群臣心志者,臣愚以謂當更講論帝王之道術而已;若不務此而但欲多立法制以馭群臣,臣恐不濟事。[1]

在這段議論中,王安石明確區分了以刑名法制爲中心的"吏事",和強調"精神之運、心術之化"的"主道"。如果想要調一天下,兼制夷狄,僅靠法制不足以成功,必須講求帝王大略與道術,纔能夠變移風俗,使人自然遷善遠罪。

王安石的觀點其實符合政治的一般規律,對於宋神宗而言也頗爲剴切。但此說有虛君實相之嫌,後世有論者因而將宋代的權相現象以及相關的弊政追溯於此[2]。君相權力問題不是本文關注重點,故存而不論,這裏想要指出的是:王安石一方面強調君主的剛健之德,另一方面又希望皇帝關注大略,以道揆事。這其中確實有內在矛盾,或者在實際操作中很難把握平衡。事實上,隨著新法的推進,宋神宗與王安石的理念分歧越來越大,其帝王性格的發展最終走向了乾綱獨斷,乃至以宰輔爲秘書的方向[3]。王安石所倡述的孟子心學在其中所

---

[1]《長編》卷二三〇,熙寧五年二月乙卯條,第5590—5591頁。
[2]《古今源流至論》後集卷六載:"神宗以師臣待安石,蓋非常禮也。毋使上知,至形私書,豈毫髮不敢欺之意耶? 高宗乙太師處秦氏,亦非輕禮也。和議誤國,至今非之,豈犬馬報君之忠耶? 噫! 若人也,其不愧'有君如此,其忍負之'之戒乎?"《景印文淵閣四庫全書》本。
[3]《朱子語類》卷一三〇:"神宗盡得荆公許多伎倆,更何用他? 到元豐間事皆自做,只是用一等庸人備左右趨承耳。"中華書局,1994年,3096頁。

起的微妙作用不可忽視。

(二) 以道御人

從"以道揆事"延伸出的另一層意義,是以道駕馭時機,掌控臣僚。皇帝以親信爲耳目刺探民情、傳達訊息,能否防範中間可能發生的欺蔽? 對於近習又應當如何使用掌控? 祖宗慣例與現實需要之間的平衡又該如何拿捏把握? 王安石認爲"道"或"義理"是其中的關鍵。在熙寧前期,王安石與宋神宗關於近習問題,有過多次深入討論,其中特別突出的是熙寧五年十月,在處理李若愚和程昉的待遇問題時的君臣對話。

當年十月壬辰,詔提舉在京宫觀寺院,自今武臣横行使及兩省押班以上爲提舉,餘爲提點。此事緣於李若愚因病解内侍押班,樞密院特令提舉慶基殿,添支二十千錢。王安石以爲"慶基殿舊無提舉官,雖石全彬有軍功,又以都知罷帶留後,亦但爲提點,添支十千耳。若愚朋比外廷爲奸,妄沮王韶事者也。且内臣不宜崇長之,恐須改正"[1]。

之後,王安石又認爲給予李若愚提舉宫觀的待遇過高,應改爲提點。神宗指出這是祖宗家法:"近習自祖宗以來如此,如霞帔之類,學士不得,都知、押班乃得之。"王安石反駁説:"祖宗以來雖若此,陛下欲躋聖德及堯、舜之道,即不知此事在所消在所長? 祖宗時崇長此輩,已是不當,然只令提點宫觀,陛下更改令提舉,增與添支,臣恐不須如此。"[2]

神宗擔心對左右之人過分裁制,易生怨望,而且近習之人,也有忠良貞信者,不能一概否定。對此王安石以爲:

> 此輩固有忠良,假令非忠良,若陛下御之以道,即雖小人,自當革面而爲君子;若陛下不能御之以道,即今天下所望以爲君子者,變爲小人多矣。……苟不以理分裁之,則是後義先利,不奪不厭;苟以理分裁之,則此輩未宜怨望。……今一人以義事陛下,以義裁制近習,一人以利事陛下,以利崇獎近習,此所以激怒近習,令生怨望,陛下豈可不察! 陛下謂此輩亦有忠良,臣亦謂如此。然陛下當以道揆其

---

[1]《長編》卷二三九,熙寧五年十月壬辰條,5812頁。
[2]《長編》卷二三九,熙寧五年十月壬辰條,5812頁。

言,則所謂忠良者,果非邪慝;若不能以道揆,即臣恐陛下所謂忠良者,未必非邪慝也。[1]

王安石認爲不應當固執於祖宗家法,而應當"以理分裁之"。他特別提醒皇帝要防範大臣們刻意增添近臣待遇以逢迎之,即"一人以義事陛下,以義裁制近習,一人以利事陛下,以利崇獎近習,此所以激怒近習,令生怨望",二者之間的消長,恰恰是君子小人的區分關鍵。因此特別需要皇帝"以道揆其言",否則難以判別忠良邪慝。

類似的規箴,王安石在熙寧時期還多次向皇帝提出。如熙寧七年三月,因近臣與后族向神宗哭訴市易法不便,王安石進言曰:

> 三司、開封府于近習事,輒撓法容之,故不爲近習所譖,免譴怒。然則陛下喜怒賞罰不以聖心爲主,惟左右小人是從,如此何由興起治道?唐二百年危亂相承,豈有他故,但以左右近習擾政而已。[2]

同樣,在前述熙寧五年十月的議論之後,神宗與王安石論及李憲轉官一事,話題再次及於近習與君王、士大夫之間的關係。神宗曰:"近習亦有忠信者,不皆爲欺,不可以謂皆如恭、顯。"王安石表示同意,認爲先王於君子、小人之言無所不聽,亦無所偏聽,"故先王難任人,畏'巧言令色孔壬'"。神宗曰:"小人不過以邪諂合人主,人主有好邪諂,即爲其所中。"言下之意,是人主的好樂使得臣僚近習有了窺測上意,進以讒言的機會,王安石順著神宗的話,再次將這一"知人"的具體問題提高到了"道"的層面:

> 人主要聞道,若不聞道,雖不好邪諂、好正直,即有人如劉棲楚叩頭出血諫爭,卻陰爲奸私邪慝,而無術以揆之,亦不免亂亡。自古惟大無道之君,乃以恣睢致亂亡。如漢元帝非不孜孜爲善,但不聞道,故於君子、小人情狀無以揆之,而爲小人所蔽[3]。

當時反對者對王安石"以道馭人"之說不以爲然,《長編》也沿襲了這一批

---

[1]《長編》卷二三九,熙寧五年十月壬辰條,5813—5814頁。
[2]《長編》卷二五一,熙寧七年三月戊午條,6126頁。
[3]《長編》卷二三九,熙寧五年十月壬辰條,5815頁。

評觀念,將王安石貶斥李若愚,拒絕給李憲加官兩段內容和他以都鈐轄資序褒獎程昉治河之功一事聯結在一起,暗諷王安石有厚此薄彼之意。而在關於近習待遇問題的整段史事之後,李燾又援引陳瓘的大段議論,主旨是說神宗取近習"忠信",是聖主之明,王安石將近習一概貶爲小人,變更祖宗之法,以此代彼,敗壞國事[1]。認爲王安石在近習問題上的言論前後不一,且破壞舊制,無益有害。

然而,這些批評無論從邏輯和事實上都不能成立。一方面,王安石用都鈐轄資序褒獎程昉,強調的是他的功勞,正因爲其有不次之功,故賞以不次之序,這和李若愚病退而升官增俸是兩種完全不同的情況。在這個問題上,王安石本人正是援引李若愚升提舉官一事,反諷舊法中的迂弊:神宗認爲程昉升遷一事,路分都監、鈐轄資序都無定例,王安石曰:"雖無條,然自有熟例,如宫觀提舉、提點,密院亦未嘗有條。"[2]言下之意,病退的内臣如李若愚者,都可以不按常規而根據"熟例"超遷增俸,而有功之人卻要依循定例論資排輩,這何嘗不是官場的弊端積習。相比而言,陳瓘所謂的"聖主之明",無非是說内臣近習中也有忠信愛國之人,這和王安石所説的問題根本不在同一個層次上。

從中國大歷史的角度來看,王安石的擔憂與洞見絕非無的之矢。在君王和士大夫官僚之間,近習内臣既發揮著重要的作用,同時也不可避免地帶來各種問題。依附在強勢君權上的近習,可以通過非常巧妙的手段在迎合上意時予以左右進退,而一旦近習掌握利害的樞紐,士大夫群體則會有縱容默許的慣性傾向。事實上,這類結構性的危機確實在後來的中國歷史中演變出嚴重的後果。因此,王安石所提出的人君以權柄約束近習,以道揆其言行,在中國古代的皇帝制度下,可以說是目光長遠的智者之言。

總結:
孟子心學在"先王之道"與"祖宗之法"的張力中所起的作用

對於熙寧時期的君相關係,以往的研究多注意於變法進程中君主意志與權

---

[1]《長編》卷二三九,熙寧五年十月壬辰條,5816—5817頁。
[2]《長編》卷二三九,熙寧五年十月壬辰條,5812頁。

力的强化[1]。但實際上,王安石通過倡述孟子心學,更多強調的是以剛健有爲的心志踐行先王法度,從而突破中世以來政治中的種種積弊流俗。這兩者之間的張力,在當時也呈現爲"先王之道"和"祖宗之法"之間的矛盾。

鄧小南師在《祖宗之法:北宋前期政治述略》中將祖宗之法界定爲一個"核心精神明確穩定而涉及面寬泛的綜合體",它"既包括治理國家的基本方略,也包括統治者應該循守的治事態度;既包括貫徹維繫制約精神的規矩設施,也包括不同層次的具體章程。從根本上講,它是……當時的社會文化傳統與政治、制度交匯作用的結晶;其出發點著眼於'防弊',主要目標在於保證政治格局與社會秩序的穩定"[2]。也可以說,祖宗之法是一種具有制約性的政治習俗,作爲文官士大夫集團整合共識,並約束帝王權力欲望的話語框架,其所反映出的是在王朝治亂興衰這一歷史維度下的問題意識,是對"近代"與"當下"最迫切的癥結與弊病的回應。

與之相比,對"先王之道"的理解與詮釋,則偏向於一種積極的、有爲的政治目標,其所強調的不是約束與制衡,而是有目的、有規劃、有體系的治理。如果放在大歷史的背景下來看,從孟子到王安石所提倡的先王之道與先王之法,更多地體現出一種長時段的、基於普遍人性的問題意識和因應思路,包括"王道始於經界"、"不忍人之政"等等。

在王朝中期利益集團逐漸固化的背景下,祖宗之法作爲一種制約性的防弊之政,也很容易成爲政治改革的阻力,而先王之道運用於政治實踐中,就意味著對既有利益格局的改革與衝擊,因此不僅需要扎實的學術基礎和行之有效的法度政策,更需要強大的政治意志作爲背後的推動力。這也就是孟子心學在熙寧變法中的重要意義。

然而,我們也必須注意:對先王之道的強調,在豐富王道概念的同時,也會帶來對王權的強化與固化,從而在另一個層面上凸顯出"王道"與"王權"之間更爲複雜的内在張力。這一點會對政治帶來諸多負面影響,筆者將另具文予以專門討論。

本文嘗試闡明,王安石秉孟子心學以砥礪神宗,其中包含三重内涵:一是操執大體,籌謀全域的遠略;二是剛強堅毅,有所作爲的氣魄;三是靈活機變,可以揆事御人的道術。在王安石的表述中,他一方面強調義理、法度和心術、氣略的

---

[1] 崔英超、張其凡《論宋神宗在熙豐變法中主導權的逐步強化》,《江西社會科學》2003年第5期。
[2] 鄧小南《祖宗之法——北宋前期政治述略》,生活・讀書・新知三聯書店,2006年。

內在一致,另一方面,也呈現出"道"與"法制"、"條貫"的對立。這種張力關係揭示出一種理解"法度"的視角,即所謂法度,其核心不是條文綱目,目的也不僅是爲了防杜弊端,而是面向長時段的問題與癥結,有所思辨、有所擔當、有所作爲的理念精神,以及承載著這種精神的法令與政策。筆者認爲這一點是熙寧政治留給中國歷史的重要精神遺産,值得反思並回味。

遼道宗時期漢族士大夫官僚群體的崛起

關樹東

遼代的官員根據其出身大致可以劃分成五個階層。第一層是以皇族和后族爲代表的契丹貴族官僚。第二層是地位顯赫的漢族、奚族、渤海族的世家大族官僚，如南京、西京(幽、雲)地區的韓(韓延徽家族)、劉(劉慎行家族)、馬、趙，中京上京地區的韓(韓知古家族)、耿、劉(劉仁恭家族)等家族，奚王家族，東京地區的渤海大氏、高氏。這些家族有的本來就是各民族舊政權的首領及高官顯宦，遼初歸附契丹，有的則是遼初建立殊功的軍功新貴。第三層是各族軍功地主(牧主)官僚，其中契丹人、奚人佔大多數。第四層是出身科舉或以儒學見長的漢族、渤海族士大夫官僚(契丹和奚人不得參加科舉)，時稱儒臣[1]。遼中期以後，世家大族子弟也有通過科舉或以儒學才能入仕的，屬於"錦上添花"。第五層是出身中小地主(牧主)、富裕農牧民的各族官僚，他們一般通過蔭補、吏胥、禁軍、捐納等途徑入仕，一旦靠軍功入仕或晉升，進士及第或以儒學才能入仕，就升入第三、第四階層。遼代的士大夫官僚階層經歷了一個不斷上升和壯大的過程。遼聖宗時期(983—1031)，士大夫官僚階層出現一次由平緩漸進式成長向跨躍式發展的轉變，其標誌是科舉制度和文官制度的完善。根據現有的資料，遼朝的士大夫官僚主要是漢族，渤海族比重偏低，而且影響似主要局限於遼東地區。本文試論漢族士大夫官僚群體在遼道宗時期的成長及其政治地位。

---

[1] 《遼史》卷八六《杜防傳》重熙二十一年秋，祭仁德皇后，"詔儒臣賦詩，(南府宰相杜)防爲冠"。中華書局，1974年，1326頁。

一

遼道宗是遼朝在位時間第二長的皇帝(1055—1101),僅次於遼聖宗。在他統治時期,除後期對北方部族的經略外,遼朝基本沒有與鄰國發生過戰爭,社會比較穩定,經濟平穩發展,文化教育事業進步顯著。軍政事務在治國理政中的重要性相對下降。遼道宗的政治文化政策呈現兩大特點,一是崇儒,二是佞佛,這也是遼朝社會發展到後期的必然結果。崇儒表現在興辦官學,經筵講學[1],發行儒家典籍,增加科舉録取人數,重用士大夫,完善典章制度,修舉禮樂,實行文治。如道宗即位的當年,"詔設學養士,頒《五經傳疏》,置博士、助教各一員"[2]。咸雍六年(1070),"設賢良科,詔應是科者,先以所業十萬言進"[3]。咸雍十年,頒行《史記》《漢書》[4]。大安元年(1085),太祖以下七帝《實録》修成[5],遼道宗本人曾自我標榜説:"吾修文物,彬彬不異中華。"[6]崇儒政策的積極作用是主要的,佞佛政策的消極影響是主要的。

遼道宗時期科舉及第人數顯著增加。遼前期就有開科取士的記録,但似爲因事而爲,隨意性比較大,遼聖宗即位以前有據可考的科舉僅有6次。聖宗統和六年(988)"詔開貢舉"[7],科舉取士開始制度化,在全境連續不斷地舉行[8]。但科舉考試的年限前後卻有較大的變化。統和六年至十八年(988—1000)基本上一年一試;統和十八年至太平四年(1000—1024),多以兩年一試爲主;聖宗太平四年至道宗大安六年(1024—1090)期間,大致以四年一試爲主;大安六年至天祚帝天慶八年(1090—1118),基本上三年一試[9]。遼聖宗在位49年,開科30次,及第人數564人;遼興宗(1032—1054)在位22年,開科6次,及第人數

---

[1] 如《遼史》卷二四《道宗本紀四》大安二年正月,"詔權翰林學士趙孝嚴、知制誥王師儒等講《五經大義》"。291頁。下文所謂"吾修文物,彬彬不異中華",就是遼道宗在一次經筵講讀《論語》時説的。
[2] 《遼史》卷二一《道宗本紀一》清寧元年十二月,253頁。
[3] 《遼史》卷二二《道宗本紀二》咸雍六年五月,269頁。
[4] 《遼史》卷二三《道宗本紀三》咸雍十年十月,276頁。
[5] 《遼史》卷二四《道宗本紀四》大安元年十一月,290頁。
[6] 《契丹國志》卷九《道宗天福皇帝》,上海古籍出版社,1985年,95頁。
[7] 《遼史》卷一二《聖宗本紀三》統和六年末,133頁。聖宗太平十年(1030),"詔來歲行貢舉法",是對科舉制度的進一步修訂和完善。見《遼史》卷一七《聖宗本紀八》太平十年七月,205頁。
[8] 參見高福順《科舉與遼代社會》,中國社會科學出版社,2015年,84—85頁;李桂芝《遼金科舉研究》,中央民族大學出版社,2012年,2—3頁;楊若薇《契丹王朝政治軍事制度研究》附録二《遼朝科舉制度的幾個問題》,中國社會科學出版社,1991年,273—285頁。
[9] 高福順《科舉與遼代社會》,96、99頁。

278人;遼道宗在位46年,開科12次,咸雍十年及第人數缺載,11次得978人;天祚帝在位24年,開科6次,得474人[1]。遼道宗統治時期(46年)的科舉及第人數,远超遼聖宗、遼興宗時期(合計71年)科舉及第人數之和842人。隨著科舉制度的完善,以及科舉及第人數的顯著增加,越來越多的官僚、地主、富農子弟進入官學,或者接受私學教育,加入到科考的行列。

科舉制度爲漢族、渤海族中小地主子弟甚至富裕農民子弟提供了入仕之途。這是契丹統治者籠絡漢族、渤海族中小地主、適當擴大統治基礎,鞏固貴族專政體制的需要。單就漢人而言,隨著科舉錄取人數的顯著增加,進士出身的官員在漢族官員中的比例,遼興宗以後是有大幅度提高的。遼道宗實行崇儒興文的文治政策,士大夫的政治地位有比較大的提升,受到社會各階層人士的普遍尊敬。世家大族子弟、軍功地主官僚子弟也不滿足於蔭補入仕,開始加入到科舉的行列。如幽薊大族、宰相劉慎行有6子,其中3人是進士出身。韓知古後人韓企先,天祚帝乾統間中進士第。"族世昌茂,雄視幽薊"的大族、知順州軍州事馬直溫之子馬梅,天祚帝時舉進士業,兩就廷試不利,纔蔭補内供奉班祇候[2]。契丹族文人希望通過科舉求取功名的願望越來越強烈。橫帳季父房的耶律庶成、庶箴兄弟都好學善詩文,庶成曾爲林牙,庶箴爲主管文翰的都林牙。庶箴子浦魯自幼聰悟好學,學習漢文不到十年便博通經籍。興宗重熙間,他參加進士科考,"主文以國制無契丹試進士之條,聞於上,以庶箴擅令子就科目,鞭之二百"[3]。到遼末,契丹人試進士的禁令終於鬆弛。皇族耶律大石登天慶五年進士第,擢翰林應奉、翰林承旨[4]。

當時,科舉的家族化且彼此通婚是一個重要的社會現象[5]。如東京地區的陳顗是遼興宗重熙間進士出身,兩個兒子都習進士舉,三個女兒中兩個出嫁的女兒都嫁給進士。陳妻曹氏純厚仁愛,"士大夫家聞其有德者,莫不延頸而願與之交"[6]。中京地區的鄧中舉(道宗壽昌四年卒),祖父以術數、醫卜名於世,

---

[1] 李桂芝《遼金科舉研究》,7頁。《道宗皇帝哀册》(《遼代石刻文編》,以下簡稱《文編》,河北教育出版社,1995年,514頁)稱"一十三次,選士懸科",是把興宗在位最後一年、道宗即位改元那次由興宗主持的開科取士,也算在道宗名下了。

[2] 見《遼史》卷八六《劉六符傳》,1323頁;《金史》卷七八《韓企先傳》,中華書局,1975年,1777頁;《馬直溫妻張館墓誌》,《文編》,633頁。

[3] 《遼史》卷八九《耶律浦魯傳》,1351頁。

[4] 《遼史》卷三〇《天祚皇帝本紀四》附錄耶律大石,355頁。

[5] 李桂芝《遼金科舉研究》金朝篇專設"遼金進士世家"一章,列舉進士世家16家,其中始於遼代的有雲中孟氏、宛平劉氏、易州魏氏、大興呂氏、東勝程氏、廣寧梁氏。286—306頁。高福順《科舉與遼代社會》第八章第二節"遼代科舉家族的形成",列舉12個家族。289—301頁。

[6] 參見《陳妻曹氏墓誌》(甲)(乙),《遼代石刻文續編》(以下簡稱《續編》,遼寧人民出版社,2010年,129、200頁。

父親以酒樂博弈自適,鄧中舉少年及第,官至咸州保安軍節度使,其弟及二子皆舉進士,四女除一人出家、一人未嫁外,兩個女兒嫁給進士[1]。道宗朝宰相梁穎,進士出身,二子二女,長子進士及第,未娶而卒;次子娶士大夫王師儒之女,亦早卒;長女嫁給士大夫楊遵勖之子楊誨,次女出家[2]。宰相梁援(天祚帝乾統元年卒),兄弟四人,三個中進士;梁援二子,長子"四預奏籍,特賜進士及第";梁援兄揀有三子,長子舉進士,"三赴御簾,未第而卒";弟抃五子,三個在修進士業。樞密副使王師儒(天祚帝天慶四年卒),進士出身,有二子二女,長子未冠而卒,次子承蔭閣門祇候,仍應進士舉;長女先嫁梁穎次子,後改嫁宣徽判官賈煇,幼女嫁進士時立愛[3]。

有些漢族中低級官員家庭,吏胥出身的漢人家庭,或者漢族平民地主家庭,從遼道宗統治時期開始,家族刻意培養舉子。如出土於遼上京地區的《李文貞墓誌》(遼道宗大康三年),記載墓主五世同居。墓誌上部有缺損,追敍墓主父輩兄弟以及墓主兄弟輩,從殘文看,只有墓主任遼州都孔目,應是胥吏出身。中間部分記錄子侄15人,第三崇舜曾任長寧殿都監,主持過修橋、管理義倉等事務;第八名字有缺,任左班殿直,"幾臨繁務"。二人屬於低級武官。後部述其12個孫輩,其中有兩個在修進士業,還有一個雖然沒有明説修進士業,但言其"文動番漢";有兩個"各知貨賂",從事經商。一個胥吏起家的普通地主家族,第三代有2—3人在舉進士。墓誌撰人是墓主的孫女婿,殿試進士[4]。這説明儕身官僚士大夫階層,成爲普通地主家庭的追求。出土於今遼寧建平的《秦德昌墓誌》(大康四年)記載該家族崇信佛教,秦德昌由御帳閣門官出身,歷任州郡長官。其三子有兩個出家爲僧,二女有一個出家。這樣篤信佛教的官僚家庭,秦德昌把一個孫子"升爲己子",並讓他舉進士[5]。

二

遼制,官分北、南兩個系統,北面官掌軍政、部族、群牧事務,北樞密院即契

---

[1]《鄧中舉墓誌》,《文編》,488—489頁。其第三女適秘書郎張毅,《金史》卷一三三有傳(2843頁),"張覺亦書作毅",謂在遼進士及第。
[2]《梁穎墓誌銘》,楊衛東《遼朝梁穎墓誌銘考釋》,《文史》2011年第1期,《穎志》録文見179—180頁。參見《遼史》卷一〇五《楊遵勖傳》,1464頁。
[3]《王師儒墓誌銘》,《文編》,645—647頁。時立愛大康九年進士,見《金史》卷七八本傳,1775頁。
[4]《李文貞墓誌》,《續編》,162—163頁。
[5]《秦德昌墓誌》,《續編》,166—167頁。

丹樞密院是北面官最高的中樞機構,北、南二宰相府分管諸部族;南面官掌京府州縣以及隸屬宮衛的漢人、渤海人行政事務,南樞密院即漢人樞密院是南面官最高中樞機構,中書省協助處理京府州縣事務以及朝廷禮樂之政。契丹以武立國,又以契丹貴族爲統治支柱,負責全國軍政事務的北樞密院以及統帥精鋭部隊負責邊防的諸路招討司、統軍司尤爲重要,基本操控於契丹貴族之手,極少數出身平民的契丹人以及族系皇族、已經契丹化的韓德讓(耶律隆運)家族也可以擔任北樞密院、諸路招討司、統軍司的主要官員。契丹貴族也通過決定朝政大事的御前會議掌控著南面官事務,南樞密院的主要官員、府、州的長官也多見契丹人,擁有軍權的五京留守則基本由契丹貴族擔任[1]。漢族官員主要在民政、財政、文翰、教育、司法等領域發揮作用。遼聖宗以後,漢族官員的政治地位呈現一種穩定上升的趨勢。進士出身的士大夫官僚階層日益壯大,成爲漢族官員的中堅力量。

從遼初以降迄遼聖宗統治的早期,遼朝的士大夫官僚階層由儒學出身的官員(如應州人邢抱樸、邢抱質兄弟,南京人馬得臣等[2])、遼及第進士、北來的五代宋朝士大夫(如張礪、李澣[3])組成。總體而言,當時的士大夫官僚人數少,政治影響力有限。聖宗統治的中後期起,儒家學者多以科舉爲入仕途徑,科舉取士成爲士大夫官僚的主要來源。至遼道宗時期,隨著科舉取士人數的大幅增長,科舉幾乎成爲士大夫官僚的唯一來源。

我們姑且稱統和八年以前的及第進士爲遼朝的第一代進士,以遼景宗後期、遼聖宗初期的輔政大臣室昉爲代表[4]。室昉是遼朝士大夫階層形成、發展史上承前啓後的人物。遼朝的第二代進士大致是遼聖宗統和年間(983—1011)的及第進士,經歷了遼士大夫階層的初步發展。其代表人物是樞密使、宰相張儉、吕德懋、楊佶等[5]。遼朝的第三代進士是聖宗開泰、太平年間(1012—1031)的及第進士,其代表人物是樞密使、宰相杜防、楊晳(一作楊續)等[6]。屬於第三代進士的王澤,歷秘書省校書郎、營州軍事判官,"宣充樞密院令史。太平五

---

[1] 參見楊若薇《契丹王朝政治軍事制度研究》第二篇之四"五京的建置及在遼朝政治中的作用",172—194頁;附録三《遼五京留守年表》,286—292頁。康鵬《遼代地方要員選任方式淺議》,《隋唐遼宋金元史論叢》第四輯,上海古籍出版社,2014年,295—302頁。
[2] 見《遼史》卷八〇《邢抱樸傳》《馬得臣傳》,1278—1279頁。
[3] 《遼史》卷七六《張礪傳》、卷一〇三《李澣傳》,1251、1450頁。
[4] 《遼史》卷七九《室昉傳》,1271頁。
[5] 參見《遼史》卷一三《聖宗本紀四》統和十二年年末,卷八〇《張儉傳》,卷八九《楊佶傳》,146、1277、1352頁。
[6] 《遼史》卷八六《杜防傳》、卷八九《楊晳傳》,1325、1351頁。參見卷九七《楊續傳》,1410頁。

年(1025),遷吏房令史,權主事。進士隸院職,自父(澤)之始也"[1]。聖宗太平中,進士開始在南樞密院各房任職,打破了蔭補任子、胥吏出身的官員佔據南樞密院的格局,這是進士政治地位提高的標誌性事件,史稱遼朝"統和、重熙之間,務修文治"[2]。第二、第三代士大夫官僚在遼聖宗後期至遼興宗時期被委以重用,是遼朝開始重視文治的表現,給遼朝的政治和官僚體制注入了新鮮活力。

遼朝的第四代進士是遼興宗在位時期(1031—1055)的及第進士,其代表人物是宰執姚景禧(後避遼天祚帝的名諱,改禧爲興)、趙徽、王觀、劉伸、張孝傑、楊遵勖、王棠、梁穎、王師儒等[3]。他們活躍在遼道宗統治前期的政治舞臺上。遼道宗崇儒勝過前代,科舉及第人數顯著增長,士大夫的政治地位進一步提高。他在位前期即權臣耶律乙辛被罷黜前(1056—1078)的及第進士大致是遼朝的第五代進士,他們是遼道宗在位後期至天祚帝統治前期南面官的中堅力量,其代表人物是宰執竇景庸、李儼、趙廷睦、賈師訓、梁援、牛溫舒等[4]。遼道宗在位後期即耶律乙辛被罷黜後(1079—1101)的及第進士是遼朝的第六代進士,代表人物如虞仲文、時立愛等[5]。他們主要活動在遼末,戰亂後的幸存者在金初的政治舞臺上發揮過比較重要的作用。

從《遼史》、傳世石刻及其他文獻的很不完全的記載看,遼興宗、道宗時期,南面官的中高級官員中,如五京佐貳官、州府長貳官、路級理財官(三司使、鹽鐵使等計使)、翰林學士、知制誥、中書省、南樞密院的主要官員,進士出身者佔有相當大的比例。特別是遼道宗統治時期,漢族士大夫的整體地位上升到遼代前所未有的高度[6],這突出反映在士大夫構成南面宰執的主體,政治權力顯著提高。下表是《遼史》及遼代石刻所見遼道宗時期南面宰執表,包括南院樞密使(表中簡稱密使)、知南院樞密使事(簡稱知院)、南院樞密副使(簡稱副使)、同知南院樞密使事(簡稱同知)、中書省的門下侍郎、同中書門下平章事和中書侍郎、同中書門下平章事(簡稱宰相)、參知政事。

---

[1]《王澤墓誌銘》,《文編》,260頁。
[2]《遼史》卷一〇三《文學列傳上》贊論,1451頁。
[3] 參見《遼史》卷九六《姚景行傳》,卷九七《趙徽傳》《王觀傳》,卷九八《劉伸傳》,卷一〇五《楊遵勖傳》《王棠傳》,卷一一〇《張孝傑傳》,1403、1410、1411、1416、1464、1486頁;《王師儒墓誌銘》,《文編》,645頁;《梁穎墓誌銘》,楊衛東《遼朝梁穎墓誌銘考釋》,《文史》2011年第1期,179頁。
[4] 參見《遼史》卷八六《牛溫舒傳》,卷九七《竇景庸傳》,卷九八《耶律儼傳》,1325、1409、1415頁;《賈師訓墓誌銘》《梁援墓誌銘》《文編》,477、520頁。梁援爲清寧五年狀元,亦見《遼史》卷二一《道宗本紀一》,258頁。趙廷睦咸雍六年進士,見《遼史》卷二二《道宗本紀二》,269頁。
[5]《金史》卷七五《虞仲文傳》,1724頁;卷七八《時立愛傳》,1775—1776頁。
[6] 當然這只是相對於前期而言的,而且僅限於南面官系統。契丹貴族掌控遼朝政權的格局始終未變,漢族世家大族的政治勢力仍然盤根錯節。

遼道宗時期南面宰執表[1]

	密　使	知　院	副使同知	宰　相	參知政事
耶律宗政	1052—1056				
*耶律仁先	1056—1058 1063				
*蕭阿剌		1055 權知			
*蕭革	1058				
蕭阿速	1059				
*耶律乙辛	1059—? 1063—?				
*楊晳(績)	1066	1065—1066	兼同知 1055—	1066	1055—
吳湛			副使 1055—		1055—1059
*蕭胡覩			清寧中副使		
*耶律涅魯古		1061—1063			
*耶律良			同知—1066		
張嗣複		—1065			
*姚景禧(景行)	1066—1071				1055—
韓荢			副使 1066—		?—1066
*劉伸(冼)			副使 1066—1066 副使 1067—		1066—1067 1076—1078 ?—1080
*趙徽			副使—1072 同知咸雍大康間	咸　雍　大 康　間[2]	1067—1072
*張(耶律)孝傑			同知 1067—	?—1079	1067—?
蕭韓家奴			同知—1072		
*王(耶律)觀		兼 1072— 1072	副使 —1071—1072		1072—1072
柴德滋			副使—1072		1072—1075
李(耶律)仲禧	1073—1078 1080—?				
劉(耶律)霂			副使 1075—		

[1] 本表主要根據《遼史》之《道宗本紀》及列傳製成，並參以墓誌及其他石刻文字。少數宰執的官職沒有標明是任職於北樞密院還是南樞密院，我們姑且按契丹、奚人列入北院，漢人、渤海人列於南院來處理，這對我們討論的問題影響不大。史源出自《遼史·道宗本紀》的，恕不一一出注，讀者可據標記的公元年核對《遼史·道宗本紀》。所列人物《遼史》有傳的在名字前加注星號。

[2]《遼史》卷九七《趙徽傳》，1410頁。

(續表)

	密　使	知　院	副使同知	宰　相	參知政事
*楊遵勖		1076—	副使—1075		1075—1076
*王棠			1077—?		
劉筠	1082—1083				
*蕭撻不也(兀納)	1085—?	1085	同知 —1079—1080		
陳毅					1080
王績		1085	同知 1080—1082 副使 1083—1085		1080—1082
*蕭酬斡			1081—1082		
梁穎		—1086		—1081—1086	
王言敷			副使 1089—		1081—1083 ?—1089
邢熙年		1083—1085			
王經		兼 1083—			1083—1087
杜公謂					1085—
*竇景庸		1086—	副使—1086		
呂嗣立					1087—
賈師訓			副使 1086— 兼同知 1089—	大安間[1]	1089—
耶律聶里			同知—1088		
耶律那也			同知 1088—1089		
耶律吐朵			同知—1090		
王是敦		1092—	副使—1092		
*韓資讓		1097—		—1100[2]	1092—
趙廷睦			兼同知 1093—		1093—
王師儒			副使 1092[3]—1094 兼同知 1094—1095 副使 1095—1100	簽中書省事[4] 1095—1100	1094—1095

---

[1] 見《賈師訓墓誌銘》,《文編》,479頁。
[2] 參見《王師儒墓誌銘》,《文編》,646頁;《遼史》卷二六《道宗本紀六》壽隆(昌)六年六月,313頁。
[3] 王師儒於大安八年(1092)授樞密副使,見《王師儒墓誌銘》,《文編》,646頁。
[4] 見《王師儒墓誌銘》,《文編》,646頁。

(續表)

	密 使	知 院	副使同知	宰 相	參知政事
耶律特末	1094—				
趙孝嚴					1095—1099
蕭藥師奴			同知—1097		
*牛溫舒		1102—	兼同知1097		—1097—1102
鄭顓				—1100	
梁援		1100—	副使1100—	1100—〔1〕	
趙長敬					—1100
*李(耶律)儼		—1100—		—1100—	
*張琳		1101—1104	副使—1101		

上表共計人物53人，其中契丹、奚人17人，漢人36人。遼道宗即位初期的清寧年間(1055—1064)，南院樞密使由契丹人擔任，其副貳也多有契丹人。咸雍(1065—1074)以後，南院樞密使(無樞密使時，知院就是樞密院的實際長官)及其副貳主要由漢人擔任，漢族士大夫是其主要來源。上表36個漢人中，出身世家大族者寥寥無幾。明確爲進士及第者有楊晳、姚景禧、劉伸、趙徽、張孝傑、王觀、楊遵勖、王棠、竇景庸、梁穎、賈師訓、王師儒、趙廷睦、牛溫舒、李儼等15人，他們是遼朝新興的士大夫官僚階層的代表。而道宗以前的南樞密院長貳官，契丹貴族和漢族世家大族出身者佔到半數以上，如韓氏、劉氏。如遼興宗時期的南院樞密使先後由馬保忠、蕭朴、蕭惠、蕭孝穆、蕭孝友、韓紹雍、耶律宗政、劉六符、蕭革等契丹貴族和漢族世家大族擔任，劉四端、韓紹芳、韓紹文等世家大族曾任宰相和樞密院副貳；見於記載的其他漢族宰執只有張克恭、趙惟節、杜防、楊佶、武白、楊晳等數人〔2〕。

---

〔1〕《梁援墓誌銘》，《文編》，522頁。
〔2〕 遼聖宗時期的情況見拙著《遼聖宗時期的宰執群體》一文，載《宋史研究論叢》第11輯，2010年，75—99頁。馬保忠，《契丹國志》卷一九傳，180頁；蕭朴，《遼史》卷八〇傳，本紀作蕭普古，216、1281頁；蕭惠，《遼史》卷九三傳，本紀蕭惠與蕭管寧重出，219、1374頁；蕭孝穆，《遼史》卷一九本紀，228頁；蕭孝友，《遼史》卷八七傳，本紀所記同，233、1334頁；韓紹雍，見《秦晉國大長公主墓誌銘》，《文編》，249頁；耶律宗政，《遼史》卷二〇本紀作查葛，242、245頁，據《遼史》卷六四《皇族表》和《墓誌銘》，知查葛即宗政；劉六符，《契丹國志》卷一八傳，177頁；蕭革，《遼史》卷一一三傳，本紀所記同，242、1511頁；劉四端，《契丹國志》卷一九"番將除授職名"，186頁，參見《遼史》卷八六《劉六符傳》；韓紹芳，《遼史》卷一八本紀，221、229頁；韓紹文，《遼史》卷二一本紀，道宗清寧元年十二月外任，253頁，韓紹雍、韓紹芳、韓紹文並參見《遼史》卷七四《韓延徽傳》及附傳，1231—1233頁；張克恭，《遼史》卷一八本紀，221頁；趙惟節，《遼史》卷九一《耶律僕里篤傳》，1365頁；杜防，《遼史》卷八六傳，1325頁；楊佶，《遼史》卷八九傳，1353頁；武白，《遼史》卷八二傳，1294頁；楊晳，《遼史》卷八九傳，1351頁。

上表36個漢人中,《遼史》有傳的有牛溫舒、楊皙、姚景禧、竇景庸、趙徽、王觀、劉伸、張琳、楊遵勗、王棠、李儼等11人,其中10人明確是進士出身。《遼史》傳主,漢人僅收58人(其中包括遼世宗妃甄氏、繫於橫帳皇族季父房的韓匡嗣家族成員以及列女1人、方技2人、伶官1人、宦官2人),渤海人僅收4人,其中明確爲進士出身者22人。22人中,遼道宗時期的宰執佔了近一半。此外,入《文學傳》的官僚士大夫王鼎、劉輝分別是道宗清寧五年和大康五年的進士,入《能吏傳》的大公鼎(渤海人)、馬人望都是咸雍年間的進士。遼朝不少有影響的漢族名臣能吏未入《遼史》列傳。如宰臣梁穎、賈師訓、王師儒、梁援,都是遼朝後期有較大影響的進士出身的漢族官僚,除梁援因狀元及第見載於《遼史》外,據出土墓誌我們纔知道他們是進士出身。加之《遼史》記載簡略,漏記進士及第也在所難免。如遼東沈州漢人張琳,《遼史》卷一〇二、《契丹國志》卷一九有傳,前者以後者爲史源,均不載進士及第。但據《契丹國志》卷一〇《天祚皇帝》記載,遼軍對女真用兵兩戰不利,天祚帝打破漢人不預軍政的慣例,召宰相張琳、吳庸統帥漢軍出征,而"張琳等碌碌儒生,非經濟才,統帥無法"[1]。據此,張琳應是進士出身的士大夫。

要之,遼道宗時期,漢族士大夫成爲南面官宰輔的主要來源,是南面州縣、宮衛事務的主要決策者和管理者,並且他們更多地參與北面部族、宮衛之行政、民政事務的管理。上表36位漢人中,楊皙、姚景禧、趙徽、劉霂、張孝傑、王棠、王績、楊遵勗、竇景庸、王經、趙廷睦等11人曾在遼道宗時期擔任過北面官的南府宰相或北府宰相(張琳於天祚帝乾統初也曾任南府宰相),劉(耶律)霂甚至擔任過北院樞密使;除劉霂、王績、王經出身待考外,其他8人都是進士出身。聖宗、興宗時期,也有漢族、渤海族官員出任南府宰相或北府宰相者,但人數十分有限,而且多出自世家大族。如韓延徽在遼世宗時期,室昉(進士)在景宗、聖宗時期,韓德讓、邢抱質、劉慎行、大康乂(渤海人)在聖宗時期,杜防(進士)、韓知白在興宗時期[2]。僅道宗時期就達11人之多,而且主要是進士出身的士大夫,確實反映了當時漢族士大夫官僚的政治地位達到一個新的高度。

據遼興宗時期多次出使遼廷的宋人余靖記述:"其漢宰相必兼樞密使乃得預聞機事……漢官參知政事帶使相者乃得坐穹廬中。"[3]所謂"預聞機事"、"坐

---

[1]《契丹國志》卷一九,103頁。
[2] 參見《遼史》卷七四《韓延徽傳》(1231頁),卷七九《室昉傳》(1271頁),卷八二《耶律隆運傳》(1290頁),卷八六《劉六符傳》(1323頁)、《杜防傳》(1326頁),卷八八《大康乂傳》(1347頁)。邢抱質見《遼史》卷一五《聖宗本紀六》(169頁)、韓知白見卷二〇《興宗本紀三》(242頁)。
[3] 余靖《武溪集》卷一八《契丹官儀》,《儒藏·宋集珍本叢刊》,綫裝書局,2004年,第3冊,305頁。

穹廬中"都是指參加御前會議,對涉及軍政、民政、人事、司法的重要事項進行討論,並作出決策。御前會議形成的決定,交由兩樞密院、北、南宰相府、中書省執行。南樞密院的長貳官可以參加御前會議,作爲南樞密院輔助機構的中書省,遼興宗時期其長貳官必須帶樞密銜,或帶同中書門下平章事即使相階秩,纔有資格參加御前會議。上表中書省宰相的除授很少見諸記載(聖宗、興宗時期也是如此)。事實上,遼聖宗以後,中書省宰相一般都帶樞密銜(參見下文),多數參知政事也帶樞密銜(參見上表)。如楊晳,咸雍初拜樞密使,"給宰相、樞密使兩廳傔從"[1],說明他兼任宰相。當時中書省的主要官員多出於漢族士大夫,可以"預聞機事",也是漢族士大夫政治地位提高的表現。

三

　　清寧末年的耶律重元叛亂事件,是契丹皇族和后族内部爭權奪利的鬥爭。類似的鬥爭,自契丹建國以後,時有發生,但激烈的軍事對抗主要發生在遼景宗以前。這與契丹世選可汗的傳統、皇位繼承制不健全以及契丹貴族握有重兵有關係。遼景宗以後,確立了皇位嫡長子繼承制,對皇權的爭奪有所减弱,而后族國舅帳不同支系、不同家族之間爭奪后位的鬥爭轉趨激烈。重元叛亂主要是皇族内部爭奪皇權的鬥爭,摻和有后族之間的矛盾。這場鬥爭對遼朝後期的政治走向產生深刻影響。平定重元叛亂後,遼道宗採取措施加強皇權,削弱契丹貴族的軍事、政治權力。參與叛亂的契丹貴族遭到清洗,家人受到懲處[2]。道宗重用契丹平民出身的耶律乙辛,外放皇族重臣耶律仁先[3]。早在清寧初,道宗聽信北院樞密使蕭革的讒言"阿剌恃寵,有慢上心,非臣子禮"[4],草率地處死后族重臣、東京留守蕭阿剌。很可能道宗即位後就著手加強皇權,削弱契丹貴族的權力,從而招致部分契丹貴族的不滿,被皇叔重元父子利用發動叛亂。平叛後,道宗推行文治政策,借助儒家思想強化忠君觀念,鞏固皇權至上、中央集權的體制。在平叛過程中,漢族士大夫官僚,如北府宰相姚景禧、南府宰相楊晳,表現忠勇,受到道宗的褒獎[5]。他們堅定地站在遼道宗一邊,維護皇權,贏

---

[1]《遼史》卷八九《楊晳傳》,1351頁。
[2] 如《義和仁壽皇太叔祖妃蕭氏墓誌》記載:"至清寧末,元惡啓釁,禍連威里。"《續編》,275頁。
[3]《遼史》卷九六《耶律仁先傳》,1397頁。
[4]《遼史》卷一一三《蕭革傳》,1511頁。參見卷九〇《蕭阿剌傳》,1355頁。
[5]《遼史》卷九六《姚景行傳》、卷九七《楊績傳》,1403、1410頁。

得了道宗的信任。在此背景下,漢族士大夫官僚隊伍得以壯大,政治地位提升,成爲南面官的主幹成分,並更多地參與中樞決策和北面部族事務的管理。世家大族官僚和軍功地主(牧主)官僚的地位則相對下降。當然,遼後期漢族士大夫官僚政治地位提高的根本原因還在於現實政治的需要,是實行文治的需要,特別是籠絡經濟文化最發達的南京、西京地區地主階級、緩和民族矛盾、擴大統治基礎、維持遼朝國祚久長的需要。

契丹平民家庭出身的耶律乙辛在平定重元叛亂中建立了功勳。他善於迎合上意,利用遼道宗對契丹貴族的失望、不滿和不信任心理,贏得寵信。他結黨專權,排斥異己,蒙蔽皇帝。咸雍末大康初,構陷受到契丹貴族擁戴的皇太子及皇后,製造冤獄。契丹貴族的勢力再受重創[1]。在這場政治鬥爭中,少數漢族士大夫官僚成爲耶律乙辛的死黨,如張孝傑[2];一部分人曲意奉承,苟且上進,甚至助紂爲虐,如李仲禧[3];大多數人採取緘默保身的態度[4];只有少數人敢於直言進諫,公然反對耶律乙辛和張孝傑集團,如梁穎、梁援、劉伸[5]。總之,大多數漢族士大夫官僚在耶律乙辛專權、誣害皇后和太子的過程中,採取了明哲保身的態度。這不符合儒家捨生取義的思想,但卻免於捲入風雲詭譎的政治漩渦。耶律乙辛對敢於直言的梁穎等竟也沒有採取清算手段。

耶律乙辛膨脹的"相權"對皇權構成威脅,招致覆滅。漢族士大夫保存了政治力量。耶律乙辛集團的核心成員被清算以後,漢族士大夫官僚的政治地位是有所提高的。梁穎、賈師訓、王師儒、梁援就是遼道宗朝後期漢族士大夫官僚的代表人物。

梁穎,南京涿州范陽縣人,興宗重熙二十四年進士,道宗清寧六年入職樞密院書令史,當時楊皙、姚景禧"連衡秉政",對他稱譽有加。"自初隸樞庭,經十四年十三遷而爲副都承旨,由昭文館直學士提點大理寺,遂爲樞密直學士,又四遷爲樞密副使。"當時正值耶律乙辛、張孝傑當政時期,"引置邪佞,譴逐賢士大

---

[1] 王善軍《耶律乙辛集團與遼朝後期的政治格局》(《學術月刊》2008年第2期,132—139頁)認爲:耶律乙辛集團的核心是出身於社會中下層的高級官僚,太子集團基本上代表了傳統世家大族(貴族)的政治利益。在遼後期的政治格局中,世家大族(貴族)的政治地位已不再像從前那樣穩固,勢力有所削弱,新興官僚勢力已具有不容忽視的政治地位。所論誠是。限於討論的主題,除張孝傑外,該文基本沒有論及士大夫在這場鬥爭中的不同態度,也沒有討論鬥爭對士大夫政治力量的影響。
[2] 《遼史》卷一一〇《張孝傑傳》,1486—1487頁。
[3] 《遼史》卷九八《耶律儼傳》,1415頁。
[4] 如《遼史》卷九六《蕭惟信傳》載:"樞密使耶律乙辛僭廢太子,中外知其冤,無敢言者,惟信數廷爭。"1401頁。《遼史》卷九八《蕭兀納傳》記載,太子被害後,耶律乙辛舍皇孫耶律延禧不立,而謀立皇侄耶律淳爲儲嗣,"群臣莫敢言",只有蕭兀納和蕭陶隗主張立耶律延禧。1413頁。
[5] 見《梁穎墓誌銘》,《文史》2011年第1期,179頁;《梁援墓誌銘》,《文編》,521頁;《遼史》卷九八《劉伸傳》,1417頁。

夫",梁穎屬於少數敢於同他們"爭曲直"的大臣。大康六年(1080),張孝傑被罷免相職後,梁穎遂拜"門下侍郎、同中書門下平章事、知樞密院事、監修國史"〔1〕。梁穎任宰相和知院事五年,其間耶律(李)仲禧、劉筠、蕭撻不也(兀納)相繼任南院樞密使即南面官最高長官,他的省、院宰執同僚,可考的有王績、王言敷、邢熙年、王經、杜公謂等(參見上表)。

賈師訓,中京遼濱縣人,道宗咸雍二年(1066)進士〔2〕,歷任秘書省著作佐郎、恩州軍事判官、東京麯院使、兩任縣令、大理寺丞、中京留守推官、樞密院掾史(令史)、大理寺正、同知永州軍州事、樞密都承旨、樞密直學士,於大安二年(1086)授樞密副使,五年拜參知政事兼同知樞密院事,稍後進拜中書侍郎、平章事,壽昌初出任中京留守。賈師訓有吏能,尤其長於司法,在宰相任上,"威令大行,豪黨惴懼,老奸宿盜,不待擊逐而逸他境。未幾,政聲流聞"〔3〕。

王師儒,南京涿州范陽縣人,道宗咸雍二年(1066)進士〔4〕,歷仕州縣,入充樞密院令史,轉任直史館、應奉閣下文字、史館修撰,遷知尚書吏部銓、中書堂後官,以儒學才華爲皇太孫梁王伴讀,授知制誥、翰林侍讀學士、翰林學士、翰林學士承旨,大安八年授樞密副使,十年拜參知政事、簽樞密院事,壽昌(1095—1100)初,超拜同中書門下平章事(使相),授樞密副使、簽中書省事。六年,因爲中書省致宋朝的國書中出現疏誤,與門下相鄭顓、中書相韓資讓同日被罷免。《王師儒墓誌銘》記載,師儒深受道宗寵愛,"每豫遊閑,逢宴會,入宿閣夜飲,召親信者侍坐,則公必與焉"〔5〕。

梁援,出身宫分人官宦家庭,道宗清寧五年(1059)狀元及第,釋褐授直史館,遷史館修撰、應奉閣下文字、知制誥,轉遷樞密院兵刑房承旨、吏房承旨、提點大理寺,大康中超拜翰林學士,冒死彈劾耶律乙辛。出任懿州寧昌軍節度使、東京户部使、祖州天成軍節度使,大康十年,再授翰林學士。大安、壽昌間,歷任諸行宫副部署、興中府尹、諸行宫都部署、上京留守、知宣徽院事、奉聖州武定軍節度使、判平州遼興軍節度使事。壽昌六年(1100)夏,拜樞密副使、簽中書省事,同年冬,授中書侍郎、同中書門下平章事、監修國史、知樞密院事。天祚帝即

---

〔1〕《梁穎墓誌銘》,楊衛東《遼朝梁穎墓誌銘考釋》,《文史》2011年第1期,180頁。
〔2〕據《賈師訓墓誌銘》,墓主卒於壽昌二年(1096),享年65歲,35歲中進士,正是咸雍二年榜進士。《文編》,477—480頁;《遼史》卷二二《道宗本紀二》咸雍二年末,266頁。
〔3〕《賈師訓墓誌銘》,《文編》,477—480頁。大安二年授參知政事兼同知樞密院事,見《遼史》卷二五《道宗本紀五》大安五年六月,298頁。《墓誌銘》書授參知政事而"失載"兼同知樞密院事;載拜中書侍郎、平章事而不記知樞密院事。可能正是因爲中書省宰相、參知政事兼樞密職在當時是一種慣例,《墓誌銘》纔没有記録。
〔4〕據《王師儒墓誌銘》,墓主卒於乾統元年(1101),享年62歲,26歲中進士,應是咸雍二年榜進士。
〔5〕《王師儒墓誌銘》,《文編》,645—647頁。

位後,以營造山陵功,"詔免本屬之宫籍,移隸於中都大定縣,敕格餘人不以爲例,示特寵也"[1]。

遼天祚帝即位後,内憂外患接踵而至。統治集團的腐化墮落加深,内部鬥爭繼續升級,農民起義此起彼伏,女真爆發反抗鬥爭,遼朝的統治面臨空前的危機。軍政事務陡然加重,士大夫的地位有所下降。加之契丹統治集團對他們採取防範、不信任態度,注定他們在遼末亂世中無所建樹。隨著遼朝的覆滅,漢族士大夫的命運也陷入沉淪。

---

[1]《梁援墓誌銘》,《文編》,519—522 頁。

遼漢交惡辨

——兼論《九國志·東漢世家》之史料價值

林 鵠

　　五代中的後漢王朝滅亡後,後漢宗室劉崇以太原爲都,在山西建立了北漢政權。北漢雖然國小力弱,但與五代時的其他割據政權不同,對後周時期及北宋初年的北中國政局有重要影響。在宋太祖先南後北的策略中,北漢是最後考慮削平的割據政權。甚至趙匡胤本人,也未能親眼看到這一目標的達成。直到宋太宗太平興國四年(979),大宋王朝建立近二十年後,北漢方告滅亡,山西纔最終納入宋朝的版圖。究其所以,關鍵在於北漢與契丹的特殊關係,遼朝一直保護著生存在夾縫中的北漢政權。不過,吊詭的是,文獻中又出現過遼漢交惡的記載。本文分别對遼漢交好及不和的記載作了全面梳理分析,發現交惡說均源自並不可信的《九國志·東漢世家》。

一

　　公元951年,後周代漢,劉崇遂於太原稱帝,史稱北漢,亦曰東漢。遼漢結盟,共圖後周。是年九月,遼世宗遇弑,穆宗耶律璟即位。不過,皇位更替並没有影響遼漢關係。按《遼史·穆宗紀》,應曆元年(951)十一月,"漢、周、南唐各遣使來弔";十二月,"漢遣使獻弓矢、鞍馬";二年六月,"漢爲周所侵,遣使求援,命中臺省右相高模翰赴之";十月,"漢遣使進葡萄酒";十二月,"高模翰及漢兵圍晉州";三年閏正月,"漢以高模翰卻周軍,遣使來謝";三月,"漢遣使進球衣及馬";五月,"漢遣使言石晉樹先帝《聖德神功碑》爲周人所毁,請再刻,許之";八月,"漢遣使求援";四年二月,"周攻漢,命政事令耶律敵禄援之";五月乙亥,"忻、代二州叛漢,遣南院大王撻烈助敵禄討之";丁酉,"撻烈敗周將符彦卿於忻口"[1]。

周宋易代後,契丹同樣積極援助北漢,以應對宋人。按《穆宗紀》,應曆十年(960)六月,"漢以宋兵圍石州來告,遣大同軍節度使阿剌率四部往援,詔蕭思温以三部兵助之";十三年七月,"漢以宋侵來告"[2]。《遼史》未載應曆十三年(963)遼朝對北漢求援作出的反應,但據中原文獻,穆宗同樣出師相助。《續資治通鑑長編》(下簡稱"《長編》")載:"(八月)丁亥,王全斌言,復與郭進、曹彬等帥師攻北漢樂平縣,降其拱衛指揮使王超等及所部兵一千八百人。北漢侍衛都指揮使蔚進、馬軍都指揮使郝貴超等悉蕃漢兵來救,三戰,皆敗之,遂下樂平,即建爲樂平軍。"[3]《太平治跡統類》則曰:"北漢都指揮使蔚進、郝貴超與契丹悉兵入寇,又擊走之。"[4]知前所謂蕃兵即契丹。《長編》又云:"是(九)月,北漢主誘契丹兵攻平晉軍,命洺州防禦使郭進、濮州防禦使張彦進、客省使曹彬、趙州刺史陳萬通領步騎萬餘往救之,未至一舍,北漢引兵去。"[5]

應曆十四年(964)正月,"漢以宋將來襲,馳告";二月壬子,"詔西南面招討使撻烈進兵援漢";壬申,"漢以敗宋兵石州來告";四月,"漢以擊退宋軍,遣使來謝"[6]。《長編》云:"是月(正月),昭義節度使李繼勳、兵馬鈐轄康延沼、馬步軍都軍頭尹勳等帥步騎萬餘攻遼州……刺史杜延韜危蹙……籍部下兵三千人舉城來降……北漢尋誘契丹步騎六萬入侵,繼勳復與彰德節度使羅彦瓌、西山巡檢使郭進、内客省使曹彬等領六萬衆赴之,大破契丹及北漢軍於遼州城下。"[7]據《宋史·太祖紀》,杜延韜降事在二月戊申朔[8],則"契丹步騎六萬"當即撻烈援兵。

又按《遼史·穆宗紀》,應曆十六年(966)八月,"漢遣使貢金器、鎧甲";十月,"漢主有母喪,遣使賻弔";十二月,"漢遣使來貢";十八年七月辛丑,"漢主承

---

[1]《遼史》卷六《穆宗紀上》,中華書局,1974年,69—72頁。
[2]《遼史》卷六《穆宗紀上》,76、78頁。
[3]《續資治通鑑長編》(下簡稱"《長編》")卷四,太祖乾德元年八月丁亥條,中華書局,2004年,103頁。
[4]《太平治跡統類》卷二"太祖太宗親征北漢"條,《景印文淵閣四庫全書》第408册,臺灣商務印書館,1986年,51頁。《統類》誤繫此事於建隆三年(即遼應曆十二年)四月。
[5]《長編》卷四,太祖乾德元年九月,106頁。
[6]《遼史》卷七《穆宗紀下》,81頁。
[7]《長編》卷五,太祖乾德二年正月,121頁。另參《宋史》卷二五四《李繼勳傳》,中華書局,1977年,8893頁。
[8]《宋史》卷一《太祖紀一》,217頁。

鈞殂,子繼元立,來告,遣使弔祭"[1]。《新五代史》載:"承鈞卒,繼恩告哀於契丹而後立。"[2]《長編》亦曰:"繼恩遣使告終稱嗣於契丹,契丹許之,然後即位。"[3]

君位更迭,正是可乘之機,宋人遂出師討漢,但遼朝早有準備。據《穆宗紀》,是年九月,"知宋欲襲河東,諭西南面都統、南院大王撻烈豫爲之備";十月,"宋圍太原,詔撻烈爲兵馬總管,發諸道兵救之"[4]。《長編》載:"繼元始立,王師已入其境,乃急遣使上表契丹,且請兵爲援……是月(十一月),契丹以兵來援北漢,李繼勳等皆引歸,北漢因入侵,大掠晉、絳二州之境。"[5]《遼史·耶律撻烈傳》云:"既出雁門,宋諜知而退。"[6]與《長編》合。

應曆十九年(969)二月甲寅,"漢劉繼元嗣立,遣使乞封册";辛酉,"遣韓知範册爲皇帝";甲子,"漢遣使進白麂"[7]。當月,趙匡胤親征北漢。《長編》載:"彰德節度使韓重贇來朝,上謂之曰:'契丹知我是行,必率衆來援。彼意鎮、定無備,將由此路入。卿可爲朕領兵倍道兼行,出其不意破之。'"[8]宋太祖的話,正説明遼漢同盟之穩固。不過,宋師尚未出境,遼穆宗已於是年二月死於肘腋之變,景宗耶律賢繼位。

但這次皇位更替也没有影響遼漢關係。保寧元年(969)三月,趙匡胤親至太原,率軍圍攻北漢都城。四月,契丹分道援漢。《長編》載:"初,棣州防禦使何繼筠爲石嶺關部署,屯於陽曲。上聞契丹分道來援北漢,其一自石嶺關入,乃驛召繼筠詣行在所,授以方略,並給精騎數千,使往拒之。……戰於陽曲縣北,大敗契丹,擒其武州刺史王彦符,斬首千餘級,獲生口百餘人,馬七百餘匹,鎧甲甚衆。……北漢陰恃契丹,城久不下,上乃以所獻鎧甲、首級示之,城中人奪氣。"李燾注曰:"《孔守正傳》云:'上征太原,守正隸前鋒何繼筠麾下,會契丹南大王沙相公來援,守正接戰於石嶺關,契丹敗退,奔過關北,斬首萬餘級,獲僞排陣使王破得,太祖壯之,召令從駕。'按守正從繼筠破敵,當是此役也。其斬獲數皆不同,疑必有一誤,今但從繼筠本傳。"[9]此役不見《遼史》。所謂"南大王沙相

---

[1]《遼史》卷七《穆宗紀下》,84、86頁。按是年七月劉繼恩即位,九月爲侯霸所殺,繼元方立。《遼史》七月作"繼元",誤。
[2]《新五代史》卷七〇《東漢世家》,中華書局,1974年,869頁。
[3]《長編》卷九,太祖開寶元年七月,206頁。
[4]《遼史》卷七《穆宗紀下》,86頁。
[5]《長編》卷九,太祖開寶元年九月、十一月,208、212頁。
[6]《遼史》卷七七《耶律撻烈傳》,1262頁。
[7]《遼史》卷七《穆宗紀下》,87頁。
[8]《長編》卷一〇,太祖開寶二年二月,217頁。
[9]《長編》卷一〇,太祖開寶二年四月,220—221頁。

公",當即南府宰相耶律沙。

《長編》又云:"(五月,契丹)分道由定州來援,韓重贇陣於嘉山以待之。契丹見旗幟,大駭,欲遁去。重贇急擊之,大破其衆,獲馬數百匹。"注引《李漢超傳》曰:"太祖親征太原,漢超爲北面行營都監,其子守恩從在軍中,會契丹遣兵來援,衆至定州西嘉山,將入土門,守恩領牙兵數千與戰,敗之,斬首三千級,獲戰馬器甲甚衆,擒首領二十七人。"[1]

在契丹援漢的同時,北漢亦遣使賀景宗即位[2]。遼朝並未因援兵失利而放棄北漢。是年閏五月,"(契丹)復遣兵來援"[3]。由於太原久攻不下,又天會暑雨,宋軍染疾,且外有強援,薛化光建策言:"今河東**外有契丹之助**,内有人户賦輸,竊恐歲月間未能下,宜於太原北石嶺山及河北界西山東靜陽村、樂平鎮、黄澤關、百井社各建城寨,**扼契丹援兵**……如此,不數年間,自可平定。"[4]因此,宋太祖決定班師。

而契丹又一撥援軍亦於六月到來。《長編》云:"契丹遣其將南大王來援,屯於太原城下,劉繼業言於北漢主曰:'契丹貪利棄信,他日必破吾國。今救兵驕而無備,願襲取之,獲馬數萬,因籍河東之地以歸中國,使晉人免於塗炭,陛下長享貴寵,不亦可乎?'北漢主不從。南大王數日北還,贈遺甚厚。"[5]

保寧二年(970)十二月,"漢遣使來貢";三年六月,"漢遣使問起居,**自是繼月而至**";十月,"漢遣使來貢";四年二月,"漢以皇子生,遣使來賀";五年正月,"漢遣使來貢";六月,"漢遣人以宋事來告";十二月,"漢將改元,遣使稟命"[6]。顯然,無論是耶律賢還是劉繼元,都著意維持遼漢同盟,並無任何破裂跡象。

二

蹊蹺的是,文獻中又多處記載遼漢不和。其一,《新五代史·東漢世家》云:"自旻世凡舉事必稟契丹,而承鈞之立多略。契丹遣使者責承鈞改元、援李筠、殺段常不以告,承鈞惶恐謝罪。使者至契丹輒見留,承鈞奉之愈謹,而契丹待承

---

[1]《長編》卷一〇,太祖開寶二年四月,221—222頁。
[2]《遼史》卷八《景宗紀上》,90頁。
[3]《長編》卷一〇,太祖開寶二年閏五月,224頁。
[4]《長編》卷一〇,太祖開寶二年閏五月己未,225頁。
[5]《長編》卷一〇,太祖開寶二年六月,228頁。
[6]《遼史》卷八《景宗紀上》,91—93頁。

鈞益薄。承鈞自李筠敗而失契丹之援,無復南侵之意。地狹產薄,以歲輸契丹,故國用日削,乃拜五臺山僧繼顒爲鴻臚卿。繼顒,故燕王劉守光之子,……即其冶建寶興軍。"[1]

《長編》乾德元年(遼應曆十三年)閏十二月亦曰:"初,北漢主嗣位,所以事契丹者多略,不如世祖時每事必稟之。於是,契丹遣使持書來責,其略曰:'爾先人窮來歸我,我先兄天授皇帝待以骨肉。洎余繼統,益修前好。爾父即世,我用命爾即位匱前,丹青之約,我無所負。爾父據有汾州七年,止稱乾祐,爾不遵先志,輒肆改更。李筠包藏禍心,舍大就小,無所顧慮,姑爲覬覦,軒然舉兵,曾不我告。段常爾父故吏,本無大惡,一旦誣害,誅及妻子,婦言是聽,非爾而誰？我務敦大義,曲容瑕垢,父子之道,所不忍渝。爾宜率德改行,無自貽伊戚也。'北漢主得書恐懼,遣使重幣往謝,契丹執其使不報。北漢主再遣使修貢,契丹又執其使不報。北漢地狹產薄,又歲輸契丹,故國用日削,乃拜五台僧繼顒爲鴻臚卿。繼顒,故燕王劉守光之子,……因即其冶建寶興軍。"[2]

兩書似出同源,《長編》可能更接近原出處,《歐史》則將前半部分壓縮改寫。

其二,《長編》乾德二年(964)末記曰:"北漢主四遣使詣契丹賀正旦、生辰、端午,契丹皆執其使不報。"李燾注云:"此據《九國志》。然諸書多言北漢引契丹兵入侵平晉軍,遼州之役,契丹兵皆在焉。而遣使修好,輒被執,豈雖執其使,猶借其兵乎？當考。"[3]

其三,《長編》乾德三年(965)末云:"是歲,北漢主遣駙馬都尉白升奉表謝過於契丹,具請釋遣前使,契丹不報,又遣其子繼文及宣徽使李光美往,亦被執。自是文武內外官屬悉以北使爲懼,而抱負才氣不容於權要者,乃多爲行人矣。"[4]

其四,《長編》開寶三年(遼保寧二年)載:"北漢主遣使持禮幣賀契丹主,樞密使高勳言於契丹主曰:'我與晉陽,父子之國也。歲嘗遣使來觀,非其大臣,即其子弟。先君以一怒而盡拘其使,甚無謂也。今嗣主新立,左右皆非舊人,國有憂患,寧不我怨？宜以此時盡歸其使。'契丹主曰:'善。'乃悉索北漢使者前後凡十六人,厚其禮而歸之。即命李弼爲樞密使,劉繼文爲保義節度使,詔北漢主委任之。繼文等久駐契丹,復受其命,歸秉國政,左右皆譖毀之。未幾,繼文爲代

---

[1]《新五代史》卷七〇《東漢世家》,868頁。
[2]《長編》卷四,太祖乾德元年閏十二月,113—114頁。
[3]《長編》卷五,太祖乾德二年末,140頁。
[4]《長編》卷六,太祖乾德三年,161頁。

州刺史,弼爲憲州刺史。契丹主聞之,下詔責北漢主曰:'朕以爾國連喪二主,僻處一隅,期於再安,必資共治。繼文爾之令弟,李弼爾之舊臣,一則有同氣之親,一則有耆年之故,遂行並命,俾效純誠,庶幾輯寧,保成歡好。而席未遑暖,身已棄捐,將順之心,於我何有!'北漢主得書恐懼,且疑繼文報契丹,乃密遣使按責繼文,繼文以憂懼死。"[1]

以上第二則記載,李燾明確説源自《九國志》,而第四則可證實亦出自《九國志》。《長編》李燾注提道:"《郭守文傳》又云:'劉繼元弟繼文據代州,依契丹以拒命,守文討平之。'按《九國志》則繼文前死矣,此蓋守文墓誌所載,《國史》因之。"[2]所謂"按《九國志》則繼文前死矣",證明《九國志》正是上引開寶三年記載之來源。

《九國志》乃宋真宗朝路振所撰,由《世家》《列傳》兩種體裁構成。其書久佚,清邵晉涵自《永樂大典》中輯出一百多篇列傳,然《世家》仍付缺如。《長編》徵引此書頗多,據統計,太祖朝(卷一至一七)直接注明取自《九國志》的共四十處,太宗朝卷二〇共三處[3]。上引四則記載,内容通貫,疑均出自《九國志》之《東漢世家》。

但這一系列記載,疑點不少。首先,第一則所謂援李筠不以告,核以《遼史》,係不實之語。《穆宗紀》明明白白記載,應曆十年五月,"漢以潞州歸附來告";七月,"潞州復叛,漢使來告"[4]。

其次,李燾對第二則已表示懷疑。他所謂入侵平晉軍、遼州之役,即上引應曆十三、十四年事。事實上,除了李燾指出的這兩次契丹出兵助漢,上文已經指出,應曆十年契丹亦援石州,十三年又援樂平。因此,李燾的懷疑頗有道理。

又次,第三則劉繼文事亦不確。據乾亨三年(981)《劉繼文墓誌》,繼文非承鈞子,乃其姪,其兄承贇之子。繼文使遼事在應曆十二年(962),亦非《長編》所謂乾德三年(遼應曆十五年)。他留居遼國的原因,《墓誌》則謂係"質而未還"[5]。

最後,第四則也有疑點。其一,《遼史·宋王喜隱傳》載:"(喜隱)見上(景宗)與劉繼元書,辭意卑遜,諫曰:'本朝於漢爲祖,書旨如此,恐虧國體。'帝尋改

---

[1] 《長編》卷一一,太祖開寶三年正月,241頁。
[2] 《長編》卷二〇,太宗太平興國四年五月甲申條李燾注,452頁。
[3] 裴汝誠、許沛藻《續資治通鑑長編考略》,中華書局,1985年,41、45頁。
[4] 《遼史》卷六《穆宗紀上》,76頁。
[5] 向南編注《遼代石刻文編》,河北教育出版社,1995年,72頁。

之。"[1]究竟如何卑遜,已不得其詳。不過可想而知,景宗刻意籠絡北漢,恐怕不會因劉繼文而冒與北漢決裂的風險。其二,劉繼文並未因漢主譴責憂懼致死。按《遼史·景宗紀》,乾亨元年(979)五月,大宋滅漢之役,劉繼文奔遼[2]。據《劉繼文墓誌》,劉氏没於契丹[3]。

總而言之,遼穆景二朝所謂遼漢不和之記載似均出《九國志》一源,别無它證,且疑點重重,恐難據信。按宋人對《九國志》評價頗高,如《郡齋讀書志》卷七"《十國紀年》"條云:"温公又題其後,云:世稱路氏《九國志》在五代史之中最佳,此書又過之。"[4]但這一評價,恐怕並不適用於《東漢世家》。

在討論北漢主劉崇所卒年月時,《資治通鑑考異》曰:"**河東劉氏有國,全無記録**,惟其舊臣中書舍人、直翰林院王保衡歸朝後所纂《晉陽僞署見聞要録》云……右諫議大夫楊夢申奉敕撰《大漢都統追封定王劉繼顒神道碑》云……諸書皆傳聞相因,前後相戾,惟《晉陽見聞録》、《劉繼顒碑》,歲月最可考正,故以爲據。"[5]

據此可知,北漢歷史,由於没有留下官方文獻,在北宋中期就已經成爲難題。《九國志》出現錯誤,完全可以理解。

本文係國家社科基金重大項目"《宋會要》的復原、校勘與研究"(項目批准號:14ZDB033)階段性成果。

---

[1]《遼史》卷七二《宋王喜隱傳》,1214頁。
[2]《遼史》卷九《景宗紀下》,101頁。
[3]《遼代石刻文編》,73頁。
[4]晁公武撰,孫猛校證《郡齋讀書志校證》,上海古籍出版社,2011年,278頁。
[5]《資治通鑑》卷二九二,後周太祖顯德元年十一月"北漢主疾病"條《考異》,中華書局,1956年,9520頁。

點校本《舊聞證誤》衍文發覆及其他

康 鵬

一

中華書局1981年出版的唐宋史料筆記《舊聞證誤》卷二末尾，有一段四十餘字的衍文，大象出版社2013年版《全宋筆記》第六編第八册所收《舊聞證誤》亦有此誤，兹逐録於下：

> 《遼史·國語解》，遼制，宰相凡除拜，行頭子堂帖權差，俟再取旨，出給告敕，故官有知頭子事。（出《陰山雜録》。脱心傳按語。）

《舊聞證誤》係南宋史家李心傳所作，原書十五卷，明時亡佚，清四庫館臣自《永樂大典》裒輯百餘條，重新釐定爲四卷。蜀人李調元旋即將新輯本收入《函海》叢書，刊行於世。此後諸家多以《函海》本爲基礎，重新校訂刊印，較爲著名者有張丙炎《榕園叢書》本、繆荃孫《藕香零拾》本。由於繆氏校勘精審，復從錢塘丁氏影宋本殘卷輯出三十條，另爲《補遺》一卷。故中華書局點校本即以《藕香零拾》本爲底本，參以《函海》本和《榕園叢書》本；《全宋筆記》本亦以《藕香零拾》本爲底本，參校《四庫全書》本、《函海》本、《榕園叢書》本。除去《四庫全書》本，以上諸本皆收有"《遼史·國語解》"條。

然而問題在於，李心傳乃南宋時人，卒於宋理宗淳祐三年(1243)。而《遼史》成書於元至正四年(1344)，《國語解》乃元代史臣新纂，此前並無名《遼史·

國語解》者。心傳之作與《遼史》成書時間相差逾百年,《舊聞證誤》原書顯然不可能收錄《遼史·國語解》的內容,故輯本該條必爲衍文無疑。今檢文淵閣、文津閣《四庫全書》本《舊聞證誤》[1],均無是條。大概是因爲四庫館臣在檢核過程中,發現了這一訛誤,隨即刪去。而早先傳播於外的輯本,則因仍舊誤,廣爲流傳。那麽,最初的輯本爲何會誤收此條衍文呢?

《舊聞證誤》卷二"《遼史·國語解》"條的上一條謂:

> 孫叔易言,嘗見監朱僎鎮使臣云:"少日作吴沖卿丞相直省官,親見元豐中郭逵討交阯,以重兵厭富良江,與交人止一水隔。沖卿忌其成功,堂帖令班師。逵逗遛不進,交人大入,全軍皆覆。逵坐貶秩。僎儲沖卿孫也,大觀中以左道伏誅,蓋天報之"云。(出王明清《揮麈後錄》)按《國史》,郭仲通以南伐得罪,詔獄窮治,後得丞相書云:"安南事宜,以經久,省便爲佳。"時丞相已病,由是憂畏而薨,未嘗下堂帖也。蓋沖卿本意不欲取交州地,爲得之不足守而勤供費耳。使仲通成功,丞相必受上賞,又何忌邪? 况班師大事,不得旨而下堂帖,丞相且獲罪不輕。詳見心傳所著《建炎以來繫年要錄》。

據此可知,"孫叔易言"條與"《遼史·國語解》"條所言皆與"堂帖"有關。是故,筆者推測這兩條很有可能均輯自《永樂大典》之"堂帖"事目,且二者前後相承[2]。四庫館臣在蒐輯時,誤以首尾相繼的兩條爲一,遂將"《遼史·國語解》"條一併抄入《舊聞證誤》。《函海》本據以刊行的早期輯本,當即如此,故《函海》本"《遼史·國語解》"條並未另起一段,而是繫於"孫叔易言"條内。後人重新付梓,方纔分作兩條。行文至此,《舊聞證誤》衍文之原委,已昭然明矣。

又,《舊聞證誤》"《遼史·國語解》"條"俟再取旨"之"旨"字,原誤作"二日",中華本及《全宋筆記》本均據《遼史》卷一一六《國語解》改正。然百衲本、明抄本、南監本、北監本、乾隆四年殿本《遼史》及《永樂大典》卷五二五二引《遼史·國語解》皆作"二日"。中華書局在校點《遼史》時,方纔據《遼史·營衛志》改"二日"爲"旨",並出校説明。故兩種點校本《舊聞證誤》據《遼史》之《國語解》改字,亦有不妥之處。至於諸本皆誤"旨"爲"二日",蓋因"旨"之俗字有"言"這一寫法[3],而"言"極易被誤認作"二日",遂有此誤。

---

[1] 因本文所引條目之文淵閣、文津閣《四庫全書》本文字皆同,故下文將兩閣本合稱爲《四庫》本。
[2] 據《連筠簃叢書》本《永樂大典目錄》卷一六,"堂帖"當收入卷二二八五二或二二八五三"帖"字韻之"事韻"下,惜此兩卷今已亡佚,無從考核。參見《永樂大典》第10册,中華書局,1986年影印本,718頁。
[3] 參見《新加九經字樣》匕部,《後知不足齋叢書》本,葉19a、《宋本廣韻》卷三上聲·五旨,中國書店,1982年影印本,227頁。

二

　　清人纂修《四庫全書》時,曾大肆刪削、竄改諸書中事關夷狄、胡虜等違礙文字,故遼金元史界對《四庫》本的重視程度遠不如其他版本。近年李偉國、尹小林先生以廿四史爲例,揭示四庫本在校勘上特有之價值,足應引起時人對於《四庫》本之重視[1]。就輯本《舊聞證誤》而言,因其原係四庫館臣所輯,故而在校勘上,或以《四庫》本爲底本,參以影宋本殘卷爲佳。除去上文所言"《遼史·國語解》"之衍文條,另有數條可證《四庫》本爲優,特臚列如下:

1. 《舊聞證誤》卷二"熙寧六年,北人遣蕭禧來議地界事"條謂八年三月己酉,"又遣内侍李舜舉諭以長連城、六蕃嶺許之"。"長連城",《函海》諸本皆誤作"長城連",惟《四庫》本作"長連城"。

2. 《舊聞證誤》卷二"熙寧中王和甫尹開封"條稱"上遣内侍馮宗道監鞫,斬永祚於市"。"馮宗道",《藕香零拾》本、《四庫》本作"馮宗道",《函海》本、《榕園叢書》本作"陳宗道"。中華點校本、《全宋筆記》本皆出異同校,未下斷語。按,此事亦見於《續資治通鑑長編》卷三二五元豐五年四月壬子條小注,内容雖與《舊聞證誤》略有出入,然内侍爲"馮宗道"殆無疑異。此外,熙豐時期之"内侍馮宗道"在宋代史籍中屢見不一見,故知《四庫》本之"馮宗道"無誤。

3. 《舊聞證誤》卷三"按孟富文以辛亥九月"條之"後五日,富文即除參知政事"。"富文"二字,《函海》諸本皆誤作"宣文",唯《四庫》本作"富文"。

4. 《舊聞證誤》卷四"紹興己卯,陳瑩中追述忠肅"條"先丈何事得罪秦師垣耶"。"先丈",《函海》諸本皆誤作"先又",惟《四庫》本作"先丈"[2]。

三

　　影宋鈔本《舊聞證誤》今殘有卷一、卷二兩卷[3],其中卷二有一段文字與輯

---

[1] 參見李偉國、尹小林《重審〈文淵閣四庫全書〉中"二十四史"之價值》,《學術月刊》2013年第1期,142—148頁。

[2] 以上諸條校勘情況,可參見《全宋筆記》本《舊聞證誤》,大象出版社,2013年,385、387、404、409頁。

[3] 參見中國國家圖書館藏毛氏汲古閣影宋本,索書號08131;北京大學圖書館藏影抄愛日精廬藏影宋本,典藏號SB/915.107/4032。

本《舊聞證誤》出入頗大。影宋鈔本《舊聞證誤》卷二"太宗初即位"條云：

> 太宗初即位，放進士榜，欲置張文定公齊賢於高等，而有司偶失，掄選第三等之末，太宗不悦。有旨一榜盡與京官通判。文定得將作監丞、通判衡州，不十年，果爲相。按：《會要》太宗所取進士，太平興國二年吕文穆蒙正榜凡百人，第一等除將作監丞（原注：今之宣義郎），第二等除大理評事（原注：今之承事郎），並通判諸州。三年胡祕監旦榜七十三人，五年蘇參政易簡榜百一十八人，皆倣此例。**道輔**謂以文定故，一榜盡與京官通判者，謬也。文定實吕文穆榜第一等及第，是時止分兩等，安得有第三甲也？後十五年，文定乃拜相。[1]

輯本《舊聞證誤》卷一同條則云：

> 太宗初即位，張齊賢方赴廷試，太宗欲其居上甲，而有司偶失掄選，置於丙科。帝不説，有旨，一榜盡與京官通判。文定得將作監丞，通判衡州，不十年，位宰相矣。（出邵伯温《聞見前録》）按：《會要》太宗所取進士，太平興國二年吕文穆蒙正榜凡五人，第一等除將作監丞，今之宣義郎；第二等除大理評事，今之承事郎，並通判諸州。三年胡祕監旦榜七十三人，五年蘇參政易簡榜百一十八人，皆倣此例。**邵氏**謂以文定故，一榜盡與京官通判者，謬也。文定實吕文穆榜第一等及第。是時止分兩等，安得有第三甲也？後十五年，文定乃拜相。[2]

兩相比照，影宋本心傳按語前文字與輯本《舊聞證誤》所引《邵氏聞見録》相差甚夥。惟影宋本脱書名出處，檢諸史料，知此段文字蓋出自魏泰《東軒筆録》，是書云：

> 太祖幸西都，肆赦。張文定公齊賢時以布衣獻策……至太宗初即位，放進士榜，決欲置於高等，而有司偶失，掄選實第三甲之末，太宗不悦。及注官，有旨一榜盡與京官通判。文定釋褐將作監丞、通判衡州，不十年，累擢遂爲相。[3]

其中"掄選實第三甲之末"、"不十年，累擢遂爲相"兩句，朱熹《五朝名臣言

---

[1] 北京大學圖書館藏影抄愛日精廬藏影宋本《舊聞證誤》卷二，葉5a—6a；中國國家圖書館藏毛氏汲古閣影宋本《舊聞證誤》卷二，葉5a—6a。
[2] 《舊聞證誤》卷一，中華書局，1981年，7頁；參見《全宋筆記》第六編第八册《舊聞證誤》卷一，363頁。
[3] 魏泰《東軒筆録》卷一，中華書局，1983年，4—5頁。

行録》引《東軒筆録》作"掄選第三甲之末"、"不十年,果爲相"[1],與影宋本《舊聞證誤》同。

又,影宋本心傳按語稱"道輔謂以文定故"云云,道輔恰爲魏泰之字,亦可證明影宋本文字出自《東軒筆録》。

此一異文説明影宋本與輯本《舊聞證誤》當出自兩個不同的版本系統,影宋本系統或許更接近《舊聞證誤》的最終定稿。蓋因《邵氏聞見録》成書於《東軒筆録》之後,心傳最初所採係邵氏之書,後發現出處更早的魏氏筆録,復又改之。

又,輯本《舊聞證誤》謂"吕文穆蒙正榜凡五人",據影宋本,"凡五人"當爲"凡百人"之誤,兩點校本皆失校。

四

因筆者參與陳智超先生主持的國家社科基金重大項目"《宋會要》的復原、校勘與研究",故平日對於《宋會要》之佚文多有關注。李心傳曾編纂《十三朝會要》(《國朝會要總類》),對於宋代《會要》自是瞭然於心,今從輯本《舊聞證誤》摘出與《會要》相關者[2],以備他日之用。

1.《舊聞證誤》卷一"唐至五代國初,京師皆不禁打毬"條,心傳按語引《會要》云:"國初惟親王得張蓋。太宗時,始許宰相、樞密使用之。"[3]

2.《舊聞證誤》卷一"太宗初即位,張齊賢方赴廷試"條,心傳按語引《會要》云:"太宗所取進士,太平興國二年吕文穆蒙正榜凡百人,第一等除將作監丞(原注:今之宣義郎);第二等除大理評事(原注:今之承事郎),並通判諸州。三年,胡祕監旦榜七十三人;五年,蘇參政易簡榜百一十八人。"[4]

3.《舊聞證誤》卷一"縣吏受郡事而下之縣者"條,《舊聞證誤》引《演繁露》謂:"《皇朝會要》:唐藩鎮皆置邸京師,謂之上都留後院。大曆十二年,改爲上都

---

[1] 朱熹《五朝名臣言行録》卷一,一之七"丞相張文定公"條,《四部叢刊初編》本,葉1b—2a。
[2] 《舊聞證誤》卷一"太平興國六年九月,以石熙載充樞密使"條引李燾《續資治通鑑長編》稱"實録》、《會要》,不帶檢校官乃自錢惟演始",因此文非出自心傳之語,故不録。又,卷三"熙寧法,宗子出仕者"條,僅有一句"建炎指揮見《中興會要》",未引《會要》之文,故亦不録。
[3] 《舊聞證誤》卷一,中華書局,1981年,1頁;《全宋筆記》第六編第八册《舊聞證誤》卷一,357頁。
[4] 《舊聞證誤》卷一,中華書局,1981年,7頁;《全宋筆記》第六編第八册《舊聞證誤》卷一,363頁。部分文字參校北京大學圖書館藏影抄愛日精廬藏影宋本、中國國家圖書館藏毛氏汲古閣影宋本《舊聞證誤》卷二同條,葉5a—6a。

知進奏院。"[1]心傳按語引《皇朝會要》云:"宋初緣舊制,藩鎮皆置人爲進奏官,軍監、場務、轉運使則差知後官,或副知掌之。太平興國八年,汰進奏知後官,存百五十人,並充進奏官,罷知後官之名。咸平五年,復令進奏官各置守闕副知一名。"[2]

4.《舊聞證誤》卷一"朱希真云"條,心傳按語引《會要》云:"太平興國二年,命學士李明遠、扈日用偕諸儒修《太平御覽》一千卷、《廣記》五百卷。明年,《廣記》成。八年,《御覽》成。九年,又命三公及諸儒修《文苑英華》一千卷,雍熙三年成。與修者乃李文恭穆、楊文安徽之、楊樞副礪、賈參政黃中、李參政至、吕文穆蒙正、宋文安白、趙舍人鄰幾,皆名臣也。"[3]

5.《舊聞證誤》卷二"至和元年九月,吕溱、王洙並爲翰林學士"條引李燾《續資治通鑑長編》稱"故事,翰林學士六員……洙蓋第七員也……議者非之"。心傳按語謂"《三朝會要》云:學士無定員。燾所云蓋據王岐公《續會要》所書爾"[4]。《宋會要輯稿》職官六之四六引《兩朝國史志》稱"(翰林學士)承旨不常置,以院中久次者一人充。學士六員,掌大詔命",其後之文則謂"承旨,唐置,以學士第一人充,今不常置。學士無定員"。據心傳所言,"學士無定員"的説法似出自《三朝會要》。又,職官六之四九謂"(至和元年)九月,翰林學士楊察爲承旨,知制誥吕溱、王洙並爲翰林學士。故事,學士六員,今洙爲第七員,蓋宰相過除也",與李燾所言相合,故此段記載或有可能源出王珪所上之《國朝會要》。

本文係國家社科基金重大項目"《宋會要》的復原、校勘與研究"(項目批准號:14ZDB033)的階段性成果之一。

---

[1] "《皇朝會要》",今之《演繁露》作"《國朝會要》",參見《全宋筆記》第四編第九册《演繁露》卷一二"知後典"條,大象出版社,2008年,99頁。

[2]《舊聞證誤》卷一,中華書局,1981年,8頁;《全宋筆記》第六編第八册《舊聞證誤》卷一,364頁。又,"太平興國八年,汰進奏知後官,存百五十人,並充進奏官,罷知後官之名"句,可參照《宋會要輯稿》職官二之四四"太宗太平興國八年,命供奉官張文粲、王禮就相國寺行香院集進奏知後官二百餘人,選百人。文粲等以州郡稍多,選人恐少,遂簡閱得李楚等一百五十人並充進奏官,掌二三州,罷知後官之名。其不中選者,補爲副知"。

[3]《舊聞證誤》卷一,中華書局,1981年,9頁;參見《全宋筆記》第六編第八册《舊聞證誤》卷一,364—365頁。"九年,又命三公及諸儒修《文苑英華》一千卷,雍熙三年成"句,可參照《宋會要輯稿》崇儒五之一:"太平興國七年九月,命翰林學士承旨李昉、學士扈蒙、直學士院徐鉉、中書舍人宋白、知制誥賈黃中、吕蒙正、李至、司封員外郎李穆、庫部員外郎楊徽之、監察御史李範、秘書丞楊礪、著作郎吳淑、吕文仲、胡汀、著作佐郎直史館戰貽慶、國子監丞杜鎬、將作監丞舒雅,閲前代文集,撮其精要,以類分之,爲千卷。雍熙三年十二月書成,號曰《文苑英華》"。

[4]《舊聞證誤》卷二,中華書局,1981年,24—25頁;《全宋筆記》第六編第八册《舊聞證誤》卷一,379—380頁。

元代墓碑簡論

陳高華

　　刻有紀念性或標誌性文字的石頭,稱爲碑。中國傳統,墓葬立碑作爲標誌,統稱爲墓碑。元代的墓碑大體來説,可以分爲兩類。一類是標題型的,一類是傳記型的。標題型墓碑比較簡單,上面書寫死者官銜、籍貫和姓氏,没有官銜的平民則稱處士。有的在姓名後面還題有建墓時間、建墓人(通常是死者親屬)的名字。一般來説,標題型墓碑,通常樹立在墓前,作爲標識。名儒杜瑛"將終,命諸子曰:'我死,棺中第置《杜甫詩集》一編,題其志石云"處士杜緱山墓"'"[1]。這就是標題型的墓碑。普通家庭的墓葬,通常只有標題式的墓碑。這類墓碑傳世很多。有身份的死者,除了墓前樹立標題型墓碑外,還有敍述死者生平的墓誌或墓誌銘,以及神道碑,這都是傳記型的墓碑。

　　傳記型墓碑都要先寫成文字,然後再刻在碑上,這類文字統稱爲碑銘,是元代文學中一大門類。碑銘一般都是以行狀爲據寫成的。當時有名的文人、學者幾乎都有這方面的作品,有的數量很多。近代著名學者葉昌熾在他的名著《語石》中説:"元人極重碑誌,蘇滋溪(天爵)《元文類》,以此爲主。"[2]《元文類》七十卷,碑銘(包括行狀)共十九卷,雖不能説"爲主",但佔有比重確實是很大的[3]。而安放或樹立刻有文字的石碑,則是當時葬禮中不可缺少的重要部分。

　　下面我們試對元代的傳記型墓碑作一些説明。

---

[1] 蘇天爵著,陳高華、孟繁清點校《滋溪文稿》卷二二《杜公行狀》,中華書局,1997年,376頁。
[2] 葉昌熾、柯昌泗《語石・語石異同評》卷一,中華書局,1994年,57頁。
[3] 蘇天爵編《國朝(元)文類》,《四部叢刊初編》本。

（一）行狀

碑銘文字一般都是根據行狀寫成的。行狀是記述死者生平事蹟的文體，至遲在漢末已有之[1]。元代，行狀的寫作仍是很流行的。有一定社會地位的人死後，家屬在舉辦喪事的同時，都要設法撰寫行狀。行狀有比較固定的格式，開頭是死者的籍貫、家世[2]，正文是其生平經歷，然後是評價，結尾是行狀作者的姓名。行狀的內容一般比較具體，堆砌資料，文字冗長。《元文類》收行狀4篇，短的近三千字，長的近五千字。著名學者虞集爲儒學大師吳澄作行狀，長達八千餘字，這可能是現在存世的最長的行狀[3]。

行狀有的由死者親屬撰寫，如浙東道宣慰使陳祐死後，其弟陳天祥爲之撰行狀[4]。鄉貢進士廬陵（今江西吉安）蕭濟美，"自狀其父俊民甫之行"[5]。永豐（今江西永豐）高師文去世，"卒之三月，其孤世安摭其所見於家庭、所聞於師友者輯爲行述"[6]。"行述"也就是行狀。同知寧都州（今江西寧都）事計初死，"孤恕述其父之所行，命其弟毅走京師乞銘"[7]。爲女性作行狀罕見，忽必烈時代名臣郝經爲其父母作行狀[8]。有的則由門人撰寫。如婺源（今安徽婺源）汪炎昶是著名儒生，死後家屬請汪炎昶的門人趙汸"輯群行爲狀"，"趙君乃爲狀"[9]。也有家人提供資料，再請文人加以潤飾。地位高的官員常以有關資料請有名望的文人作行狀。例如，中書平章梁德珪死後，"前翰林修撰知高郵府張某次公遺事，命桷演潤，將求鴻藻，以表墓道"[10]。這是説張某搜集梁德珪的事蹟，再請"桷"即著名學者袁桷寫成行狀。濟南軍閥張榮死後，其子"元節偕其諸

---

[1] 趙翼著，欒保群、呂宗力校點《陔餘叢考》卷三二《行狀》，河北人民出版社，1990年，656—657頁。
[2] 虞集撰《臨川先生吳公行狀》，開頭是"本貫"和三代（曾祖、妣，祖、祖妣，考、妣）名録、追封官爵，然後是吳澄經歷和著作狀況。見虞集《道園學古録》卷四四，《四部叢刊初編》本，2頁上—10頁上。
[3] 《臨川先生吳公行狀》。
[4] 王惲《秋澗先生大全集》卷五四《陳公神道碑》，《元人文集珍本叢刊》第2册，臺灣新文豐出版公司，1985年，139頁。
[5] 吳澄《吳文正公集》卷四〇《故逸士廬陵蕭君墓銘》，《元人文集珍本叢刊》第3册，臺灣新文豐出版公司，1985年，642頁。
[6] 《吳文正公集》卷四〇《故逸士高周佐墓誌銘》，653頁。
[7] 《吳文正公集》卷四〇《計府君墓誌銘》，643頁。
[8] 郝經《郝文忠公陵川文集》卷三六《先父行狀》《先妣行狀》，書目文獻出版社，《北京圖書館古籍珍本叢刊》第91册，809—812頁。
[9] 宋濂著，黃靈庚編輯校點《宋濂全集》卷六六《汪先生墓銘》，人民文學出版社，2014年，1549頁。
[10] 袁桷著，魏崇武、鍾彦飛點校《袁桷集》卷三二《梁公行狀》，吉林文史出版社，2010年，470頁。

兄,以公平昔事蹟",求張起巖"爲行狀"[1]。張起巖是延祐二年科舉首科漢南人榜的狀元,中舉後長期在翰林院任職,在當時文壇有很高的聲望。宗教人士去世後亦作行狀。忽必烈封藏傳佛教薩迦派領袖八思巴爲帝師。八思巴死後,"翰林學士王磐等奉敕述《行狀》"[2]。忽必烈下旨撰行狀似僅此一例。蒙古國時期北方佛教領袖海雲去世,其弟子"嗣法慶壽朗公禪師作行狀"[3]。全真道掌門張志敬死,"喪事畢,提點劉志敦持行狀,致嗣教真人王志坦之命",求翰林學士王磐作道行碑[4]。可知亦有行狀之作。

蘇天爵爲中書左丞王結作行狀:"謹具公官勳行實卒葬壽年爲行狀一通,請諡奉常,徵銘太史,以詔後世。"[5]黃溍爲于九思作行狀,文後説:"謹具公世出、行事、年壽、卒葬如右,上奉常及太史氏,副在私家,庸竢立言之君子。"[6]"奉常"指太常禮儀院,主管封贈諡號等事。"太史"指翰林國史院,主修國史。這就是説,高級官員的行狀要上報這兩個機構,用作封贈諡號和朝廷"賜銘"(神道碑,見下)的申報材料。但副本留在家中,供請人作墓誌銘、神道碑之用。當然,對大多數人來説,行狀只有後一種功能。

行狀都是由死者家屬、友人、學生、部屬提供資料寫成的,因而隱惡揚善,刻意美化,是免不了的。爲此,行狀之作往往受人非議。東陽(今浙江東陽)胡助曾爲翰林國史院編修,致仕後"戒二子曰:我死斂以時服……亦不必求人作行狀、墓銘",只留下一份自傳,以遺後人[7]。也有人自作行狀。如儒生趙文,"自狀其平生"[8]。陝西行省講議官來獻臣,"臨終神識不亂,命家人具紙筆,乃自序其世族譜系暨入仕止官本末,仍手書之以付門生駱天驤、李惟善,俾求當世立言之士,以志其墓"[9]。作自傳、自作狀都是爲了不讓別人作行狀,但這是不多見的。

行狀之作,沒有身份的限制。從現存記載看來,行狀大多爲達官貴人而作,但其他階層人士死後亦可作行狀。郝經之父郝思溫是隱居民間的儒生,"身無一命之爵",母許氏是家庭婦女,郝經自己爲父母作行狀,已見前述。張之翰爲

---

[1] 《國朝文類》卷五〇(張起巖)《濟南路大都督張公行狀》,《四部叢刊初編》本。
[2] 《佛祖歷代通載》卷二一,《大正大藏經》本,707頁。
[3] 王萬慶《大慶壽寺西堂海雲大禪師碑》,見《北京元代史跡圖志》,北京燕山出版社,2009年,184頁。
[4] 李道謙編《甘水仙源録》卷五《誠明真人道行碑》,《正統道藏》本,3頁上,
[5] 《滋溪文稿》卷二三《王公行狀》,387頁。
[6] 黃溍《金華黃先生文集》卷二三《于公行狀》,15頁上,《四部叢刊初編》本。
[7] 胡助《純白齋類稿》卷一八《純白先生自傳》,《金華叢書》本。
[8] 劉將孫著,李鳴、沈靜校點《劉將孫集》卷二九《趙青山先生墓表》,吉林文史出版社,2009年,39頁。
[9] 李庭《寓庵集》卷六《來獻臣墓誌銘》,《藕香零拾叢書》本,71頁下。

王政作行狀,此人是一個"往來之商賈,積有豐貲"[1]。處州(今浙江麗水)紫虛觀道士吳自福死後,其徒孫梁惟適持自福侄"世昌《狀》",請劉基作墓銘[2]。這是一個普通道士。至於中下層官吏、儒生、僧人死作行狀者,更比比皆是。

行狀旨在爲墓誌銘、神道碑提供資料,但墓誌銘、神道碑寫作時對行狀的内容都不免有所取捨,因而行狀仍有其不容忽視的價值。上面講到虞集爲吳澄寫的行狀有八千餘字,而揭傒斯自言據行狀寫成的吳澄神道碑不到三千字,許多重要的内容都删去了。例如仁宗時延祐經理引發民變,事後元朝"蠲虛增之税",但江西官吏反而增税;英宗時在江南徵收包銀。吳澄多次對兩事提出意見,終於得到蠲除。可見這位理學名家有關心民瘼的一面,並非完全脱離現實。但神道碑有些内容又是行狀没有的,顯然揭氏還利用了其他資料。因而在研究吳澄這位元代大思想家時,行狀和神道碑都應重視。史天澤行狀,早已散佚,近年重新發現,全篇近6000字,與神道碑互有詳略。其中幾段用口語記録忽必烈的聖諭,很有特色[3]。有些歷史人物,没有墓誌銘和神道碑流傳下來,行狀是唯一可依賴的傳記資料。如大科學家、水利專家郭守敬,傳世的只有齊履謙的《知太史院事郭公行狀》[4]。這便成爲研究這位大科學家生平最重要的文獻。蘇天爵編纂的《元朝名臣事略》,是公認的元代一部重要的當代史著作。此書卷九《太史郭公》全部摘引上述《行狀》,而《元史》中的《郭守敬傳》完全是將《事略》此篇删削而成的。《元朝名臣事略》卷一一《宣慰張公》(張德輝)篇,全用"汲郡王公"所撰行狀。"汲郡王公"就是王惲。但是王惲的文集《秋澗先生大全集》中没有收這件行狀。張德輝也没有《墓誌銘》《神道碑》傳世,《元朝名臣事略》此篇就成爲研究張德輝的重要資料。元末權臣脱脱的幕僚吳直方,以集賢大學士、榮禄大夫(從一品)致仕。有元一代"大江之南韋布之士品登第一而以勞烈自見者"僅四人,吳居其一。以平民出身的"南人"能身致高位,吳氏是有獨到之處。但《元史》無傳,也没有關於他的其他碑銘,只有宋濂爲他撰寫的行狀傳世,其中記敘了他在順帝秉政初期參與的機密,如貶逐伯顔事件中所起的作用,很值得重視[5]。

---

[1] 張之翰著,鄧瑞全、孟祥靜校點《張之翰集》卷二〇《王君行狀》,吉林文史出版社,2009年,217—218頁。
[2] 劉基著,林家驪點校《劉基集》卷一二《紫虛觀道士吳梅澗墓誌銘》,浙江古籍出版社,1999年,184頁。
[3] 孟繁峰《談新發現的史氏殘譜及史氏元代墓群(續)》,《文物春秋》1999年第4期。
[4] 《國朝文類》卷五〇。
[5] 《宋濂全集》卷七六《吳公行狀》,1844—18449頁。

（二）墓誌銘

元代通行的葬禮，安放墓誌銘是不可缺少的重要環節。"葬而不得銘，猶無葬也。"[1]"不得銘，無以葬。"[2]一般來説，有一定社會地位的人物，死亡以後，家屬便著手準備行狀，然後多方設法，請求有名望的文人根據行狀撰寫墓誌銘。墓誌銘有的在正式埋葬時和遺體一起安放在墓室内或墓道中，有的則在改葬時放置，距離初葬往往有一段時間。

墓誌銘正文一般是用散文寫成的。内容包括墓主家世譜系、生平經歷、對墓主的評價以及哀悼之情。但也有例外，如劉將孫爲蕭榛作墓誌銘，正文全篇四言，共一百三十句，前面有簡單的序[3]。姚燧作《故民鍾五六君墓銘》，全篇七言詩四十句[4]。墓誌文字大多以"銘"結尾，"銘"原來是刻在器物之上頌揚生平功德的文字，一般是韻文，以四言居多，也有五言、七言甚至散文等多種形式。如果没有"銘"就稱爲墓誌。墓誌和墓誌銘都是死者家屬請人撰寫的，執筆者大多是地方儒學的官員或文人，有地位的官員則要請有名望的學者、文人執筆。元代中、後期，翰林院的官員、進士出身的官員是墓誌銘作者的首選。死者家屬甚至不遠千里上門請求。蘇天爵編《元文類》，卷51—54收"墓誌"31篇，卷55爲"墓碣"12篇，卷56爲"墓表"12篇，"墓碣"、"墓表"實際上與墓誌（墓誌銘）没有多大差別[5]，三類加在一起共6卷、55篇。從這些作品來看，死者身份多種多樣，有高官、名士，亦有"處士"、"隱士"，還有不少婦女。作者有元好問、許衡、楊奂、王惲、劉因、盧摯、徐琰、元明善、程鉅夫、閻復、姚燧、吴澄、鄧文原、元明善、袁桷、虞集、宋本、李道源、馬祖常、王士熙、張養浩、揭傒斯、歐陽玄。他們都是元代文壇上的佼佼者。可以説，墓誌銘的寫作，是元代文人必不可少的一項修養。大多數元人文集都有墓誌一類作品。元代文壇和學術界的領袖人物如吴澄、姚燧、黃溍、虞集、蘇天爵、宋濂等人的文集都有大量此類作品。元代大儒吴澄曾任國子司業，有很高的聲望，因而成爲人們乞求的對象。在他現存的

---

[1] 柳貫著，魏崇武、鍾彦飛點校《柳貫集》卷一一《劉彦明墓誌銘》，浙江古籍出版社，2014年，306頁。
[2] 戴良著，李軍、施賢明校點《戴良集》卷一四《方大年墓誌銘》，吉林文史出版社，2009年，157頁。
[3] 《劉將孫集》卷三二《南穀先生蕭君墓誌銘》，264—265頁。
[4] 姚燧著，查洪德編輯點校《姚燧集》卷二九，人民文學出版社，2011年，453頁。
[5] "唐舊制五品以上碑，七品以上碣。若隱淪道素，孝義著聞，雖不仕亦立碣……宋初猶然……其後卑官及無位者，多用墓表。"（《語石·語石異同評》卷三，164—165頁）從元代來看，三者似無嚴格的區別。

文集中,撰寫的墓誌銘、墓碣銘、墓誌有150篇左右。黄溍現存作品中,有墓誌銘130篇左右。宋濂是元、明之際的文章大家,所作墓銘、墓碣一類文字在200篇以上[1]。柳貫撰寫的墓誌銘較少,亦有30篇左右[2]。蘇天爵自己的文集《滋溪文稿》中也有墓誌銘50篇左右[3]。墓誌銘没有身份的限制,上自王公貴族,下至平民百姓,皆可爲之。但作墓誌銘所費不菲,請人作文要錢,石料要錢,鐫石要錢,一般貧苦百姓是負擔不了的。葬禮需墓銘,是漢族的文化傳統,在元代,絶大多數墓誌銘是爲漢人而作。《元文類》中墓銘、墓表、墓碣共55篇,除個别契丹人外,其餘均爲漢人,而契丹人在元代屬於四等級中廣義的"漢人"。上面説黄溍撰寫墓誌銘有130篇左右,但其中蒙古、色目人不過寥寥數篇。

墓誌都是在死者親屬送來的行狀基礎上删削而成的。這在墓誌銘中都會有所交代。一般來説,求人寫作墓誌、墓誌銘,在呈遞行狀的同時都要送上錢鈔或禮物。白彦隆是姚燧的同學,死後其妻求姚作墓碣,"持幣泣請",姚"還其幣"爲之作文。姚燧特别講明此事,可見"持幣"是普遍的現象,而還幣則是少見的例外,故姚燧以此自我標榜[4]。死者行狀,其中必然充滿溢美之詞。據行狀寫成的墓誌、墓誌銘自然爲死者歌功頌德,成爲衆所周知的慣例。吴澄説:"爲人子者思有以思其親,與其求虚文於人,孰若修實學於己真孝子之事也。"[5]但這位理學名家同樣不能免俗,寫下大量"虚文"。黄溍爲"外舅王公"作《墓記》,文中稱:"溍所書若甚簡略,而皆有可徵,不敢效世俗巧飾誣言以爲欺也。"[6]可知此類文字盛行弄虚作假,欺世盜名。虞集在當時很有名望,"然碑板之文,未嘗苟作。南昌富民有伍真父者,貲産甲一方,娶諸王女爲妻,充本位下都總管。既卒,其子屬豐城士甘悫求集文銘父墓,奉中統鈔五百定准禮物,集不許,悫愧歎而去"[7]。此爲請人作銘文要致送禮物或錢鈔之實例,同時也説明撰寫此類作品例應諛墓,虞集總會加以拒絶。元朝中期到元順帝統治初,米價大體爲每石二十至四十貫[8]。中統鈔一定五十貫,五百定可購米兩千石甚至更多。這雖是特例,亦可見爲求墓銘所費不菲。東陽(今浙江東陽)胡助,官太常博士,生前

---

[1] 據黄靈庚編輯校點《宋濂全集》統計,見該書卷五六至卷七二,1307—1748頁。宋濂活動時代較晚,所以他的作品没有進入《國朝文類》。
[2] 見《袁桷集》卷二八至卷三一,419—466頁。
[3] 《滋溪文稿》卷八至卷二一,110—361頁。
[4] 《姚燧集》卷二六《白公墓碣》,408頁。
[5] 《道園學古録》卷四三《袁仁仲甫墓誌銘》,9頁下。
[6] 《金華黄先生文集》卷四〇《外舅王公墓記》,16頁上。
[7] 《元史》卷一八一《虞集傳》,4181頁。
[8] 彭信威《中國貨幣史》,上海人民出版社,2015年,442頁。

作自傳,戒其子:"不必求人作行狀、墓銘。"已見前述。浦江(今浙江浦江)吴直方官一品致仕,"以無大功業,不必乞銘於人,以爲識者之所訕鄙。乃自序歷官世第而系之以辭……人以爲實録云"[1]。自作傳記,不求他人作墓銘,從而說明墓銘之作往往爲"識者""訕鄙",但這在當時是很少見的。

完整的墓誌銘分上、下兩層,上層稱爲蓋,下層稱爲底。有正方形,亦有長方形。上層刻標題(死者姓名、官銜),下層刻誌和銘。蓋上的文字一般爲篆書或楷書,誌文則以楷書居多。在已發掘的元代墓葬中,不少墓中都發現有墓誌銘,爲研究元代歷史提供了很有價值的資料。北京龍潭湖迤北發現鐵可墓,出土墓誌銘,大理石製。鐵可是乞失迷兒(今克什米爾)人,其父、叔在蒙哥時代入朝。這個家族在元朝有很高地位。元朝色目人的墓誌銘爲數不多,這是很有價值的發現。陝西户縣賀氏一號墓,出土石墓誌一合,蓋上陰刻隸書"大元故丞相開府儀同三司上柱國贈推忠宣力保德功臣太傅諡惠愍賀秦國公墓誌銘",底爲誌、銘。可知墓主爲元朝名臣賀勝。二號墓出墓誌一合,陰刻篆書"太元光禄大夫平章政事商議陝西等處行中書省事賀公墓銘",底爲誌、銘。可知墓主爲賀勝之父賀仁傑。賀氏父子是元代政壇重要人物,《元史》兩人有傳,墓誌可作補充[2]。河南焦作先後出土許氏墓誌二合,一合誌蓋陰刻楷書"有元故潛齋先生許仲和墓誌",墓主許衎字仲和,是元代著名理學家許衡之弟。另一合誌蓋楷書"大元故承務郎新濟州脫脫禾孫副使許公墓誌銘",墓主許師義是許衎之子。這二合墓誌對研究理學大師許衡家族有幫助[3]。洛陽賽因赤答忽墓,有石墓誌一合,青石質,蓋内陰刻篆書"大元故太尉翰林學士承旨銀青光禄大夫賽因赤答忽之墓"。墓主賽因答忽赤是元末元軍統帥擴廓帖木兒之父,碑文中有元軍與起義軍爭奪河南的記載[4]。山東嘉祥發現曹元用夫妻合葬墓,出土墓誌二合。方形青石,陰刻正楷書。曹元用誌蓋 1.08×0.89×0.15 米,其妻郭誌墓蓋爲 0.82×0.74×0.14 米,顯然墓誌銘亦反映出男女有别[5]。

墓誌的作者、書者和篆額有的各有其人,也有兼而爲之者。有的墓誌文字本身就是文學和書法的珍品。名書法家周伯琦撰並書篆的《有元儒學提舉朱府君墓誌銘》,紙本,現藏故宫博物院[6]。近年發現的賽因赤答忽墓誌,誌文楷書

---

[1]《宋濂全集》卷七六《吴公行狀》,1848 頁。
[2] 咸陽地區文管會《陝西户縣賀氏墓出土大量元代俑》,《文物》1979 年第 4 期。
[3] 索全星《焦作市出土的二合元代墓誌略考》,《文物》1996 年第 2 期。
[4] 洛陽市鐵路北站編組站聯合考古發掘隊《元賽因赤答忽墓的發掘》,《文物》1996 年第 2 期。
[5] 山東省濟寧地區文物局《山東嘉祥縣元代曹元用墓清理簡報》,《考古》1983 年第 9 期。
[6] 中國古代書畫鑒定組編《中國書法全集》第 11 卷"元三",文物出版社,2011 年。

35行,前載"翰林學士承旨榮祿大夫知制誥兼修國史張翥譔","中奉大夫國子祭酒陳祖仁書","集賢大學士光祿大夫滕國公張瑃篆"[1]。按,張翥、陳祖仁都是著名儒生,元末都任高官,兩人《元史》有傳。張瑃"字公弁,保定人,官至集賢大學士,封滕國公。少而岐嶷,早以才學知名,篆書亦淳古可取"[2]。此碑由此三人合作,很有價值。張瑃傳世書法作品罕見。

上述上、下兩層的墓誌銘,一般放在墓室內。墓誌也有立碑,碑額是標題,下面是誌文。較早的如大同馮道真墓出土墓誌,有碑座及碑身兩部分。碑的背面爲買地契,這是很奇特的[3]。河北涿州元代壁畫墓出土墓誌一方,大理石質,立碑式,由底座和碑身組成,碑身正背面均有楷書志文及家族世系。死者李儀,曾任大都路府判,階承德郎[4]。西安南郊王世英墓出土墓誌一件,長方形,上端橫向隸書"元故耀州同知王公墓誌銘",下端是誌銘全文。此碑由"儒林郎國子司業同恕撰","王瓚書"。同恕是元代有名的儒生,曾任國子司業,著作有《榘庵集》。這篇墓誌不見於《榘庵集》,可作補充[5]。西安曲江張達夫墓誌,碑額是"元故張君達夫墓銘",下面是直行碑文。據推測,這件墓誌"應是靠墓道北壁豎立放置"[6]。北京頤和園發現耶律鑄夫婦合葬墓,出土兩塊墓誌,並立於墓門外墓道上。耶律鑄是蒙古國時期大政治家耶律楚材之子,本人官至中書左丞相。他的墓誌銘漢白玉質,高1.4、寬0.88、厚0.195米,題《大元故光祿大夫監修國史中書左丞相耶律公墓誌銘》,另一塊夫人奇渥溫氏墓誌銘,高0.83、寬0.47、厚0.22米[7],爲研究耶律鑄本人和耶律楚材家族提供了有價值的資料。河南焦作出土元代懷孟路總管靳德茂的墓誌,沒有銘,應立在墓道上[8]。

與墓誌、墓誌銘類似的有墓表、墓碣,此外還有阡表、葬志、壙志、壙記等名稱。阡表與墓表相同。葬誌、壙誌一般是家人所爲,簡述死者生平、家世,刻石後置於墓中。江西出土壙記,都在墓中,其中一種說:"不能求銘於當世君子,姑書其大概,納諸壙中云。"[9]

---

[1] 洛陽市鐵路北站編組站聯合考古發掘隊《元賽因赤答忽墓的發掘》,《文物》1996年第2期。
[2] 陶宗儀《書史會要》卷七《大元》,上海書店影印武進陶氏景刊洪武本,1984年,319頁。
[3] 《山西省大同市元代馮道真、王青清理簡報》,《文物》1962年第10期。
[4] 河北省文研所等《河北涿州元代壁畫墓》,《文物》第2004年第3期。
[5] 《西安南郊元代王世英墓清理簡報》,《文物》2008年第6期。
[6] 《西安曲江元代張達夫及其夫人墓發掘簡報》,《文物》2013年第8期。
[7] 《北京市頤和園元代耶律鑄夫婦合葬墓》,《中國文物報》1999年1月31日。
[8] 焦作市文物工作隊、焦作市博物館《焦作中站區元代靳德茂墓道出土陶俑》,《中原文物》2008年第1期。
[9] 《江西鷹潭發現紀年元墓》,《南方文物》1993年第4期。

墓誌銘一般都用石,亦有用陶。濟南歷城洪家樓元代磚雕壁畫墓發現陶墓誌一合,誌蓋、誌身各一。誌文係用朱砂直接書寫於灰色方磚磚面,文字已漫漶不清。方磚邊長34釐米,厚5釐米[1]。"墓誌用塼,猶先於石刻也。"[2]秦漢時期流行墓磚,後來逐漸由堅固的石材代替。元代還有墓誌磚,就是在磚上書寫亡者生平,一般比較簡單。學者柳貫作有《亡妻墓磚志》《殤孫墓磚志》。後者是柳貫"灑涕濡朱,識童卒葬月日於玄磚,納之壙中"[3]。河北滿城張弘略墓出土墓誌磚一方,長方形,正面陰刻楷書"蔡國夫人李氏"[4]六字。河南鄭州捲煙廠工地元墓發現墓誌磚一塊,青灰色,長約30釐米,寬6釐米,正面刻"晉寧路賈潤僧"六字,側面刻"至正二年四月初八日"[5]九字。墓誌磚一般都比較簡單,大多只能稱爲標題式的。

道士墓葬,通常亦稱墓碑或墓誌銘,如胡祇遹作《女冠左煉師墓碑》[6],袁桷文集中有《空山雷道士墓誌銘》《戴道士墓誌銘》等[7]。北京房山發現《玄靖達觀大師劉公墓志銘》,"劉公"是全真道士劉志厚[8]。和尚墓誌銘大多稱塔銘。程鉅夫文集中有僧人塔銘五篇[9]。胡祇遹有《雄辯大師塔銘》《大聖山孝思禪院廣公和尚塔銘》等[10]。或稱塔記,如耶律楚材作《和公大禪師塔記》[11]。"釋氏之葬,起塔而繫以銘,猶世法之有墓誌也。然不盡埋於土中,或建碑,樹幢。"[12]佛寺中的經幢,大多是八面,也有六面、四面。"金元僧塔銘,如琛公、策公之類,凡八面刻者,亦皆以第一面爲額。如雲某寺某公塔銘,通行直下,四周雕琢,中爲一龕,如壇廟所供神牌式。"[13]北京門頭溝潭柘寺的《歸雲大禪師塔》,六角三級密簷式墓幢,幢身六面,刻有楷書銘文,第一面爲額[14]。又有《慧公禪師幢塔》《宗公長老壽塔》,幢身均爲八面,以第一面爲額[15]。

---

[1] 劉善沂、王惠明《濟南市歷城區宋元壁畫墓》,《文物》2005年第11期。
[2] 《語石·語石異同評》卷四,246頁。
[3] 《柳貫集》卷一二,第342頁。
[4] 河北省文物保護中心等《元代張弘略及夫人墓清理報告》,《文物春秋》2013年第5期。
[5] 汪旭《鄭州首次發現元代平民墓》,《中原文物》1996年第3期。
[6] 胡祇遹著,魏崇武、周思成校點《胡祇遹集》卷一七,吉林文史出版社,2008年,332—333頁。
[7] 《袁桷集》卷三一,463—465頁。
[8] 《北京元代史跡圖志》,150—154頁。
[9] 程鉅夫著,張文澍校點《程鉅夫集》卷二〇、二一,吉林文史出版社,2009年,240、248、256—257、257—258、262—263頁。
[10] 《胡祇遹集》卷一八,349—350頁。
[11] 耶律楚材著,謝方點校《湛然居士文集》卷一三,中華書局,1986年。
[12] 《語石·語石異同評》卷四,264頁。
[13] 《語石·語石異同評》卷四,271頁。
[14] 《北京元代史跡圖志》,158—160頁。
[15] 《北京元代史跡圖志》,161—166頁。

(三) 神道碑

墓路稱爲神道，自來已久。神道立碑稱爲神道碑。墓誌銘人人得爲之，但神道立碑，是身份的標誌，限於有較高地位的官員、貴族。唐朝五品以上用碑，龜趺螭首[1]。

蒙古國時期，政局混亂，群雄紛起。各地新興的地方軍閥得勢以後，仍在不同程度上沿用前代的某些制度，爲自己增添光彩，喪葬制度便是一個重要的方面。請名人爲先人作神道碑、先德碑，仍是頗爲流行的風氣。東平軍閥嚴實死後，其子忠濟等以行狀請元好問作神道碑[2]。保定軍閥張柔及嚴實下屬千户喬惟忠、趙天錫等死後，家屬也請元好問作神道碑[3]。范陽張子良爲歸德路總管，回到鄉里，"用侯伯之服之禮，展省墳墓。考之令甲，諸仕及通貴，廟與墓俱有碑，應用螭首龜趺之制"，因而請元好問作《先德碑》[4]。《先德碑》就是《神道碑》，"考之令甲"就是查考亡金的制度，而貴人之墓有碑，用螭首龜趺之制，無疑就指神道碑而言。但這一時期各地軍閥立神道碑都是任意爲之，没有正式的制度可言。

忽必烈即位，逐步推行"漢法"，在喪葬制度方面，亦有一些措施。就立碑而言，現存資料缺乏明確的記載。英宗朝御史中丞楊朵兒只因權臣陷害被殺，泰定帝時得到平反，其子説："顧於法得立碑神道，願載其事於貞石，以昭陛下之明聖。"[5] 于九思官至湖南道宣慰使，其子云："先公官三品，法當定謚立傳，勒銘樂石。"[6] 畏兀兒人買閭對虞集説："先人在延祐中遂啓王封於故國……今葬於城西三十里之田村者，法得樹碑神道。"[7] 張熙祖是張留孫之姪，得任路總管，其父追贈亞中大夫、集賢學士，"階三品，於法當樹表於神道"，於是請虞集作神道碑[8]。可見元朝立神道碑有"法"爲據，但起於何時，現在已無從查考。所謂"法"，最重要是碑主的身份限制。以上數例都是階三品以上的官員。秦仲曾知

---

[1]《陔餘叢考》卷三二《碑表、志銘之别》，654 頁。
[2] 元好問著，姚奠中主編《元好問全集》卷二六《東平行臺嚴公神道碑》，山西人民出版社，1990 年，618 頁。
[3]《元好問全集》卷二九《千户喬公神道碑銘》《千户趙侯神道碑銘》，682、684 頁。
[4]《元好問全集》卷二八《歸德府總管范陽張公先德碑》，661 頁。
[5]《道園學古録》卷一六《御史中丞楊公神道碑》，1 頁上。
[6]《金華黃先生文集》卷二三《于公行狀》，15 頁上。
[7]《道園學古録》卷一六《大宗正府也可札魯火赤高昌王神道碑》，4 頁下。
[8]《道園學古録》卷四一《張公神道碑》，9 頁上。

昭州,一子官中憲大夫(正四品),一子官奉訓大夫(從五品)。秦仲因數貴贈官,亦應是正四品。"昭州以子貴贈某官,夫人封某郡君,於法得立碑神道。"[1]文天祥之子文陞死,元明善爲之作神道碑。文陞官集賢直學士、奉訓大夫(從四品)[2]。唐珏"至大元年升奉議大夫、同知汀州路總管府事",死後亦立神道碑。奉議大夫階正五品[3]。潘琚,"以勞得五品服,轉奉訓大夫、淮東淮西都轉運副使",死後立神道碑[4]。可以認爲,和前代一樣,五品以上官員死後皆可立神道碑。英宗時,監察御史鎖咬兒哈的迷失因諫阻興建佛寺被殺,泰定帝時平反,"贈鎖咬兒哈的迷失資德大夫、御史中丞、上護軍,追封永平郡公,謚貞愍。賜其妻子鈔五百貫,良田千畝,仍詔樹碑神道"[5]。監察御史正七品,不夠立碑的標準,這顯然是按追贈的官階給予特殊的優遇。

從現存記載來看,朝廷的元老重臣死後,皇帝下詔給予各種榮譽,賜謚、立碑是其中必備的兩項,同時還指定有名望的學者型官員執筆。在世祖時代,史天澤死於至元十二年二月,三月下葬,"明年春二月有旨,命臣磐製墓隧碑文"[6]。"臣磐"是翰林學士王磐。張柔死後,"至元十年春,[其子張]弘略請於朝,得謚曰武康,仍降旨翰林院,定撰碑石文字",於是指定翰林學士王磐執筆[7]。忽必烈親信謀士劉秉忠去世,"詔贈太傅、儀同三司,下太常議,謚曰文貞,仍命翰林學士王磐撰碑文字"[8]。昭文館大學士、理學家竇默去世,"皇太子令旨,命翰林學士王磐定擬碑文"[9]。以上數例似可說明,世祖時已有立碑的制度,而王磐是欽定的神道碑作者。以後諸帝延續了這一傳統。廉希憲之子廉恂爲中書平章政事,"天子嘉之,詔中書曰:其命翰林學士明善,制恂父恒陽王碑文"[10]。即命元明善爲廉希憲撰神道碑。賀世傑、賀勝父子相繼爲上都留守,武宗指定姚燧爲賀世傑作《賀公神道碑》,"仍俾勝馳十五乘傳入秦,身視鑱立"[11]。有的高官貴族後代提出申請,皇帝核准予以立碑。上述楊朶兒只神道

---

[1]《國朝文類》卷六六《知昭州秦公神道碑銘》。
[2]《國朝文類》卷六五《集賢直學士文君神道碑》。
[3]《劉將孫集》卷二九《唐珏神道碑銘》,234—235頁。
[4] 劉敏中著,鄧瑞全、謝輝校點《劉敏中集》卷七《潘公神道碑銘》,吉林文史出版社,2008年,68—69頁。
[5]《元史》卷一二四《塔本附鎖咬兒哈的迷失傳》,第3046頁。
[6]《國朝文類》卷五八(王磐)《中書右丞相史公神道碑》。
[7]《畿輔通志》卷一○七《蔡國公神道碑》,見李修生主編《全元文》第二册,江蘇古籍出版社,1998年,270頁。
[8]《佛祖歷代通載》卷二一,《大正大藏經》本,706頁。
[9]《畿輔通志》卷一○七《大學士竇公神道碑》。
[10]《國朝文類》卷六五《廉文正公神道碑》。
[11]《姚燧集》卷一七,268—272頁。

碑，便是御史臺向泰定帝報告楊不華的要求，"制曰：'可'"，並指定虞集執筆。有的已故者經大臣上奏推薦，皇帝同意，亦得賜碑。鄧文原曾任國子祭酒，"今天子以鄧公先朝舊臣，用臣僚奏請，特賜以神道之碑銘"[1]。大學士史惟良去世，"故事：大臣之葬，必著石章，載其世系官職，行能勞烈。於是宰相、執政以聞於上，命臣潛爲之文，仍敕河南江北等處行中書省左丞王守誠、翰林學士承旨張起巖書篆，以賜其嗣子銓，俾揭於墓之原"[2]。

五品以上官員去世後，都可樹神道碑，皇帝賜碑的是少數，多數是家屬自行請人撰文、書寫、琢碑、篆額。以歐陽玄爲例，他撰寫許衡、趙孟頫、張起巖、馬合馬沙、董士珍等神道碑，都是皇帝的旨意；而爲貫雲石、虞集、許熙載等作神道碑，則是應這些人家屬的請求。如虞集死後，其子安民"奉狀踵門"，請歐陽玄作神道碑[3]。

子孫爲高官，其上代得追贈改葬，亦可樹神道碑。這也分兩類：有的是皇帝賜與。李孟是元仁宗的親信謀士，仁宗即位後，"集賢大學士榮祿大夫臣陳顥奉聖旨：李道復父母既葬，碑石未立，其令翰林承旨劉敏中撰文，集賢大學士劉賡書，翰林侍講學士郭貫篆額"。李孟字道復。劉敏中"承詔，謹按鮑思義所爲狀，序而銘之"[4]。張思忠是河南鞏縣平民，其子張毅爲江浙參政，"其孫爲吏部侍郎，近臣爲之奏請於上，有敕翰林侍講學士歐陽玄撰公神道之碑以賜。惟公贈典致以子，賜碑致以孫"[5]。劉敏中官翰林學士承旨、榮祿大夫，其祖劉鼎贈資德大夫，其父劉景石贈正奉大夫，可以樹神道碑。劉敏中向朝廷奏請："皇慶二年秋，翰林君追述祖德，疏上，恩屬銘其墓道"，朝廷指派程鉅夫撰次而銘之[6]。浦江吳直方是順帝的親信，參預機密，以集賢大學士致仕。其父吳伯紹是平民，追贈翰林學士承旨。"承旨公薨，墓碑未立，丞相欲爲奏敕詞臣撰文以遺之。公曰：'先君隱約田間，少見於事爲，若挾天子威命以彌文誇侈之，固無不可，是非以誠遇先君也。'卒辭之。"[7]不要詞臣撰文，這是特殊的例子。由此可知高官可申請爲先人立碑，並由朝廷指派詞臣撰文。但更多則是受朝廷封贈後，自行物色作者爲之。"國制，諸封贈，父與子同，子升亦升。"陳安曾爲進義副尉、鹽場

---

[1]《金華黃先生文集》卷三二《倪公墓誌銘》，27 頁上。
[2]《金華黃先生文集》卷二六《史公神道碑》，10 頁上
[3] 歐陽玄著，魏崇武、劉建立校點《歐陽玄集》卷九《虞雍公神道碑》，105 頁。
[4]《劉敏中集》卷六《李公神道碑銘》，54 頁。
[5] 歐陽玄《張公神道碑銘》，《鞏縣誌》卷一八，見國家圖書館善本金石組編《遼金元石刻文獻全編》第三冊，北京圖書館出版社，2003 年，919—921 頁。
[6]《程鉅夫集》卷一九《劉府君神道碑》、卷二〇《劉文靖公神道碑》，234—235、239—240 頁。
[7]《宋濂全集》卷七六《吳公行狀》，1848 頁。

管勾,階從八品。但其子陳惟德進中議大夫、户部員外郎,階正四品;陳安得封贈中順大夫、河中府知府,階正四品,可立神道碑。陳惟德便"走書友人張養浩",請他執筆[1]。

朝廷的元勳重臣,所作神道碑,則稱爲《勳德碑》《世德碑》《世勳碑》《先塋(德)碑》等,以示尊重[2]。内蒙翁牛特旗國公村有《大元敕賜故薊國公張氏先塋碑》,表彰張應瑞功績。此碑是元順帝命奎章閣學士尚師簡、翰林侍講學士張起巖共同撰文,奎章閣承制學士巎巎書,翰林學士許師敬篆額的,保存完好。《先塋碑》附近還有《大元張公住童先德碑》,住童是張應瑞之子。兩碑均龜趺螭首,也都是神道碑一類[3]。爲佛教、道教的領袖人物所作碑文,稱爲《道行碑》《功德碑》,可以説是神道碑的變種。海雲大禪師碑,王萬慶"奉護必烈大王命"作。文後有贊,贊後是嗣法弟子名單,長達七千餘字,螭首龜趺[4]。北京房山《故大行禪師通圓懿公功德碑》,文後有贊,碑陰開列門人和俗弟子姓名,螭首龜趺[5]。趙孟頫奉英宗之命爲玄教領袖張留孫撰碑,螭首龜趺[6]。或稱道行碑,如王惲《故普濟大師劉公道行碑》《玄門掌教大宗師尹公道行碑》[7]。有的也稱《神道碑》,如玄教第三代宗師夏文泳死後,黄溍作《神道碑》[8]。

在衆多爲高官建立的神道碑中有一個例外。江西弋陽謝枋得是南宋遺民,曾參與抗元鬥爭。元朝強迫他進大都,"至京師,不食死"。謝氏氣節在當時及後代都爲人敬仰。其弟子爲他立祠。死後二十四年,翰林侍讀學士李源道應其子之請,爲之作神道碑文。其他神道碑均書官爵,謝氏碑則題《故宋文節先生謝公神道碑》,可以説是特例。碑文收入《元文類》卷五七。

元代神道碑的内容,主要包括家世、經歷、評價等方面,以銘結束,和墓誌銘大體相同。和墓誌銘一樣,神道碑作者主要依據的也是死者家屬送來的行狀。姚燧爲阿里海牙作碑,其子提供死者所"受制書與御筆及公平生行實"。"平生行實"即行狀[9]。李庭作《奧屯公神道碑》,自稱:"一依來狀次序,而贅以

---

[1] 張養浩著,李鳴、馬振奎校點《張養浩集》卷一七《陳公神道碑》,吉林文史出版社,2008年,149—150頁。
[2] 見《國朝文類》卷二三至卷二六,《元朝名臣事略》卷一、卷三、卷四各篇。
[3] 王大方、張文芳編著《草原金石録》,文物出版社,2013年,117—152頁。
[4] 《北京元代史跡圖志》,182—186頁。
[5] 《北京元代史跡圖志》,115—118頁。
[6] 《北京元代史跡圖志》,175—178頁。
[7] 《秋澗先生大全集》卷五三,15頁上;卷五六,8頁上—下。
[8] 《金華黄先生文集》卷二七,19頁下。
[9] 《姚燧集》卷一三《湖廣行省左丞相神道碑》,192頁。

銘。"[1]黄溍爲道士夏文泳作碑,"按狀而述,序而銘之"[2]。但如前所説,墓誌銘一般比較簡略,字數較少;而神道碑則内容比較豐富,每篇文字少則二三千,多則四五千。長的如元明善《平章政事廉文正公神道碑》,有六千餘字[3]。姚燧的《中書左丞姚文獻公神道碑》,有七千字左右,其中銘文將近400字[4]。總的來説,傳世文獻中,神道碑的數量不如墓誌銘。這是因爲墓誌銘没有身份的限制,故傳世的數量很多。神道碑只有五品以上纔得爲之,故傳世數量相對較少。墓誌銘作者範圍較廣,一般文人均可爲之。神道碑作者則大都是有聲望的名流,特別是翰林院的官員。死者地位越高越要請文壇領袖人物來撰寫。皇帝指定的神道碑作者和書家,更是當時學界的頂尖人物。《元文類》有神道碑40篇,作者有元好問、宋子貞、王磐、李謙、盧摯、姚燧、元明善、趙孟頫、虞集、王思廉、李源道、馬祖常、孛朮魯翀等。其中王磐、姚燧、元明善、虞集、孛朮魯翀數人撰寫神道碑較多,尤以姚燧最爲突出。目前可考的姚氏所作神道碑有50餘篇[5],在元人文集中居於首位。"當時孝子順孫,欲發揮其先德,必得燧文,始可傳信,其不得者,每爲愧恥。故三十年間,國朝名臣世勳、顯行盛德,皆燧所書。每來謁文,必其行業可嘉,然後許可,辭無溢美。"[6]除以上諸人外,元代前、中期作神道碑較多的還有劉敏中、袁桷等。元代後期,則有黄溍、歐陽玄等。黄氏出身進士,曾在翰林院、國子監任職,"中統、至元以來,如先生者二三人而已,故凡國家典册詔令及勳賢當得銘者,必命先生爲之"[7]。黄溍傳世文集中所作達官貴人神道碑不下20篇。歐陽玄也是神道碑的重要作者,"海内名山大川,釋老之宫,王公貴人墓隧之碑銘,得玄文辭以爲榮"[8]。除蒙古國時期的元好問、宋子貞以外,以上這些作者都有在翰林院、國子監等文化教育部門任職的經歷,可以説都是官方文壇的領袖人物。

墓誌銘和神道碑還有兩個方面的區別。(1)墓誌銘絶大多數是爲漢人而作,蒙古、色目人很少;而神道碑中蒙古、色目人佔相當大比例。這與神道碑限於五品以上有關。(2)墓誌銘中有大量女性,而神道碑中女性極少。馬祖常的

---

[1]《寓庵集》卷七,78頁下。
[2]《金華黄先生文集》卷二七,19頁下。
[3]《國朝文類》卷六五。
[4]《姚燧集》卷一五,214—225頁。
[5]《姚燧集》卷一三至卷二五,178—397頁。又,集後附《牧庵集輯佚》,有神道碑5篇,603—615、617—620頁。
[6]《元史》卷一七四《姚燧傳》,4059—4060頁。
[7]《宋濂全集》卷七六《金華先生黄公行狀》,1850—1855頁。
[8]《元史》卷一八二《歐陽玄傳》,4198頁。

《故貞節贈容國夫人薩法禮氏碑銘》,是爲于闐(今新疆和田)女性薩法禮而作,她是蒙古國時期大斷事官雅老瓦實的孫女,丈夫的父親土土哈是欽察人,元代著名軍事統帥。薩法禮在丈夫死後守節不嫁,被表彰爲"貞節"。文宗時其子治書侍御史"請於朝,追封容國夫人"。皇帝下詔,令馬祖常"製其碑辭"[1]。皇帝欽命製作碑銘,無疑是神道碑。這是極罕見的。

　　高官名士墓葬時,要請人作墓誌銘,又作神道碑,有的還要製作標題式墓碑,分放在墓區的不同地方。王構官翰林承旨,其子王士熙求袁桷撰墓誌銘時說:"墓上碑,則父友翰林學士陳公儼屬比銘之矣。今葬日薄,知吾先公莫若子,幸志其歷官行事,納諸幽堂。""墓上碑"指神道碑,是陳儼作;請袁桷作的是"納諸幽堂"的墓誌銘[2]。道教領袖吳全節爲其父母合葬,請袁桷"述我先公先夫人之世系而銘之。隧道有碑,翰林學士元公則爲之矣"。他請袁桷撰父母合葬的墓誌銘,在此前已請"翰林學士元公"即元明善撰寫神道碑[3]。應該提到的是,在虞集的文集中,既有《賀丞相墓誌銘》,又有《賀丞相神道碑》,都爲賀勝作,墓誌銘和神道碑出於同一作者之手,是不多見的[4]。一般來說,墓誌銘在舉行葬禮時要做好,這樣可以埋入墓內,而神道碑則可以在後。例如揭傒斯死於至正四年七月,其子揭汯請歐陽玄作墓銘。九月,"汯將扶護登舟",回家埋葬,歐陽玄便將墓銘寫成[5]。至正七年七月,順帝在上都下詔命黃溍作揭傒斯神道碑。黃溍便根據"前修撰劉聞所上容臺之狀及前學士承旨歐陽玄所爲幽堂之銘",寫成神道碑[6]。但二者前後並不嚴格,主要是物色到合適的作者。

　　姚燧爲人作神道碑,其家"廣置燕樂,燧則爲之喜而援筆大書,否則弗易得也"[7]。可知必須要殷勤招待,纔能下筆。中書右丞陳天祥死,其子陳孟溫遣孫允中"奉幣若事狀來濟南",請張養浩作銘,養浩"辭不允,乃反幣,按事狀謹爲銘"[8]。顯然,求人作碑文需"奉幣",在當時是普遍的現象。神道碑作者既奉皇帝之命,又受人之幣,所依據的是家屬認可的行狀,當然不免有許多諱飾不實誇大溢美之詞。"龜趺負穹石,浮語極褒侈。"[9]所謂姚燧"辭無溢美"是不可信的,其他作者也是一樣。例如,畏兀兒人阿里海牙官至湖廣行省左丞相,後因多

---

[1] 馬祖常著,王媛校點《馬祖常集》卷一五,吉林文史出版社,2010年,254頁。
[2] 《袁桷集》卷二九《王文肅公墓誌銘》,436頁。
[3] 《袁桷集》卷二九《饒國吳公饒國夫人舒氏墓誌銘》,438頁。
[4] 《道園學古錄》卷一八,1頁上—4頁下;卷一三,2頁下—5頁上。
[5] 《歐陽玄集》卷一〇《揭公墓誌銘》,139—141頁。
[6] 《金華黃先生文集》卷二六,16頁下—22頁下。
[7] 《元史》卷一七四《姚燧傳》,4060頁。
[8] 《張養浩集》卷一八《陳公神道碑銘》,158頁。
[9] 《袁桷集》卷四《善之僉事兄南歸述懷百韻》,50頁。"龜趺"指神道碑碑座。

有不法之事遭朝廷追查,自殺身亡,但在姚燧所作《湖廣行省左丞相神道碑》中,他是因病死亡,上述情節完全被抹煞了[1]。

神道碑的形制似無明確的規定。一般以高七八尺,廣三四尺居多。但官階高者一丈以上亦頗多。據清代記載,董文用神道碑,高一丈二尺,廣四尺一寸[2]。董士珍碑,高一丈一尺,廣四尺五寸[3]。鞏昌汪氏祖孫三代世系碑,原在隴西城南。據清末方志記載:"汪氏神道碑在今鞏昌府城南壇左側,舊有五碑,今存三,均高二丈餘,廣五尺餘,額趺俱完好。"[4]高二丈餘可謂巨制。《亦都護高昌王世勳碑》僅存中段,存石高廣俱四尺八寸,"其高當爲十有二尺,崇以碑額,真巨刻也"[5]。《西寧王忻都公神道碑》,在永昌石碑溝,"碑高近二丈,廣五尺餘,首刻蟠螭,下有龜趺,製作甚精"[6]。可惜這些巨碑都殘缺或不存了。現存太師寶默碑,通高 4.7 米(碑座未量入),應在 1 丈 4 尺以上[7]。北京東岳廟的《張公碑》(張留孫道行碑),通高約 644 釐米,寬 155 釐米,厚 155 釐米[8]。折算高 2 丈以上。

完整的神道碑,分爲碑身、碑額和碑座。碑有額,額在碑首,上面題寫死者官銜、姓氏,一般爲篆書,類似墓誌銘的蓋。"碑用額,志用蓋,此常例也。"[9]前面説過,神道碑"螭首龜趺","螭首"就是碑額周圍雕螭(無爪龍)形,"龜趺"即碑座刻作龜形。神道碑的文字作者、書丹者[10]和書額者往往各有其人。由皇帝批准的神道碑,通常同時指定碑文作者、書字作者和篆額的人員。咬住神道碑,指定翰林學士承旨劉敏中撰文,同時指定國子祭酒劉賡書,王顒篆額[11]。許衡碑,歐陽玄文"以賜其子師敬使刻之",並指定張起巖書,尚師簡篆額[12]。元順帝傳詔,命揭傒斯爲董守中作神道碑,別敕新南臺治書侍御史巎巎書其文,翰林學士許師敬"篆其額"[13]。《張公碑》(張留孫道行碑)是趙孟頫"奉敕撰並書丹、篆額",三者一人爲之,這是很罕見的。至正七年,順帝命黃溍作揭傒斯神道碑,

---

[1] 《姚燧集》卷一三,191 頁。
[2] 《常山貞石志》卷二一,《遼金元石刻文獻全編》第三册,352 頁。
[3] 《常山貞石志》卷二三,《遼金元石刻文獻全編》第三册,383 頁。
[4] 《隴右金石錄》卷五引《宣統甘肅通志》,《遼金元石刻文獻全編》第三册,1034 頁。
[5] 《隴右金石錄》卷五,《遼金元石刻文獻全編》第三册,1056 頁。
[6] 《隴右金石錄》卷五,引《新通志稿》,《遼金元石刻文獻全編》第三册,1069 頁。
[7] 尚金芬、劉秋果《寶默及其墓塚考》,《邢臺師專學報》1997 年第 3 期。
[8] 《北京元代史跡圖志》,175—178 頁。
[9] 《語石·語石異同評》卷四,235 頁。
[10] "書碑之例,通稱某人書,或曰:書丹。金碑稱書丹者過半。"見《語石·語石異同評》卷六,404 頁。
[11] 《[道光]河內縣誌》卷二一《金石志下》,《遼金元石刻文獻全編》第二册,858 頁。
[12] 《[道光]河內縣誌》卷二一《金石志下》,《遼金元石刻文獻全編》第二册,864 頁。
[13] 揭傒斯著,李夢生點校《揭傒斯全集》"文集"卷七《董公神道碑》,上海古籍出版社,1985 年,385 頁。

"仍敕河南江北等處行中書省左丞臣守誠、禮部尚書臣期頤書、篆以賜焉"[1]。內蒙赤峰翁牛特旗張應瑞先塋碑，張起巖、尚師簡二人同撰，巙巙書，許師敬篆額[2]。

存世的元代神道碑爲數不多，如楊瓊神道碑。楊瓊曲陽（今河北曲陽）人，"以石工進"，官至武略將軍、判大都留守司，兼少府少監，階從五品。楊瓊對大都城的修建作出很大貢獻。他的神道碑是其次子請求姚燧寫的，此碑現存河北曲陽北岳廟[3]。又有竇默神道碑（已斷），在河北肥鄉縣城東。竇默曾任翰林侍講學士，是一位理學家，又是針灸名家。姚天福神道碑，在山西稷山馬村青龍寺博物館[4]。姚天福曾任參知政事、大都路總管。張弘略曾任宣慰使、行省參知政事，其墓在河北滿城，墓中有墓誌銘，神道碑立於神道西側[5]。另有張留孫碑、海雲碑等。上述《亦都護高昌王世勳碑》殘碑仍存。存世神道碑紙本有趙孟頫《膽巴碑》（藏北京故宫博物院）、《仇公墓碑》（藏日本京都陽明文庫）。虞集撰並書《廣東道宣慰使都元帥劉公神道碑銘》（藏上海博物館），碑主劉垓是劉整之子，共 1404 字。

（四）各種文字墓碑

以上所述，都是漢字撰寫的碑銘。元朝通行多種文字，除漢字外，還有畏兀兒字（回鶻文）書寫的蒙古文及八思巴字等。著名學者虞集撰《亦都護高昌王世勳碑》，亦都護是畏兀兒人首領的稱號，元朝封亦都護爲高昌王。此碑是元文宗命虞集撰寫的，記敘畏兀兒歷史、歷代亦都護的功績，樹立在永昌（今甘肅永昌）亦都護紐林的斤墓前[6]。此碑僅存半段，刻有漢文、畏兀兒文兩種文字，内容大體相同，有一些區別[7]。前述《薊國公張氏先塋碑》碑身正面爲漢文，背面爲畏兀兒字蒙古文[8]。《世勳碑》《先塋碑》記述祖先功業，性質與《神道碑》相近。

---

[1]《金華黄先生文集》卷二六《揭公神道碑》，16 頁下。
[2]《草原金石錄》，122 頁。
[3]《姚燧集》後附《姚燧集輯佚》，617—620 頁。
[4] 鄭祥林《古碑爲鑒》，《中國文物報》2001 年 10 月 12 日。
[5] 河北省文物保護中心等《元代張弘略及夫人墓清理報告》，《文物春秋》2013 年第 5 期。
[6]《道園學古錄》卷二四《高昌王世勳之碑》，頁 4 下—頁 7 上；《隴右金石錄》卷五，《遼金元石刻文獻全編》第三册，1054—1057 頁。
[7] 耿世民《回鶻文亦都護高昌王世勳碑研究》，《考古學報》1980 年第 4 期。
[8]《草原金石錄》，118—142 頁。

而且以上兩碑都是"奉敕"撰寫的。另有《大元敕賜諸色人匠府達魯花赤竹公神道碑》,亦刻兩種文字。漢文是揭傒斯撰,嶧嶧書,尚師敬篆額,咬住譯成畏兀兒字蒙古文。原碑不存,但有拓本傳世[1]。

元世祖忽必烈命藏傳佛教領袖八思巴創造新字,指定爲官方文字,主要用來拼寫蒙古語,兼用以音寫漢語。元代有些墓碑,就是用八思巴字書寫的。現存有一件兗州達魯花赤墓碑拓片,碑文漢譯是"濟寧路前兗州達魯花赤兼管本州諸軍奧魯勸農事拜都之墓記"。"拜都之墓記"爲蒙古語,前面20餘字爲漢語音譯[2]。泉州發現數塊八思巴文的基督教徒墓碑,文字比較簡單,應是標題式墓碑,都是八思巴字居中,旁有漢字記建碑歲月[3]。

元代還有域外的拉丁、敘利亞、波斯、阿拉伯等文字墓碑,主要是來自海外的基督教徒和伊斯蘭教徒使用的。

揚州、泉州和内蒙的一些地區都有基督教徒的墓碑發現。1952年,揚州出土兩塊拉丁文墓碑。第1塊碑上圓下方,碑面上半部爲天主教中殉教者的故事圖,下半爲老式哥特文書寫的拉丁文墓誌,共5行。由碑文可知,墓主女性,名喀德鄰,死於1342年。第2塊碑與前者大體相同而略小,上半爲末日審判圖,下半爲老式哥特字母書寫的拉丁文墓誌,共6行。由碑文可知,墓主男性,名安東尼,死於1340年。兩碑主人是兄妹,同屬一富商家庭,其父維利翁尼來自義大利[4]。1981年揚州又出土基督教徒墓碑一通,上段畫面中間雙綫勾成十字,十字下一朵蓮花,兩旁各有一天使,雙手前伸,守護十字架。下段右爲漢字3行:"歲次丁巳,延祐三月初九日,三十三歲身故,五月十六日明吉,大都忻都妻也里世八之墓。"左爲古敘利亞文12行,大意亦是記死者姓名、死亡時間和一些宗教語言。也里世八亦即伊莉莎白,基督教女教徒常見的名字[5]。

泉州是元代中國對外聯繫的最重要海港,許多來自海外的商人、水手、教士在此居留,有的還在當地成家立業。泉州發現大量基督教徒的墓碑,大多用輝綠岩石琢成。碑上大多有十字和蓮花、雲浪紋以及天使像。不少碑上書寫敘利

---

[1]《草原金石録》,142—152頁。
[2] 蔡美彪《八思巴字碑刻文物集釋》[19]"兗州達魯花赤墓碑",中國社會科學出版社,2011年,257—259頁。
[3] 吳文良著,吳幼雄增補《泉州宗教石刻(增訂本)》,科學出版社,2005年,406—410頁;牛汝極《十字蓮花》,上海古籍出版社,2008年,158—162頁。
[4] 耿鑒庭《揚州城根裏的元代拉丁文墓碑》,《考古》1963年第8期。夏鼐《揚州拉丁文墓碑和威尼斯銀幣》,《考古》1979年第6期。《十字蓮花》,121—123頁。
[5] 王勤金《元延祐四年也里世八墓碑考釋》,《文物》1989年第6期。朱江《揚州發現元代基督教徒墓碑》,《文物》1986年第3期。耿世民《揚州景教碑研究》,《西域文史論稿》,蘭州大學出版社,2012年,322—330頁。《十字蓮花》,114—121頁。

亞文、回鶻文和拉丁文。有的同一塊碑上有漢文和其他文字。碑文内容一般是敍述死者生平、原籍、生卒年月以及一些宗教語言。其中一塊是敍利亞文回鶻語-漢語兩種文字的墓碑，左邊是漢字兩行："管領江南諸路明教秦教等也里可温馬里失里門阿必斯古八馬里哈昔牙，皇慶二年歲在癸丑年八月十五日帖迷答掃馬等泣血謹志。"右邊是敍利亞文，譯文是："這是馬可家族的主教大人馬里失里門·阿必斯古八之墓。牛年八月十五日掃馬領（隊）來此並題銘。""馬里哈昔牙"是敍利亞語"主教"和"聖者"之意[1]。内蒙某些地區元代曾流行景教。内蒙百靈廟的敖倫蘇木古城、四子王旗王墓梁耶律氏家族陵園等處都有基督教徒墓碑出土。碑上有十字、蓮花圖案，用敍利亞文書寫，個別碑上有敍利亞文、漢文兩種文字。1984年，内蒙赤峰松山區城子鄉出土景教徒墓碑，是一塊瓷製白釉墓磚。碑體外緣勾勒邊框，框内繪十字架，將碑分成四部分。十字架中心繪有一圓環，内有一朵六瓣蓮花。十字架底部是一朵九瓣蓮花。十字架上部兩空區豎寫兩行古敍利亞文，譯文是："仰之，信之。"（出於《聖經舊約全書》）下半部兩空區是8行畏兀體蒙古文，譯文是："亞歷山大帝王紀年一千五百六十四年，桃花石紀年牛年正月二十日，這位軍帳首領藥難部隊的將軍，在他七十一歲時完成了上帝的使命。願這位大人的靈魂永久地在天堂安息吧！"[2]"桃花石"是中亞各族對中原王朝或漢人的稱呼。内蒙發現的基督教徒墓碑，從族屬來說，很可能屬於汪古（雍古）部，又稱白韃靼[3]。

　　泉州有大量來自海外的伊斯蘭教徒。近百年來，泉州發現伊斯蘭教徒墓碑已不下六七十件[4]。這些墓碑碑頂一般作尖拱形狀，用輝綠岩石和白花崗石琢成。碑上刻古阿拉伯文，有的則有古阿拉伯文和漢文兩種文字。内容大多是死者名字，來自何處，生卒年月，以及一些宗教語言（《可蘭經》）。這些死者以來自波斯者居多，也有的來自中亞布哈拉等處。有一塊墓碑碑面刻古阿拉伯文字6行，大意是死者名哈桑。在第5、6行之間有三個漢字"蕃客墓"[5]。"蕃客"一名始於唐代，宋、元時流行，用來指僑居中國的外國商人、水手。有一塊墓碑，正面是古阿拉伯文6行，大意是死者名阿卜杜拉。背面有漢字6行："先君生於戊辰十二月初九日，卒於癸卯二月初七日，享年三十六歲，安葬於此。時大德七年

---

[1] 夏鼐《兩種文字合璧的泉州也里可温（景教）墓碑》，《考古》1981年第1期。《十字蓮花》，150—152頁。
[2] 《十字蓮花》，106—113頁。
[3] 周清澍《汪古部的族源——汪古部事輯之二》，《文史》第10輯，1981年。
[4] 《泉州宗教石刻（增訂本）》，61—117頁。
[5] 《泉州宗教石刻（增訂本）》，95—97頁。

七月初一日,孤子吴應斗泣血謹志。"[1]顯然,死者之子吴應斗已採用漢人姓名,"孤子"、"泣血"是漢人墓誌中常用的語言。還有一塊墓碑,中間部分刻阿拉伯文4行,係《古蘭經》文字,碑下部兩翼伸出部分刻漢字"潘總領四月初一日身亡",則死者採用漢姓[2]。

元代杭州是江浙行省的首府,江南最繁榮的都市,許多域外人士居留之地。當時杭州有一處聚景園,是回回人的公共墓地。杭州伊斯蘭教古寺鳳凰寺迄今仍保存有一批元代伊斯蘭教的墓碑。最近由中外學者協力整理譯讀,編成《杭州鳳凰寺藏阿拉伯文波斯文碑銘釋讀釋注》一書,已經問世。書中公佈了20方阿拉伯文、波斯文墓碑。由墓碑銘文顯示,"墓主爲波斯人,或波斯化的中亞人和突厥人,其職業有商人、行省高官、軍事官員以及純粹的宗教人士。從宗教派別看,有什葉派、遜尼派、蘇菲派。他們多從陸路來,有一位墓主甚至就來自汗八里即大都(今北京),也有個別通過海路而來"[3]。

(五) 餘論

上面我們對行狀、墓誌銘和神道碑作了簡單的說明。總的來說,這類碑銘文字數量很多,信息量很大,是元代歷史研究的重要資料來源。眾所周知,明初成書的《元史》,其中人物列傳,很大一部分就是利用碑銘文字刪改而成的[4]。也就是説,碑銘文字是原始的第一手資料。不僅如此,有不少碑銘中的記載提供了元代歷史研究的新綫索,有些甚至是唯一的。例如,前述《楊瓊神道碑》對大都城研究具有重要的意義。黄溍《楊樞墓誌銘》證實了元朝與伊利汗國(波斯)之間的海道交通,是元代海上絲路的珍貴文獻[5]。據朝鮮古代史籍記載,元代印度馬八兒王子孛哈里曾到中國定居,劉敏中的《不阿里神道碑》幫助我們解開了孛哈里之謎[6]。至於近年發現的域外文字碑銘,更爲我們研究元代中外交通、宗教、民族開闢了新的途徑。我們期待元代碑銘有更多的發現,相信利用碑銘研究元代歷史一定會有更多的成就。

---

[1]《泉州宗教石刻(增訂本)》,69、331頁。
[2]《泉州宗教石刻(增訂本)》,111、348頁。
[3] 劉迎勝《序》,《杭州鳳凰寺藏阿拉伯文波斯文碑銘釋讀釋注》,中華書局,2015年,6頁。
[4] 20世紀70年代出版的《元史》點校本在這方面有卓越的貢獻。
[5]《金華黄先生文集》卷三五,15頁下—17頁上。
[6]《劉敏中集》卷四,40—41頁。

元代士人的政治關懷與時務對策

——以《三場文選對策·壬集》爲中心的考察

申萬里

"對策"或稱"策問"、"時務策",是元代科舉的鄉試、會試和殿試都要考試的試題類型,殿試中則只考對策。元人蘇天爵編寫的詩文總集《元文類》中,有兩卷內容是元朝鄉試、會試和殿試的對策試題,説明對策在元朝科舉考試中的重要性。元代科舉的"對策",要求考生根據儒家理論,闡述對試題中提出的關於國家政治、經濟和社會、文化、學術等重大問題的看法及應對之策,實際上是對考生未來出仕以後的執政理念與執政能力進行考核。

科舉對策試題是由鄉試、會試和殿試的各級考試官擬定,這些考試官是元朝的行省、中書省等機構聘請的知名士人,這些士人擬定的試題,實際上反映了元代士人對當時國家政權的政治關懷,而考生回答這些問題的答題試卷,則是參加科舉的士人對於這些國家大事的基本認識和應對策略,反映了元代主流士人群體對當時國家政治、經濟、文化和社會等方面發展情況的把握,以及他們對國家各方面的發展進行出謀劃策的努力。

同時,科舉考試從某種程度上說,是一次國家與士人的政治和思想交流。元代鄉試和會試的對策試題以官方(當時的宰相)的語氣,向考生詢問當時士人們關注的現實課題,考生則以回答官方提問的形式,闡述對這些問題的看法和對策。士人們的這些看法和對策會被組織科舉考試的行省和中書省等官員所瞭解,從而會在某種程度上影響此後中央和地方政府的決策。考試以後,一些優秀試卷會作爲科舉範文出版,受到廣泛閱讀,士人們的這些看法和對策也會借此廣泛傳播,在整個社會產生影響,進而對元朝政府的政策調整產生輿論導向。因此,科舉不僅僅是一種人才選拔考試,它具有更加複雜的社會職能。這一點目前還沒有引起學術界的重視。因此,對元代科舉的對策試題和答卷進行全面而深入的探討,對理解元代士人的政治態度、政治參與以及士人與國家政權的交流、士人的觀點對國家政治的影響等問題,都具有重要的學術意義。

元代各級考試的對策試題及答卷在元人文集中保留了部分內容,由於這些試題和答卷數量有限,其中一些目前仍無法確定是當時科舉考試的真題還是士人訓練的模擬試題,因此,無法進行綜合分析。近年來,在日本、韓國相繼發現了元代科舉鄉試、會試的試題和答卷的彙編《新刊類編例舉三場文選》(以下簡稱"三場文選"),其中的《新刊類編例舉三場文選對策》保留了元朝延祐元年到後至元元年(1314—1335)江南三行省鄉試的試題和部分答卷以及這一時期元朝會試的試題和部分答卷,爲我們對元代科舉對策試題及答卷進行綜合研究提供了條件。本章以韓國高麗大學圖書館藏劉仁初編《三場文選對策》爲主要參考文本,並參考日本內閣文庫本和韓國奎章閣等處收藏的元刊本和高麗刊本兩種,進行分析和研究[1]。

有關《三場文選》的研究,已經有不少研究成果[2],但利用《三場文選對策》收集的元代對策試題和試卷研究元代科舉中的問題,目前僅有日本學者渡邊健哉的《元代科舉的"策問"與"對策"》一文。該文通過對《三場文選對策》中天曆二年(1329)江西鄉試試題以及考生夏日孜、解觀、劉聞的鄉試答卷的分析,探討了應試者對現實社會政治課題的認識能力[3]。至於試卷中所反映的對策試題的主要內容、元代士人對國家統治的關注、士人們對這些問題的解決對策,以及

---

[1] 本文引用的劉仁初《新刊類編例舉三場文選對策》藏於韓國高麗大學圖書館,與本人見到的高麗翻刻本《新刊類編例舉三場文選對策》的字體、頁面設置均不一致,應該屬於元刻本。另外,關於高麗刻本,韓國學者有專門研究成果,請參考[韓國]趙炳舜《〈新刊類編例舉三場文選對策〉研究》(韓國書志學會,2006年8月),該書後附高麗本《新刊類編例舉三場文選對策》第五、六卷書影,方便進行版本對照。另外,日本內閣文庫藏本《新刊類編例舉三場文選對策》中,收錄了"對策"八卷,經過核對,該版本與高麗大學圖書館藏的《新刊類編例舉三場文選對策》內容完全一致,只是高麗大學藏本對於內閣文庫本在個別地方有補充,如日本內閣文庫本的第一卷《鄉試·江浙行省》收錄了彭廷玉的試卷,但目錄中漏掉"彭廷玉"三字。高麗大學藏本則在目錄的"江西行省"的下方將"彭廷玉"補上,說明該版本刊印晚於日本內閣文庫本,在使用內閣文庫版的同時,對於內閣文庫版的一些不足進行了補充,從文獻的完整性方面來看,應該優於內閣文庫本。本文引用的《三場文選·對策》的材料,一般說明科次和考生姓名,不再另加腳注,其書中的位置,可參考本文後面的附錄——《三場文選·對策》目錄。

[2] 如姚大力《元代鄉試如何確定上貢人選及其次第——讀〈三場文選〉劄記》(《清華元史》第二輯,119—176頁,中華書局2013年6月)利用對《三場文選》考官評語的分析,探討元代鄉試考官評判試卷和確定舉人次第的問題。黃仁生《元代科舉文獻三種發覆》(《文獻》2003年第1期,95—106頁)對目前收藏於日本的三種《三場文獻》進行了介紹。陳高華《兩種〈三場文選〉中所見元代科舉人物名錄——兼說錢大昕〈元進士考〉》(《中國社會科學院歷史研究所學刊》第1集,2001年)對研究元代進士提供了有益的綫索。李超《元代科考文獻考官批語輯錄》(《中國典籍文化》2010年第3期,138—144頁)輯錄了《三場文選》的《詩義》《庚集》《辛集》中考官對相關科舉試卷的評語,爲我們探討元代科舉試卷的評卷等內容提供了有用的材料。羅鷺《〈青雲梯〉和〈新刊類編例舉三場文選〉所錄元代江浙鄉試賦題考》(《古代文學研究》2006年卷,鳳凰出版社,2006年6月)討論了元代科舉考試的古賦問題。

[3] 《考試研究》第5卷,2009年第2期。

由此形成的士人與國家政權的互動與交流等問題,渡邊健哉的論文中沒有涉及。本文在前人研究的基礎上,對元代鄉試和會試的對策試題及其答卷進行綜合研究[1],探討元代科舉對策涉及的主要內容、士人對國家政治的關注以及士人們提出的解決國家政治、經濟、文化和社會等問題的對策,並在此基礎上探討以科舉爲媒介進行的士人與國家政權的互動與交流。

一、元代對策試題關注的主要問題及提問方式

前面已經指出,元代鄉試和會試都有對策題型,這些對策題目是負責鄉試和會試的考試官在考試以前擬定的。從這些試題的內容來看,其考察的一般是當時社會上關心的政治、經濟、文化學術和社會等方面的話題,其應對之策當然也是包括出題人在內的士人群體所關注的。那麽,元代的對策試題主要關注哪些問題?下面從元代鄉試和會試對策試題中提取相應的關鍵詞,來具體說明這一問題。

(一) 元代科舉試題的關鍵詞

《三場文選對策》共8卷,收録了元朝延祐元年到後至元元年(1324—1335)科舉中,江浙、江西、湖廣和此間大都會試的試題和部分試卷,其中,對策答卷53份(鄉試試卷38份,會試試卷15份),試題28道(鄉試21道,會試7道)。儘管這些試題及其答卷在元代所有的鄉試、會試試題中只是一小部分,但考慮到江南三考區是元朝文化最發達的地區,士人的數量和參加科舉的人數衆多[2],這些試卷又是考試前幾名的優秀答卷,因此,儘管數量不多,應該可以反映出當時考生的最高水準。另外,《三場文選對策》沒有腹裏諸考區和其他行省考區的鄉試試卷雖令人遺憾,不過其中的會試試卷包含了一些來自腹裏諸考區的北方士

---

[1] 元代殿試的對策與鄉試和會試的對策有一些不同的特點,從設問和答題形式上來看,屬於元代士人與皇帝之間的對話或交流。本人將單獨撰文探討,本文不再涉及。

[2] 據蕭啓慶先生的估計,元代北方腹裏地區有儒户4300户左右,江南則有儒户十萬户(見蕭啓慶《元代的儒户:儒士地位演進史上的一章》,收入其論文集《内北國而外中國:蒙元史研究》,中華書局,2007年,371頁),因此士人的數量和參加科舉人數,在全國所有考區中是最多的,江南士人的對策試題及其答卷,能够代表一般元代士人的政治關懷和對國家政治、經濟、文化和社會的基本觀點。

人的答卷,在某種程度上可以補充這方面的不足。現將這些試題中所涉及內容的關鍵詞提取並列舉如下,然後對其分類和分析。

表1:元代鄉試、會試對策試題關鍵詞統計表

名　稱	時　間	種　類	關　鍵　詞
江浙行省	延祐元年	鄉試	官冗、吏汙、民嚚、俗弊、科舉取士、真儒之用、風移俗易、爭訐、奢侈無節、擁銓曹、吏幹邦憲、民知遜弟、俗知禮節、教化、時務
江西行省	延祐元年	鄉試	禮樂之典、文治、學校、貢舉、曆法、輿圖
湖廣行省	延祐元年	鄉試	冗官、銓選、殿最、法律
中書省	延祐二年	會試	農桑、學校、公庾不足、民艱食、建國學、設校官、科舉取士、文治、教之之方
江浙行省	延祐四年	鄉試	審緩急、民安業、吏稱其職、政平訟理、貪墨之風、奢侈之習、蓄積、用儒、官府利病民情必陳、彌盜、風移俗易、甘露禮泉、以民爲本、家給人足、備災、禮樂遜讓
江西行省	延祐四年	鄉試	民氣不蘇、興賢、貢舉、民艱食、徭役重、民破產、豪強侵寡弱、農力弗裕、土地抛荒、水利廢
湖廣行省	延祐四年	鄉試	正爲士之心、重儒者之善、屏浮、諄孝、興賢能、設科取士
中書省	延祐五年	會試	用儒、士風、設科取士
江浙行省	延祐七年	鄉試	正人心之道、富民侵耗窮人、僭服飾、爭訟不休、土風、長民者感化
江西行省	延祐七年	鄉試	河圖、洛書、太極圖、皇極經世書
中書省	至治元年	會試	《書》《春秋》之所始終,《史記》《通鑑》之所以製作
江浙行省	至治三年	鄉試	經史之切於今日之務、設科取士
江西行省	至治三年	鄉試	用真儒、考殿最、任守令、息詞訟、省刑罰、彌盜、勸農、救荒、立臺、開言路、設科取士、考功課吏之法、淩暴之患、爭訐之習、息訟、遊民尚衆、常平倉、義倉民艱食
中書省	泰定元年	會試	五經諸儒傳義同異、設科取士
江浙行省	泰定三年	鄉試	吏治、戶口豐、墾田贏縮、賦役薄厚、按籍繁簡、囚繫盈虛、奸盜有無、選舉衆寡、學校興廢、風化
江西行省	泰定三年	鄉試	周官之制
湖廣行省	泰定三年	鄉試	孟子、周子本無二道,《易》與《太極圖》初無二理
中書省	泰定四年	會試	水利、宵旰之憂、修庶政、行賑貸、疏通之術、決引之法
江浙行省	天曆元年	鄉試	浙右公田田租、兩浙鹽利、東南之困、薄責隨之、農民佔認引數、追繫鞭撻
江西行省	天曆元年	鄉試	賑災、郡縣寡儲、丁未之災、義倉、督糶、平糶、常平
湖廣行省	天曆元年	鄉試	風俗、學校、五刑、五教、禮儀、富而教之

(續表)

名　稱	時　間	種　類	關　鍵　詞
中書省	天曆二年	會試	**問錢楮之法**、鈔法、坑冶、貿易、裕國而庇民
江浙行省	至順元年	鄉試	**吏治**、盜賊息、賦役均、田野辟、戶口蕃、考課、肆宥之恩、勸懲之道、事權專一、漢循吏
江西行省	至順元年	鄉試	**鹽課**、**茶課**、茶司
中書省	至順二年	會試	**用真儒**、《易》《書》《詩》《春秋》及先儒諸書
江浙行省	至順四年	鄉試	**治道**、**時務**、核租入、備水旱、均賦役、廣積、移風易俗
江西行省	至順四年	鄉試	**時務六事**、舉守令、取吏、楮幣、貧者日失其業、彌盜之法、常平、義倉、勸分、朱子救荒之策
湖廣行省	至順乙亥	鄉試	**治道**、**人才**

注：表格中關鍵詞來自《三場文選對策》收錄的鄉試和會試對策試題。其中，黑體部分關鍵詞是鄉試和會試試題中直接提問的，需要考生回答，因此我們把它們作爲重點關注問題；其他關鍵詞是試題在敘述重點問題時涉及的，不一定要求考生回答，所以作爲一般關注的問題。

根據上面表格的統計，將元代士人們重點關注和一般關注的關鍵詞列表如下：

表2：元代鄉試、會試試題重點關注和一般關注的關鍵詞統計表

	政治 36		經濟 10		文化學術 11	社會 13	
	用人 9	治道 27	賦稅戶口、蓄積 7	農桑水利、鈔法 3	文化學術 11	學校 3	風俗 10
重點關注	用真儒、考殿最、任守令、用真儒、人才、銓選、殿最、用儒	息詞訟、省刑罰、彌盜、勸農、救荒、吏治、按籍繁簡、囚繫盈虛、奸盜有無、選舉衆寡、吏治、治道、時務、時務六事治道、官冗、吏汙、冗官、法律、審緩急、民安業、吏稱其職、政平訟理、貪墨之風、奢侈之習、彌盜、陳民情	賦役薄厚、問浙右公田田租、兩浙鹽利、鹽課、茶課、戶口豐、蓄積	水利、農桑、問錢楮之法	周官之制、孟子、周子異同、《易》與《太極圖》關係、五經諸儒傳義同異、經史與時務、《書》、《春秋》之所始終、《史記》《通鑑》之所以製作、河圖、洛書、太極圖、皇極經世之書、禮樂之典、曆法、輿圖	學校興廢、學校、學校	民嚚、俗弊、奢侈之習、風移俗易、甘露泉、民氣不蘇、正爲士之心、重儒者之善、士風、正人心之道

(續表)

	用人 14	治道 23	戶口、蓄積、賦税 20	農桑水利、鈔法 6	學術	學校 3	風俗 14
一般關注	科舉取士、真儒之用、擁銓曹、貢舉、科舉取士、興賢、貢舉、興賢能、設科取士、考功課吏之法、設科取士、考課、舉守令、取吏	文治、教之之方、以民爲本立臺、開言路、息訟、修庶政、行賑貸、五刑、裕國而庇民、盜賊息、賦役均、田野辟、肆宥之恩、勸懲之道、事權專一、漢循吏、核租入、備水旱、均賦役、廣積、彌盜之法、朱子救荒之策	徭役重、富民侵耗窮人、追繫鞭撻、賦役均、均賦役、公庾不足、民艱食、常平倉、義倉、民艱食、郡縣寡儲、義倉、督糴、平糴、常平、戶口蕃、廣積、常平、義倉、勸分	興圖、水利廢、疏通之術、決引之法、鈔法、楮幣		學校、建國學、設校官	民知遜弟、俗知禮節、教化、禮樂遜讓、土風、長民者感化、僭服飾、遊民尚衆、爭訐之習、淩暴之患、風化、禮儀、富而教之、移風易俗

上述關鍵詞提取有不足之處,例如有的並列的關鍵詞意思上有重合之處,有的分類不完全準確,但本文的目的是盡可能全面地展示元代試題涵蓋的多方面的意涵,上述不足不影響對主要問題的文本分析。

從這些試題重點關注的問題來看,元代鄉試、會試試題重點關注的問題很多,包括政治、經濟、文化、社會等方面,每一方面又有具體的側重點。就政治方面來看,我們將其分爲治道和用人兩個方面。治即國家治理,道即國家治理的理論根據和技術措施,治道,指當時元朝統治過程中存在的問題和改進的辦法。具體來説,首先是吏治問題,包括當時吏治方面存在的問題,如冗官、冗吏、官吏貪墨之習、官吏不稱職等。其次,當時國家統治面臨的問題,如司法問題、社會治安、救災和陳民情等。再次,改進國家統治的技術手段。用人方面包括當時國家選舉制度的不足和改進的辦法,如強調任用儒士和加強對人才的管理,重視地方守令的選拔。從經濟方面來看,主要集中在賦税、鈔法和户口、水利等方面。從社會方面來看,試題關注的內容包括學校和風俗兩個方面:學校指從國子學到地方官學的一整套教育體系,風俗指地方社會的民間習俗。就學校來看,試題關注的主要是學校興廢問題,提醒元朝重視教育,扶植學校的發展。就風俗來看,試題關注的內容分爲兩個方面:民間社會的不良習氣(如奢侈之習、好訟之習等)以及改變這些不良習氣的辦法。從文化學術來看,試題關注下列學術問題:歷代官制、《周禮》與儒家經典的關係、古今學術的傳承與發展

（如《易經》與《太極圖》、《史記》與《通鑑》）、古今國家治道的理論、國家禮樂、曆法等。

從這些試題一般關注的問題來看，政治方面：首先，一些改良統治的技術方法成為關注的重點，包括文治、行仁政、平盜賊、息訴訟、救災荒等。其次，在用人方面，科舉、興賢成為試題關注的重要內容。經濟方面：當時賦役的弊端仍然受到關注，不過，關注的重點是解決賦役弊端的技術措施，如儲蓄、義倉、常平倉等，水利等方面也受到重視。社會方面：風俗更加受到重視，既有對民間陋習的關注，也有對理想民間習俗的嚮往。

總的來看，元代鄉試、會試一般關注的問題與重點關注的問題有相似性，也有明顯不同，學術淡出了一般關注的視綫，經濟問題一般關注有所增加，政治問題一般關注的重點也與重點關注有所不同。

如果將上面的重點關注和一般關注的關鍵詞結合起來，元代鄉試和會試對策試題關注的關鍵詞總的情況如下：

表3：元代鄉試、會試對策試題關鍵詞統計表

	政　治	經　濟	文化學術	社　會
重點關注	36	10	11	13
一般關注	37	26	0	17
合　　計	73	36	11	30

將綜合資料做成柱狀圖如下：

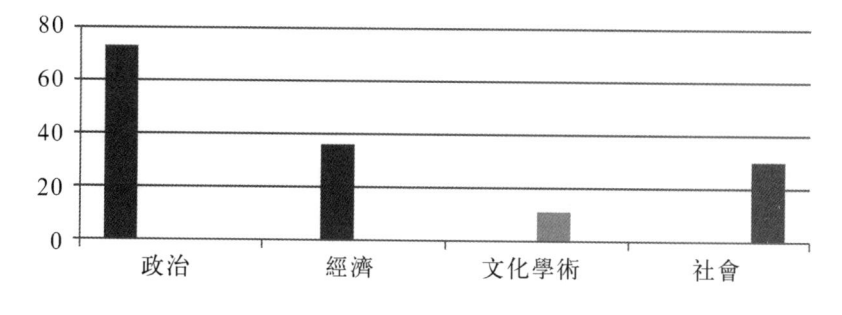

上圖明確地反映出元代鄉試、會試對策試題的關鍵詞中所關注的主要問題。政治是元代科舉最關心的問題，其次是經濟問題、社會問題，文化學術問題因為只在士人中間討論，與當時的社會現實畢竟還有距離，因此關注較少。這些反映了元代科舉重視現實問題和旨在解決現實問題的實用主義價值取向。

（二）元代科舉對策試題的提問方式

試題的提問方式,實際上是提醒考生對於所問問題如何回答。可以說,提問方式決定了考生對於試題提出問題的態度,對於試題中涉及問題的重要性也是一個重要提示。下面根據元代科舉對策試題中提問的方式,考察元代鄉試、會試的試題提出問題的方式和態度。

元代鄉試、會試對策試題在最後都有提問,現將這些提問語列表如下,然後分析其特點。

表 4：元代對策試題的提問語統計表

時　間	試題類別	提　問　語
延祐元年	江浙行省	諸君欽聽明詔以來,念此至熟也,其稽經以對,副聖天子側席真儒之意。
延祐元年	江西鄉試	淪於高虛,流於苟簡,則非有司之所願聞。
延祐元年	湖廣鄉試	其參酌古今以對,毋泛毋略。
延祐二年	大都會試	其稽諸經史,酌以時宜,悉心以對。
延祐四年	江浙鄉試	條列而悉陳之,毋汨於常談,毋拘於文義,使其言灼然可行於世,他日以用儒之效暴於天下,豈不偉哉!
延祐四年	江西鄉試	有能爲之策者,合古之道,得今之宜,隆國之仁,盡民之義,察察乎其甚明也,鑿鑿乎其可行也,乃所願獲一寓其目焉。
延祐四年	湖廣鄉試	諸君子行且觀國之光,展盡所蘊,飄纓紆組,共惟帝臣,其必爲董(董仲舒)而不爲公孫(公孫弘),爲韓(韓愈)而不爲子厚(柳宗元),以無負賓興之意,其各紳繹以對。
延祐五年	大都會試	聖上切於用儒,設科以取士,諸生欽應明詔,來與計偕,將見用矣,於秦漢以來諸儒之事,其必有所去取,試悉陳之。
延祐七年	江浙鄉試	諸君以孝弟信義舉於其鄉而來至於斯,正人心之道概乎亦嘗有聞也,是厚倫成俗之義已,尚畢其說。
延祐七年	江西鄉試	吾黨之士強學待問久矣,盍爲考河《圖》錯綜之文,洛《書》縱橫之數,與《羲卦》《禹疇》何爲此異,周子《太極圖》、邵子《皇極經世書》與河《圖》、洛《書》何者爲同,毫釐辨析,詳著於篇,將以觀諸君子窮理之學。
至治元年	大都會試	我國家隆平百年,功成治定,禮樂方興,篡述萬世之鴻規,敷闡無窮之丕績,吾儒之事也。故樂於諸君子討論之,諸君子游心載籍,聞見滋廣,其於書《春秋》之所以始終,《史記》《通鑑》之所以製作,必詳究而明辨之矣,願聞其說。

(續表)

時　間	試題類別	提　問　語
至治三年	江浙鄉試	欽惟皇上勵精圖治,設科取士,以通經爲本,策以經史時務,蓋將比隆於於堯舜禹湯文武之世。士之貢於鄉者,據經而訂史,酌古以准今,必得其説,其悉心以對。
至治三年	江西鄉試	治出於經史,經史所載切於今日之務者孰爲當先歟？軼漢唐以臻帝王之盛者,孰爲至要歟？
至治三年	湖廣行省	諸君明當世之務,習先聖之術有日矣,蒲蒲充積,賓興而來,咸有展才之望,請明其旨要,條列於篇,以副朝廷求賢之意。
泰定元年	大都	國家設科取經術之士,今十餘年,擴而明之,不在學者乎？……此固諸君子積習而素知者,其詳言之。
泰定三年	江浙鄉試	願詳言之,以究時務之實。古人云："識時務在俊傑。"於諸君深有望焉。
泰定三年	江西鄉試	諸君學爲有用之學,宜熟講之矣,願聞其説。
泰定三年	湖廣鄉試	孟子、周子本無二道,《易》與《太極圖》初無二理,願聞至當歸一之論。
泰定四年	大都會試	願詳陳之,以觀諸君子用世之學。
天曆二年	江浙鄉試	諸君悉陳之,毋隱毋訐。
天曆二年	江西鄉試	諸君子以經術時務出爲世用,其毋以過慮爲嫌,出位爲諱,悉心以陳,將以傳而告之。
天曆二年	湖廣鄉試	方今聖明在上,道洽政治,惟其時矣！諸君幸生明時,行將對於大廷,悉言之,無有所隱。
至順元年	大都會試	諸君子學古而通今,苟有以裕國而(芘)[庇]民者,其悉心以對。
至順三年	江浙鄉試	諸君且將對明廷,躋膴仕,輔世康民之術,講之悉矣,原聞其略。
至順三年	江西鄉試	諸君子博古而通今,必有長策以裨於治朝,其極言之毋隱。
元統元年	大都會試	諸君偕計而來,於數君子之書皆有所考矣,今欲立言於當世,無愧於數君子,其道何由？
後至元元年	江浙鄉試	諸君子以經明行修充賦而來,當今之務,講之熟矣,願析言之,以觀所學。
後至元元年	江西鄉試	諸君子懷才抱藝,出而應興賢之詔,於是數者所當講求,以待問矣,其酌古今之宜,究利病之源,務切實用,毋事虛文,悉著於篇,有司將以轉聞於上。
後至元元年	湖廣鄉試	諸君子博古通今,凡有益於天下國家者,其悉言之,以副昭代求賢之美意。

上表所列就是元朝相關鄉試、會試對策試題的提問方式,從這些內容可以看出,元代對策試題的提問方式有以下特點：

第一,對於試卷中提出的問題,主張實事求是、暢所欲言。上面試題在提問中出現了一些有趣的表述,如:"淪於高虛,流於苟簡,則非有司之所願聞"、"毋泛毋略",要求考生回答問題要注重現實問題,不要簡單、空洞。"悉心以對"、"幸條列而悉陳之"、"其悉心以對"、"願詳言之,以究時務之實",要求考生回答問題認真、全面。"毋汩於常談,毋拘於文義,使其言灼然可行於世"、"諸君悉陳之,毋隱毋訐"、"悉言之,無有所隱"、"諸君子博古而通今,必有長策以裨於治朝,其極言之毋隱"、"毋事虛文,悉著於篇",這些提問方式要求考生不要有任何思想顧慮,不要隱瞞自己的想法,不要故意歪曲現實,實事求是地回答問題。

第二,對於試卷提出的問題,要求考生根據儒家學說和歷史知識,結合當今社會現實進行論述。試題中有"其稽經以對,副聖天子側席真儒之意"、"其參酌古今以對"、"其稽諸經史,酌以時宜,據經而訂史,酌古以准今"、"其酌古今之宜,究利病之源,務切實用,毋事虛文,悉著於篇",這些要求說明元代的科舉考試不光需要考生提出問題和對策,還要根據儒家經典和歷史經驗論述其對策的合理性。

第三,要求考生對試題所提出的問題認真對待,以報答朝廷求賢之美意,並強調,考生們提出的問題將轉告給執政者。試題中多次提到"副聖天子側席真儒之意"、"以副朝廷求賢之意"、"以副昭代求賢之美意",同時試卷還提出"將以傳而告之"、"有司將以轉聞於上"等,鼓勵考生認真對待考試提出的問題。

二、元代士人關於對策試題中相關問題的認識與對策

元代科舉對策試題反映了出題人對於當時國家政治、經濟、文化和社會的關注,這些試題由參加考試的士人考生回答,其答卷內容則反映了這些士人身份的考生對試題中相關問題的認識以及解決對策。前面已經說明,元代鄉試和會試的對策試題注重現實問題,考生在考試的試卷中分析現實問題,探討現實問題的解決辦法,提出解決現實問題的對策,這就使元朝科舉在某種程度上成為士人參政、議政的平臺,一些對策可能會在元朝官方形成共識,為以後的政策調整提供引導。下面通過《三場文選》中鄉試和會試對策答卷的考察,探討元代士人對相關問題的認識和對策。

（一）關於政治問題的認識與對策

根據前面的結論，政治是元代鄉試、會試試題關注最多的內容，那麽，考生的答卷中關於這方面的分析和提出的對策當然也是最多的。從元代士人的鄉試、會試對策答卷來看，元代士人對皇帝本人和政治體制十分推崇，對元朝各項政策基本上也是肯定的。章穀在至治三年(1323)江浙行省鄉試答卷中寫道：

> 皇元撫運，治與天同，二帝三王之民無以加，二帝三王之士莫以過，武功既偃，文德以崇。設科取士之法，世祖皇帝首建明之，列聖相傳，複養育之，先皇帝遂舉行之。可謂念之熟，慮之審也。故以德行明經爲科，試之以文辭，策之以實物，本末體用具舉而無疑矣……試以文辭而不矜浮躁，册以實務而必求實效，則政事文學之臣又彬彬矣。

雷杭在至順三年(1332)江浙行省鄉試答卷中寫道：

> 漢唐遠矣，其亦觀我朝之盛乎？伏自混一以來，有漢唐所無之天下，又有漢唐所無之人才，所謂四三王而六五帝也。祖宗承憲，聖子神孫繼承於後，至於任官分職之際，未始不以守令爲重。是故立州縣正官之選，重守令五事之責，[1]命省部以重其銓，任臺憲以核其實，蓋欲慎親命之寄而望其有治民之效者也。

此外，儲惟賢在後至元元年(1335)江浙鄉試答卷中也寫道："聖朝之有天下，堯舜不足以並者，以其仁也，列聖相承，涵養生息，多歷年矣。一人端拱，無爲於上，百辟祇承，修德於其下，其綱未嘗不正，其紀未始不張。"陳中在同一年江浙鄉試答卷中也寫道："蓋我朝立法其意至公而仁，其目至明而備，舉而行之如指諸掌。"上述內容說明，作爲元朝科舉的參加者，士人們對元朝皇權還是表現出頂禮膜拜，對元朝的國家政治體制和主要政策是完全認可的。

不過，對於元朝官場弊端，士人們還是非常清楚的，批評起來也毫不掩飾。楊宗瑞在延祐二年(1315)會試答卷中寫道：

---

[1] 五事是元朝考核地方守令的五個標準，即户口增、田野辟、詞訟簡、賦役平、盜賊息。

> 今之長吏雖帶勸農之職，不過以二月之吉勉循故事，按行近郊，遊宴而已耳，需索而已耳，大農之職，尸位而已耳，彌然而已耳，風紀之司歲課殿最，亦不過文具而已耳。其與農桑之實，蓋篾如也。

楊宗瑞在這裡批評了元代地方官以勸農爲名擾民，專職勸農官尸位素餐以及地方監察機構不負責任的現象。沈雲超在延祐四年(1317)江浙鄉試答卷中嚴厲批評了地方官通過徵收賦稅、獄訟和攤派徭役等手段害民的情況：

> 今之任字牧之責者能無擾之，足矣，而賦斂之徵以急迫爲辦集之能，獄訟之聽以停滯爲攫取之資，欲望政之平，訟之理，不可得已。百姓終歲勤動，冀一飽於醫創剜肉之餘，而常賦之外，又有不時之需，又有徭役之苦，叫號謙突，雖雞犬不得寧焉，欲家給人足，不可得已，而況猾吏之害甚於貪官，豪民之害慘於猾吏乎？……而況巡歷之處有同傳舍，門關之阻如隔弱水，下情何自而達，民瘼何自而療乎？此仁風憲者之則也。

蕭雲龍在至治三年(1323)江西鄉試答卷中批評了元代官員考核的弊端，他寫道：

> 今內外百官布列有位，非無殿最之令，然而賢愚同滯者，何也？蓋以儒道不明，人心不正，故廉恥道喪，遂成奔競之風，僥倖門開而無考課之實。

曹師孔在天曆二年(1329)湖廣鄉試的答卷中則對元朝地方官員畏懼豪民、以權謀私、沽名釣譽以及學官不稱職的情況進行了批評：

> 有司者視之(豪民)，非不知其狂直之所在，亦將畏其勢而不敢言……今之所謂廉者，固不可謂無其人，然其間亦豈能盡得其實哉？假其名以媒乃私者，未嘗不十之九也……今之爲仕者未有不矯飾與外以得譽者也，承望風旨，奔走應奉，以爲能事上也。一有剛介自守特立不移，非惟不得譽於當時，而禍亦且隨之也。於是刻剥於民以沽譽者接踵相望……典教者非其人焉，則孳孳以簿書爲事，民之視學校，則曰。所謂學校者不過如此。

上述內容反映了參加科舉的元代士人對國家政權的矛盾態度：一方面國家實行科舉，給士人們特別是江南士人提供了參與國家政權的機會，使他們強烈的入仕願望在某種程度上有了滿足的可能,這一點他們是心存感激的,因此,對於元朝的皇帝、元朝的最高權力決策層大力讚美。另一方面,元朝政權中政治腐敗現象比較嚴重,地方官吏不負責任、殘害百姓,國家賦稅不均,鹽法、鈔法混亂,地方社會教化不行,豪民欺壓良善等現象比較突出,引起士人的不滿,其批評的矛頭於是指向地方官吏,特別是地方守令和地方官府胥吏。針對當時地方官府腐敗和效率低下的情況,士人們提出了一系列改良國家地方政權治道的對策或建議。爲了便於對其分析,現將其内容列舉如下:

表5：元代士人有關政治問題對策統計表

科　　次	人物	問　題	對　　策
延祐元年江浙鄉試	方希願	冗官	立紀綱,嚴吏部之選法。
延祐元年江浙鄉試	方希願	吏汙	重憲臣之事權。
延祐元年江浙鄉試	黄溍	官冗、吏汙、民嚚、俗弊	教化。
延祐元年江浙鄉試	彭廷玉	官冗、吏汙、民嚚、俗弊	息奔競、重名撿,得賢才。
延祐元年湖廣鄉試	歐陽玄	汰冗官、精銓選、明殿最、定法律	減閑散之俸以厚正官,塞僥倖之路以清正選;嚴族屬之(下)[辯]以尊吾國人,略歲月之考以拔其才者;擇才明之監司,絶殿疹之汙吏;酌古今以成法書,優禄秩以選法吏。
延祐元年湖廣鄉試	李朝瑞	汰冗官、精銓選、明殿最、定法律	察其俊秀茂才、公清偉幹之人,不次除之,以彰其異;察其庸惰貪猥鄙惡弱之人,顯然黜之,以警其餘;視其才否而爲之殿最。
延祐二年會試	楊宗瑞	冗官	大農之司無分毫損益與農事也,如欲設之……並之户部可也。風紀之司必須責實,嚴其賞罰。
延祐四年江浙鄉試	俞鎮	吏稱職、戢貪墨、用儒、用言	精守令之選,考績之法,旌循良之方;厚俸禄之養敦廉恥之教,杜僥倖之路;嚴土斷而攘謬舉。
延祐四年江浙鄉試	沈雲超	吏之舞文、民風奢侈之習	風憲者之責;奉行者之責。
延祐四年江西鄉試	高鈗	民安業、政平訟理	得賢守令。
延祐七年江浙鄉試	董仲可	教化	得賢守令。

(續表)

科　次	人物	問　題	對　策
至治三年鄉試江浙行省	林仲節	厚風俗、任使	(以理學)正人心以正朝廷,正朝廷以正百官,正百官以正萬民,正萬民以正四方。
至治三年江西鄉試	蕭雲龍	用儒	任考課者律以儒者之道,居官者純任儒道爲政。
天曆二年湖廣鄉試	曹師孔	革風俗	任賢良,謹好尚。
至順三年江浙行省鄉試	雷杭	吏治	精銓選,強調教化。
後至元元年江西鄉試	李廉	薦舉	通過考試任命吏員;鄉試次榜充州縣吏。
後至元元年江西鄉試	龔璿	薦舉,吏制	慎舉;優其廩禄,嚴其法禁,痛革土著之吏。
後至元元年江西鄉試	塗溍生	薦舉,均吏禄	御史、太常、三輔、郡國皆得薦人,農田、水利、催科、盜賊皆有殿最;必府史、胥徒禄足以代其耕也,佐史、嗇夫禄足以養其廉也。
後至元元年湖廣鄉試	謝一魯	用人	精考功殿最之法以擇守令,嚴鄉舉里選之法以擇人才。
後至元元年湖廣鄉試	文逢原	用人	用真儒,明帝王之道,行漢唐之法。

從上表來看,元代士人根據相關試題,對有關政治問題提出了各自的解決對策。下面將這些內容分成幾個方面,結合具體的答卷,分析士人們對這些政治問題的認識和他們提出對策的合理性。

首先是冗官問題。有關元代官員的選舉制度,前人有非常豐富的研究成果[1],這裏没必要展開討論,不過,由於元朝是蒙古統治,其用人的制度和方式、政權機構的設置等問題與前代相比差别較大,這種情況引起士人的不滿。延祐元年(1314)江浙鄉試考生方希願寫道:

先代勳舊之臣世其禄而不任以事,今也並世其位矣。自居髫稚已蒙顯授,不問才否,布列中外。豈知民事之艱難? 安知治體之緩急? 古者士修於家而君舉之,上有求於下,下無求於上。今也起自草萊以媒進者率多頑鈍無耻之人,求其得真儒之用者蓋寡,此則病紀綱之不立也。

---

[1] 元代的選舉制度包括科舉、吏員出職、歲貢儒吏等,關於吏員出職、歲貢儒吏等主要有:許凡《元代吏制研究》,勞動人事出版社,1987年。許凡《論元代吏員的出職制度》,《歷史研究》1984年第6期。申萬里《元代教育研究》,武漢大學出版社,2007年,290—292頁。蕭啓慶《元代的儒户——儒士地位演進史上的一章》,收入蕭啓慶《內北國而外中國:蒙元史研究》,中華書局,2007年,398—408頁。

从方希願的議論可以看出,冗官、冗吏等問題是元朝不同於以往王朝的選舉制度造成的,是必須關注的重要問題。關於冗官、冗吏問題,士人們提出了各自的對策,除了一般的處理方法,如嚴格選法、嚴格考核制度、制定賞罰制度等以外,還有一些比較有意思的對策。

其一,士人們提出在裁減冗官、冗吏的基礎上,增加官員的俸禄和吏員的待遇,通過高薪養廉的手段,提高行政效率。延祐二年(1315)湖廣鄉試考生歐陽玄就認爲:"汰冗官之本在於減閑散之俸以厚正官。"意思是説將裁減的冗官俸禄,來提高正官的待遇,達到高薪養廉的目的。天曆二年(1329)湖廣鄉試曹師孔的試卷也指出:"增其俸禄,優其所養,使得以不乏,則以委任之重,而不敢自輕,禄養之厚而無欲乎外,其強且惡者何所挾以要之乎?"這裏,曹師孔的對策是説通過增加官吏的俸禄,避免官員被地方豪強要脅,避免官場腐敗。上述對策核心是減冗官提高行政效率,反映了士人對冗官問題的思考。

其二,黄溍在延祐元年(1314)江浙鄉試試卷中提出用真儒,以教化改良官場習氣,提高行政效率。黄溍寫道:"國家混一區宇四十年於兹,兵革日以息,財用日以阜,田野日以辟,户口日以增,可謂官府具而紀綱立矣。然時之所謂急務,不過簿書期會之嚴,錢穀出納之謹而已,未聞有以教化爲意者。"他認爲,元代官場腐敗現象和民間不良社會風氣都是教化不行的結果,"欲使夫人忘其倖爵之心,絶其黷貨之念,興遜(弟)[悌]而崇禮節,非教化不可也"。他進一步指出,元朝行教化的唯一手段就是用真儒。與黄溍的觀點類似,延祐七年(1320)江浙鄉試董仲可也提出了以教化改良社會風氣的觀點,他寫道:"今也訓之以禮義,宣之以教化,使其憤厲之習不設於一心,爭訟之風不瀆於官府,則憤者平焉,強之而不爭,貪者息焉,賞之而不訟矣。"對於行教化的方式,他認爲:"舉教化之則而歸之守令,則當今之要務也。……今之長民者苟能正其本、清其源,窮理盡性,明教化之道以感化之,則愚未見其有感而不應者。"從董仲可的觀點可以看出,他認爲行教化應該是地方守令的主要任務。黄溍、董仲可通過行教化改良政治和社會的觀點,有點書生之氣,反映了元代廣大士人群體對於儒治的嚮往。

其三,關於裁撤閑散機構,延祐二年(1315)會試試卷中楊宗瑞提出裁撤大司農司的建議。他認爲:"大農之司無分毫損益於農事也,如欲設之……並之户部可也。"元朝大司農司設立於至元七年(1270),在勸課農桑和推廣農業技術方面還是起到一定的作用。楊宗瑞提出裁撤這個機構,雖然得到元朝官方回應的可能性不大,不過這一提議反映了他對元朝勸農制度的失望。

其四,元代官場存在冒充蒙古人擔任官職的現象,一些漢人取蒙古名字,冒充蒙古人擔任達魯花赤,不少色目人與蒙古不分,在政治上與蒙古人待遇一致。針對這一現象,延祐元年(1314)湖廣鄉試中,歐陽玄提出仿效唐朝,編訂《士族志》的建議。他寫道:

> 精銓選之本在於嚴族屬之(卞)[辯],以尊吾國人,略歲月之考以拔其才者。今之女真、河西,明有著令而自混色目,北庭族屬鄰於近似,而均視蒙古,乘堅趨亮,並列通顯。蓋我國人天性渾厚,不自標榜,愚恐數百年之後,求麟趾之公姓,不可複別異矣。欲還淳古之風,傑黠之習,則必如貞觀之於崔盧氏族,命近臣編之,使其派系分明,不得攙進可也。

這一建議通過對蒙古族屬的嚴格甄別,杜絕一些冒籍現象以及由此帶來的政治混亂,是中國漢族政權經常採取的方法。

其次,關於薦舉問題。薦舉就是推薦官吏的制度,元朝的薦舉是選擇特定的人在中央或地方政府擔任吏員,任滿以後,吏員循資升轉爲官員。這些吏員出身的官員,有機關工作的實際經驗,辦事能力突出,因而符合蒙古統治者實用主義的用人理念,得到蒙古統治高層的認可,成爲元朝重要的選舉制度之一。元仁宗恢復科舉,薦舉仍然沒有廢棄。由於元朝科舉規模較小,薦舉制度仍然發揮著一定的影響。與通過考試選舉人才的科舉制度相比,薦舉的主觀性較強,有失公允,同時薦舉盛行還會在社會上形成奔競之習、任人唯親等現象,這一點士人們頗感不平,紛紛提出改進薦舉的對策。後至元元年(1335)江西鄉試的試卷中,李廉寫道:

> 今莫若於旁溪捷徑之升者,盡行汰去,獨以四善取人,如所謂:德義、清謹、公平、廉恪者,而嚴立保結,迫其入仕三考以後,期以成效,如所謂二十七最各具實跡,以爲舉首者之進退焉,則薦舉不敢輕而得舉矣自重矣。……今莫若革其濫保,聚之公試,每三年鄉試除解額外,遴選其文理優長者或二十名,授以州縣吏職,以小試其能,而量優其祿,其或贓汙不謹,亦終身不齒。

從上面的記述看,李廉關於薦舉的對策分三部分:第一,薦舉人出具保結,以被薦舉人三考的政績,決定薦舉人的職務升降。第二,將被薦舉者聚集在一起考試,按成績決定錄用與否。第三,從鄉試下第舉人中選出二十人,任命州縣吏職。

同爲後至元元年(1335)江西鄉試試題中,龔瑨提出:

> 所司慎舉而欽行之,官而當才,雖仇必舉;苟非其才,雖親必棄。不循貨利,不阿權勢,而使之各舉所知。職在應舉而不舉者,罪之……上之人有以優其廩祿,俾足以爲養廉之資,而後嚴其法禁,俾得以在奸贓之蠹,源清而流清,表正而影正……痛革土著之吏,貼以抑兼并,力禁市井之黠胥以杜侵魚。

龔瑢提出的對策也是三點:慎舉;優其廩祿,嚴其法禁;革土著之吏。另外,後至元元年(1335)江西鄉試試題中,塗溍生的提議也比較有意思,他寫道:

> 御史、太常、三輔、郡國皆得薦人,農田、水利、催科、盜賊皆有殿最……府史、胥徒祿足以代其耕也,佐史、嗇夫祿足以養其廉也,則爲吏者長子孫而廉潔之操,厲銖兩之建絕矣。

這裏塗溍生的提議分兩點:一是擴大薦舉推薦者的範圍;一是均吏祿,使吏員各有所養。上面關於薦舉的對策,都是針對薦舉制度的不足提出來的,有一定的可行性。

第三,關於用人。用人與薦舉不同,是在當時現有官員中選擇合適的人擔任地方守令等一些重要職務。從元朝科舉試卷來看,士人們對地方守令的作用非常重視,他們批評元朝政治腐敗,一般會認爲地方守令難辭其咎;他們提出改革政治體制的對策,很多人提出選擇賢守令。如延祐四年(1317)江西鄉試高鈫的關於民安業和地方政平訟理的對策,就是選賢守令。延祐七年(1320)江浙鄉試董仲可對於教化的對策,也是選擇賢守令。這説明他們對於用人這一問題的重視。士人們關於用人的對策,也主要從選擇賢守令入手。後至元元年(1335)湖廣鄉試試題中,謝一魯認爲:

> 莫若精考功殿最之法以擇守令,嚴鄉舉里選之法以擇人才,庶幾所用皆材德敦實之士,而以文華釣聲譽者無所容其欺,以天下之實材施於天下之實用,持之以戒而行之,必力待之以信而毋責其速成,則漢唐之治非所難及。

從上面可以看出,謝一魯用人的對策是"精考功殿最之法以擇守令,嚴鄉舉里選之法以擇人才"。他還強調對於選中的守令或人才,要"力待之以信而毋責其速成",就是給他們一個寬鬆的環境,讓他們充分發揮才能。另外,後至元元年(1335)湖廣鄉試試卷中,文逢原關於用人的對策很明確——用真儒。他認爲

247

只有真儒纔能明治道,行漢唐之法,達到六事具備的統治效果。

第四,教化。教化是政治問題,也是社會問題,在中國古代的士人語境中,教化總是由官方向民間推廣,是地方守令的政績之一,因此,推廣教化主要是政治問題。推廣教化主要是以儒家思想改造民間社會,形成符合儒家社會和道德規範的社會習俗,因此受到士人們的關注。至順三年(1332)江浙行省鄉試試卷中,雷杭寫道:

> 今日五事,獨缺教化……守令者,民之師帥者也,師者所以教之,帥者所以治之。道之以政不如道之以德,齊之以刑不如齊之以禮,爲民守牧者豈可徒知治之而不知所以教之哉?今之學官不由科目得之,不以課講爲先,而以錢糧爲急,往往不能以化民成俗者,是豈學官之不得其人哉?……故曰:守令民之師帥,學校風俗之本。

雷杭在這裏強調了教化的重要,指出了教化的兩個重要因素:守令是民之師帥,學校是風俗之本。

教化與社會風俗直接相關,所以推廣教化,也被理解爲移風易俗。天曆二年(1329)湖廣鄉試試卷中,曹師孔提出了改革風俗的兩個對策:任賢良、謹好尚。通過前者"使之酌知禮法之所在",然後"強弱各安其分,則又以辨上下,定民志,使下不得以僭上,富不得以兼用,則風化流行,政治自理"。通過後者,"明示以好惡之所在,而吾之所爲,一出於大公至正,則私譽不得以亂吾聰,而矯情干譽者不得以逞奔競,息無所能貪,何患廉恥之不興,俗化之不美哉?"

學校作爲教化之本,當然也會受到重視。士人們對元代學校的管理制度批評較多,延祐元年(1314)江浙鄉試試卷中,方希願寫道:

> 今也學校師儒之任,率非其人,其稍才者亦不過以講課備朔望而已,何嘗一言之幾乎道?鄉校之設,臺省雖切切講求,而下之長民者竟視爲具文而莫之省。

這裏,方希願批評了學校管理者不重視教化以及地方守令忽視利用學校推廣教化的現象。天曆二年(1329)湖廣鄉試試卷中,曹師孔也批評了當時學校的現狀,指出:"典教者非其人焉,則孳孳以簿書爲事,民之視學校,則曰:所謂學校者不過如此。"

那麽,應該如何發揮學校在推廣教化方面的積極作用呢?曹師孔繼續寫道:"興學校以教之,又選賢師傅以爲之表,導之以孝悌,勵之以廉恥,其有不可化者,則始以刑罰齊之,而一以簡靜爲尚,庶幾風俗積弊以漸自革,而治之之道亦不難矣。"

(二)關於經濟問題的認識與對策

經濟問題包括經濟政策、賦税、貨幣、水利、荒政等内容,與一般百姓生活息息相關,這些問題出現在元代科舉對策試題,受到士人們的重視,對於在士人中間形成一個關注經濟問題、研究經濟問題的風氣,有重要的引導作用。現將相關試卷中士人們關於經濟問題及其對策列表如下:

表 6：元代士人經濟問題對策表

科　　次	人　物	問　題	對　　策
延祐二年會試	楊宗瑞	土地兼并	均田、限田。
延祐二年會試	王　沂	民乏食、國乏用	敦本、節用。
至治三年江西鄉試	蕭雲龍	弭盜、勸農、救荒、義倉	用真儒。
泰定四年會試	徐　容	水利	擇都水官,守令兼任。
泰定四年會試	楊　惠	水利	築堤,開渠。
泰定四年會試	王士元	水利	責以專門之職。
天曆二年江浙行省鄉試	馮　勉	江南公田之弊鹽利之弊	申明源流之害,遵守祖宗之法,得人。
天曆二年江浙鄉試	應　才	江南公田之弊鹽利之弊	申明,斂從其薄。
至順元年會試	林泉生	鈔法	斂散之道：收舊錢、省楮費、平錢直；鼓鑄典守：課銅冶、分典守。
至順元年會試	劉　聞	鈔法	鑄錢、開銅礦、新舊錢通用。
至順三年江西鄉試	陳　植	鹽税、茶税	(鹽税)選通濟愛民者以爲轉運；(茶税)乞朝廷稍損其額。
至順三年江西鄉試	王充耘	鹽税、茶税	精一立法,慎以擇人；廢九江茶運司,節用愛人。
後至元元年江浙鄉試	陳　中	賦役不均	禁僧道之蠹民田；汰齊民之冒儒籍。
後至元元年江浙鄉試	儲惟賢	租入之不實徭役之重困	郡守縣令得其人,公薦舉以救資格之弊,嚴考課以驗薦舉之實。

(續表)

科　　次	人　物	問　題	對　　策
後至元元年江西鄉試	李　廉	楮幣、役法	鑄錢；結立義役；嚴立義倉之法。
後至元元年江西鄉試	龔　珆	鈔法，彌盗	因舊有之銅錢准通行之；澄其源，守令得人。
後至元元年江西鄉試	塗溍生	鈔法、土地兼並	錢幣兼行，子母相權而物價自平矣；限民以名田，則兼並可息。

從上表可以看出，元代士人在經濟方面的對策涉及了土地、徭役、鈔法、鹽稅、茶稅、水利、田稅等多個方面，這些内容涉及百姓的日常生活、國家收入以及地方社會穩定等問題，比較重要。士人們提出的解决對策基本上是從實際出發，遵循官民兩利的原則。現將這些對策分成幾個問題，通過士人的答卷，考察他們對經濟問題的認識與他們提出的解决經濟問題對策的可行性。

首先，關於土地兼並問題。土地兼並是中國古代歷朝歷代都存在的問題，土地兼並會造成嚴重的社會矛盾和社會對立，不利於國家與社會的發展與穩定。元代同樣存在土地兼並現象，這一點士人們在科舉試卷中多有涉及。同時，元朝江南富民發展比較突出，兼並土地、把持官府、包攬詞訟的情况比較嚴重，奢侈浪費、捨本逐末成爲元代富民中間盛行的社會風氣。針對這種情况，士人們在科舉試卷中提出了一些有關限制土地兼並問題的對策。延祐二年（1315）會試試卷中，楊宗瑞提出了"均田"的建議。他指出：

> 均田之法猶可行也，但行之不可（大）[太]驟，將欲均之，必先限之，頒其式於天下，使田多者得賣田，少者得增限以年數，則可以行。雖一事更張未免駭聽，然實萬世太平之良法也。

楊宗瑞的辦法是：國家先出臺限田政策，讓田多者賣田，田少者買田，限以時間，逐步推廣，達到均田的目的。他也估計到這一政策執行的困難，但認爲這是"萬世太平之良法"。與楊宗瑞意見類似，後至元元年（1335）江西鄉試試卷中，塗溍生提出了通過限田抑制土地兼並的辦法。他認爲："限民以名田，則兼並可息。"具體辦法是"必寬限民名田之以歲月，聽其自貿易，久而使之不過吾限，則田自均而不得罪於巨室也"。這種限田的辦法與宋朝以來形成的土地私有化發展趨勢是相悖的，不符合社會發展規律，所以，即使"寬限歲月，聽民貿易"，也難以實行。另外，後至元元年江浙鄉試試卷中，陳中提出"禁僧道之蠹民田"的對策。元代僧道土地免稅,寺廟、道觀廣置田土,勢必影響國家收入,加重百姓的負擔,限制僧道購買民田,當然可以減輕百姓負擔。不過元代宗教政策與其他朝代不同,由宣政院統一管理,地方官無權干涉,一些寺廟與蒙古貴族甚至皇帝本人有直接關係,限制僧道購買民田執行起來並不容易。

其次,水利問題。中國古代的農業絶大部分爲灌溉農業,水利問題一直受到士人的重視,成爲古代士人"經世之學"的重要内容之一。元代士人對當時水利"疏通之無術"、"堵防引決之無法"(泰定四年會試徐容)等水利問題非常不滿,泰定四年(1327)的會試試題的内容是水利問題,於是參加這次會試的士人就有關水利問題各抒己見,提出一些有價值的建議或對策。

徐容在答卷中認爲,水利問題最重要的還是用人。他寫道:"國家誠能選如是之人使之居都水之官,當守令之任,責之以勸農營田之事,則何憂乎疏通之無術,何慮乎堵防引決之無法,何患乎興廢復古之無道?"除了用賢能之外,徐容還認爲:"朝廷誠能推聖天子愛民之心,以輕徭役、薄賦斂爲本,管子輕重之權,李悝平糴之令,耿壽昌常平之置,朱文公義倉之説,參酌而行之,而必求其實效,將見民間蓄積有餘,備荒有具,何懼夫水旱之至,饑饉之仍哉?"就是説,水利問題實際上是行仁政的問題,如果統治得當,水旱災害不是問題。

楊惠的試卷將北方水利問題分爲河間地區、關陝之地和黃河三個部分,就防止水旱災害問題,提出了築堤、開渠等對策。河間地區在"濱河之地潦下之處,相其所宜,或兩岸去河各一二十里高築堤防,或度其潦下陂而爲澤,或溝其原濕以排其壅,若然則庶乎水旱之可息焉"。關陝地區屬於乾旱地區,主要是"抑豪强,去壅淤,開溝渠以均其利,而複鄭國之舊跡焉"。對於黃河,則需要"於瀕河兩岸加遠於前,或各去三五十里堅築大防,以縱其漲之暴,如此,則堤防自無甚潰,而汴宋曹魏之民亦無免於魚鱉也"。

王士元的看法與前面不同,他認爲:"水之害民者漸,役之害民者速,則役可且已也;旱之傷農者深,役之傷農者淺,則功不容少休也。故曰:因民之所利而利之,此之謂歟?"即按照對老百姓最有利的原則處理水利問題。他提出的具體措施如下:"相地勢之隆汙,順水性之去就,責以專任之職,期以久遠之功,則疏通之術,堵決之法,起廢之績,亦可馴致而至矣。"意思説根據各地實際情況興修水利工程。

第三,賦稅徭役問題。賦稅徭役問題與百姓生活息息相關,因此得到重視。就賦稅方面來看,士人們關注的主要有江南公田田稅、鹽稅、茶稅、徭役太重和賦役不均的問題。

1. 關於江南公田重税

元代江南公田田税沿襲南宋的標準,税率較高。南宋滅亡以後的53年,也就是元朝的天曆二年(1329),江南公田賦税仍然沒有變化,引起江南士人的不滿。這一年江浙行省的鄉試以江南公田賦税和鹽利爲題,請參加鄉試的舉人發表意見和提出對策。從《三場文選》留下來的三篇對策來看,士人對江南公田賦税的緣由都很清楚,説明他們關注這一問題已經由來已久。馮勉認爲"蠲公田之弊在於申明源流之害",他寫道:

> 天朝平定江南,田賦之制不求羨餘,苛急之徵劃除殆盡,獨公田之弊有司失於申明奏減,昔之爲政者可坐以不知其弊之罪耳,若今之爲政者,既知其弊矣,何惜一言以救積年之弊,以寬一道之徵乎? 若曰:歷年既久,厥數猥多,則當核其田之肥磽,較之賦之虚實,果可徵者而徵之,果可去者而去之,又何難乎?

馮勉認爲,元朝統一江南之初,公田賦税因爲當時官員没有預知其弊端而没有向元朝當局申請蠲減免,這可以理解,但當今官員既知其弊而不加申報,就是失職的表現。他認爲,南宋滅亡已經五十餘年,其間土地肥饒狀況肯定發生了變化,應該重新進行調查,適合按原來的税率徵收的,繼續徵收,不適合的應該廢除,按目前通用税率徵收。馮勉的對策是有道理的,也是可行的。

應才對於江南公田賦税的看法與馮勉基本一致。他認爲:"公田之弊借曰臣服之初,失於申明,方今明良相逢,此豈非可以申明之時乎?"主張地方官申明朝廷,減輕江南公田重税。他進一步認爲,國家治理要"儉",通過節約減輕百姓負擔。針對廢除公田重税會導致國家收入下降的擔心,他認爲:"國家薄海内外,無不臣屬,用財固多,而生財亦不少矣,去公田之重租,薄鹽利之厚斂,於一歲經費之入,譬諸九牛去一毛爾,執事何患乎厥數猥多,蒞事者艱乎其從也? 又何患乎國用之未充也?"應才主張直接免除江南公田重税,國家力行節儉,彌補減税虧空。他認爲,江南公田田税對國家來説是九牛之一毛,無足輕重,這説明他不瞭解元朝中後期國家財政困難的狀況。

2. 關於鹽税

鹽税是元朝國家重要收入之一,與百姓生活關係密切,學術界對於鹽政問題研究成果較多[1]。元朝科舉對這一問題也是非常關注。天曆二年(1329)江

---

[1] 如陳高華、史衛民《中國經濟通史·元代經濟卷》,經濟日報出版社,2000年,615—632頁。張國旺《元代的榷鹽與社會》,天津古籍出版社,2009年。

浙鄉試試卷中，馮勉提到元朝鹽政的弊端：

> 若夫鹽利，供國家之需至廣也，然祖宗之制未嘗不以高價椿配、急徵其直爲禁，而已買賣食用，聽從民便爲喻……度口計升，月考贏屈，此殆具文，而往往吹毛求疵，少有遲緩，簿責隨之。亦以資其官吏之貪而重爲州縣之困耳，宜乎？郡縣不得不下虛於鄉都，抑配農民，佔認引數，追繫鞭撻，甚於鈃鈇趾也。彼農民者自生自養而宜保之若赤子也，彼固有攻苦食淡而不能聊生者，豈可必以口計其鹽而獨徵其課哉？此州縣之所以承其令而重爲吾民害也。

馮勉上面提到鹽稅的弊端，認爲主要是地方守令將鹽引強行計口攤派，佔認引數，迫使農民購買，造成百姓負擔加劇，民不聊生。他認爲元朝世祖舊制並沒有允許這樣攤派，所以解決鹽政害民的對策就是遵守祖宗之法，要達到這一目的，需要國家選擇"明理慎刑之士而用之"。

至順三年（1332）江西鄉試試題再一次涉及鹽稅問題，一些士人在試卷中就鹽稅問題繼續提出新的對策。陳植分析了鹽稅政策失敗的原因："惟在於增羨而不知以養民爲重，惟務規辦而未盡擇人之方，是以置司以領鹽之課，而鹽課之額虧。"他認爲解決的辦法是："選通濟愛民者以爲轉運，至於合幹官屬，許從本司保選，又考其所舉得失之多寡，與其課額之增損，而定其殿最黜涉之等，則官得其人而弊無不去矣。"就是說鹽稅問題的關鍵還是用人和考課。王充耘的觀點與陳植類似，他認爲鹽稅問題的原因是"立法雖精而守令者未得其人也"，應該"選通濟愛民者以爲轉運，使公私兩便"，就可以解決。另外，王充耘還指出，國家如果能夠"節用愛人"，相關機構如果能夠"量入爲出而制賦"，就可以從根本上解決問題。

士人關於鹽稅的對策是基於元代鹽政害民的具體情況有感而發，他們通過對策呼籲元朝廢除害民的鹽稅收取方法，選通濟愛民之人負責鹽稅問題，通過國家"節用"減輕百姓負擔，這些對策代表了百姓的利益，值得稱道。

3. 茶稅

茶稅是元朝江南的賦稅之一，元朝統一全國之初在江浙和江西的一些地方設立榷茶提舉司等機構，負責茶稅的徵收。關於元朝茶稅的弊端，至順三年（1332）江西鄉試的試卷中，陳植認爲："茶之爲課，載重採摘其辦在民，官惟發賣由引，授受門攤，若然責之有司足矣。"就是說茶稅是由地方官負責攤派茶引，沒有必要設立榷茶提舉司專門負責。另外，他還認爲："今日之弊，在於各郡敷排包納之不均,夫權徵勾擾之過甚,而非革罷茶司之弊也。"意思是說元代茶稅的弊端是茶稅數量過大並且不平均,導致騷擾百姓。鑒於此,他提出的對策是:"江州等路課額太多,宜乞朝廷稍損其額,以蘇民力。仍擇有司規辦,不須更置茶司,未爲不便。"對策有兩層意思,一是減少茶稅數量,二是撤銷榷茶提舉司,讓地方官負責茶稅。

至順三年(1332)江西鄉試試卷中,王充耘同樣反對元朝設立的茶稅專門機構,他認爲:"茶采於民而稅於官,與他稅不異,則有司自足以督其徵,如此而特置九江運司又重以各處提舉,利國無幾,而蠹民萬端。"對於茶稅的對策,王充耘主張通過國家"節用愛民"的政策,使地方政府得以"量入爲出",就能根本解決茶稅害民的問題。

士人們關於茶稅的對策首先主張廢除榷茶提舉司等茶稅專門機構,其次是減少茶稅數量和根據各地茶葉種植情況合理攤派茶稅,非常具有可行性。

4. 賦役不均

賦役不均問題是中國古代經常出現的問題,元代南北賦稅制度分別沿襲金宋舊制,有一定的區別[1]。就江南來看,前面提到的江南公田賦稅、鹽稅、茶稅都不同程度地存在不均的問題。就徭役來看,元代徭役根據户等分派,但由於制度腐敗和胥吏作梗,不合理現象尤其嚴重。後至元元年(1335)江浙鄉試試卷中,陳中寫道:

> 今聞閭田野之民,業去稅存者十嘗七八,至有田三四易主而稅未去籍者。而長吏下車之初,往往假推割之名以來貨賄,於是遷延稽核,契券不明,升合未實,使窮遠之民疲於奔走侍候,而富室奄然受其田之入,而官竟不一問焉。……郡縣曹胥視編排徭役爲奇貨,其爲法,不問貧富,惟以分數之多寡,月季之前後以爲其直之輕重,故貧者分數多而居前,富者分數寡而在後,甚而富者或籍權勢而托故以免,則搜剔屢弱之户以充之。……原其所以至此者,豈立法不善哉? 不得其人焉。

上文說明了由於官員腐敗導致的賦稅不公平和胥吏在編排徭役過程中,捏造"分數"而造成貧富不均的現象。對於這種現象出現的原因,陳中認爲不是元代制度的問題,而是官吏選擇不得人的結果。

後至元元年(1335)江浙鄉試中,儲惟賢寫道:

---

[1] 元代的賦役制度,見陳高華、史衛民《中國經濟通史·元代經濟卷》第四編《賦役和財政》。

> 近年以來,乾旱水溢之變無常,租入之不實者病於此,徭役之重困者,由乎此,官民之無蓋藏者亦未始於不源乎此。然而此而推之,轉鬻無常,勾稽不明,誰之罪歟？輕重不均,高下失次,誰之過歟？官無儲蓄,民無贏餘,又誰咎而可歟？

從儲惟賢的言論來看,賦役不均的原因有水旱災害的因素,但主要還是地方官吏的腐敗和失職,這一點與前面陳中的觀點類似。後至元元年(1335)江西鄉試試卷中,李廉則是把元朝賦役不均的原因歸結爲制度,他認爲:"今民所以不得安於田里者,往往皆役法不均,故有版籍不明、役法不均始焉。"這種觀點與前面不同。

關於解決賦役不均的對策,陳中提出兩點:一是禁止僧道購買民間田,一是清查儒籍,淘汰冒籍者,給通過鄉試的士人免役。儲惟賢的對策是嚴格薦舉和官員考課,使守令得其人。李廉則提出"義役"的對策,具體辦法如下:

> 莫若使諸路鄉都推定稅糧,結立義役,用朱子貫頭均紐之說以行之,加入一都該糧若干石,每石責令出役錢若干,凡一應州縣大小恢辦,皆取足於此,則兼並者不得絕户以苟免,貧者亦不至甚相糾訐。

這種對策參考了南宋朱熹在任地方官期間實行的義役制度,與元英宗時期在江南實行的"津助賦役法"也有相似的地方。

第四,鈔法問題。元世祖忽必烈即位之初,發行中統鈔作爲流通的主要貨幣,此後,貨幣的發行、流通、匯兑等形成了一系列複雜的制度,總稱鈔法。鈔法對國家經濟發展和百姓日常生活都非常重要。元朝科舉的試題中出現了鈔法的內容,士人們在答卷中闡明了他們對鈔法的認識、元朝鈔法的弊端以及改進對策。

至順元年(1330)會試試題,林泉生提出了鑄(銅)錢、錢鈔並用的對策,他詳細地提出了鈔法改進的對策:

> 一曰收舊錢。蓋自皇慶以來,錢廢不用,多爲民間銷鎔,或爲海舶竊逸,舊錢之存十僅二三。里閭視之不甚惜,及此際而令所在平直買之,則今日以一錢而收,他日可爲十錢之用。二曰省楮費。蓋今日造楮之費畸零最多,銅錢既行,則小料之楮可以省造,以大楮權錢而用,使民欲便於交易,則以楮倒錢,欲便於致遠,則以錢易楮,如此則錢不病鈔,鈔不妨錢,子母相權,行之百世而無弊也。三曰平錢直。

蓋錢少直多,則物價比貴,銅輕利重,則偽難防。必令唐宋舊錢之直不過一文,積錢一千,易楮幣一貫,則輕重適宜也。新錢之直當視唐宋舊錢而加重,則可以示沿革之道,比至大舊錢而加輕,所以權小大之宜,使盜鑄者欲鑄一錢,則費一錢,雖賞之不竊也。

林泉生的對策非常具體而實用,即通過收舊錢、省楮費和平錢直(值)的辦法,達到一種錢鈔並用、子母相權以至於官民兩便的效果。由於元朝此前主要使用紙鈔,元武宗發行至大銅錢並不成功,因此,林泉生進一步提出了對鑄錢管理的辦法,他寫道:

一曰課銅冶。產銅之地亦可置冶徵,取買賣與課鐵同。郡縣催徵,以資鼓鑄,則官不費而民不擾也。二曰分典守。蓋舊制設監置局,少則不能均遠近之用,多則不能無冗濫之員。莫若今二十一道置立憲司之地,各設鑄錢之所,有司督造,憲司監臨,俾錢額常以銅額而為准。鈔法常與錢法而兼行,又於京師置監,比較四方之範制,均其銖兩,算其肉好,如此則責有所歸而官亦不必冗設也。

林泉生關於鑄錢提出了兩個建議:一是對銅課稅,允許買賣,為鑄錢提供原料;二是在全國二十一道肅政廉訪司所在地設鑄錢之所,京城設統領機構(監)統一管理,達到規範鑄錢的目的。相比於林泉生對策的具體、實用,劉聞的對策同樣切於實用。關於錢鈔並用的問題,他在至順元年(1330)會試試卷中寫道:

莫若以錢之二百文准中統之一貫,楮錢之一千文,可當至元之一貫。今民間日用之小者得以錢為用,而公私之出納,自至元一貫以上則以鈔行,如此則貿易之價自平,而遠近之用各不滯也。錢之用浸廣,則鈔自至元五百文而下可漸停造,損其工費以增鑄錢之資也。……然鈔之輕便足以致遠,而錢之堅重,可以傳久,所謂子母相權而不可偏廢也。

劉聞提出了銅錢與中統鈔、至元鈔的兌換比例,銅錢與中統鈔比價200文=1貫中統鈔,銅錢1000文(1貫)=1貫至元鈔。他還提出500文以下用銅錢交易,500文以上用鈔交易,增加了銅錢在整個貨幣體系中的地位。

關於鑄錢的管理,劉聞認為:"當所因其產銅之地置監以典之,傭工而作之,(歐)[驅]有罪之民而役之,時其程課,均其稍食,典守者慎所任使而限以常員,則官不至於冗,傭役者各事其事。"就是説在産銅之地設立鑄錢機構,雇人或以罪犯從事鑄錢工作,這一點與林泉生觀點不同。對於前朝遺留下來的銅錢,劉聞不主張收回重鑄,而是主張允許繼續使用,他寫道:

  夫錢,取其便於民之用而已,固無間與新舊,毁而新之乎,則前代之已成悉隳,而今日之初鑄者未充,吾未見其爲便也。以爲斂之而後用之乎?則吾取錢其便於民而已,又何問其爲公、爲私也?且舊錢藏於民者無幾也……民幸其複用,吾亦幸民之有錢而用之,又何必斂之在官而後可爲用哉?

最後,關於海外貿易會導致銅錢流出中國的擔心,劉聞没有提出具體的對策,只是説:"中國之生財自足以資中國之用,彼遠方之珍異不切於生民之日用者……今使遠物不爲中國之所貴,而中國之錢復用於中國,則雖弛番船之禁,而自無逸出之患。"就是説通過"不貴遠物"觀念的培養,解决銅錢外流的問題。

此外,後至元元年(1335)的江西鄉試,也涉及鈔法的問題,一些士人的試卷中也有所涉及。李廉認爲:"今錢幣通行之法莫若不惜銅,不愛工,使所鑄者一以漢五銖、唐開元爲率,略計一錢爲一文,使輕重適等,則物貨疏通也。"龔瑁認爲:"若因舊有之銅錢准通行之,寶鈔酌其輕重,子母相權,以便行使,而將來之或鑄或否因時制宜。"塗溍生認爲:"錢幣兼行,子母相權而物價自平矣。"這些看法集中在錢鈔並用、子母相權和鑄幣等問題方面,與前面林泉生和劉聞的觀點相比,没有新意。

元代士人們建議將銅錢引入貨幣體系,作爲百姓日常使用的實際貨幣。由於銅錢本身具有價值,屬於一般等價物,可以起到穩定物價的效果。紙幣(鈔)作爲大額的政策性貨幣,具有數量大、便於攜帶的特點,由國家掌握,作爲繳納賦税和遠途商業的交易手段。這種設想針對的是元朝紙幣價值不穩定的弊端,對穩定當時的百姓生活具有積極意義。

(三) 關於災荒問題的認識及其對策[1]

元朝是自然災害頻仍的時代,武宗至大年間,江南發生大規模的旱災,此後

---

[1] 日本學者渡邊健哉《元代科舉的"策問"和"對策"》(《考試研究》第 5 卷 2 期,2009 年 4 月,100—115 頁)以天曆二年江西鄉試試題和鄉試考生夏日孜、解觀、劉聞的答卷爲材料進行分析,探討了元代士人對於現實政治課題——防災、救災的認識能力,可以參考。

元朝的中後期,水旱等自然災害更加猛烈,造成大範圍的饑饉發生,因此,如何應對自然災害成爲現實的迫切需要。天曆二年(1329)江西發生嚴重的旱災,這一年江西鄉試,考試試題的內容就是應對災害的措施,於是士人們紛紛通過答卷對這一問題獻計獻策。

需要説明的是,災荒問題(或稱荒政)總的來説屬於經濟領域的問題,由於元朝科舉對這一問題非常重視,討論較多,所以單列出來,重點論述。士人們在答卷中首先描述了這一年旱災的嚴重情况,解觀寫道:

> 皇元奄有區夏,四海爲家,承平百年,生齒日衆,江淮以南,户口以千萬計而調度儲蓄謹足無餘……蓋自四五月間無雨,以至於今,雖所在精加祈禱,間有獲感應者,然皆如揚沸以沃焦釜,曾不足以有濟。早稻收之僅及二三,晚稻則赤地千里,蕩然無餘。苟賑濟之政不加,撫恤之心不至,則其散而之四方轉而爲餓殍,去而爲盜賊,可坐而待也。

劉聞也寫道:

> 自夏徂秋,亢陽不雨,江淮南北赤地數千里,此識時之深憂而執事之所以發而爲問者。

從這兩位士人的叙述來看,這一年的旱災確實非常嚴重,解觀分析,如果不加以賑濟和撫恤,則會産生嚴重的後果。爲什麽如此?天曆二年(1329)江西鄉試夏日孜的試卷中,接著分析了産生饑荒的原因:

> 今土地之廣,人民之繁,古所未有。然以蓄積言之,未能如堯、湯之時,何也?國家之調度日繁而民間之儲積實寡,豐穰之歲已不足爲仰事撫育之計,饑饉之日即聞愁嗟怨咨之聲,良可念也。蓋聖君賢相愛民之心甚切,而守令之承流宣化者未至,斜科橫斂,費出百端,以致小民之資財無有餘蓄,詞訟繁冗,牽連歲月以致小民之耕穫不得其時,遊手坐食者甚衆,而有司並不之禁,胥吏貪污者不少,而閭閻屢被其害,如此而望其有蓄積也,難矣!……今之義倉言之,其弊反有甚焉者,何也?徒有義倉之名,而無義倉之實,制度雖詳密而施爲則不然,行移雖可觀,而實效則未見,不惟不能爲民之利,抑且爲民之害。

夏日孜的分析可謂入木三分。在自然災害面前，元代百姓積蓄很少，地方守令橫徵暴斂，導致百姓非常貧困，詞訟繁冗使百姓耕獲不得其時，胥吏貪污，百姓受害。義倉有名無實反而給百姓造成負擔，這些因素使百姓在自然災害面前變得非常脆弱。因此，面對自然災害，需要找出合理的解決辦法。

夏日孜提出了救荒和備荒兩種解決對策，他認爲："嘗謂古今天下國家不患於有災，而患於救災之無策，不患於救災，而患於備災之無具。救災權一時之宜，所以拯之於已然，備災者爲長久計所以防之於未然。"關於具體的辦法，夏日孜接著寫道：

> 救荒之急計莫如發粟、勸分；備荒之久計，莫如常平、義倉。發粟固在於得請，然誠如汲黯之忠直，雖矯制開倉亦不爲過也。勸分必在於周防，使能如朱文公之守浙東，區劃詳悉，則又何患其無術也。至若義倉已行而求其無弊，平糶、常平未行，而求其可行，則斟酌時宜，關防事理不可不曲盡耳。愚竊謂常平之法當與平糶之意並行，如遇豐登之年，官出價以糶之，賑濟之日，依原價而糶之，庶官無所虧而民有所利。必如此而後，常平之法易行也。義倉之設不當使有司掌其權……（守令）擇其鄉之有德行廉幹者俾司其職。有司常加勸督提調而已。

夏日孜提出的對策比較全面，他的救荒對策是發粟和勸分，前者是使用國家糧食儲備救濟災民，後者是勸告富室出糧救濟。關於防災，夏日孜提出管理好元朝已有的義倉，不能讓官方參與義倉的管理，然後還提出實行平糶法和建立常平倉的設想。

解觀的對策只限於救荒，他提出了救荒的四個措施：

> 其大端不過有四：曰（撿）放田租（官方撿踏災害情況，減免田租），曰勸諭出粟，曰招誘商人，曰戒飭官吏是已。

解觀的四個措施包括：減免租稅、勸諭出粟、招誘商人和戒飭官吏。前三個是受到南宋朱熹救災措施的影響，而第四項戒飭官吏，他認爲至關重要，因爲前面三個措施離開官方的籌畫不可能得到實施，因此他接著呼籲：

> 今旱傷所及，廣數千里，有目者所共見，有耳者所共聞。爲守令者所宜轉申上司，速爲賑濟之備，而例皆觀望莫適任患。誠能如朱文公於所屬州縣嚴行戒飭，其

有勤於撫字者,得以優保奏,其有不以斯民爲念者,以怠慢處罰,則在官若吏莫敢不以講求荒政爲意者。

相比較而言,天曆二年(1329)江西鄉試試卷中,劉聞除了提出對策以外,還提出具體實施的建議。他認爲:

今日之務謂宜推散利之意而發粟以賑無食之民;擴薄徵之念而免糧以優有租之户;然後敦勸分之政以獎率有米之家,使年雖荒而未至於病,民雖饑而不至於殍。雖慘於丁未(大德十一年)之災,亦可以無患。

劉聞的發粟、免糧和勸分對策與前面提到的對策基本一致,可貴的是,他考慮到執行這些措施可能遇到的問題,他接著寫道:"所可病者,散利薄徵之事在乎官,常失於申請之後,時而無及;勸分之義在乎民,常苦於官吏之並緣而爲奸,如此利歸於胥吏,害及於富室,而惠不下於民間,是投薪而止火,決河而拯溺,民始至於重困而不可複救矣。"爲了避免上述弊端的出現,他提出了具體實施的措施。關於發粟,他認爲:

發粟免糧勢不可緩,而有司常行必待縣聞之州,州聞之省。爲職役者慮其有輾轉酬應之費,居州縣者病其獲撫字乖方之罰,上下爲欺,不以實告者,多矣……今之計者,有司能以身任其責,則先發後聞可也。或未能則星馳驛奏,勿致後時。

關於勸分,他接著寫道:

勸分之政不行於積粟之家,而督耀之令徒嚴於中下之户,是畫餅之不足以充饑民,不殍者益寡矣!爲今計者遴選廉能之吏巡行鄉邑,執率豪富使無閉廩高價之患,行之以公道,喻之以誠心,糾之以威刑,獎之以名器。

從上面三位士人的救災對策來看,他們確實對江西當地的實際情況非常熟悉,救災的措施也大多切實可行,反映了元代士人對現實問題的廣泛關注及深入研究。另外,還有其他一些試卷的對策涉及救災的問題。王沂在延祐二年(1315)會試試卷中談到在民間"興儲蓄"的問題,認爲這是"蓄積備災之道"。至治三年(1323)江西鄉試試卷中,蕭雲龍談到義倉管理問題,主張"義倉用儒者",

即以知名儒士掌管義倉收支,保證其在救災中發揮作用。後至元元年(1335)江西鄉試試卷中,李廉提出了朱熹在任南宋地方官期間實行的社倉制度,建議元朝以此辦法管理義倉,他寫道:

> 愚謂:經久之制莫若嚴立義倉之法,取朱子建寧府崇安縣開耀鄉之例而行之則得矣。蓋開耀之社倉乃朱子及土居官劉如愚領之,其初請本於府,每年出斂,只依鄉例,次年又輕其息,不及十數年,除已給還元請,而本息猶十倍與初。於是每年只收耗米更不取息,故一鄉數十里間,無饑饉之憂,此良法也。爲今之計,誠能求此法而用之,令州縣每處委一清謹能干士人,或寄居官之類以主之,則何患儲蓄之不廣哉?

士人們上述關於災荒的對策,大部分切合實際,反映了元代士人關注現實問題、研究現實問題的風氣。另外,在一些對策中還談到歷史上一些成功的應對自然災害的經驗,希望元朝當局借鑒,說明元朝士人善於總結歷史經驗,將歷史上的一些經驗與當時現實結合起來。

(四) 關於社會和文化問題的認識與對策

元代科舉對策在社會和文化方面涉及的問題主要包括禮樂、修史、學校、風俗等方面,這些內容與國家政治文化和地方社會的教化、百姓生活等關係密切。儒家政治講究化民成俗,上述內容當然是士人們比較關注的,他們在對策答卷中對上述內容涉及較多。現將元代士人在社會和文化方面的對策列表如下:

表7: 元代士人社會與文化問題對策統計表

科　　次	人　物	問　題	對　　策
延祐元年江西鄉試	楊晉孫	禮樂制度	舉其本正其末
延祐元年江西鄉試	夏　鎮	禮樂制度	禁世俗之樂,去其所謂大成之曲,而擇明於樂者盡變其弦歌之音。
延祐二年會試	楊宗瑞	學校與教化	嚴教官之選,優其資級,厚其廩祿。
延祐四年江浙鄉試	沈雲超	士風	鼓勵陳言,優待隱逸。
延祐四年湖廣鄉試	何克明	崇儒	董仲舒入孔廟祭祀

(續表)

科　次	人　物	問　題	對　策
至治元年會試	李好文	修史	尊經典
至治元年會試	孫自強	修史	選鴻儒巨筆以任紀贊撰修之職
至治元年會試	易炎正	修史	撰述萬世之鴻規
至治三年鄉試江浙行省	章　穀	對當今盛世的認識	科舉取士
至治三年江西鄉試	蕭雲龍	民風	用儒
泰定三年江浙行省鄉試	蔡景行	儒術與實務	建議五事之上,加興學校。

從上表可以看出,在社會和文化方面,元代科舉關注的問題依然比較廣泛,包括禮樂制度、修史、民風、士風、崇儒、興學校、行教化等方面。現結合元代士人的答卷,對士人們對這些問題的認識和對策進行詳細論述。

首先是關於禮樂制度的問題。禮樂制度是中國帝制時代的重要制度,禮樂使用於祭祀和國家典禮的各種場合,是社會等級制度的反映。儒家特別注重禮樂問題,禮樂知識也是士人的主要修養之一。元朝從世祖忽必烈開始實行漢法,制禮作樂是漢法的重要內容之一,得到士人們的重視,禮樂制度也成為元朝科舉的議題。延祐元年(1314)江西鄉試對策試題考的就是禮樂問題,士人們通過科舉答卷發表了對元朝禮樂的認識和對策。

楊晉孫在試卷中表達了對當時禮樂制度的不滿,他寫道:

> 以今日之禮樂言之,禮樂之則本於文,古與今皆未當也。奔競成風,民無廉恥,愚不知事之理何在;物價踴貴,民不聊生,愚不知物之和何在。是今日之禮樂未得其本也。法度未立,一切儀容莫非徒為文具而已,如此亦何有於度數?倡優盛行,一切歌舞,莫非作為淫蕩而已,如此則何有於聲音,是今日之禮樂皆未得其文也。

從楊晉孫的表述來看,他認為禮樂反映的就是社會現實,只有政治清明、社會和諧纔是建立禮樂制度的時機,而當時的社會現實,遠沒有達到制禮作樂的條件。為此,他提出對策:

> 舉其本正其末,此禮樂之急務也……敦教化之原,明義利之辯,正朝廷以正百

官,正百官以正萬民,則事得其理而禮之本立矣。本立而後及文,推擇老成,博求名儒,立爲制度,紀綱刊之金石,世世無易,則度數彰而禮之文立矣。

從楊晉孫的對策來看,他認爲要制定禮樂制度,需要先正其本,也就是全面實行儒治,本確立以後纔能開始文的層面,擇名儒,定禮樂。

李好文、夏鎮的觀點與楊晉孫差別較大,他們認爲目前處於盛世,正是制禮作樂的好時候,至治元年(1321)會試試卷中,李好文寫道:

> 我國家際天所覆,靡不臣妾,疆域廣大之盛,自有天地以來未有過於今日也。洪惟太祖皇帝肇基中國,世祖皇帝混一六合,隆功實績,固已丕述,迄今隆平百年,海内無憂。先皇帝撫盈成之運,迓太平之治,皇猷偉烈莫竟名言……聖天子嗣服之初,首舉彝章,躬親廟祀,詔屬百司,咸新庶政,孚上下澤及矜寡,固將建非常之事,成大有之功。興禮作樂,此其時也。

夏鎮也寫道:

> 列聖相承,道洽政治,聲教所及,周乎朔南。學校行而貢舉行,司曆明而職貢廣,百司庶府,井井有條,公卿大夫,彬彬文學。制禮作樂,人文化成,維其時矣。

關於制定禮樂的辦法,夏鎮認爲:

> 今之法果能定服色之制,而使賤不得以妨貴,禁世俗之樂,而使鄭不得亂雅,考術庠、序、學之舊,而行掃地爲位之禮,並去其所謂大成之曲,而擇明於樂者盡變其弦歌之音,則斯民之觀聽不二,多士之趨向不謬也。

他的建議是:定服色,禁止世俗之樂,根據古代學校舊制行禮,廢除當時官學盛行的大成樂[1]。可以說,夏鎮的對策比較具體,可行性較強。此外,他還表示:"鯫生倘獲與計偕,而觀上國之光,則願執先儒之禮書律通以從。"就是說,如果得到當局邀請,他願意到都城參加制定禮樂的工作。

其次是關於儒治和士風的問題。儒治即以儒治國,元世祖忽必烈實行漢

---

[1] 關於大成樂以及元代文廟祭祀的禮樂問題,見申萬里《元代教育研究》,武漢大學出版社,2007年,195—203頁。

法,被元朝士人認爲是元政權實行儒治的開端,此後元仁宗實行科舉的舉措,更是被士人們認爲是儒治的深入,大加讚賞。至治三年(1323)江浙鄉試試卷中,章穀寫道:

> 皇元撫運,治與天同,二帝三王之民無以加,二帝三王之士莫以過,武功既偃,文德以崇。設科取士之法,世祖皇帝首建明之,列聖相傳,複養育之,先皇帝遂舉行之。可謂念之熟、慮之審也。故以德行明經爲科,試之以文辭,策之以實物,本末體用具舉而無疑矣……試以文辭而不矜浮躁,册以實務而必求實效,則政事文學之臣又彬彬矣。

延祐四年(1317)湖廣鄉試試卷中,何克明也寫道:

> 天眷聖元,自我世祖皇帝以神武定天下,輿圖之廣,亘古所無,列聖相承,道洽政治。今天子稽古典,式祖訓,煥然以興起斯文、潤色鴻業爲萬世太平計,其所以崇化厲賢,設科取士,豈非朝廷之盛舉,世道之幸歟?

從章穀和何克明的言論來看,他們爲實行科舉歡欣鼓舞,認爲此時是實行儒治最好的時候。從這些試卷的內容來看,士人們論述的儒治除了國家的大政方針以外,還包括重用儒士、重視學校、尊重儒士、力行教化等方面。

延祐二年(1315)會試試卷中楊宗瑞説明了重用儒士的必要性,他認爲:"國家取材於吏久矣,學校之官三數十年不獲入流,其間高明遠識之士舍儒就吏者多矣,今之建大議論,立大庸效,定大謀猷者,舉謂之非儒可乎?"關於重用儒士的對策,楊宗瑞認爲學官的仕宦之途壅滯,導致儒士屈身爲吏員,是國家儒治資源的巨大浪費,應該嚴格官學學官的選擇,提高學官的待遇,使之肩負作養人才的責任[1]。地方監察機構則需要對學官嚴格考核,規範學官行爲。他寫道:

> 則當嚴教官之選,優其資級,厚其廩禄,申其教養之道,責其作成之實。至若有司敦勸之未至,興舉之當否,亦當嚴其罪賞,責任風憲以糾舉之,亦庶乎其可也。

這裏,楊宗瑞的對策是通過重視學校、培養人才,達到重儒的目的,這種觀點元朝官方文件中經常提及,並不新鮮。關於用儒、重儒,至治三年(1323)的江

---

[1] 關於元代官學學官的待遇和仕宦情況,可參考申萬里《元代教育研究》第六章《元代學官制度》。

西鄉試試卷中,蕭雲龍建議用儒者改良民風,他認爲:"愚願爲民上者以儒者之道律民,使貴賤之分明,廉讓之俗美,則民安也而訟自息,畫衣冠而民不犯矣。"泰定三年(1326)江浙行省鄉試試卷中,蔡景行主張以儒士飾吏事,他寫道:"夫儒術以明體,吏制以適用,即儒術以達之吏制,猶體用之可以兼資,而不可以偏廢也。"蔡景行進一步提出地方守令任滿考核中的五事之上,加上"興學校"一條,他認爲:

> 守令三載考績之際,五事之外,必益以興學校之目焉,則爲政者不徒(貝)[被]提調之名,抑且務勉勵之實,庶幾做成人才,以備選舉,厚倫成俗之首將於是乎在。

另外,延祐四年(1317)湖廣行省鄉試試卷中,何克明提出了將漢儒董仲舒列入孔廟祭祀的建議,他認爲:"雖然愚自蜷伏山林,頗有管見,欲慷慨有言於時者非一事,而今未暇悉也,請因明問所及而故發其一二焉。……惟董子(董仲舒)以明道爲心……而從祀不登,歷唐至今,得非欠祀事?"

重視儒治需要端正士風,士人們對元代士風並不滿意,延祐四年(1317)江浙鄉試試卷中沈雲超寫道:

> 儒選之冒濫,其弊久矣……銅臭之夫、乳臭之子苟諳書算,即媒直學之職,典者姑以其抵業,取之而不問其學術之有無,由是而躓居皋比,則亥豕魯魚之謬,傳笑四方者多矣。模不模,範不範,人才何自而成哉?

鑒於士人中的這種不良風氣,沈雲超提出對策:

> 今也草茅之賤皆得自以陳於殿陛之前,言有可采,既加錄用,如無可采,不加罪責。今欲使天下皆爲遜讓之習,則山林隱逸如西京之四皓、東都之嚴光宜加禮焉,亦表厲風俗之一事也。

對策中強調了兩點:一是鼓勵士人通過向皇帝陳言關心國家大事,通過錄用"言有可采"者,鼓勵士人研究現實問題。二是禮遇隱逸之士,塑造士人中間的謙遜風氣。

第三,關於盛世修史的問題。 盛世修史是中國歷代王朝的傳統,元世祖時代就曾組織文人探討修史的問題,由於宋、遼、金等王朝正統問題爭論不下,修史問題一直没有正式開展[1]。元朝至治元年會試試題涉及修史的問題,士人們就這一問題進行了討論,從這一年的科舉試卷來看,士人們的答卷並没有涉及敏感的正統問題,只是對修史的一些技術問題發表了意見。至治元年(1321)會試試卷中,李好文寫道:

> (修史)大抵承訓謹嚴,當以書春秋爲本,編年敍事,當以左氏爲宗,立紀述傳當以漢史爲準,雄深博雅,則以子長爲體。至若班范之流,亦有可取,分崩離析無以多論,至於示遠而實,則在夫直筆之公,文盟之主矣。

孫自强寫道:

> 新天子龍飛御極,繼志述事,衣裳之制,郊禘之禮,猶能黼黻太平,新萬民之視聽,著之策書,播之歌頌,宜有鴻儒巨筆以任紀贊撰修之職,非貫通經史之學者,豈足辦此。

易炎正也寫道:

> 天開元運,皇道休明,治定功成,百年於此。開明堂,興太學,制禮作樂,以定一代之典,此其時也。撰述萬世之鴻規,敷闡無窮之丕績,何患乎良史之才不出,而黼黻皇猷,潤色太平者哉?

從士人們關於修史的觀點來看,士人們在極力讚美當今盛世的同時,對修史的具體對策則大而化之,回避了最敏感的正統書寫問題,没有提出什麽切實可行的建議。

三、結論

元朝是中國歷史上第一個由少數民族——蒙古貴族統治的王朝,作爲一個

---

[1] 關於元朝修史問題研究成果較多,如江湄《元代"正統"之辨與史學思潮》,《中國史研究》1996年第3期。李治安〈修端〈辨遼金正統〉的撰寫年代及正統觀考述》,收入《内陸亞洲歷史文化研究——韓儒林先生紀念文集》,南京大學出版社,1996年。邱樹森《脱脱和遼宋金三史》,《元史及北方民族史研究集刊》第7集,1983年。

蒙古統治的時代,元政權在統治過程中表現出強烈的實用主義傾向,即在人才選拔任用的過程中重視實際工作能力,不重視理論修養和個人品行,在思想文化方面允許各種文化並存,不進行思想控制。這種傾向對元代科舉產生了比較重要的影響,表現在科舉重視解決現實問題,鼓勵考生暢所欲言,"極言之毋隱"。這種引導有利於考生關注和研究現實問題,爲元代士人參政、議政提供了一個平臺,有利於士人對元朝當時出現的政治、經濟和社會問題各抒己見,獻計獻策。

從元朝流行的科舉試卷集《三場文選對策》來看,元代鄉試和會試對策試卷關注的問題相當廣泛,政治方面包括吏制存在問題、當時國家統治面臨的問題以及一些改進國家統治的技術手段;經濟方面包括賦稅、鈔法和戶口、水利等;社會方面包括學校教育和社會風俗;文化學術方面包括歷代官制、《周禮》與儒家經典的關係、古今學術的傳承與發展、古今國家治道的理論、國家禮樂、曆法等。針對這些問題,參加元朝各地鄉試和會試的考生各抒己見,提出了對這些問題的認識和解決這些問題的對策。

總的來看,士人們對元朝的皇帝、元朝政權以及元朝實行的科舉等政策表示讚美和認可,對於元朝存在的各種問題,特別是與地方政治、地方社會和百姓生活有關的問題,則進行了毫不客氣的批評。士人們提出的這些問題的對策,基本上是根據儒家的觀點和當時的實際情況而發,大部分具有可行性。不過,需要說明的是,元代科舉涉及的這些問題,絕大部分都是當時社會上議論比較多的熱點問題,並不是參加科舉考試的舉人們首次發現。士人們提出的對策,大部分也是社會上流行的觀點,不是士人們的首創。

比如元朝的冗官問題,在科舉以前就是社會上的熱點問題。如至元二十九年(1292)江浙崇德縣儒士張伯淳受到元世祖接見,"若冗官、若風憲、若鹽筴、楮幣皆當時大議,清問及之,對,悉當上心,由是大加賞識,命至政事堂將大用之"[1]。大德元年(1297)高克恭(字彥敬,西域人)任元朝江南行御史臺治書侍御史"又言敦學校,選實才,汰冗官,增吏俸,慎刑獄數事,同列多齟齬,或訕公迂"[2]。元初胡祗遹(1227—1295,字紹聞,號紫山,磁州武安人)至元年間上書時也談到冗官的問題:"至於設官分職,而十羊九牧哉!即今冗官、冗職、冗吏、

---

[1] 程鉅夫《雪樓集》卷一七《翰林侍講學士張公墓誌銘》,《景印文淵閣四庫全書》本,2 頁。
[2] 鄧文原《巴西鄧先生文集》(不分卷),《故太中大夫刑部尚書高公行狀》,《北京圖書館古籍珍本叢刊》,92 冊,書目文獻出版社,1998 年,773 頁。

冗員多合減削。"[1]元世祖時期儒士趙天麟的上書中也談到冗官的問題,認爲:"竊以冗官之大弊有三:一曰選法之弊,二曰政事之弊,三曰軍民之弊。"[2]

從這些材料來看,談論冗官問題的有一般士人、元朝官員,這說明早在元朝科舉以前的至元、大德年間,冗官問題及其對策已經在士人和官員中間廣泛談論,科舉中士人們對這一問題的認識與對策應該是元朝民間和官方意見的反映。

再如"用真儒"問題,黄溍在延祐元年(1314)的鄉試和延祐二年(1315)的殿試對策中談到這一問題[3]。在此以前,至元年間趙天麟的上書中,也涉及這一問題,他寫道:"今國家車同軌,書同文,臣以爲莫如用真儒,亦未宜遽棄文人之類也。"[4]這說明在元朝科舉以前,就有儒士談論用真儒的問題。元末的孔齊在總結元朝衰落的教訓時也寫道:

> 世祖能大一統天下者,用真儒也。用真儒以得天下,而不用真儒以治天下,八十餘年,一旦禍起,皆由小吏用事。自京師至於遐方,大而省院臺部,小而路府州縣以及百司,莫不皆然。縱使一儒者爲政,焉能格其弊乎?況無真儒之爲治者乎?故吾謂壞天下國家者,吏人之罪也[5]。

孔齊的言論則說明元末仍然在儒士中間談論用真儒的問題。此外,元人傅若金在送别科舉下第的朋友習文質做吏員的文章中寫道:"然文質以儒名者也,用真儒無敵於天下,而況吏一州乎。"[6]傅若金認爲其朋友爲真儒,真儒可以"無敵於天下",説明元代實行科舉以後,士人們已經形成了關於真儒的固定觀念,這說明黄溍和其他儒士共同傳播這一觀念,得到了社會的認可。

此外,關於鈔法問題,元朝科舉以前程鉅夫曾提出這一問題和對策,現轉引如下,以便與前面林泉生等人關於鈔法的觀點進行對比:

> 今國家雖以寶鈔爲幣,未嘗不以銅錢貫百爲數。然則鈔乃錢之子,錢乃鈔之

---

[1] 胡祗遹《紫山大全集》卷二二《即今弊政》,《景印文淵閣四庫全書》本,33頁。
[2] 趙天麟《太平金鏡策》卷三《削冗員》,《續修四庫全書》475册,上海古籍出版社,2013年,213頁。
[3] 據危素《危太僕文續集》卷二,《元人文集珍本叢刊》本,18—19頁的《大元故翰林侍講學士中奉大夫知制誥同修國史同知經筵事贈中奉大夫江西等行中書省參知政事護軍追封江夏郡公謚文獻黄公神道碑》記載:"延祐元年貢舉法行,縣長吏強起就試,作《太極賦》傳於世,明年殿試對策,以用真儒、行仁義爲言,賜同進士出身,授將仕郎台州路寧海縣丞。"這說明黄溍在殿試時的對策討論的也是"用真儒"的問題。
[4] 趙天麟《太平金鏡策》卷三《别儒文》,《續修四庫全書》475册,211頁。
[5] 孔齊《至正直記》卷三《世祖一統》,《宋元筆記叢書》本,上海古籍出版社,1987年,99頁。
[6] 傅若金《傅與礪文集》卷五《送習文質赴辟富州吏序》,《北京圖書館古籍珍本叢刊》92册,713頁。

母也,子母相權,乃可經久,實廢其母而虛用其子,所以鈔愈多而物愈貴也。民間爲見公家不用銅錢,所在凡有窖藏錢寶之家,往往充私立價,販賣與下海商船及爐冶之家,銷鑄什器,遂使歷代寶貨反爲民間所私。兼自古有國家者,皆因仍歷代見有之錢行用。如五銖、半兩、開元通寶之類,乃漢唐以來舊錢,今縱以鑄錢事重費多,未議舉行,亦合收拾民間見有銅錢,量宜立價,官爲收買見數,與寶鈔相權並行,庶使利權歸一,不啓僥倖之心。其於鈔法亦有補益,又兼即目行用庫皆以平准爲名,以官庫金銀與寶鈔相准立價故也,今既開禁,民間金銀價愈騰踴,若不收拾銅錢爲鈔之平准,誠恐將來日久弊深,猝難整治,愚見如此,取自集議,聞奏施行。[1]

從程鉅夫的觀點來看,他提出的收買前朝銅錢或鑄錢與寶鈔並用,銅錢與寶鈔子母相權,穩定物價,這種觀點與前面林泉生等科舉試卷的觀點與對策基本一致,反映了元朝士人對於這個問題普遍的看法。

不過,儘管對於元朝這些現實問題的認識和對策不是科舉士人們的創造發明,士人們在科舉答卷中將這些問題提出來,進一步強調了這些問題的緊迫性和重要性,當然能呼籲元政府和整個社會重視這些問題。即使士人們試卷中的問題不能得到官方的回應,科舉以後士人們的優秀試卷也會被收集在類似《三場文選》的科舉參考書中刻印出版,這些答卷會在社會上廣泛流傳,使這些問題深入人心,前面的"用真儒"觀點的傳播和被社會接受就是證明。

元朝每三年舉辦鄉試、會試和殿試三次考試,實際上給了參加考試的士人參政議政的機會。這種參政和議政活動形成了豐富多彩的政治互動,考生和考官之間、考生和相關官員之間,以及科舉以後試卷傳播所構建的舉人和地方社會的士人和民眾之間,通過科舉,開始了多層次、多管道的政治互動。科舉考試涉及的政治、經濟和社會文化問題,在某種程度上會成爲當時社會的熱點問題,被士人、民眾、相關官員街談巷議,由此而形成的社會輿論會對官方政策產生引導作用,有助於這些問題的解決。

另外,元代科舉關注現實問題的特點,也會引導士人中間形成關注和研究現實問題的風氣,改變元朝士人憂傷懷舊、趨利奔競的士風。從政治影響來説則有利於引導元朝政權採取緩和社會矛盾和解決社會問題的舉措,有利於元朝政權的順利運行與社會政治、經濟和文化的發展。

---

[1] 程鉅夫《雪樓集》卷一〇《奏議存稿‧銅錢》,《景印文淵閣四庫全書》本,25—26 頁。

附錄：
表 8：《三場文選壬集·對策》目錄

卷　數	科　次	試　題　內　容	考生姓名
第一卷	延祐元年江浙鄉試	問官冗、吏汙、民嚚、俗弊	方希願、黃溍
第一卷	延祐元年江西鄉試	問禮樂	楊晉孫、夏鎮
第一卷	延祐元年湖廣鄉試	問冗官、選舉、殿最、法律	歐陽玄、李朝瑞
第一卷	延祐二年會試	問農桑、學校	楊宗瑞、王沂
第二卷	延祐四年江浙鄉試	問治道十事	俞鎮、沈雲起
第二卷	延祐四年江西鄉試	問大江之西士風、民習	蕭應元、高鉞
第二卷	延祐四年湖廣鄉試	問士之學術、心術、儒之文名、譽名	何克明、丘堂
第二卷	延祐五年會試	問漢唐以下諸儒之事	祝堯
第三卷	延祐七年江浙鄉試	問吳越閩厚倫成俗之義	董仲可
第三卷	延祐七年江西鄉試	問《河圖》《洛書》《太極圖》《皇極經世書》異同	周尚之、張王相
第三卷	至治元年會試	問《書》《春秋》之所始終，《史記》《通鑑》之所以製作	李好文、孫日強、夏鎮、易炎正
第四卷	至治三年江浙鄉試	經史切於今日之務，孰爲當先；漢唐臻帝王之盛，孰爲至要	林中節、章穀
第四卷	至治三年江西鄉試	問用真儒、考殿最、任守令、息詞訟、省刑罰、彌盜、勸農、救荒八條	蕭雲龍
第四卷	泰定元年會試	問五經諸儒傳義同異	王守誠、程端學
第五卷	泰定三年江浙鄉試	問吏治八計	蔡景行
第五卷	泰定三年江西鄉試	問周官之制	曾進
第五卷	泰定三年湖廣鄉試	問孟子、周子本無二道，《易》與《太極圖》本無二理	周鏜
第五卷	泰定四年會試	問水利	徐容、王士元
第六卷	天曆二年江浙鄉試	問浙右公田、兩浙鹽利	馮勉、應才
第六卷	天曆二年江西鄉試	問旱災救荒	夏日孜、解觀、劉聞
第六卷	天曆二年湖廣鄉試	問風俗學校	曹師孔
第六卷	至順元年會試	問錢楮之法	林泉生、劉聞

(續表)

卷　數	科　次	試　題　內　容	考生姓名
第七卷	至順三年江浙鄉試	問吏治五事	雷杭、宋夢鼎
第七卷	至順三年江西鄉試	問鹽課、茶課	陳植、王充耘
第七卷	元統元年會試	問《易》《書》《詩》《春秋》及先儒諸書	李炳、張楨
第八卷	後至元元年江浙鄉試	問古之治道,今之時務	陳中、儲惟賢
第八卷	後至元元年江西鄉試	問時務六事	李廉、龔珇、塗滔生
第八卷	天曆二年湖廣鄉試	問古今天下治道人才	謝一魯、文逢原

孛羅丞相與陽城鄭氏

劉　曉

　　孛羅丞相(約 1246—1313)爲元初政壇上的著名人物,他的前半生在元朝度過,曾在世祖忽必烈朝擔任過御史大夫、大司農、樞密副使等重要職務,後於 1283 年奉旨遠赴伊利汗國,先後效力於五代伊利汗,並於 1313 年終老於此。有關孛羅丞相的生平,業師余大鈞先生 20 世紀 80 年代曾撰文進行過詳細研究,近年王一丹教授又據波斯文史料補充了孛羅丞相在伊利汗國的一些事蹟[1]。本文試就孛羅丞相與陽城鄭氏的關係展開討論,並就相關記載中出現的問題談一點不成熟的看法。

　　陽城鄭氏本貫澤州陽城縣澤陽鄉屯城里,爲元初有名的軍功世家。1228年,金"九公封建"之一——上黨公張開部將、時任忠昌軍節度同知的鄭皋投降蒙古大軍統帥木華黎,升忠昌軍節度使,不久去世。鄭皋子鄭鼎(1215—1277)以千户起家,入元後參加滅宋戰役,累官平陽太原萬户、湖北道宣慰使等職,後於至元十三年(1277)戰死樊口[2]。鄭鼎子鄭制宜(1260—1306),小字訥懷,先襲父萬户職,鎮守武昌,官湖廣行省參知政事、内臺侍御史、湖廣行樞密院副使等,後被成宗徵召入朝,累官大都留守、領少府監事、兼武衛親軍都指揮使、知大都屯田事。據王磐《鄭鼎神道碑》:"子男曰制宜,賢俊明敏,早有時譽,孛羅丞相愛其才,擢爲子壻。"[3]袁桷《鄭制宜行狀》也提道:"配可烈真氏,丞相

---

[1] 余大鈞《蒙古朵兒邊氏孛羅事輯》,《元史論叢》第 1 輯,中華書局,1982 年;王一丹《孛羅丞相伊利汗國事蹟探賾——基於波斯語文獻的再考察》,《民族研究》2015 年第 4 期。
[2] 參見拙文《元鎮守武昌"平陽太原萬户府"考——以萬户鄭氏爲中心》,《吳天墀教授百年誕辰紀念文集》,四川人民出版社,2013 年。
[3] 李侃修、胡謐纂《(成化)山西通志》卷一五下《元中書右丞謚忠毅鄭公神道碑》,中華書局,1998 年,1055 頁。

孛羅公之女。"[1]據此,鄭制宜娶孛羅丞相女"可烈真氏",孛羅丞相實爲鄭制宜的岳父。

孛羅丞相的族屬漢文史料並無明確記載,余大鈞先生與王一丹教授根據波斯文史料均認爲他出身蒙古朵兒邊氏,但《鄭制宜行狀》卻提及孛羅丞相的女兒爲可烈真氏。按通常理解,可烈真氏應即克烈氏。在元代漢文文獻中,蒙古婦女姓氏後綴-jin(由氏族或部落名的複數詞尾-d後接生格詞尾-in而成)多採用"真"字音譯[2]。像太宗窩闊台六皇后乃馬真氏(即乃蠻氏),成宗鐵穆耳皇后伯要真氏(即伯岳吾氏)[3],等等。再如吳澄《伯都神道碑》提道:"故母怯烈真氏、札剌真氏,祖母唐兀真氏、曾祖母甕吉剌氏,俱追封王夫人。"[4]其中,怯烈真氏與可烈真氏一樣,均可視爲克烈氏,札剌真氏即札剌亦兒氏,唐兀真氏即(西夏)唐兀氏,甕吉剌氏雖無"真"字,但很有可能是文字脱落所致。其實,這樣的例子也不難找,像《耶律鑄墓誌銘》:"夫人七,□粘合氏,中書公之女,也里可温真氏,赤帖吉真氏,雪尼真氏,奇渥温真氏二人,甕吉剌真氏。"[5]所謂甕吉剌真氏即前面提到的甕吉剌氏,也即弘吉剌氏。當然,"可烈真"如作名字理解,上述矛盾也可勉强解決,但"可烈真"後加"氏"字,似無法輕易否定筆者前面的判斷。那麽,既然孛羅丞相出身朵兒邊氏,其女爲何會出身克烈氏呢?這是一個仍讓筆者比較困惑的問題。一個大膽的推斷是,朵兒邊氏源出尼倫蒙古,是比克烈更高貴的種姓。目前所見波斯文獻有關孛羅丞相出身朵兒邊氏的記載,都源自孛羅丞相的口述,無法排除他假冒高貴出身的可能性。另一種可能的解釋則是,孛羅丞相在中國留下的女兒爲出身克烈部的養女,而非其親生女。當然,這些推斷都需要更多的資料加以印證,在相關文獻記載發現前,我們這裏只能暫且存疑。

元代中期孛羅丞相見於中國文獻的記載,王一丹教授在文章中共舉出兩條:一爲皇慶元年(實應爲至大四年,1311)六月,"封樞密臣孛羅爲澤國公"[6]。

---

[1] 袁桷《清容居士集》卷三二《資德大夫大都留守領少府監事兼武衛親軍都指揮使知大都屯田事贈推忠贊治功臣銀青榮禄大夫平章政事澤國公謚忠宣鄭公行狀》,《四部叢刊初編》本。
[2] 此承中國社會科學院民族學與人類學研究所烏蘭研究員提示,在此表示感謝。
[3] 乃馬真氏見《元史》卷二《太宗紀》、卷一一四《后妃傳一》等;伯要真氏見《元史》卷二二《武宗紀一》、卷二四《仁宗紀一》。
[4] 吳澄《吳文正公集》卷三二《故光禄大夫江南諸道行御史臺大夫贈銀青榮禄大夫江浙等處行中書省左丞相上柱國魯國元獻公神道碑》,《元人文集珍本叢刊》第3册,臺灣新文豐出版公司,545頁。
[5] 參見拙文《耶律鑄夫婦墓誌劄記》,《暨南史學》第3輯,暨南大學出版社,2004年。
[6] 《元史》卷二四《仁宗紀一》,中華書局點校本,543頁。

273

一爲皇慶二年(1313),即孛羅去世那年,仁宗遣拜住到波斯,"以金印賜丞相孛羅"[1]。按,如前一條"樞密臣孛羅"果爲孛羅丞相的話,則其封號"澤國公",很有可能與鄭氏家族有關,因爲鄭氏的祖貫爲澤州陽城,而孛羅丞相的女婿鄭制宜去世後於至大元年(1308)獲贈的爵位恰爲"澤國公"。

那麽,孛羅丞相爲何在消失多年後又突然出現於中國文獻記載呢？筆者認爲這很有可能與此前鄭氏家族剛剛發生的一場巨變有關。

鄭制宜死後,子鄭阿兒思蘭(鄭鈞,極有可能爲可烈真氏所生)襲武衛親軍都指揮使等職。據《元史·武宗紀》：

> 至大三年(1310)十一月,尚書省臣以武衛親軍都指揮使鄭阿兒思蘭與兄鄭榮祖、段叔仁等圖爲不軌,置獄鞫之,皆誣服。詔叔仁等十七人並正典刑,籍没其家。[2]

鄭阿兒思蘭被尚書省臣誣陷殺害的背景不詳,但很有可能與武宗晚年兄弟間日趨激烈的權力鬥爭有關。或許正因此緣故,至大四年(1311)正月武宗去世後,鄭阿兒思蘭迅速被平反昭雪[3]。當年三月十八日,仁宗在《登寶位詔書》中還專門提到此事：

> 天下之民,皆吾赤子,苟懷異志,自有常刑。比者尚書省脱忽脱、三寶奴等織羅煅煉,濫殺立威,其韓脱因不花、唐華及鄭阿兒思蘭等已經昭雪,元没貲産悉還其家。今後内外重囚,從監察御史、肅政廉訪司審復無冤,結案待報,省部再三詳讞,方許奏決。[4]

揣測詔書原意,仁宗在武宗去世至正式即位前,也即至大四年正月至三月間,就已經爲鄭阿兒思蘭平反。數月後,也即至大四年六月,孛羅丞相即被加封爲澤國公,這很容易讓人將孛羅丞相的加封與其外孫鄭阿兒思蘭的平反聯繫起來。或許正是在平反阿兒思蘭後,仁宗爲安撫鄭氏遺屬,纔將恩典推及當時尚健在

---

[1] 袁桷《清容居士集》卷三四《拜住元帥出使事實》。
[2] 《元史》卷二三《武宗紀二》,530頁。
[3] 鄭鈞之被平反,與其家奴趙一德爲故主伸冤、刑部尚書謝讓秉公處理也有很大關係,詳見《元史》卷一七六《謝讓傳》、卷一九七《孝友傳·趙一德》,4110—4111、4450頁。
[4] 《元典章》卷三《聖政二·理冤滯》,中華書局、天津古籍出版社,2011年。鄭阿兒思蘭後賜諡"敬敏",見柳貫《柳貫詩文集》卷八《諡議·鄭阿兒思蘭諡敬敏》。因柳貫在泰定元年至三年間(1324—1326)任太常博士,追諡鄭阿兒思蘭或應發生於此時。

的澤國太夫人(即可烈真氏)之父、遠在異域的孛羅丞相,並以"澤國公"爲其爵號[1]。皇慶二年(1313)仁宗派拜住到伊利汗國頒賜孛羅丞相金印,也可視爲此事的後續舉措。只不過,孛羅丞相已於當年去世,無法在生前享此殊榮了。

---

[1]《元史》卷一九七《孝友傳·趙一德》(4450頁)多次提到"澤國太夫人"。在趙一德成功爲主伸冤後,澤國夫人又對趙一德説:"當吏籍吾家時,親戚不復顧,汝獨冒險以白吾枉,疾風勁草,於汝見之。今吾家業既喪而復存者,皆汝力也,吾何以報汝?"此人當即鄭阿兒思蘭之母可烈真氏,"澤國太夫人"封號則源自其夫澤國公鄭制宜。或許正是在可烈真氏的請求下,仁宗皇帝纔將澤國公封號又賜予其父孛羅丞相。

元儒王博文生平與交遊

蔡春娟

王博文(1223—1288),字子勉(或子冕),號西溪。家世任城(今山東濟寧市),後移居彰德(今河南安陽)[1]。王博文在元初文壇及政壇上都是一個不可忽視的人物。他年輕時即以文學出衆,與衛州王惲、渤海王旭齊名[2];曾跟隨金代文學家元好問學習,聞望四達;與元代著名雜劇作家、散曲四大家之一的白樸有"三十年之舊"的交情,晚年官江南時,白樸請他爲自己的詞作序並命名,《天籟集》之名由此而來。他爲官從政亦極有作爲,一生任職顯要。1256年開平府興建時,作爲王府士被忽必烈派往濟瀆祭祀,忽必烈即位後以潛邸舊臣身份出任禮部侍郎,爾後任都轉運使、按察使,掌管一地財權、監察權,終職於二品的南臺御史中丞。作爲一名漢人文臣,做到如此高的職位相當不易。其實在元代,王博文的宦業及在文學書法方面的名氣不亞於其好友王惲,但因其《元史》無傳,亦無文集傳世,後人對他瞭解不多,導致他身後不如王惲名顯。明人劉昌在河南爲官時,收集當地知名文人作品編成《中州名賢文表》,收入王惲而無王博文。

王博文《元史》無傳,相關資料散見於元人文集、石刻、方志等。目前探討元初政治或元初人物的論著多會提及王博文[3],還未見專門探討王博文的文章。

---

[1] 王博文《登琴臺詩並跋》,《北京圖書館藏中國歷代石刻拓本彙編》第48册《元一》,中州古籍出版社,1990年,101頁。

[2] 宋濂等《元史》卷一六七《王惲傳》,中華書局,1976年,3933頁。另外提及一點,《秋澗集》附録載王公孺爲其父王惲所作《神道碑銘並序》(《四部叢刊初編》本)中提及"淇上三王",並非指王惲、王博文、王旭,而是指王惲、王博文、王復。《神道碑銘并序》曰:"少與西溪、春山友善,時目曰淇上三王。"西溪,王博文之號;春山,乃王昌齡子王復之號,詳見宋福利《王惲年譜》,河南大學碩士學位論文,2013年4月,48—50頁。

[3] 如李修生《白仁甫交遊考辨》,《文學遺産》1995年第6期;宋福利《王惲年譜》,見河南大學碩士學位論文,2013年4月;櫻井智美《〈創建開平府祭告濟瀆記〉考釋》,《元史論叢》第十輯,中國廣播電視出版社,2005年,363頁。

本文擬在前人研究的基礎上,對王博文生平作一梳理,明晰他的爲政、著述及交遊狀況,進而瞭解元初士人官僚的存在狀態及元初政治狀況。

一、生平仕宦

(明)李賢等撰《明一統志》及崔銑編《嘉靖彰德府志》對王博文生平有一簡單介紹:名博文,魯人,徙居相之清和坊,號西溪。從元憲宗南征[1],歷官禮部尚書、御史中丞,卒封魯國公,謚文定[2]。"相"即彰德舊稱。下面勾稽有關史料,詳述他的生平仕宦。

(一) 元朝之前的經歷

王博文家世背景不詳,只知其早年是孤兒,處境艱難[3]。年輕時曾跟隨元好問學習,又娶申氏爲妻,在元好問及岳父的指教提攜下,"年甫弱冠,四擅華聲"[4],以文學才華有聲於士大夫間。魏初回憶早年與王博文相識經過曰:"初弱冠時,識西溪王公於楊子陽之賓館。公時年未三十,聞望四達,士大夫咸以遠大期之。"[5]忽必烈在潛邸時,李冶向忽必烈推薦的可用儒生中就有王博文[6]。

大約 1250 年前後,王博文在蘇門。王博文五十八歲壽辰時,王惲作詞祝賀,回憶了他與王博文初相識的情景:"三十年前西溪授館蘇門趙侯南衙,予始相識,時初夏,桐陰滿庭,故有南衙清晝之句。"[7]這首詞作於至元十七年(1280)八月八日,上推 30 年即在 1250 年前後。王博文去世後,王惲爲作《御史中丞王公誄文》中亦提到此事,曰:"繼以賓師,主善共城。始拜公面,歡如平生。

---

[1] 應爲"憲宗時從忽必烈南征",時王博文進入忽必烈潛邸,詳見下文敘述。
[2] 崔銑編《嘉靖彰德府志》卷一《地理志一》"王文定墓",《天一閣藏明代方志選刊》64,上海古籍書店,1964 年,30b 頁;《明一統志》卷二八《彰德府·流寓》"王博文"條内容與此大致相同,見《景印文淵閣四庫全書》第 472 册,696 頁。
[3] 王惲《秋澗集》卷一九《王尚書子勉挽辭三章》之二有"少孤綿歷太迍邅"句,《四部叢刊初編》本。
[4] 王惲《秋澗集》卷六四《御史中丞王公誄文》有"顯允王公,天姿粹精,文辭翰墨,外彪中弸,年甫弱冠,四擅華聲,從元問學,館申作甥,二公提撕,大潰於成"句。
[5] 魏初《青崖集》卷五《西溪王公真贊並序》,《景印文淵閣四庫全書》第 1198 册,782 頁。
[6] 宋濂等《元史》卷一六〇《李冶傳》:"天下未嘗乏材,求則得之,舍則失之,理勢然耳。今儒生有如魏璠、王鶚、李獻卿、蘭光庭、趙復、郝經、王博文輩,皆有用之材,又皆賢王所嘗聘問者,舉而用之,何所不可,但恐用之不盡耳。"3759 頁。
[7] 王惲《秋澗集》卷七五《感皇恩》"爲通議西溪兄壽",清晝,有"白天"之意。

忘年定交,實爲畏兄。青燈孔序,絳帷趙廳,尊酒文會,桐陰滿庭。"[1]共城,即元代輝州,金元時人亦常稱輝州爲"蘇門"。絳帷,是對師門、講席的敬稱,絳帷趙廳,點明王博文在趙侯家主教席。

大約在憲宗五年(1255),王博文與郝經一起進入忽必烈幕府。憲宗六年,蒙哥詔建開平府作爲忽必烈王府,王博文作爲"王府士",被忽必烈派往濟瀆祭祀,並作《創建開平府祭告濟瀆記》,立碑篆額。《記》中稱忽必烈爲"賢王",謂當時"内治備謹,補偏救弊,寖以治安,雖帝德廣運,亦皇太弟忽必烈有以啓導之也"[2],讚頌忽必烈之詞溢於言表。1257年,蒙哥下詔征宋,自統右翼軍取四川,1259年7月死於合州前綫。王惲、胡祗遹都提到王博文曾隨帝南征[3],但並非像《明一統志》及《嘉靖彰德府志》所説的從憲宗南征,而是扈從忽必烈南征。憲宗起初忌憚忽必烈勢力,解除其兵柄,未讓他參與對宋戰爭。但到1258年10月,塔察兒所率東路軍毫無戰績,蒙哥不得不請出忽必烈來統帥蒙古、漢軍攻宋。王博文就是在此時扈從忽必烈南征的,與他同時被徵召的郝經也隨軍南下。

(二) 在元朝的仕宦經歷

忽必烈即位後王博文的仕宦經歷,魏初有簡單的概括:"未幾與陵川郝君伯常同奉召。逮主上龍飛,即被擢用,由禮部侍郎遷都轉運者二,遷提刑按察使者四,如尚書,如總管,如今中執法,前後幾三十年矣。"[4]周南瑞編《天下同文集》收有《西溪贊》,謂王博文"常(嘗)五居監司,七至侍從,揚歷三十年。頃由禮部尚書、大名總管爲御史中丞行臺江南云"[5]。這兩篇文章都作於王博文晚年升任御史中丞之時。大約在此前十年,張之翰有一首送別王博文轉任河北河南按察使的詩序,對他的早年仕宦羅列得比較詳細:"蓋不知公之所以蔚豹變之文,際龍飛之運,一命而春官,再命而虎符,三命而烏臺,英聲華聞,垂二十年。"[6]

---

[1] 王惲《秋澗集》卷六四《御史中丞王公誄文》。
[2] 見《北京圖書館藏中國歷代石刻拓本彙編》第48册《元一》,19頁。
[3] 王惲《秋澗集》卷六四《御史中丞王公誄文》有"詔扈南征"句;胡祗遹《紫山集》卷一九《祭王中丞子勉文》有"明年渡江,智勇獲伸"句,《文淵閣四庫全書》第1196册,326頁。
[4] 魏初《青崖集》卷五《西溪王公真贊并序》,《文淵閣四庫全書》第1198册,782頁。
[5] 周南瑞編《天下同文集》卷二九《西溪贊》,《文淵閣四庫全書》第1366册,661頁。
[6] 張之翰《西巖集》卷一四《送王侍御河北按察使序》,《文淵閣四庫全書》第1204册,478頁。

《周禮》之天官、地官、春官、夏官、秋官、冬官，後世沿爲吏、户、禮、兵、刑、工六部，故春官指禮部官。虎符即虎頭金牌，是元代最高級别的職官牌，一般賜給三品以上官員佩帶，用以顯示其身份、地位與職權。結合上述魏初記載，知王博文此任是都轉運使一職。烏臺指御史臺，這裏泛指監察之職，並非專指在御史臺任職。下面以這三人的概括爲綱，以詩文和碑石中的零散記載爲佐證，具體考述王博文在元朝的仕宦經歷。

1. 兩任轉運使

忽必烈即位後，王博文首任官職爲禮部侍郎[1]，而後轉任轉運使。據至元三年十月立於濟陽縣的《張公先德碑》，"撰文者，濟南提舉學校官高詡；篆額者，山東東路轉運使王博文"[2]，知王博文此時爲山東東路轉運使。據《元史·食貨志二》，至元二年設立山東轉運司[3]，山東東路轉運司，置司濟南[4]。胡祗遹《至歷下憶子勉運使》有詩曰："故人策鞭來東方，五年千里遥相望。今年以事走歷下，又與故人成參商。吁嗟不睹故人面，惟有碑榜留文章。"[5]"歷下"即濟南舊稱，可知王博文確曾在濟南任過轉運使一職。

諸路轉運使掌管錢穀的徵收、轉運和倉庫出納等，督辦一地財賦。王博文出任山東東路轉運使時，正是忽必烈任用阿合馬理財之時。中統三年，忽必烈以阿合馬爲領中書左右部兼諸路都轉運使，專以財賦之任委之。實際上由他統領地方諸路轉運司。當時户部職能尚不完善，至元二年有以刑部侍郎、右三部郎中兼任地方課鹽使司的記載[6]，所以王博文以禮部侍郎出任山東轉運使並不爲奇。至元三年(1266)，阿合馬又奏立制國用使司，總天下錢穀，自身以平章政事兼領使職，使自己諸路都轉運使的財權得以進一步獨立和穩固。地方諸路轉運司相應轉由制國用使司管轄[7]。

王博文另一次出任轉運使職務是陝西五路西蜀四川都轉運使。據《金石萃編未刻稿》卷上《崇靈廟記》末尾題記，"至元己巳(1269)之春……是年重九日，

---

[1] 胡祗遹有詩《寄王子勉侍郎》(《紫山集》卷三)、《寄子勉侍郎》(《紫山集》卷六)都可證其曾爲禮部侍郎，見《景印文淵閣四庫全書》第1196册，40、89頁。
[2] 畢沅、阮元《山左金石志》卷二一《總管張公先德碑》，《歷代石刻史料彙編》第11册，北京圖書館出版社，2000年，673頁。
[3] 宋濂等《元史》卷九四《食貨二》，2388頁。
[4] 據張養浩《歸田類稿》卷九《朝散大夫同知山東東路都轉運鹽使司事恭古行司惠政碑有序》，"皇元有天下，世祖皇帝肇建官制，惟民是恤，以山東瀕海素饒，爲置都轉運司濟南司，設使二，同知、副使、判官各一。使則監守，餘則行司其境而督成焉"。見《景印文淵閣四庫全書》第1192册，550頁。
[5] 胡祗遹《紫山集》卷四《至歷下憶子勉運使》，《景印文淵閣四庫全書》第1196册，60頁。
[6] 宋濂等《元史》卷八五《百官一》"大都河間等路都轉運鹽使司"條，2134頁。
[7] 關於制國用使司及諸路轉運司的文章，參見張國旺《元代制國用使司述論》，《史學集刊》2006年第6期；温海清《元代初期諸路轉運司考述》，《中國史研究》2007年第3期。

嘉議大夫、陝西五路西蜀四川都轉運使王博文記"[1],知至元六年(1269)時王博文正在此任上。元初出於對宋戰爭的需要,設有陝西五路西蜀四川行省,一般簡稱爲"陝西四川行省",文獻中又作秦蜀行省或陝蜀行省。當時川陝地區還設有陝西五路西蜀四川都轉運司,馬亨(字大用,邢州南和人)在中統四年就曾出任過"陝西五路西蜀四川廉訪都轉運使"[2]。王博文此任乃督辦一省財賦,徵理財賦的最終目的也是爲對宋戰爭服務[3]。

王博文在這兩任轉運使上表現出了卓越的理財才能。魏初贊他"商功利課,殿最新進,所喜爲也"[4]。胡祇遹有一組送別王博文到關中上任的詩[5]:

齊課湧爲天下最,西南超拜虎符金。盈餘固自紆長策,舉斂由來非本心。鹽價貴高秦俗苦,糧車艱澀劍關深。更揮鞭算廉能手,洋溢清光照士林。

立法徵商自賤夫[6],止奸抑末計非疏,一從權酤求豐利,誰與財源論復初。專拜度支領鹽鐵,細分緡算及舟車,羨君獨有匡時策,公帑曾增民力舒。

八政無如貨食先,幾人心計更知權,不因掊克民稱疾,却倚公清[7]事不前。向日是非聽物議,邇來廉幹獨君賢,殷勤調度邊兵餉,開闢西南萬里天。

從"齊課湧爲天下最"、"羨君獨有匡時策,公帑曾增民力舒"句,知王博文任山東東路轉運使期間取得了非凡的成就,他採取的一些措施增加了國家賦稅收入而又減輕了民眾的負擔,當時山東稅收爲天下之最。正是他的出色表現,纔有了"陝西五路西蜀四川都轉運使"的任命。這次上任,除胡祇遹外,王惲亦有詩相送[8]。從詩文內容知,王博文至關中總管鹽鐵財賦事務。然而,他雖在山東理財取得了驕人的成就,但也因此遭人非議。作爲王博文好友加上親家的關係[9],胡祇遹爲其解釋開脫字句不少,認爲聚斂財賦非出自王博文本意,他採取的一些措施並沒有加深民眾的疾苦,那些是非物議掩蓋不了他的廉潔、賢能及功績。王博文遭人非議一方面與轉運司"營利增課"的職能性質有關,另一方

---

[1] 王昶《金石萃編未刻稿》卷上《崇靈廟記》,《歷代石刻史料彙編》第12冊,648頁。
[2] 宋濂等《元史》卷一六三《馬亨傳》,3828頁。
[3] 從胡祇遹《送王子勉之關中》(《紫山集》卷六)詩句"殷勤調度邊兵餉,開闢西南萬里天"可知,《景印文淵閣四庫全書》第1196冊,100頁。
[4] 魏初《青崖集》卷五《西溪王公真贊並序》,《景印文淵閣四庫全書》第1198冊,782頁。
[5] 見《紫山集》卷六《送王子勉之關中》,《景印文淵閣四庫全書》第1196冊,100頁。
[6] 賤夫:這裏指壟斷市場的商人。
[7] 公清:清廉無私。
[8] 王惲詩見《秋澗集》卷七七《浣溪紗》之三"送王子勉都運關中"。
[9] 據《紫山集》卷一八《奉訓大夫知泗州事王伯潛墓誌銘》,胡祇遹女嫁王博文長子爲妻,《景印文淵閣四庫全書》第1196冊,315頁。

面當與主管理財的阿合馬有關。阿合馬自領中書左右部兼諸路都轉運使直至擔任制國用使期間,一直掌管朝廷財權。他所任命的諸路轉運使,一定與他關係不錯,至少没有站到對立面。非議王博文,可能把他視爲阿合馬黨羽。其實,王博文應該是一個正直廉潔的人。元初的一些在朝大老對他是有正面評價的,如至元五年張德輝請老,舉可任風憲者中就有王博文[1],且此任後王博文主要在監察系統任職,秉公執法,再未跨進錢穀理財系統,更是用行動證明了自己的清廉。

應該説,胡祗遹詩是比較客觀的,他未像許衡、竇默等儒學守道士那樣對阿合馬的理財全盤否定,"立法徵商自賤夫,止奸抑末計非疏",表明他對當時某些理財政策是肯定的,對國家以經濟建設爲八政之首的策略也是支持的,雖然他後來與阿合馬關係比較緊張且遭阿合馬陷害[2]。

2. 監察系統任職

王博文進入監察系統任職應在至元八年前後,王惲有一首詩曰:"郝卿持節使江皋,子勉翱翔主御曹。我幸閉門無一事,醉餐秋菊讀離騷。"[3]郝卿指郝經,他於中統元年(1260)出使南宋,至元十一年(1274)纔回京。子勉即王博文,王惲此詩指明王博文當時在御史臺或按察司任職。元代御史臺始建於至元五年,至元六年地方設按察司,在至元五年至十一年期間,王惲閉門無事、居閑在家的時間是至元八年五月到九年春這段時間,此時他御史臺任職期滿而新的任命平陽路總管府判官還未下達[4]。據王惲爲王博文所作《誄文》,王博文在陝西五路西蜀四川都轉運使任之後,"擢之提憲,以顯以榮。搴帷杖節,激濁揚清。移鎮三晉,八州秌寧"。即轉運使之後任某道按察使之職,而後轉任"三晉"地區。從下文考證知,他在"三晉"即河東山西道任提刑按察使是在至元十年,由此知他在這之前的至元八年前後已經進入監察系統。

王博文在山西的任職有以下資料爲佐證,據他爲全真道士李志明撰寫的《棲真子李尊師墓碑》,"至元癸酉(十年,1273),予方官太原"[5],知他此時在太原爲官,未詳何職。至元十一年春,他爲故河東南路提舉常平倉事徐玉作墓碣銘,亦言"至元甲戌(十一年,1274)春,予方官太原",而此碑末有詳細屬銜,知他

---

[1] 蘇天爵《元朝名臣事略》卷一〇《宣慰張公德輝》,中華書局點校本,1996年,205頁。
[2] 詳見宋濂等《元史》卷一七〇《胡祗遹傳》,3992頁。
[3] 王惲《秋澗集》卷二四《偶書》。
[4] 王惲《秋澗集》卷八七《舉李户部稱職合特加寵數事狀》:"烏臺日事,自至元五年冬十一月,終至元辛未(八年)夏四月";卷四一《投壺引》:至元八年六月,"予自憲臺秩滿,居閑不出者動涉旬朔";卷四五《政問》:"至元九年春,予以御史滿秩除平陽路判官。"
[5] 王博文《棲真子李尊師墓碑》,《全元文》第5册,鳳凰出版社,2004年,100頁。

當時的官職是"嘉議大夫、河東山西道提刑按察使"[1]。姚燧《故提舉太原監使司徐君神道碑》亦記王博文爲河東山西提刑時,徐毅曾請王博文爲其先祖撰寫墓碣銘[2],可爲佐證。另外,立於至元十一年的《二賢祠碑》,也可證明王博文當時任此職[3]。

之後王博文回京擔任侍御史一職。張之翰《送王侍御河北按察使序》曰:至元十四年春,通議王公以[侍]御史,出爲河北河南道提刑按察使。使,長者也,相,舊居也[4]。相,即相州,唐代稱謂,元代爲彰德路。河北河南道提刑按察司治所在彰德,王博文又爲彰德人,故有"相,舊居"之說。張之翰另有詞《沁園春》亦可證明王博文曾任侍御史一職,該詞序文中,張之翰追憶他在御史臺任職時往事曰:"不肖掾內臺時,西溪王公爲侍御史,遵海韓兄(韓彥文)爲監察御史,恕齋霍兄(霍肅)爲前臺掾。"[5]立於至元十四年三月十日的《重修媧皇廟碑》,由高鳴奉敕撰,胡祇遹書,"嘉議大夫、侍御史臣王博文題額"[6],大概是王博文侍御史任職將滿之時所題,該年春他就出任河北河南道提刑按察使了。如果按照元代地方官三年一考來推算,則王博文由河東山西道提刑按察使轉任侍御史當在至元十二年前後。

據王博文爲史天澤作《史丞相祠記》,至元十七年時王博文爲燕南河北道提刑按察使。《記》曰:"至元庚辰(十七年,1280)秋,鎮陽父老踵門告曰,小人有請於使君,幸垂聽焉。"[7]鎮陽即真定,當時爲燕南河北道提刑按察司治所。另外,王惲亦有詞可證至元十七年時他同王博文在真定[8]。《金石萃編未刻稿》卷上有《王博文題名》,曰:"通議大夫、燕南河北道提刑按察使西溪王博文子冕巡按至曲陽,翌日率書史相臺韓從益雲卿……謁嶽祠……至元十八年正月晦日也。"[9]知至元十八年時王博文仍在此任上。

就在至元十八年這一年,王博文轉任陝西漢中道提刑按察使。據姚燧爲趙椿齡所作墓誌銘:至元十七年,"授公(趙椿齡)陝西漢中道提刑按察使之命下,

---

[1] 胡聘之《山右石刻叢編》卷二七《徐玉墓碑》,《歷代石刻史料彙編》第11册,341頁。
[2] 姚燧《故提舉太原監使司徐君神道碑》,見《國朝文類》卷六四,《四部叢刊初編》本。
[3] 該碑書並篆額人亦是"嘉議大夫、河東山西道提刑按察使東魯王博文"。見《山右石刻叢編》卷二五《二賢祠碑》,《歷代石刻史料彙編》第11册,287頁。
[4] 張之翰《西巖集》卷一四《送王侍御河北按察使序》,《景印文淵閣四庫全書》第1204册,478頁。
[5] 張之翰《西巖集》卷一二《沁園春序》,《景印文淵閣四庫全書》第1204册,458頁。
[6] 胡聘之《山右石刻叢編》卷二六《重修女媧廟碑》,《歷代石刻史料彙編》11册,296頁。
[7] 王博文《史丞相祠記》,《全元文》第5册,第94頁。
[8] 此時王惲任燕南河北道提刑按察副使,《秋澗集》卷七五《木蘭花慢》之十四,有"至元十七年上巳日,同西溪公飲鎮陽城南高氏勝遊園,歸賦此詞"。
[9] 王昶《金石萃編未刻稿》卷上《王博文題名》,《歷代石刻史料彙編》第12册,第650頁。

燧時已爲副,雖公未至,實與聯銜。遇凡狀聞臺,吾曹代書使名者一年,及中丞王博文來使,乃有不得一際顔色之恨"[1]。知王博文至元十八年到陝西漢中道任按察使。《甘水仙源録》卷一〇《題甘河遇仙宫》下有王博文題詩,屬銜"陝西漢中道提刑按察使"[2],可爲佐證。

3. 晚年經歷

六十歲那年,王博文回京師任禮部尚書。而後經歷了短暫的大名路總管、南臺御史中丞之職,賦閒在家,客死揚州。

王惲《鶴媒賦并序》中提及至元壬午(十九年,1282)冬,他與禮部王兄子冕閒話談及往事,並感歎今人以智計相傾,内險外易[3]。王惲另有《蝶戀花》詞數首,其中一首回憶往事曰:"昔鹿庵、顗軒樂育淇上,一時秀造,號稱多士。逮中元已來例宦游四方,僕二十年間才三至鄉里,慨然有離索之歎。今歲投紱自濟南來歸,而諸公頗集,所欠者唯王尚書子勉、傅漕使士開耳。因賦樂府以見歡會之不恒,聚散之有數也。"[4]該詞未載寫作時間,我們從文中王惲行蹤"今歲投紱自濟南來歸",可推斷出來。據《秋澗集》記載,王惲在濟南爲官只有至元二十年出任山東東西道提刑按察副使這一次(按察司置司濟南)。至元二十一年下半年,王惲以疾爲由,辭去山東東西道提刑按察副使之職,由治所濟南回到衛州[5],該詞即創作於此時期。由王惲這兩首詩詞可知王博文時爲禮部尚書。至元二十二年冬,王惲與衆人遊筠溪宴飲,又提到王博文,"中間飲客,蓋廿八年前同遊者,侍臣陳季淵,奉使覃焕然,河平牧今右丞史晉明,禮部尚書王子勉,侍御史雷彦正與不肖……時乙酉(至元二十二,1285年)十月廿一日"[6]。此時王博文仍爲禮部尚書。

之後,他由禮部尚書出任大名路總管,在任時間很短。至元二十三年二月刻於單父縣的《登琴臺詩》後附有單父縣教諭劉泰的跋文。據該跋,至元二十三年二月,時王博文"由大名路總管未半考而□爲行臺御史中丞",將之任,路經單父,追感巫、宓二公之舊治,下車登琴臺作此詩[7]。即出任大名路總管當在至元二十二年底。

---

[1] 姚燧《牧庵集》卷二八《中奉大夫荆湖北道宣慰使趙公墓誌銘》,《四部叢刊初編》本。
[2] 李道謙《甘水仙源録》卷一〇《題甘河遇仙宫》,見《道藏》第19册,文物出版社、上海書店、天津古籍出版社,1988年,813頁。
[3] 王惲《秋澗集》卷一《鶴媒賦并序》。
[4] 王惲《秋澗集》卷七六《蝶戀花》之二。
[5] 王惲《秋澗集》卷四二《編年紀事序》:"廿一年,余解印西歸,休焉而無所事,日纘相務爲業,編年者尤不可斯須去手。"
[6] 王惲《秋澗集》卷一八《筠溪軒詩卷補亡》。
[7] 王博文《登琴臺詩并跋》,《北京圖書館藏中國歷代石刻拓本彙編》第48册,101頁。

至元二十三年二月,王博文由大名路總管轉任南臺御史中丞。《至正金陵新志·官守志》亦有王博文至元二十三年上任南臺御史中丞的記載[1]。至元二十四年二月,他爲白樸《天籟集》作序,落款爲"至元丁亥(二十四年,1287)春二月上休日,正議大夫行御史臺中丞西溪老人王博文子勉序"[2],表明此時他尚在任上。然不久他就因病賦閑在家,一年之後,王惲爲之上《牒司爲中丞王通議病癒狀》,請求御史臺重新加以録用。王惲牒狀如下:"竊見前行臺中丞王通議,去歲春自揚州赴闕奏事,回,偶患病疾,百日作闕。今過期年,已是平復,即目居家讀書,以教子爲事。其於己私似爲安便,若以方今選用人材之切,如王通議者,才術德望,理當起復,未宜投置散地。若不舉明,伏慮憲臺未知,久遺録問。"[3]按時間推算,王博文赴闕奏事在至元二十四年春,而後回揚州即稱病在家。該年八月,王惲有一首詩提到王博文時罷中丞,居於揚州[4]。一年之後即至元二十五年,王惲爲王博文上書請求爲其復職,還未等到結果,王博文已於該年八月客死揚州[5]。王博文任御史中丞時間並不長,只一年有餘。罷職的根本原因可能與桑哥掌權有關。至元二十四年忽必烈任命的第三個理財大臣桑哥上任,新的權力集團往往對朝廷重臣進行新一輪洗牌,王博文可能被排出局外。

以上考察了王博文的仕宦經歷。可知他出職職位較高,較其好友胡祗遹、王惲爲官顯要,但其仕途同樣曲折,最後被賦閑於家、客死他鄉。

胡祗遹的記載中涉及王博文兩子:長子伯潛(諱希賢),以薦爲翰林編修,轉大司農司令史,改翰林應奉,歷太常博士、陝西行省員外郎,仕至奉訓大夫知泗州事,娶胡祗遹之女爲妻。伯潛早卒,胡祗遹爲作《墓誌銘》[6]。另一子季明,釋褐磁州判官[7]。而《明一統志》載王博文有三子:長師道,同知東安州事;次景哲,同知睢州事;次爲豐州同知[8],此處有關長子師道的記載與胡祗遹記載完全不符。胡祗遹爲他女婿親筆書寫的墓誌銘當不會出現姓名和仕宦經歷的錯誤,故《明一統志》的記載應有誤。

---

[1] 《至正金陵新志》卷六下《官守志二·題名》,見《宋元方志叢刊》第6册,中華書局,1990年,5594頁。
[2] 白樸《天籟集》卷首王博文序,《景印文淵閣四庫全書》第1488册,632頁。
[3] 王惲《秋澗集》卷九二《牒司爲中丞王通議病愈狀》。
[4] 王惲《秋澗集》卷一九《夢王尚書子勉時罷中丞在揚州》"丁亥(至元二十四年,1287)八月二日"。
[5] 王惲《秋澗集》卷六四《御史中丞王公誄文》"大元至元廿五年歲在戊子秋八月十有一日,前禮部尚書、御史中丞東魯王公薨於維揚之客舍",維揚即揚州。
[6] 胡祗遹《紫山集》卷一八《奉訓大夫知泗州事王伯潛墓誌銘》,《景印文淵閣四庫全書》第1196册,315頁。
[7] 胡祗遹《紫山集》卷一二《答王季明求戒辭書》,《景印文淵閣四庫全書》第1196册,231頁。
[8] 李賢等《明一統志》卷二八《彰德府·流寓》,《景印文淵閣四庫全書》第472册,696頁。

二、著述與交遊

元時人對王博文的文采和爲人評價極高,"其言論風旨學殖文采,士論歸焉"[1]。爲人尤以寬厚著稱,人謂其"宏裕有蘊,中朝號稱厚德"[2];魏初亦贊其"愷悌樂易,人莫不以寬厚長者許之"[3];單父縣教諭劉泰謂其"爲人忠厚以自持,寬恕以接物,而處事精詳,莫不始終如一可知矣。是以譽播四方,雖農里之人亦皆口其實而稱之"[4]。

王博文在文學和書法方面都有很高的造詣,"有神者筆,有奇者文,用力之專也"[5]。王惲稱王博文文章"不事雕飾,平易溫雅,簡而有式"[6]。從胡祇遹《祭文》中可看出,王博文青年時期即出類拔萃。其著述雖流傳於世的不多,但從他人記述中可知他作品不少。除《全元文》所收八篇外,如他曾爲陝西行省參知政事劉事義之祖劉震寫作墓誌銘,爲劉事義之父劉璧寫作墓碣[7];爲崇玄大師榮君(諱守玉)"述觀記",王惲評價他的這篇文章"氣節尚可振衰懦而傳無窮"[8]。據蒲道源爲王得輿(字載之)所作行實,王博文曾贊王得輿"有諸中,形諸外,識與不識,望而知其爲有道之賢"[9]。當然他與朋友間的詩歌往來更多。

書法方面。劉泰謂王博文"才德兼備,一時名公無有出其右者。至於書翰,尤得其名"[10]。大致他宦跡所至,都留有墨蹟。至元三年立於濟陽縣的《張公先德碑》,篆額者乃時任山東東路轉運使的王博文[11];濟南文廟講學之堂曰郁文堂,堂上匾"郁文"二字,乃王博文書[12];立於至元十一年的《二賢祠碑》,由王博文書並額,是他爲河東山西道提刑按察使時留下的;立於至元十四年的《重修

---

[1] 周南瑞編《天下同文集》卷二九《西溪贊》,《景印文淵閣四庫全書》第1366册,661頁。
[2] 周南瑞編《天下同文集》卷二九《西溪贊》,《景印文淵閣四庫全書》第1366册,661頁。
[3] 魏初《青崖集》卷五《西溪王公真贊并序》,《景印文淵閣四庫全書》第1198册,782頁。
[4] 王博文《登琴臺詩并跋》,《北京圖書館藏中國歷代石刻拓本彙編》第48册《元一》,101頁。
[5] 魏初《青崖集》卷五《西溪王公真贊并序》,《景印文淵閣四庫全書》第1198册,782頁。
[6] 王惲《秋澗集》卷六四《御史中丞王公誄文》。
[7] 張養浩《歸田類稿》卷一一《濟南劉氏先塋碑銘》,《景印文淵閣四庫全書》第1192册,563頁。
[8] 王惲《秋澗集》卷四〇《崇玄大師榮君壽堂記》。
[9] 蒲道源《閑居叢稿》卷二六《西軒王先生行實》,《元代珍本文集彙刊》本,"中央"圖書館,1970年,959頁。
[10] 王博文《登琴臺詩并跋》,《北京圖書館藏中國歷代石刻拓本彙編》第48册《元一》,第101頁。
[11] 畢沅、阮元《山左金石志》卷二一《總管張公先德碑》,《歷代石刻史料彙編》第11册,第673頁。
[12] 胡祇遹《紫山集》卷一《登歷下文廟郁文堂》;卷一一《郁文堂記》,《景印文淵閣四庫全書》第1196册,17頁、205頁。

女媧廟碑》,由時任侍御史的王博文題額[1]。至元十八年王博文巡按至曲陽,用隸書留有題名[2]。他曾書《歸去來辭》《歸盤古序》贈閩士邵炳炎[3];爲處士任東卿所居之齋書"求已"二字以揭其楣[4]。

王博文的交遊圈大致是他的同窗與同事,如與同窗王惲、同事張之翰都曾一同宴飲並有詩歌往來。另外,王博文與一些道士交往亦頗深,如他爲全真道士李志明寫墓碑,稱自己與道教都提點洞元乃"二十年之舊"的交情[5]。從詩文唱和來看,與之交遊甚密的有王惲、胡祗遹、白樸、耶律希逸等人。

王惲(1227—1304),字仲謀,號秋澗,衛州汲縣(今河南衛輝市)人。《元史》卷一六七有傳。王博文與王惲乃青年時同學,二人同在輝州、衛州跟隨王磐、姚樞、許衡、徒單公履等讀過書。也正是跟隨王磐學習期間,王惲結識了王博文[6]。當時王惲、王博文、王復三人交好,被目爲"淇上三王"[7]。王惲子王公儀在至治年間作有《輝縣重建宣聖廟外門記》一文,曰:"蘇門山水明秀,甲於天下。自昔名公賢士多來卜居,如姚雪齋、許魯齋、王鹿庵三大儒相繼教授於斯(1243年始),其受業者户外之履恒滿,如王西溪、雷苦齋、王春山、白素庵、先考秋澗公,尤其特達者也。"[8]13世紀40年代,姚樞、許衡、王磐相繼在蘇門講學,王博文、雷膺、王惲等都曾去學習過。另,王惲長子王公孺於大德十一年作《衛輝路廟學興建記》曰:"初壬子(1252)歲,故至元内相鹿庵王公、頤軒徒單公相繼教授於内。二公道崇學博,負經濟器業,樂誨人,善持論,凡經啓迪,化若時雨,當時文風大盛,人才輩出。若王博文、雷膺、王復、傅爽、王持勝、周貞、李儀、周錯、季武、陶師淵、程文遠、先父諱惲,兹尤其魁傑者也。聲望煊赫,視鄆學爲無愧,信乎魯多儒而衛多君子乎。"[9]如此看來,兩人有十年的同學之誼。忽必烈即位後,兩人相繼出仕,但王博文要比王惲顯赫得多,直接被任命爲禮部侍郎,出任轉運使。而王惲則從低級幕僚做起,由東平宣撫司詳議官歷中書省詳定官

---

[1] 胡聘之《山右石刻叢編》卷二五《二賢祠碑》、卷二六《重修女媧廟碑》,《歷代石刻史料彙編》第11册,287頁、296頁。
[2] 王昶《金石萃編未刻稿》卷上《王博文題名》,《歷代石刻史料彙編》第12册,第650頁。
[3] 程鉅夫《雪樓集》卷二四《書王西溪中丞徐容齋參政贈邵炳炎手墨後》,《元代珍本文集彙刊》本,"中央"圖書館,1970年,907頁。
[4] 蒲道源《閑居叢稿》卷二六《訥庵處士任君行狀》,《元代文集珍本彙刊》本,"中央"圖書館,1970年,980頁。
[5] 王博文《棲真子李尊師墓碑》,《全元文》第5册,100頁。
[6] 王惲《秋澗集》卷三一《題玉明村老黃店壁》八絶之二,"荒荒野店日東西,路入蘇林草樹低。記得鹿庵傳授日,饈瓜亭上識西溪"。
[7] 王惲《秋澗集》附王公孺《王惲神道碑並序》有"少與西溪春山友善,時目曰淇上三王"句。
[8] 《(明萬曆)衛輝府志》卷一四《藝文志上》,中州古籍出版社,2010年,292頁。
[9] 《全元文》第13册,253頁。

拜翰林修撰兼國史院編修官。兩人都在監察系統任職多年,王博文歷任按察使仕至南臺御史中丞,王惲經監察御史、按察副使,在六十多歲時纔仕至福建按察使,此時王博文已卒。兩人曾在河北河南道及燕南河北道按察司聯事三年:至元十四年至十八年期間,王博文相繼在這兩處任按察使,而至元十五年八月至十六年秋,王惲任河北河南道提刑按察副使,十六年秋至十九年三月,任燕南河北道提刑按察副使。期間有三年共處,更加深了二人友誼。從《秋澗集》有關二人的二十餘處記載來看,兩人時有詩歌唱和往來,也經常相聚宴飲。王博文去世後,王惲爲作《挽辭》三章及《御史中丞王公誄文》[1],除惋惜悼念外,對其讚譽有加。

胡祇遹(1227—1295),字紹聞,號紫山,磁州武安(今屬河南)人。《元史》卷一七〇有傳。胡祇遹在他爲王博文作的祭文中,回憶了他們青年時期的交往。胡祇遹十七歲時,即1244年,王博文從東魯到河南,兩人相識。當時王博文已學有成就,"觀君落筆,湍水飛雲。觀君立言,天葩奇芬。從君切磋,脈理始分。從君琢磨,精粗有倫。如醉而醒,如夜而晨。日往月來,越十冬春"[2]。按前所述,兩人相處這十年,正是王博文、王惲在蘇門、衛州求學時期,但奇怪的是,上述諸生中,並沒有胡祇遹的名字。與王惲相似,胡祇遹中統初從低級幕僚文職官做起,歷宣撫司員外郎、翰林應奉、太常博士、按察使等職,起職終職都遜於王博文。《紫山集》中,《答子勉》《寄子勉》等詩表明二人時有書信詩歌往復,《答子勉》一組詩中有:"君衣還鄉錦,余歌謫楚詞"、"南遷二千里,風土異吾鄉"、"誰憐異方客,一紙故人書。勤懇看還讀,情親卷復舒。有時重把玩,孤悶暫消除"[3]等句,從內容可知這是至元十四年前後,胡祇遹到江南出任荆湖北道宣慰副使,而王博文回故鄉彰德任河北河南道按察使時二人的互答作品。到異鄉任職的胡祇遹難免孤悶失落,友人的一紙書信聊解苦悶之情。只可惜我們現在只能看到胡祇遹答復王博文的詩句。性情相投再加上兒女親家的關係,兩人直到晚年仍交往甚密。胡祇遹有詩:"與君交遊,如酒飲醇。將期暮年,林下水濱,一觴一詠,不厭煩頻。"[4]

白樸(1226—?)字仁甫,又字太素,號蘭谷。原籍隩州(今山西河曲縣南),少時居真定(今河北正定),至元十七年(1280)遷居建康(今南京)。元代著名的

---

[1] 見《秋澗集》卷一九、卷六四。
[2] 胡祇遹《紫山集》卷一九《祭王中丞子勉文》,《景印文淵閣四庫全書》第1196册,326頁。
[3] 胡祇遹《紫山集》卷五《答子勉》,《景印文淵閣四庫全書》第1196册,72頁。
[4] 胡祇遹《紫山集》卷一九《祭王中丞子勉文》,《景印文淵閣四庫全書》第1196册,326頁。

散曲家、詞人。王博文與白樸早年即相識,二人相識可能緣於元好問。前面提到,王博文曾隨元好問學習過,而元、白兩家爲中州世契,白樸自金壬辰之亂後,因與其父離散,寓居元好問家數年。後白樸父子居真定,元好問晚年奔走於真定、東平、太原間,亦經常造訪白家。至元二十三年,王博文到江南行臺出任御史中丞,時南臺治所在建康,故二人得以在建康相聚,同遊宴飲。白樸在一首詞序中曰:"冬至,同行臺王子勉中丞、韓君美侍御、霍清夫治書登周處讀書臺,過古鹿苑寺。"[1]白樸亦有機會請王博文爲其詞作序。王博文在《天籟集》序文中曰:"太素與予,三十年之舊,時會於江東。嘗與予言:'作詩不及唐人,未可輕言詩;平生留意於長短句,散失之餘,僅二百篇,願吾子序之'。讀之數過,辭語遒麗,情寄高遠,音節協和,輕重穩愜,凡當歌對酒,感事興懷,皆自肺腑流出,予因以天籟名之。"[2]白樸與王博文好友王惲、胡祗遹亦有交往,曾作詩送別二人赴福建閩海道[3]。

耶律希逸,字義甫(羲甫),號柳溪、梅軒,耶律鑄第九子,耶律楚材之孫[4]。兩人何時開始交往不詳。至元十八年,耶律希逸爲河北河南道提刑按察使,見汲郡共山百泉安樂窩耶律楚材祠破舊將傾,階基圮裂,神儀暗翳,乃加以重修,委托王博文作祠記[5]。之後,兩人同時在江南行御史臺任中丞,張之翰有一首詩序描寫了御史臺同僚會飲的場景:"至元甲申(二十一年)春,不肖以南臺裏行求去,退居高沙。又二年(至元二十三年)冬十月,迫以北歸,由維揚至金陵,別行臺諸公。適西溪(王博文)、柳溪(耶律希逸)拜中丞,遵晦(韓彥文)擢侍御,頤軒(李昂)、恕齋(霍肅)授治書。越二十有五日,會飲頤軒寓第。時風雨間作,以助清興,西溪草書'風雨會飲'之句,柳溪復出'燕脂井欄'之製,遵海、恕齋道古今之事,頤軒歌樂府之章。某雖不才,亦嘗浮鐘舉白,鼓噪其傍,一談一笑,不覺竟醉。竊嘗謂人生同僚爲難,同僚相知爲難,相知久敬爲尤難。今歡會若此,可謂一臺盛事,因作沁園春歌之。"[6]

王博文的摯友當然不止上述幾位,但限於資料,只能從這幾人與他的交往中瞭解他平時的生活狀態。

---

[1] 白樸《天籟集》卷上《水調歌頭》之"疏雲黯遥樹"序,《景印文淵閣四庫全書》第1488册,635頁。
[2] 王博文《白蘭谷天籟集序》,《全元文》第5册,89頁。
[3] 白樸《天籟集》卷下《木蘭花慢》之"己丑送胡紹聞王仲謀兩按察赴浙右閩中任",《景印文淵閣四庫全書》1488册,646頁。
[4] 關於耶律希逸的研究,詳見劉曉《耶律希逸生平雜考》,《暨南史學》第二輯,2003年。
[5] 王博文《耶律公楚材神廟碑》,《全元文》第5册,95頁。
[6] 張之翰《西巖集》卷一二《沁園春序》,《景印文淵閣四庫全書》第1204册,458頁。

三、小結

　　作爲金元時期的文人，王博文的仕宦之途並没有特别之處。同很多儒士一樣，他在蒙古國時期進入忽必烈幕府，忽必烈即位後出任朝廷官職。因爲有了潛邸舊臣的身份，他的入仕職位較其同窗及好友王惲、胡祗遹、雷膺等以幕僚官身份入仕顯要得多。他一生主要在財賦、禮部、監察三個部門任職，元初在兩任轉運使職位上的顯著成績，表明他並不是一個僅懂得詩詞歌賦的迂腐文人，他的所學和知識結構適應了那個時代"儒吏"、"致用"的要求。他與元代大多數文人不同的是，他一生都未進入文人雲集的翰林國史院和集賢院任職，而是輾轉於各道按察使，亦終職於江南行御史臺。至元二十三年，程鉅夫奉詔訪賢江南，拜南臺侍御史，與王博文有一段短暫的同僚之誼，程自稱與王博文相知頗深。至元三十一年，程鉅夫回憶當年王博文曾書《歸去來辭》《歸盤古序》，徐琰書《送張仲宗歸閩中》贈閩士邵炳炎，乃曰："二公(指王博文和徐琰)之心，豈特以華君之歸而已哉，是誠有羨於君之歸也。昔之君子之出而仕也，役於人，以憂人之憂者也"，"余亦誠有羨於君也"〔1〕。程鉅夫的心聲，從側面表明了王博文、徐琰等急於謝官歸隱的心情。由於資料缺乏，我們無法得知王博文在每一任上的具體作爲和爲官心境，但從他一生短暫的京師内任和輾轉流離的外任，可以想見他仕途的曲折不易。這是那個時代大多數漢人儒士爲官的寫照。

附：王博文仕宦經歷表

1. 忽必烈即位前於蘇門趙侯南衙授館，後進入忽必烈潛邸。
2. 中統元年，禮部侍郎。
3. 至元三年，山東東路轉運使。
4. 至元六年，陝西五路西蜀四川都轉運使。
5. 至元八年，某道提刑按察使。
6. 至元十年，河東山西道提刑按察使。
7. 約至元十二年，中臺侍御史。
8. 至元十四年，河北河南道提刑按察使。

---

〔1〕 程鉅夫《雪樓集》卷二四《書王西溪中丞徐容齋參政贈邵炳炎手墨後》，《元代珍本文集彙刊》本，907頁。

9. 至元十七年,燕南河北道提刑按察使。
10. 至元十八年,陝西漢中道提刑按察使。
11. 至元十九年,禮部尚書。
12. 約至元二十二年,大名路總管。
13. 至元二十三年,南臺御史中丞。
14. 二十四年,被罷。
15. 二十五年八月,卒。

日本宗家文庫所藏
《事林廣記》的版本問題

陳廣恩

　　《事林廣記》是宋末陳元靚編纂的一部百科全書型日用類書,内容十分豐富,保留了"較多的市井狀態和生活顧問的資料"[1],是研究當時社會生活的重要史料。《事林廣記》自編成之日起,即受到人們的普遍重視。自宋末至明代,該書被多次刊印,至今保留下來元明時期的刻本、抄本以及日本刻本、抄本共計有 17 種之多(其中有些本子爲殘本)。

　　目前國内學界通用的《事林廣記》主要有三種版本:和刻本、椿莊書院本、積誠堂本。和刻本是指在日本刊刻的《事林廣記》,刊刻時間是元禄十二年。元禄是日本東山天皇的年號,元禄十二年即 1699 年,也就是清康熙三十八年。和刻本是根據元泰定二年(1325)的版本翻刻的,因此我們可以將其視作元刻本。日本汲古書院在 1976 年出版了長澤規矩也所編《和刻本類書集成》,其中第一輯就收有和刻本。上海古籍出版社 1990 年又將《和刻本類書集成》影印出版。中華書局 1999 年將和刻本與積誠堂本合成一本影印出版。鳳凰出版社 2012 年出版的金程宇主編的《和刻本中國古逸書叢刊》,也録有和刻本《事林廣記》。椿莊書院本是元至順時期(1330—1333)福建建安書坊椿莊書院的刻本,原書現藏臺北"故宫博物院",中華書局和日本的中文出版社均據臺灣藏本出版過影印本,香港亦有影印本出版,《續修四庫全書》將此本收入其中。該本是國内最爲通用的本子。積誠堂本是元順帝後至元六年(1340)福建建陽鄭氏積誠堂的刻本。此本中日一共收藏有三部:北京大學圖書館和日本宫内廳書陵部各收藏有一

---

[1] 胡道静《事林廣記》前言,日本中文出版社,1988 年影印元椿莊書院刊本(以下簡稱椿莊書院本),7 頁。

部,爲全帙;日本佐賀縣武雄市教育委員會收藏有零本一部,僅存一册,爲甲、乙兩集[1]。上文提到北大藏本中華書局影印出版過,《中華再造善本》也收有該本。上海古籍出版社 2012 年影印出版的《日本宫内廳書陵部藏宋元版漢籍選刊》,影印出版了宫内廳書陵部所藏積誠堂本。此外,日本國立公文書館内閣文庫藏有西園精舍本。這是元至順時期福建建安書坊西園精舍的刻本。該本一直到 2015 年方由西南師範大學出版社和人民出版社影印出版,收録在《域外漢籍珍本文庫》第五輯子部第十二册中,因此至今國内學者也少見利用。

　　近年來,日本在古籍普查時,新發現長崎縣立對馬歷史民俗資料館宗家文庫亦收藏有《事林廣記》刻本(以下簡稱宗家文庫本)。這個版本,國内尚無緣一見,以往的研究中也從未使用過。日本學者對該版本進行研究的有宫紀子和松田孝一兩位先生。宫紀子在《對馬宗家舊藏の元刊本'事林廣記'について》(《東洋史研究》第 67 卷第 1 號,2008 年)一文中,將宗家文庫本與椿莊書院本、西園精舍本、積誠堂本、和刻本各册的類目以表格形式做了對比,對宗家文庫本的編排特點做了介紹,並對宗家文庫本體現出的元代南北知識的統合問題進行初步研究。該文與宫紀子所撰《叡山文庫所藏の'事林廣記'寫本について》(《史林》第 91 卷第 3 號,2008 年)一文,被北京大學橋本秀美教授和李鳴飛博士以喬曉飛的筆名譯爲中文,刊於《版本目録學研究》第一輯(國家圖書館出版社,2009 年)。松田孝一則針對宗家文庫本附載的《皇元朝儀之圖》,在其對椿莊書院本和積誠堂本所附載插圖進行復原和解説的基礎上做了進一步的補充研究[2]。筆者在日本訪學期間,曾前往對馬查閲了這個本子,下面就宗家文庫的版本問題進行初步探討。

一

　　2015 年 7 月 23 日,筆者在日本九州大學船田善之先生(現執教於廣島大學)和對馬歷史民俗資料館山口華代博士的幫助下,前往資料館查閲《事林廣記》。資料館位於長崎縣對馬市岩原町今屋敷 668—1,在對馬島南部靠近岩原

---

[1] [日]森田憲司《關於在日本的〈事林廣記〉諸本》,《事林廣記》附録,中華書局,1999 年影印本,567 頁。
[2] [日]松田孝一《〈事林広記〉"皇元朝儀之図"解説補遺》,《13、14 世紀東アジア史料通信》第 9 號,2009 年。

港的地方。其背後依靠大山,不遠處就是埋葬歷代對馬宗家藩主的鬱鬱蔥蔥的萬松院。資料館位於一塊較大的土丘上,前面和右邊都是停車場。閘門處掛著"對馬歷史民俗資料館岩原町鄉土館"的牌子。資料館所在大樓的右側,矗立著"朝鮮國通信使之碑",旁邊是"珠丸遭難者慰靈塔",是平成三年(1991)爲了紀念珠丸特大沉船事故而建造的紀念塔。另外資料館前面停車場右側還立有"誠信之交鄰雨森芳洲先生彰顯碑"。這些碑刻和紀念塔,顯示出對馬島在日本與朝鮮交往中的悠久歷史和重要地位。資料館是一座兩層高的獨棟樓,一樓是辦公室和展覽室,二樓是資料室和閱覽室。

資料館所藏宗家文庫本《事林廣記》一共 10 册,每册封面下方都貼著一張圖書分類的標籤,上面寫著"宗家文庫╱漢籍╱中國刊本╱C-4╱1-1(-10)"("╱"表示另起一行)。每册封面均題寫書名《事林廣記》,以及該册所收錄的具體類目,如第一册封面上題寫的類目有《天象》《曆候》《節序》《地輿》《郡邑》。從字跡和筆墨來看,書名和具體類目應不是同時書寫的。藏本 20.7×13.7 釐米,第一册首頁(前集卷一首頁)版框 17.2×11 釐米[1],第三册首頁(前集卷十二首頁)版框 16.8×11 釐米,可見全書的版框規格並不完全一致。每册封面右下方緊挨標籤處,均題寫"共十"兩字,個别封面上的字跡已磨損不清。除了第三册之外,其餘各册均經過修補,但第三册蟲蛀亦較嚴重。該册書根印有"事林廣記十二之廿一"九字,其中"十二之廿一"是該册卷數。其他各册經過修補後,書根處已看不出所印字跡。宗家文庫本版式爲細黑口,雙黑魚尾,四周單邊(也有個别頁碼左右雙邊),有欄。半頁 12、13、14 行(個别頁碼還有 10 行)不等,行 18—26 字不等。版心刻有集别(如"記前一"、"前四"、"前十二"、"後一"、"續三")、卷數及

──────────
〔1〕 宮紀子測量的該藏本規格是 20.8×13.6 釐米,版框是 17×10.2 釐米。見其所撰《對馬宗家舊藏の元刊本'事林廣記'について》,《東洋史研究》第六十七卷第一號,2008 年。

293

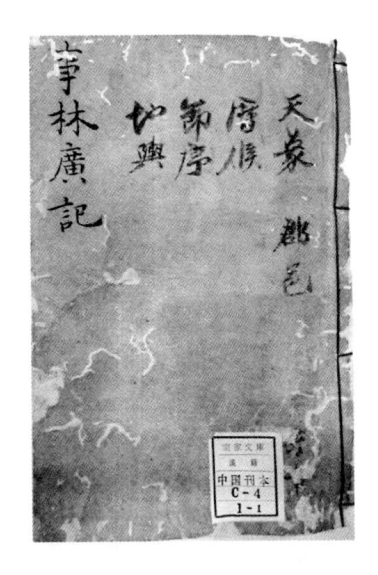

頁碼。書中有用朱筆圈點斷句的地方，如前集卷一《天文類·太極·兩曜圖説》《十二宮分野所屬圖》，前集卷三《節序類·歲時雜記》"六月"條，前集卷八《仙境類·海中四山》，續集卷五《修真類·修煉要訣》《修養心法》《修養肺法》《修養腎法》等。

宗家文庫本從字體和提行等方面來看，"無疑是元刊本"。該本用竹紙印刷，雕字鋭利，字跡清晰，"在現存建安小字本中最爲精良"[1]，内容保存亦較爲完整，因此可稱善本。卷首爲總目，題爲"增新類聚事林廣記總目"。根據各卷首行題名來看，儘管全書有所不同，但大部分題名均作《新編纂圖群書類要事林廣記》，因此可以將宗家文庫本定名爲《新編纂圖群書類要事林廣記》。總目之下有 51 個類目，各類目具體名稱依次爲：天象（書中對應的類目作"天文"）、曆候、節序、地輿、郡邑、方國、勝跡、仙境、人紀、人事、家禮、儀禮、農桑、花果、竹木、帝系、紀年、歷代、聖賢、先賢、宫室、學校、文籍、辭章、儒教、幼學、文房、服飾、器用、音樂、音譜、武藝（書中對應的類目作"兵法"）、道教、修真、神仙、佛教、禪教、文藝、棋局、醫學、卜史、雜術、官制、國典、貨寶、算法、刑法、公理、飲饌、禽獸、拾遺。全書共分前、後、續、别四集，其中天文至竹木屬前集，帝系至兵法屬後集，道教至雜術屬續集，官制至拾遺屬别集。各集各卷再無子目。卷首總目首頁鈐"慶福院"長形朱印，其後每册首頁均鈐有此印。

宗家文庫本前集 21 卷，後集 22 卷，續集 24 卷，别集 20 卷，共 87 卷。其中缺續集卷一六《文藝類》、卷二一至二三《醫學類》、别集卷二至四《官制類》，共 7 卷。對照總目來看，續集《卜史類》之後還有《雜術類》，但正文中該類已全部缺失，具體卷數無從得知，所以尚無法確定全書的總卷數，但至少在 88 卷以上。宫紀子推測缺失原因或許是五山僧留學元朝時，將所需部分拆下來單獨裝訂，因而散佚[2]。這一推測頗有道理。對照日本叡山文庫所藏《事林廣記》的抄本及其他版本《事林廣記》，可知宗家文庫本所缺續集卷一六《文藝類》，是八思巴字《百家姓》；《醫學類》的三卷，分别是《藥品》《炮製》《藥忌》；别集《官制類》則主要是《官職新制》《朝官職事》《外任職員》等《官任品秩》的内容。八思巴字《百家

---

[1]《對馬宗家舊藏の元刊本'事林廣記'について》。
[2]《對馬宗家舊藏の元刊本'事林廣記'について》。

姓》,在元朝"風化自北而南,新學尚之"的背景下,"初學能複熟此編,亦可以爲入仕之捷徑"[1],因此被讀書人視作入仕的敲門磚,自然也是初學蒙古新字的外國人所必備的學習手册。《官制類》中關於元朝隨朝官、外任官的職務和俸禄,也是瞭解元代上層社會的重要信息,而醫療常識更是生活在元朝的日本五山僧所必備的。

二

宗家文庫本的版本情况十分複雜,其編纂者在編輯該書時,很可能"將能够順手找到的所有殘本放在一起,重新編排,機械地給與卷次",因此該本是一個"混合的版本"[2]。宗家文庫本混用10、12、13、14行等不同行格,每行的字數也是18—26字不等,部分卷首、卷末的題名也不完全一致,除了《新編纂圖群書類要事林廣記》之外,還有《新編纂圖群書類聚事林廣記》《新編群書類要事林廣記》《群書類要事林廣記》《新編纂圖增類群書類要事林廣記》《新編纂圖增類群書一覽事林全璧》等名稱,這些都是該版本混用不同底本的體現。

宫紀子認爲,宗家文庫本使用12行的地方,往往與和刻本,尤其是與陳元靚的原本最接近的至元刊本《博聞録》一致,内容也應是最早的,而14行×24字部分,應該是用了"增類"後的版本,並列出具體類目,即各卷題名中標有"增類"或者至順本目録中標有"增附"、"新增"的部分[3]。增類本出現的具體時間尚不清楚(詳見下文),但至順時期的兩種版本都是增類後的本子。就宗家文庫本具體各類的編纂情况來看,宫紀子的説法似可進一步商榷。其實宗家文庫本混用14行格式的部分,不僅僅局限在宫紀子指出的各類,其他没有標注增類的類目中也有混用14行的情况,並且這種情况十分普遍。如前集卷二《曆候類》,卷首和卷末的題名均是《新編纂圖群書類要事林廣記》,無"增類"二字。該卷中《六十甲子》、《四時占候》(包括《元旦雜占》《歲首雜占》《冬至雜占》)、《八節風候》、《八節雲氣》、《甲子兩占》、《歲節晴雨》、《虹蜺隱見》、《日月交蝕》、《龍神行風》、《逐月惡風》等子目,在至順時期刊刻的椿莊書院本和西園精舍本中相對應

---

[1] (宋)陳元靚編《事林廣記》庚集下卷《文藝類·蒙古字體》,《中華再造善本》影印元後至元六年鄭氏積誠堂刻本,北京圖書館出版社,2005年。
[2] 《對馬宗家舊藏の元刊本'事林廣記'について》。
[3] 《對馬宗家舊藏の元刊本'事林廣記'について》。

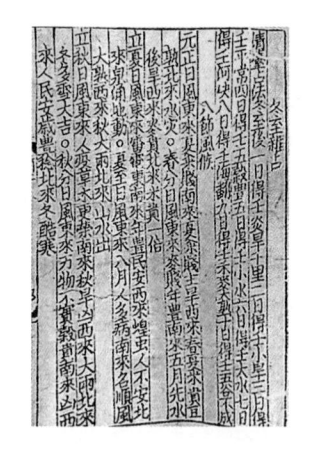

的目錄中也無"增附"、"新增"字樣,但這幾個子目均是半頁14行,並且每行19、20、22、23、24、26字不等,甚至存在14行×19字、14行×20字、14行×22字[1]或者14行×23字、14行×24字、14行×26字[2]等半頁同行但每行字數不同的情況。

再如宗家文庫本前集卷一五《家禮類·婚禮》,包括《婚禮總敍》《文公婚禮》《婚禮各種帖式》《婿告廟祝文》《女告廟祝文》《婿廟見祝文》《唱拜致語》《佳期綺席詩》《撒帳致語》《嫁娶新例》等子目。這部分内容,和刻本編在壬集卷二《婚姻燕喜》中,包括《婚禮》《唱拜致語》《拜畢致語》《撒帳》《撒帳畢求利市》幾個子目。椿莊書院本和西園精舍本編在前集卷一〇《家禮類·婚禮》中,其子目和宗家文庫本完全一致,只不過順序和個別子目的具體内容略有改編。可見,宗家文庫本《婚禮類》的内容與至順時期版本所依據的底本應該是相同的。與和刻本相比,宗家文庫本不僅收録的各個子目,而且收録的具體内容、編纂的方式等均有很大的改編,尤其是《嫁娶新例》,完全是補充了元代關於婚禮的若干規定,所以宗家文庫本與和刻本《婚禮類》的内容相距很遠,而與至順時期版本的《婚禮類》則基本相同。

具體到宗家文庫本該類的12行部分,一共有兩頁,且不相連。内容包括《婿告廟祝文》《女告廟祝文》《婿廟見祝文》3個子目及《唱拜致語》的部分内容(以上爲一頁),《佳期綺席詩》的後半部分和《撒帳致語》(以上爲另一頁)。其中《婿告廟祝文》《女告廟祝文》《婿廟見祝文》3個子目爲和刻本所無,《唱拜致語》雖然兩個本子都有,但内容不同。和刻本《唱拜致語》:

竊以禮有大婚,已重粢盛之奉;義無先配,合輸榛栗之虔。慶二姓之姻親,兆百年之春愛。大哉齊偶,樂矣韓邦!笙歌遞奏咽寒空,錦繡高張浮瑞氣。葭灰度管,長紅日於簷楹;梅萼傳春,散清香於簾幕。折躬百拜,式展婦儀。[3]

宗家文庫本《唱拜致語》:

---

[1] (宋)陳元靚編《事林廣記》前集卷二《曆候類·甲子兩占》《六甲晴雨》,日本宗家文庫藏元刻本(以下簡稱宗家文庫本)。

[2] 《事林廣記》前集卷二《曆候類·冬至雜占》《八節風候》,宗家文庫本。

[3] (宋)陳元靚編《事林廣記》壬集卷二《婚姻燕喜·唱拜致語》,[日]長澤規矩也編《和刻本類書集成》第一輯,日本汲古書院,1976年影印本,406頁。

竊以禮重婚姻,兹實人倫之大,義當配耦,爰思宗事之承。張設青廬,熒煌花燭。祀供蘋藻,首嚴見廟之儀;執備棗榛,抑講拜堂之禮。濟濟珠履玳簪之客,盈盈金釵玉珥之賓。慶會良宵,觀光盛事。爐薰寶鴨,已拈沉甲之香;步賜金蓮,請下香纓之拜。[1]

儘管都是《唱拜致語》,但宗家文庫本與和刻本所錄內容完全不同,卻與至順時期兩個版本《唱拜致語》基本一致[2]。可見宗家文庫本這一頁12行格,內容與和刻本沒有任何的繼承關係。

和刻本	宗家文庫本
椿莊書院本	西園精舍本

另一頁12行部分,宗家文庫本《佳期綺席詩》的後半部分共錄有四首詩:《請交拜詩》《請拔花詩》《請解襟詩》《請合卺詩》。其中《請交拜詩》與和刻本的《交拜詩》不同,《請拔花詩》《請解襟詩》與和刻本的《拔花詩》《解襟詩》相同,《請

---

[1] 《事林廣記》前集卷一五《家禮類·婚禮·唱拜致語》,宗家文庫本。
[2] 《事林廣記》前集卷一〇《家禮類·婚禮·唱拜致語》,椿莊書院本,291頁;日本內閣文庫藏元至順西園精舍刻本(以下簡稱西園精舍本)。

合卺詩》與和刻本的《交杯詩》大致相同,部分文字有出入。兩相對照,能看出宗家文庫本與和刻本之間的繼承關係,但以上内容宗家文庫本與至順時期本子則完全相同。宗家文庫本《撒帳致語》,部分内容與和刻本相同,但《撒帳東》《撒帳西》《撒帳南》《撒帳北》《撒帳上》《撒帳中》《撒帳下》和刻本無,至順時期的本子則保留了宗家文庫本的《撒帳東》《撒帳西》《撒帳南》《撒帳北》,删去了《撒帳上》《撒帳中》《撒帳下》,並補充了宗家文庫本所無的詩歌一首:

> 今宵撒帳稱人心,利市須抛一井金。
> 我輩探花歸去後,從他兩個戀香衾。[1]

二者相較,能看出宗家文庫本對和刻本的繼承與改編,但内容上與至順時期的版本更爲接近。

再如前集卷九《人紀類》,其下《人紀肇端》《四民常業》均是 13 行,《人品名數》第一頁是 14 行,第二頁又是 13 行,《温公家儀》第一、二頁是 14 行,第三頁又是 13 行,其後《先賢嘉言》第一頁是 12 行,第二至五頁全是 14 行。可見這一卷是 12、13、14 行三種行格混合使用,同一子目中也是 13、14 行,或者 12、14 行混合排列。從内容來看,除了《四民常業》(和刻本庚集卷二《四民常業》)之外,其餘子目和刻本均未收録。但至順時期兩種版本與宗家文庫本的不同處僅在於,於《四民常業》之後補入了宗家文庫本《拾遺類》的《氏族本原》,椿莊書院本在《温公家儀》之後没有《先賢嘉言》一類,整卷至此結束,而西園精舍本則有《先賢嘉言》。由此可見,該卷 12 行格的内容,也是宗家文庫本和至順時期的兩種版本,尤其是西園精舍本最爲接近。

後集卷二二《兵法類·射藝》,各版面的行格依次爲《射藝准的》13 行,《步射圖》和《馬射圖》兩幅插圖之後,《步射病色》和《前後手法》爲 12 行,其後《持弓審固》至《捲弦入弰》爲 14 行,而《焙室火候》又爲 12 行。可見這一卷也是雜用 12、13、14 行三種行格。除了《焙室火候》一目至順時期兩種版本没有收録之外,其餘子目和刻本、宗家文庫本、至順時期的版本均有收録。

別集卷一《官制類·官制源流》採用的是 12 行行格,但《官制類》是和刻本所没有的一個類目,這個類目我們能看到的《事林廣記》的最早版本應該就是宗家文庫本,其後椿莊書院本、西園精舍本以及積誠堂本均有《官制類》,日本叡山

---

[1]《事林廣記》前集卷一〇《家禮類·婚禮·撒帳致語》,椿莊書院本,296 頁。詩中"去"字原作"夫",當誤,據西園精舍本前集卷一〇《家禮類·婚禮·撒帳致語》改。

文庫所藏抄本也有此類,並且四種版本的《官制源流》均是 12 行,內容完全相同,唯一不同的地方是至順時期的兩種版本在敘述至元朝官制時,"大元"二字空格,而宗家文庫本、叡山文庫本沒有空格,顯然四種版本所依據的底本應當是相同的。

別集卷八《國典類·朝儀》,是僅見於宗家文庫本和叡山文庫本(別集卷四)的一個類目(兩本内容相同,可見依據的是同一底本),現存其餘各本《事林廣記》均無此類。該類混合收錄了宋、金、元三朝的禮儀制度,主要是宋、金兩朝,也是雜用 12、13、14 行三種行格。其中《聖節舊典》《百官慶壽》《教坊樂器》《錫宴酒數》《御宴器皿》等子目是從《東京夢華錄》卷九摘錄的,但前三類用的是 12 行格,後兩類則是 14 行格。後面的《大元慶節》《迎詔儀典》《出郊迎接》《行禮贊拜》《捐勸酒饌》《下馬酌別》《軍司宣讀》《宣官迎接》《鳴鼓作樂》《受閱宣命》《參見問候》《勸酒館待》《官屬酌送》《親王客儀》《經過接送》等類,除了《大元慶節》,其餘類目是金朝的禮儀,其中《大元慶節》《迎詔儀典》《出郊迎接》是 13 行格,《行禮贊拜》至《宣官迎接》是 14 行格,《鳴鼓作樂》至《勸酒館待》是 12 行格,《官屬酌送》以下又是 13 行格。

綜上所述,我們從宗家文庫本《婚禮類》《人紀類》《兵法類》《官制類》《國典類》等類目的 12 行部分,看不出它與和刻本有比較密切的繼承關係,部分類目內容上反而與至順時期的版本基本一致。有些類目不同行格的使用,是一種很隨意的現象,似乎並無規律可循。因此,宗家文庫本半頁 12 行版式的使用,與繼承和刻本的內容沒有必然的關係。我們不宜僅僅依據宗家文庫本各個版面不同行數來判斷該版本與《事林廣記》其他刻本的親疏遠近,而是應該根據宗家文庫本與不同版本之間內容的增減改編進行重點考察。

三

儘管宗家文庫本是一個"混合的版本",但它並不是不同版片的配印本,而是有自己一套完整的版片。鑒於宗家文庫本依據的底本較多,編纂過程中也存在很多低級錯誤,校對也不夠細緻,對它的改編很可能不是讀書、著書之人,而是書坊的書商為了速印逐利,所以纔會出現刊刻時將能夠找到的版本臨時拼湊在一起、機械地給與卷次的情況。由於沒有明確的刻印信息,加上依據底本的多樣性,我們尚不能確定宗家文庫本的具體刊刻時間,但以該本收錄的內容及其與和刻本、元代後期幾種版本進行對比,能夠發現宗家文庫本應該是晚於和刻本所依據的泰定二年刻本而早於椿莊書院本、西園精舍本、積誠堂本的一個中間版本。

和刻本儘管是泰定二年增補本的翻刻本,但是泰定二年的增補本,基本上没有增補成宗、武宗、仁宗、英宗、泰定帝幾朝的信息資料,而是更多地保留了宋末及元初中統、至元年間的面貌。如甲集卷九《正統年運門》,列舉元朝的紀年是"今上皇帝:中統五年,至元萬萬年"[1];乙集卷三《江北郡縣》和卷四《江南郡縣》,分別是把金朝和南宋的行政區劃合二爲一,簡單拼湊[2];丙集卷一《素王事實·大元欽崇》,收錄了中統二年、至元六年的聖旨[3];丁集卷十收錄的是《蒙古篆字》,即八思巴字《百家姓》,而八思巴字是由國師八思巴創製的、忽必烈於至元六年發詔頒行的蒙古新字;庚集卷十《至元譯語》、壬集卷一《至元雜令》;壬集卷一《笞杖則例》,收錄有中統五年、至元十二年的聖旨條畫;壬集卷四《五服年月》提到了"至元新降服制"[4]。可見上述内容,體現的都是元初忽必烈時期的信息。唯獨在敍述道教天師世襲時,至第38代天師張與材,提及他於成宗元貞元年(1295)鹽官州(治今浙江海寧西南鹽官)潮水泛溢時,"奉詔平潮"[5],這應是和刻本中有明確時間記載的最晚記錄。而張與材正式接任第38代天師是在元貞二年二月。因此,從整體内容上來看,我們可以把和刻本視作反映宋末元初社會狀況的《事林廣記》的版本。從這個意義上説,和刻本應是現存《事林廣記》各種版本中最早的版本。而椿莊書院本和西園精舍本則注明是至順時期的刻本,積誠堂本是後至元年六年刊刻的,這是《事林廣記》最晚的元代刻本。

宗家文庫本與和刻本相比,元初忽必烈時期的信息資料有了進一步的補充,更爲重要的是補充了不少元成宗時期的内容。如前集卷十五《家禮類·嫁娶新例》是和刻本正文中所没有的内容,共收錄《聘財等第》《筵會等第》《同姓不得爲婚》《有妻更娶妻者》《夫亡服闋守志歸宗》《無故五年不成婚聽離》《婚書須用點指畫字》《諸色人同類自相婚姻者》八條;後集卷四《聖賢類·大元褒典》,在和刻本丙集卷一《大元欽崇》收錄的中統二年、至元六年聖旨的基礎上,增補了至元十年二月中書省判送御史中丞兼領侍儀司的呈文;後集卷九《學校類·大

---

[1] 《事林廣記》,《和刻本類書集成》第一輯,203頁。
[2] 《江北郡縣》之下首列《中都路》,而金中都於至元九年已改建爲元大都。見《元史》卷五八《地理志》,中華書局,1976年點校本,1347頁。
[3] 《事林廣記》丙集卷一《素王事實·大元欽崇》,《和刻本類書集成》第一輯,237頁。
[4] 《事林廣記》壬集卷四《五服年月·五服總叙》,《和刻本類書集成》第一輯,411頁。
[5] 《事林廣記》己集卷四《天師宗系》,《和刻本類書集成》第一輯,323頁。

元新降條畫》也是和刻本所没有的類目,共收録中統二年、至元六年、至元十一年的聖旨三道;別集卷九《貨寶類》,介紹了中統鈔的面值及流通情況;別集卷一一《刑法類·至元大典》收録了至元時期的各項法律條文;等等。上述記載均是和刻本中所没有的内容。與和刻本敍述元朝世系截至忽必烈至元時期相比,宗家文庫本的紀年時間截至成宗元貞時期:後集卷二《紀年類[1]·歷代紀年》記載元朝世系爲:"大元[世][2]祖皇帝:中統(五年),至元(三十一年)。今上皇帝:元貞(萬年)。"[3]

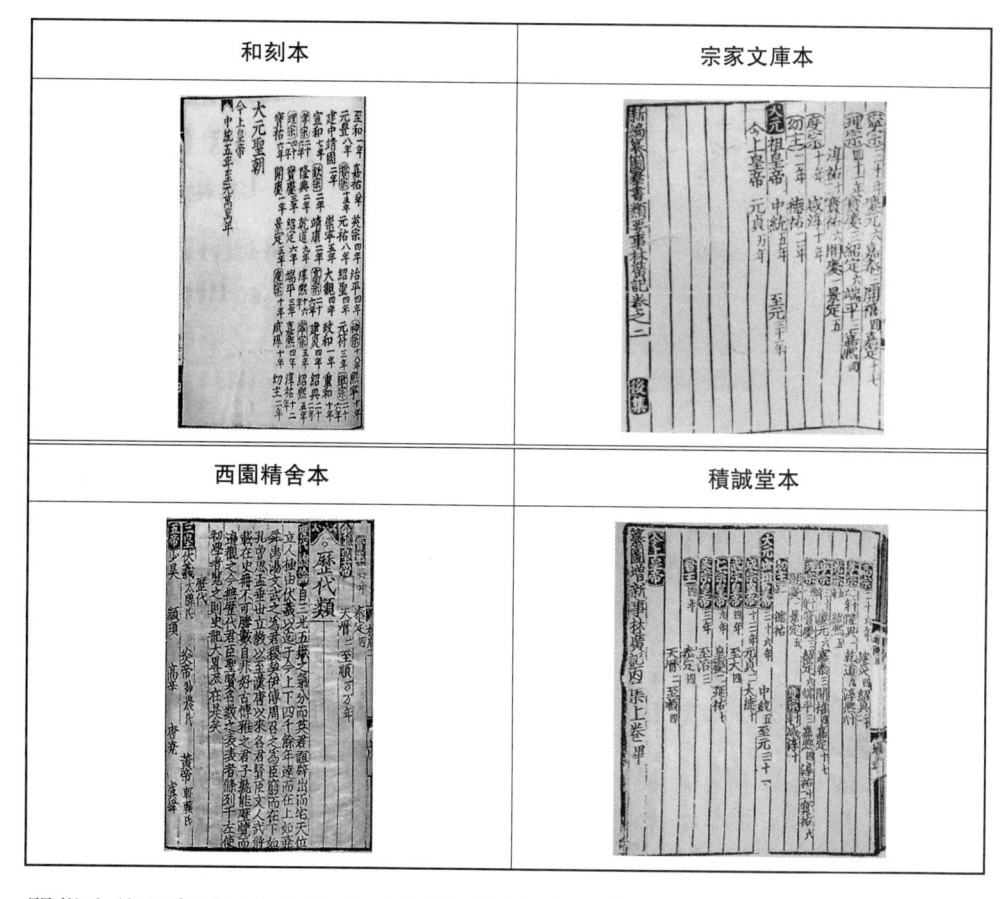

和刻本	宗家文庫本
西園精舍本	積誠堂本

單從這條紀年來看,宗家文庫本似乎是成宗元貞時期的刻本,但前引《嫁娶新例》又補充了成宗大德八年(1304)關於漢人、南人的民間聘財等第:

  大德八年三月欽奉

---

[1] "紀年類",原倒爲"年紀類",據卷首總目及西園精舍本、椿莊書院本乙正。
[2] "祖"前原脱"世"字,世祖是忽必烈的廟號,西園精舍本和椿莊書院本皆有"世"字,據補。
[3] 《事林廣記》後集卷二《紀年類·歷代紀年》,宗家文庫本。引文中圓括號内的文字是原文中的小字。

301

詔書内一款節該：男女居室，人之大倫。近年聘財無法，奢靡日增，至有損資破產，不能成禮，甚則爭訟不已，以致嫁娶失時。除蒙古、色目人各依本俗及品官另行定奪，其民間聘財，今命中書省從宜定立等第，以男家爲主，願減者聽。親禮筵會，務從省約。

上户：金一兩，銀五兩，
　　　彩段[1]六表裹，雜用絹四十匹。
中户：金五錢，銀四兩，
　　　彩段四表裹，雜用絹三十匹。
下户：銀三兩，彩段二表裹，
　　　雜用絹一十五匹。[2]

這是大德八年的詔書，比《紀年類》提到的元貞又晚了一個年號，説明宗家文庫本肯定是大德八年以後的刻本。後集卷四題名《新編纂圖增類群書一覽事林全璧》，全書使用這個書名的僅此一處，這與至順時期版本的後集卷三的題名完全一致，説明它們依據的底本相同，或許這個底本的書名就叫作《新編纂圖增類群書一覽事林全璧》。這一卷與至順時期兩種版本的後集卷三一樣，均是《聖賢類》，内容基本相同，但至順時期的本子比宗家文庫本多了大德十一年的《加封孔子詔》，而刪去了宗家文庫本所録的至元六年山東提刑按察司欽奉聖旨文書。該卷全是關於歷朝歷代如何尊崇、加封孔子的内容，試想宗家文庫本如果是大德十一年之後的刻本，理應像至順時期的本子那樣，將大德十一年成宗頒佈的《加封孔子詔》録入書中（這份詔書理應是編纂時最該録入書中的内容）。因此單就這一卷來看，宗家文庫本似乎是大德十一年之前的刻本，而宗家文庫本全書出現的有明確紀年的時間下限即上文提到的大德八年，則該本刊刻的時間或許在大德八年至十一年之間。若此，則宗家文庫本有可能是早於泰定二年刻本的版本（抑或泰定二年刻本依據的是元初至元時期的版本）。但無論其刊刻時間是早於或者晚於泰定二年刻本，從全書内容來看，宗家文庫本包含的社會信息又肯定比泰定二年刻本晚，這一點是無疑的。而如果宗家文庫本是大德八年至十一年間的刻本，則元代出現的《事林廣記》最早的增類本應該在此之

---

[1] 段，原作"叚"，刻誤，據《通制條格》卷三《户令·婚姻禮制》（方齡貴校注本，中華書局，2001年，143—144頁）、《元婚禮貢舉考·大德聘禮》（王頲點校《廟學典禮》，浙江古籍出版社，1992年，153頁）改。
[2] 《事林廣記》前集卷一五《家禮類·嫁娶新例·聘財等第》，宗家文庫本。這份詔書《事林廣記》著録的時間是"大德八年三月"，而《通制條格》和《元婚禮貢舉考》著録的時間均是大德八年正月，二者略有不同。

前,這比宮紀子指出增類本在"延祐以前"應該更早一些[1]。但也有可能宗家文庫本是晚於泰定二年的刻本,編纂者由於疏漏或其他原因,没有增補大德十一年的《加封孔子詔》。

四

宗家文庫本早於至順時期的椿莊書院本和西園精舍本,則比較明確。椿莊書院本和西園精舍本後集卷二《紀年類》,敍述至元朝紀年,均作"今上皇帝,至順萬萬年",説明兩本應該是至順時期的本子。我們知道,《事林廣記》現存各個版本均是處於不斷增廣、刪改的過程之中。每次刊刻時,"爲了適應當前的需要,一定會增加一些新鮮的、合乎要求的東西進去,删掉一些失去時效、不切實際的東西",因此現存各版本"内容都有出入,無一完全相同"[2]。宗家文庫本與至順時期的版本相比,頗能體現出這種改編的演進軌跡。

椿莊書院本和西園精舍本是現存《事林廣記》元代刻本中内容最爲接近的兩個本子,而西園精舍本更是保留了不少椿莊書院本已經殘缺的内容。椿莊書院本的總目以及後集、續集、別集的子目均已殘缺,但西園精舍本均有保留。從西園精舍本保留的總目目録來看,總目的最後一類是《拾遺》,注明"見各集下"。宗家文庫本總目的最後一類也是《拾遺》,内容是別集卷一八《氏族》、卷一九《接談》、卷二〇《閨妝》。兩相對照可知,至順時期的增類本,是把宗家文庫本中專門的《拾遺類》,分别改編至前集的《人紀類》《儀禮類》、後集的《閨妝類》、續集的《文藝類》中,只不過在總目中仍然保留了"拾遺"的名稱而已。椿莊書院本的改編情況也是如此。

以宗家文庫本與至順時期版本的《婚禮類》進行比對,也能看出宗家文庫本是先於至順時期版本的刻本。宗家文庫本中《文公婚禮》《婿告廟祝文》《女告廟祝文》《婿廟見祝文》《唱拜致語》等子目標題,均是單獨成行,而至順時期版本則將各標題之下的内容緊隨其後排版,没有另起一行,目的是爲了節省版面;至順時期版本將《婿告廟祝文》《女告廟祝文》《婿廟見祝文》三個宗家文庫本排在《婚禮各種帖式》之後的子目,調整到《婚禮各種帖式》之前,並將其中的内容進行壓縮,如《婿廟見祝文》,宗家文庫本加子目標題一共有四行:

---

[1]《對馬宗家舊藏の元刊本'事林廣記'について》。
[2] 胡道静《事林廣記》前言,椿莊書院本,6頁。

　　　　　壻廟見祝文
維年月日,嗣曾孫某敢昭告於(如有官則具衘)
高曾祖三代祖妣某郡某氏夫人
合家廟之靈[1]

至順時期版本則改編爲一行:

壻廟見祝文:維年月日,嗣曾孫某敢昭告於(祖宗依上例位)[2]

至順時期版本《壻廟見祝文》的最後一行,將宗家文庫本原本佔據兩行的内容:"右長孫某,先娶某氏之女。兹辰大歸,敢以禮見,恭伸虔告,伏惟尚享。"[3]壓縮爲一行:"右孫某,今娶某氏之女。兹辰大歸,敢以禮見,恭伸虔告,尚享。"[4]以上壓縮改編的目的都是爲了節省版面,即將《壻告廟祝文》《女告廟祝文》《壻廟見祝文》三個子目接在《文公婚禮》七條之後,與之合併爲一個版面,《婚禮各種帖式》則是另一個版面,内容剛好是兩個完整的版面,而相同的内容宗家文庫本則排在三個版面上。以上對比,能夠顯示出至順時期版本是晚於宗家文庫本的刻本。

宗家文庫本	西園精舍本

---

[1]《事林廣記》前集卷一五《家禮類·婚禮·壻廟見祝文》,宗家文庫本。
[2]《事林廣記》前集卷一〇《家禮類·婚禮·壻廟見祝文》,椿莊書院本,288頁;西園精舍本。
[3]《事林廣記》前集卷一五《家禮類·婚禮·壻廟見祝文》,宗家文庫本。
[4]《事林廣記》前集卷一〇《家禮類·婚禮·壻廟見祝文》,椿莊書院本,288頁;西園精舍本。

再如宗家文庫本續集卷一八《文藝類·投壺》,於卷末附有南宋人洪遵作於紹興十七年(1147)的識語:

> 孔子曰:"君子無所爭,必也射乎!"投壺亦射之細也。先王施於宴安之中,所以交賓主,揖遜周旋,於是乎出。後世以嫚戲從事,頗不合於古,然流風遺制,尚可蓋見。投壺舊有圖,大抵以用機得雋爲右。
>
> 先正司馬文正公始定新格,斥僥倖之勝,蓋其意欲歸之正也。夫博弈猶賢乎已,則是書之設,孰謂無補哉?紹興丁卯孟冬,鄱陽洪遵識。

同樣的識語在該卷前文已經出現,這裏又被重複收錄。前文的識語無"孔子曰"至"尚可蓋見"一句,與《北雙陸盤馬制度》插圖刻在同半頁上,並且"右"字被誤刻成"石"字。和刻本戊集卷二《文藝類》卷末,也附有洪遵識語,內容與宗家文庫本附載的識語完全一致,只不過"先正司馬文正公"一句沒有提行,"鄱陽"刻成"番易"。顯然宗家文庫本被重複收錄的洪遵識語,與泰定二年刻本所依據的底本是相同的。西園精舍本無《投壺》類,椿莊書院本續集卷六《文藝類·投壺》,收錄的洪遵識語與宗家文庫本刻在《北雙陸盤馬制度》插圖頁上的識語一致,並且提行、每行字數以及誤刻的"石"字均完全相同,只是椿莊書院本的識語不是與《北雙陸盤馬制度》插圖,而是與上文《投壺》插圖刻在同半頁上。可見這裏的洪遵識語,宗家文庫本與和刻本依據的底本是相同的,應該都是增類以後的版本。因爲洪遵的識語講的是投壺而不是北雙陸的內容,所以椿莊書院本將識語的位置調整至《投壺》插圖之後,而不是像宗家文庫本那樣和《北雙陸盤馬制度》插圖刻在同半頁上,同時椿莊書院本刪去了宗家文庫本該卷卷末重複收錄的洪遵識語。自然,椿莊書院本是晚於宗家文庫本的本子。

宗家文庫本	宗家文庫本

(續表)

和刻本	椿莊書院本

　　上述例子在宗家文庫本與至順時期的版本對比中比比皆是。由此可以看出，從內容編排方面來看，宗家文庫本正好是介於和刻本與至順時期版本之間的本子。在宗家文庫本發現之前，和刻本所依據的泰定二年刻本與元後期版本之間的情況我們無從得知，而宗家文庫本的發現，正好彌補了《事林廣記》在元代不斷修訂補充過程中已經缺失的中間環節，這有助於我們瞭解《事林廣記》在元朝改編增訂的發展演變情況，對我們更爲全面地解讀和研究各本《事林廣記》具有重要價值。

　　本文屬於2016年國家社科基金重點項目"新發現日藏《事林廣記》校勘整理與研究"（批准號：16AZS004）的階段性成果。

　　致謝：感謝日本早稻田大學近藤一成和飯山知保先生、廣島大學船田善之先生、神户女子大學小林隆道先生、長崎縣立對馬歷史民俗資料館龍造寺裕則館長、山口華代博士、扇康滿和古川祐貴先生，還有坂口直樹、坂口惠伉儷，以及日本國立公文書館、早稻田大學圖書館、比睿山延曆寺叡山文庫，在筆者查閱資料期間給予的熱情幫助。

元代風暴潮災述論

張國旺

潮根據成因不同,可以分爲潮汐、湧潮、海嘯和風暴潮。潮汐和湧潮在颱風的作用下,可以形成潮災。中國古籍中的"海嘯"多是有嘯聲的風暴潮,而非現代意義上的海底地震或火山引起的海嘯[1]。風暴潮是現代海洋學提出的概念,是指沿海地區因颱風或颶風等熱帶氣旋引起的海面異常升降現象。其主要表現爲"颶風,海溢"、"大風,海溢"、"海水溢"等。中國古代文獻中"風潮"一詞最能反映潮災與颱風或颶風的因果關係。元末明初婁元禮所著《田家五行》載:"夏秋之交,大風及海沙雲起,俗呼謂之'風潮',古人名之曰'颶風'","有此風,必有霖淫大雨同作,甚則拔木、偃禾、壞房舍、決堤堰。"[2]中國古代的潮災多爲風暴潮災。學界對歷史時期的風暴潮災研究成果豐碩[3]。由於風暴潮"主要是由於夏秋之交中國近海盛行颱風和熱帶氣旋以及冬季盛行寒潮大風的緣故"[4],故筆者將風暴潮災列入風災進行研究。

陸人驥利用《元史》和明清方志等資料,羅列了自 1271 年到 1368 年間元代共 41 年發生的災害性海潮[5]。和付強將風暴潮災歸入風災,僅簡單述及[6]。宋正海在探討歷史時期風暴潮的動態變化時,對 13—14 世紀歷史上風暴潮的

---

[1] 宋正海等《風暴潮》,氏著《中國古代自然災的異動態分析》,安徽教育出版社,2002 年,324—325 頁。
[2] 婁元禮著,江蘇省建湖縣《田家五行》選釋小組《〈田家五行〉選釋》,中華書局,1976 年,15 頁。
[3] 陸人驥《中國歷代災害性海潮史料》,海洋出版社,1984 年;于運全《海洋天災——中國歷史時期的海洋災害與沿海社會經濟》,江西高校出版社,2005 年;宋正海《東方藍色文化——中國海洋文化傳統》,廣東教育出版社,1995 年;宋正海等《風暴潮》,見氏著《中國古代自然災異動態分析》,安徽教育出版社,2002 年,314—333 頁;宋正海等《中國古代對颱風和風暴潮的綜合預報》,見氏著《中國古代自然災異群發期》,安徽教育出版社,2002 年,202—207 頁。
[4] 宋正海等《風暴潮》,見氏著《中國古代自然災異動態分析》,324—325 頁。
[5] 陸人驥《中國歷代災害性海潮史料》,53—74 頁。
[6] 和付強《中國災害通史·元代卷》,鄭州大學出版社,2009 年,209—211 頁。

發生頻次作了分析,認爲"1200—1299年風暴潮是33次,而1300—1399年突然增至60次,這種突變明顯是與風暴潮本身頻繁有關的"[1]。于運全統計元代渤海灣、黃海海域潮災有6次,東海潮災有26次,其依據多爲明清地方志的記載[2]。然而,明清方志中的資料如何利用,譚其驤曾撰文列舉了多條地方史志記載不可輕信的情況[3]。爲了謹慎起見,筆者僅根據《元史》等元史基本文獻和元人文集中的資料對元代風暴潮災發生史進行探討。

一、元代風暴潮災概述

元世祖在位時,僅見4個年份有風暴潮災記載,主要集中爆發於東南沿海的台州路、福寧州和杭州路等地。至元十八年(1281)秋,台州路寧海縣淨土寺圍田遭受風暴潮災,"颶風挾潮,圍田內外皆海矣"[4]。至元二十二年(1285),台州路象山縣颶風,"殿宇頹圮"[5]。至元二十四年(1287),福寧州州學屋宇因"颶風壞之"[6],杭州斗門"颶風,亭仆"[7]。至元三十年(1293),東部沿海"颶風儳作"[8]。

成宗在位的十三年間,見於記載的風暴潮災有7個年份,其中以大德五年(1301)秋發生在長江三角洲地區的風暴潮災所造成的破壞最爲嚴重。元貞元年(1295),福寧州州學再次遭遇颶風,"又壞之"[9]。大德元年(1297),"海溢",杭州斗門"與附近鹽場俱蕩"[10]。大德三年(1299),上海"時值風雨交作,海潮湧怒,沉廬漂屋,渺瀰一壑,縣庭僅撐立,而牖壁無完,殆不可居"[11]。同年,鹽官州海塘堤岸崩[12],當與風暴潮有關。大德五年(1301)七月初一,長江三角洲地

---

[1] 宋正海等《風暴潮》,見氏著《中國古代自然災的異動態分析》,316頁。
[2] 于運全《海洋天災——中國歷史時期的海洋與沿海社會經濟》,64、89—91頁。于著在研究黃、渤海海域潮災時將元代的狀況放在"宋以前",從內容來看應爲"明以前"之誤。
[3] 譚其驤《地方史志不可偏廢,舊志資料不可輕信》,《江海學刊》1982年第2期。
[4] 牟巘《淨土寺捨田碑》,清光緒《寧海縣誌》卷二一,李修生主編《全元文》第7冊,鳳凰出版社,2004年,733頁。
[5] 周巽子《重修象山縣學記》,清雍正《象山縣誌》卷四〇,李修生主編《全元文》第36冊,257頁。
[6] 程鉅夫《福寧州學記》,《程雪樓文集》卷一一,《元代珍本文集彙刊》本,"中央"圖書館,1970年,437頁。
[7]《永樂大典》卷三五二六門字韻斗門。
[8] 鄧文原《重建廣惠廟記》,《巴西鄧先生文集》,《北京圖書館古籍珍本叢刊》本,書目文獻出版社,1998年,777頁。
[9] 程鉅夫《福寧州學記》,《程雪樓文集》卷一一,437頁。
[10]《永樂大典》卷三五二六。
[11] 唐時措《(上海)建縣治記》,李修生主編《全元文》第28冊,272頁。
[12]《元史》卷六五《河渠志二·鹽官州海塘》,中華書局,1976年,1639頁。

區"盡晦,暴風起東北,雨雹兼發,江湖泛溢,東起通、泰、崇明,西盡真州,民被災死者不可勝計"[1],"江水暴風大溢,高四五丈,連崇明、通、泰、真州、定江之地,漂没廬舍,被災者三萬四千八百餘户"[2],遂有次年正月賑濟淮東被風潮災傷人户之舉[3]。淮安路東海縣"有颶風之災",尊經閣"碎爲齏粉"[4]。浙西同時也遭受風潮災。"會秋,大風,海溢于潤、于常、于江陰,飄溺廬舍,居民存者困不粒食","大風海溢,潤、常、江陰等州廬舍多蕩没,民乏食"。身爲浙西肅政廉訪司僉事的趙宏偉賑濟百姓,"全活者十餘萬"[5]。其中"潤"即鎮江路。鎮江路"颶風大作,諸沙漂流","颶風大作,暴雨驟至,山川沸騰,民居蕩析,廟(東嶽別廟——引者)居山巔,頽圮傾欹,十居八九"[6]。松江府興聖寺寶塔因"颶風大作,塔不得完立。上而相輪,下而欄楯,掣入空中,墮擲如棄。故頽蝕而葺者不以支,剥落而新者不以具矣"[7]。平江路也遭受風暴潮災,"淮、浙、閩海溢動百里,潮高數十丈,爲患已甚,而蘇之颶風尤惡,吹郡治離平地起,虚空而後墮。吴長洲縣亦然。僧寺樓二十四,撤其樓,擲其鐘,居民之高者或不免。朝棟樑而暮瓦礫,太湖之水幾入葑門,館亦就圮,傳舍(姑蘇驛——引者)蕭條,略如廢寺"[8]。常熟州譙樓"大風雨踣之"[9],而嘉定州州學儀門"圮於颶風"[10]。可見這次風暴潮波及長江三角洲、福建等地,所涉範圍極廣,所受災害相當嚴重。大德七年(1303)六月,台州路"風水大作",寧海、臨海二縣死者五百五十人[11]。大德八年(1304)八月,江西行省潮州路"颶風起,海溢,漂民廬舍,溺死者衆",潮陽所受災情最爲嚴重,遂有九月"給其被災户糧兩月"之舉[12]。大德十年(1306)七月,平江路"大風海溢"[13],"值數次颶風決破圍岸",加之"自春以來雨水頻并,數月不止,河港盈溢",吴淞江上游水流湍急,但因開挑減水河和開閘泄

---

[1]《元史》卷二〇《成宗紀三》,435頁。
[2]《元史》卷五〇《五行志一》1053頁。
[3]《元典章》卷二三《户部九·農桑·立社·社長不管餘事》,陳高華等校點,天津古籍出版社、中華書局,2011年,925—927頁。
[4] 楊載《尊經閣記》,明正德《姑蘇志》卷四,李修生主編《全元文》第25册,570頁。
[5] 許謙《治書侍御史趙公行述》,《許白雲先生文集》卷二,《四部叢刊續編》本,上海書店,1985年,12頁;《元史》卷一六六《趙宏偉傳》,3913頁。
[6] 俞希魯《至順鎮江志》卷三《户口》,江蘇古籍出版社,1999年,83頁;陳齊《東岳別廟記略》,見《至順鎮江志》卷八,322頁。
[7] 任士林《興聖寺重修寶塔記》,《松鄉集》卷二,《景印文淵閣四庫全書》本,臺灣商務印書館,1986年,28頁。
[8] 方回《姑蘇驛記》,《吴都文粹續編》卷一一,《景印文淵閣四庫全書》本,4—5頁。
[9] 周馳《常熟州重修譙樓記》,李修生主編《全元文》第24册,274頁。
[10] 楊維楨《嘉定州修學記》,《吴都文粹續編》卷六,《景印文淵閣四庫全書》本,45頁。
[11]《元史》卷五〇《五行志一》,1053頁。
[12]《元史》卷二一《成宗紀四》,460頁;卷五〇《五行志一》,1054頁。《五行志一》作"八月,潮陽颶風,海溢,漂民廬舍"。
[13]《元史》卷五〇《五行志一》,1054頁。

水,當年淹沒的田園數目只是大德七年風暴潮災時的三分之一[1]。

武宗時未見風暴潮災記載,然仁宗時有四年發生風暴潮災。皇慶元年(1312)八月,松江府"大風,海水溢"[2]。次年八月,崇明州、嘉定州"大風,海溢",其中揚州路崇明州"大風,海潮泛溢,漂沒民居"[3]。延祐己未、庚申間(1319—1320),鹽官州"海汛失度,累壞民居,陷地三十餘里"[4]。英宗至治元年(1321)八月,雷州路海康、遂溪二縣"海水溢,壞民田四千餘頃",遂"免其租"[5]。泰定帝在位的五年中有四年發生風暴潮災。泰定元年(1324),杭州路鹽官州"海水大溢,壞堤塹,侵城郭,有司以石囤木櫃捍之不止"[6]。泰定三年(1326)八月,鹽官州大風,海溢,捍海堤崩,"廣三十餘里,袤二十里",即使朝廷遣使祭海神,也未有效果,最後不得不"徙居民千二百五十家以避之"。與此同時,揚州路崇明州"大風雨,海水溢"。這次風暴潮災中,崇明州三沙鎮受災最爲嚴重,"海溢,漂民舍五百家",遂有十一月"賑糧一月,給死者鈔二十貫","溺死者給棺斂之"[7]。次年鹽官州和崇明州再次發生風暴潮災。正月,鹽官州"潮水大溢,壞捍海堤二千餘步"。二月,"風潮大作,衝捍海小塘,壞州郭四里"。四月癸未,"海水溢,侵地十九里",即使及時命都水監及行省派二萬餘工匠"以竹落木柵實石塞之",又命張天師嗣成修醮禳災,也未獲成功[8]。八月,揚州路崇明州、海門縣海水溢,"沒民田廬"[9]。致和元年(1328)三四月間,鹽官州再次爆發風暴潮災,"海堤崩","海溢",使朝廷不得不遣使禱告海神,造浮屠二百十六,並發軍民營建捍海堤,"置石囤二十九里"。此次涉及的區域還應包括崇明州,"大風,海溢"[10]。此後的文宗、明宗、寧宗在位的五年中,見於記載的風暴潮災有3個年份。天曆二年(1329),崇明州三沙鎮颶風七日[11]。渤海海域也曾發生風暴潮災,對鹽業生產造成了嚴重的影響。至順元年(1330)七月,河間運司"海潮

---

[1] 任仁發《水利集》卷五,《續修四庫全書》本,上海古籍出版社,2002年,50頁。
[2] 《元史》卷五〇《五行志一》1054頁。
[3] 《元史》卷五〇《五行志一》,1055頁;卷二四《仁宗紀一》,558頁。
[4] 《元史》卷六五《河渠志二·鹽官州海塘》,1639頁。
[5] 《元史》卷二七《英宗紀一》,614頁;卷五〇《五行志一》,1056頁。
[6] 《元史》卷五〇《五行志一》,1056—1057頁。
[7] 《元史》卷三〇《泰定帝二》,672—673頁;卷五〇《五行志一》,1057頁。《五行志一》載泰定三年十一月"崇明州三沙鎮海溢,漂民居五百家",實爲八月的受災情況。
[8] 《元史》卷三〇《泰定帝二》,676、678頁;卷五〇《五行志一》,1057頁;卷65《河渠志二·鹽官州海塘》,1639頁。
[9] 《元史》卷三〇《泰定帝二》,681頁。
[10] 《元史》卷三〇《泰定帝二》,685—686頁;卷五〇《五行志一》,1058頁。陸文圭《送州同知序》,《牆東類稿》卷六,《元人文集珍本叢刊》本,臺北新文豐出版公司,1985年,13頁。
[11] 程端學《靈濟廟事蹟記》,《積齋集》卷四,《景印文淵閣四庫全書》本,13頁。

溢,漂没河間運司鹽二萬六千七百餘引"〔1〕。至順二年(1331)秋,溫州路永嘉縣遭遇風暴潮災,風暴潮災和洪災並發,受害嚴重,"水暴溢括蒼山中,被郡境。颶風激海水,相輔爲害,堤傾路夷,亭隨仆,永和鹽倉亦圮。水怒未已,且將破廬舍,敗城郭"〔2〕。

元順帝時見於記載的風暴潮災有7個年份。至正元年(1341)六月,揚州路崇明、通、泰等州"海潮湧溢","溺死一千六百餘人",這次風暴潮災受到朝廷的賑濟,"賑鈔萬一千八百二十錠"〔3〕。七月,廣西雷州路"颶風大作,湧潮水,拔木害稼"〔4〕。次年十月,台州路海州"颶風作,海水漲,溺死人民"〔5〕。至正四年(1344)七月,溫州路"颶風大作,海水溢,漂民居,溺死者甚衆"〔6〕。至正八年(1348),永嘉縣"大風,海舟吹上平陸高坡上三二十里,死者千數,世人謂之海嘯"〔7〕。這次受災可謂嚴重。至正十三年(1353)五月乙丑日,湖廣行省潯州路"颶風大作,壞官舍民居,屋瓦門扉皆飄揚七里之外"〔8〕。七月丁卯,泉州路"海水日三潮"〔9〕。至正十七年(1357)六月癸酉日,溫州路"颶風大作,棟宇盡覆","死者萬餘人",而開元寺"獨寶殿存而上漏傍穿亦已甚矣"〔10〕。至正二十二年(1362),杭州斗門"風潮復圮"〔11〕。至正二十四年(1364),台州路黃巖州"海溢,颶風拔木,禾盡偃"〔12〕。

要之,據不完全統計,元代見於記載的風暴潮災有30個年份。其中元世祖時,共有4年發生風暴潮災。成宗時,風暴潮災發生年份有7個。仁宗時,風暴潮災發生年份有4個。英宗時,風暴潮災發生年份有1個。泰定帝時,風暴潮災發生年份有4個。文宗時,風暴潮災發生年份有3個。順帝時,風暴潮災發生年份有7個。

---

〔1〕《元史》卷三四《文宗紀三》,761頁。蘇天爵:《元故太中大夫大名路總管王公神道碑銘》載:王惟賢"升中議大夫、同知河間都轉運鹽使司事。……值秋大雨,颶風溢湧,舟壞,沒官鹽七萬五千餘引,死者三百餘人。公力陳於朝"(《滋溪文稿》卷一七,陳高華、孟繁清點校,中華書局,1997年,275頁)。此事疑與至順元年暴風潮災爲一事。
〔2〕黃溍《永嘉縣重修海堤記》,《金華黃先生文集》卷九,《四部叢刊初編》本,上海書店,1989年,17頁。
〔3〕《元史》卷四〇《順帝紀三》,861頁;卷五一《五行志二》,1094頁。
〔4〕《元史》卷五一《五行志二》,1111頁。
〔5〕《元史》卷五一《五行志二》,1111頁。
〔6〕《元史》卷四一《順帝紀四》,870頁;卷五一《五行志二》,1095頁。
〔7〕葉子奇《草木子》卷三上《克謹篇》,中華書局,1959年,42頁。
〔8〕《元史》卷五一《五行志二》,1111頁。
〔9〕《元史》卷五一《五行志二》,1096頁。
〔10〕蘇伯衡《溫州府開元教寺興造記》,《蘇平仲文集》卷六,《四部叢刊初編》本,15頁;《元史》卷四五《順帝紀八》,937頁;卷五一《五行志二》,1099頁。
〔11〕《永樂大典》卷三五二六。
〔12〕《元史》卷五一《五行志二》,1111頁。

二、元代風暴潮災的時空分佈

元代見於記載的風暴潮災有 30 年。若按照十年進行統計,可製成圖表 1:元代風暴潮災發生趨勢圖。

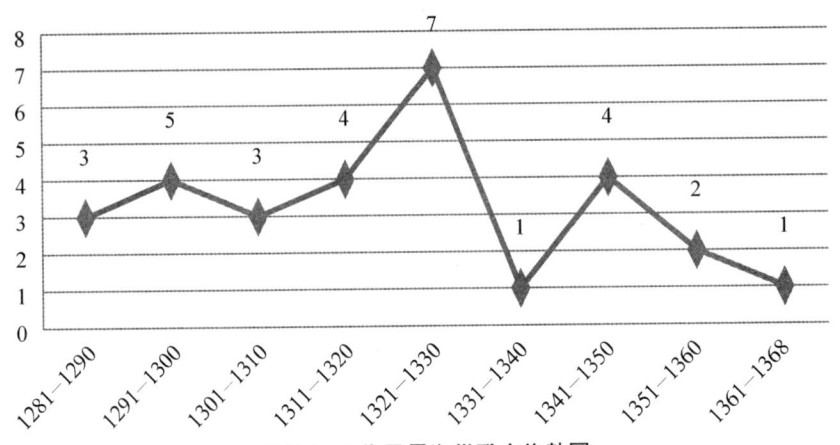

圖表 1:元代風暴潮災發生趨勢圖

由圖表 1 可知,元代自 1281 年有風暴潮記載始,至 1320 年的四個十年間,每十年都有 3、4 年發生風暴潮災,造成不小的損失。1321—1330 年的第五個十年間,風暴潮災達到 7 年,頻次相當高。之後風暴潮頻次下降,1331—1340 年的第六個十年間,風暴潮災僅見一次。1341—1350 年間,風暴潮災發生頻次有所回升,達到 4 年。之後風暴潮災害逐漸減弱,在 1351—1360、1360—1368 的十八年間,分別有 2 年和 1 年,危害較小。由此,自 1281 年到 1330 年的五十年間,是風暴潮災多發的時期,這一時期恰是世祖至文宗在位的元代前中期。值得注意的是,一年内多次發生風暴潮災的情況爲數不少。如泰定三年,鹽官州在正月、二月、四月連續發生風暴潮災,八月揚州路崇明州、海門縣和通州也受災。因此風暴潮災的發生次數遠超過其發生年,達到了 37 次。其中以大德五年秋長江三角洲一帶發生的風暴潮災破壞性最大。

風暴潮災表現出較爲明顯的月季變化,見圖表 2:元代風暴潮災月季變化圖。

由圖表 2 可以看出,風暴潮災多發生在秋季,特別是農曆七八月間,與現代學者研究颱風風暴潮發生月份主要集中在 7—9 月,峰值在 8 月大體一致[1]。

---

[1] 王靜愛、史培軍、王平、王瑛《中國自然災害時空格局》,科學出版社,2006 年,119 頁。

圖表2：元代風暴潮災月季變化圖

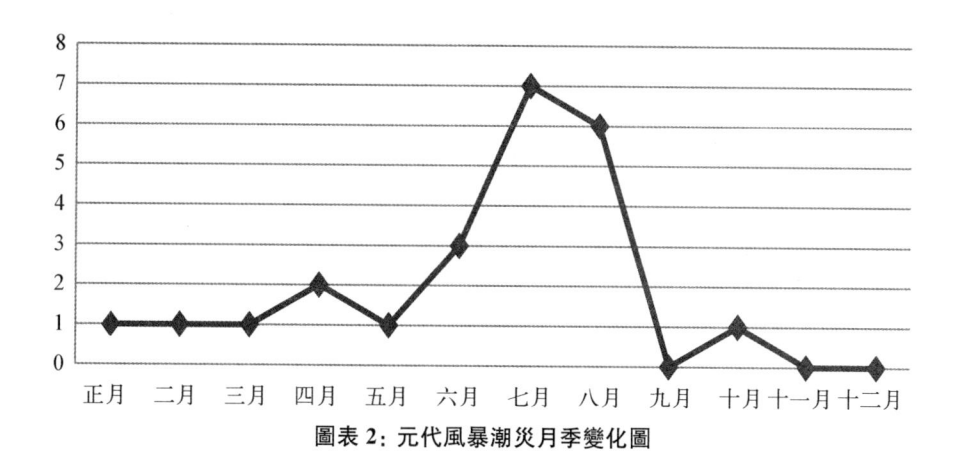

元代明確記載發生在秋季的風暴潮約14次,其中七、八月份分別爲7次、6次。發生在正月、二月、三月、五月的風暴潮各有1次,四月的風暴潮災有2次,六月份發生的風暴潮災達到3次,發生在十月份的風暴潮災有1次。而九月、十一月、十二月未見風暴潮在發生。

風暴潮災發生的區域多集中在東南沿海地區。今將風暴潮災的發生區域作成圖表3。

圖表3：元代風暴潮災發生區域表

所屬省份	具 體 發 生 路 分
江浙行省	杭州路、松江府、鎮江路、平江路、常州路、江陰州、溫州路、台州路、福州路、泉州路
江西行省	潮州路
湖廣行省	雷州路、潯州路
河南行省	淮安路、揚州路
中書省轄區	河間路

由圖表3可以看出,風暴潮災主要發生在東南部沿海路分,特別是江浙行省和河南行省相交的長江三角洲流域。河南行省所屬的揚州路、淮安路,江浙行省所屬的鎮江路、常州路、江陰州、松江府、杭州路以及溫州路、台州路等地的風暴潮災發生頻次較爲頻繁,所受災害也最爲嚴重。與上述區域相比較,江浙行省所轄福州路、泉州路以及江西行省所轄潮州路、湖廣行省所屬雷州路、潯州路等南海海域沿岸地區風暴潮災頻次較低,所受風暴潮災害較小。這主要是由熱帶氣旋(颱風、颶風)引起的風暴潮。此外,渤海海域的河間路曾發生風暴潮

災,造成鹽業减産。與東南沿海的風暴潮災不同,這主要是温帶氣旋和冷空氣活動而産生的温帶氣旋風暴潮。這種風暴潮災發生頻率明顯低於熱帶氣旋所誘發的風暴潮災[1]。

據筆者不完全統計,元代見於記載的風暴潮災約30年份,由於一年內風暴潮災往往多次發生,元代風暴潮災的發生頻次約爲37次。元代風暴潮災主要集中爆發於1281年到1330年的五十年間,以1321年至1330年十年間發生年份最多,達到7年。成宗、仁宗、泰定帝以及元順帝時期風暴潮災較爲頻繁,尤其大德五年秋長江三角洲地區所受破壞最爲嚴重。風暴潮災多發生在秋季,特別是農曆七八月間,與現代學者研究颱風風暴潮發生月份主要集中在7—9月,峰值在8月大體一致。風暴潮災主要發生在東南沿海地區,江浙行省鎮江路、杭州路、松江府、平江路、常州路、江陰州、温州路、台州路,河南行省淮安路、揚州路所在的長江三角洲地區是風暴潮災的高發區。江西行省潮州路,湖廣行省雷州路、潯州路也偶有風暴潮災發生。這些風暴潮災主要由熱帶氣旋(颱風、颶風)引起。渤海沿岸河間運司所受風暴潮災則由温帶氣旋和冷空氣活動産生。

---

[1] 王靜愛、史培軍、王平、王瑛《中國自然災害時空格局》,119頁。

關於《元史・劉國傑傳》隱晦史實的探討

寧 波

劉國傑出身女真望族，本姓烏古論氏，《元史》卷一六二有傳，但敍事簡略，缺漏之處較多。神道碑有兩個版本，分別見於《至正集》卷四八《劉平章神道碑》、《金華黄先生文集》卷二五《湖廣等處中書省平章政事，贈推恩效力定遠功臣、光禄大夫、大司徒、柱國，追封齊國公，謚武宣劉公（國傑）神道碑（銘）》（以下簡稱《劉國傑神道碑（銘）》）[1]。敍述最詳者當屬黄溍所撰神道碑，劉國傑《神道碑》是研究劉國傑家族的基本史料。相關的碑銘還有《靜軒集》卷五《劉氏先塋碑》（以下簡稱《先塋碑》）。本文旨在通過對《元史・劉國傑傳》中存在的隱晦史實問題進行客觀的分析和論證，借以對劉國傑的事蹟有較爲完整全面的認識。

一

劉國傑係以軍功仕進。歷仕益都新軍萬户、懷遠大將軍、漢軍都元帥、征東行省左丞、湖廣等處行中書省平章政事，其仕履可考者均不出世祖、成宗時期。然而，按劉國傑，享年七十二歲，薨於大德九年（1305），推測其當出生於太宗窩闊台五年（1233）。兩個版本的《神道碑》及《元史・劉國傑傳》，對於劉國傑自太宗窩闊台五年（1233）至至元六年（1269）的事蹟失載，明顯有所隱晦。

---

[1] 閻復撰《劉氏先塋碑》，《靜軒集》卷五，《元人文集珍本叢刊（二）》，新文豐出版公司，1985年；許有壬撰《劉平章神道碑》，《至正集》卷四八，《元人文集珍本叢刊（七）》，新文豐出版公司，1985年；黄溍撰，王頲點校《湖廣等處行中書省平章政事，贈推恩效力定遠功臣、光禄大夫、大司徒、柱國，追封齊國公，謚武宣劉公（國傑）神道碑（銘）》，《金華黄先生文集》卷二五，收入《黄溍全集》，天津古籍出版社，2008年。

據《先塋碑》記載:"(劉國傑)幼讀書,□習騎射,以門閥從軍攻下□海,有功,擢軍馬隊長。至元六年,王師有事於宋,以材勇應選爲管軍千户。"許有壬《劉平章神道碑》云:"工騎射,從攻漣海有功,擢隊長。至元己巳,天兵南下,爲新軍千户。"黄溍《劉國傑神道碑(銘)》謂:"公起家從攻漣、海,爲軍馬隊長。"《元史·劉國傑傳》曰:"少從軍漣海,以材武爲隊長。"按,劉國傑享年七十二歲,薨於大德九年(1305),推測其當出生於太宗窩闊台五年(1233)。《先塋碑》《劉平章神道碑》《劉國傑神道碑(銘)》及《元史·劉國傑傳》,對於劉國傑自太宗窩闊台五年(1233)至至元六年(1269)的事蹟不見記載,僅著寥寥數語即代替劉國傑三十六歲之前的記事,從劉國傑《神道碑》及《元史·劉國傑傳》的隱約其詞來看,顯然有所隱晦。

關於"隱晦"説,通過《靜軒集》卷五《劉氏先塋碑》關於劉國傑之父劉德寧的記載,我們可以得到一個重要的佐證。窩闊台時期,劉國傑父劉德寧,"國初侍宗王斡成,以掾屬從軍,久之益見親用,王既畫青齊,得承制封拜,以其才堪治郡,遂命副蒙古官合剌温管領益都路軍民公事"[1]。按,斡成,亦稱斡陳(臣)、斡真、斡赤斤,也速該末子[2]。太宗窩闊台八年(1236)丙申分封,益都爲斡赤斤的封地[3],其父劉德寧爲斡赤斤的必闍赤,作爲益都路軍民達魯花赤合剌温的副手,管領益都路軍民事。而許有壬《劉平章神道碑》所載劉德寧爲"益都路軍民達魯花赤"。劉德寧擔任益都路軍民達魯花赤一職正副之説,姑置不論。其子劉國傑出生於太宗窩闊台五年(1233),説明至少自太宗窩闊台八年(1236)至至元六年(1269)之間,劉國傑很可能一直生活在益都地區。

自太宗窩闊台三年(1236,即宋紹定四年)至中統三年(1262),益都爲山東世侯李氏的地盤。早在宋淳祐十二年,即憲宗二年(1252),李璮就曾佔據海州[4]。憲宗八年(1258)夏四月,"詔征益都行省李璮兵,璮來言:'益都南北要

---

[1] 許有壬《至正集》卷四八《劉平章神道碑》記載:"(劉)德寧,益都路軍民達魯花赤,青難治且新造疑畏,爲設條約,郡以治聞,進龍虎衛上將軍。"(232頁)黄溍《金華黄先生文集》卷二五《劉公(國傑)神道碑(銘)》:"父諱德寧,國初,侍宗王斡真爲内府必闍赤,青、齊王分地,得承制封拜,命副合刺温管領益都路軍民公事,因家焉。"(660頁)《元史》卷一六二《劉國傑傳》:"劉國傑字國寶,本女真人也,姓烏古倫,後入中州,改姓劉氏。父德寧,爲宗王斡臣必闍赤,授管領益都軍民公事。"(3807頁)《蒙兀兒史記》卷九九《劉國傑傳》:父德寧,始改氏劉,充斡赤斤國王位下必闍赤,副蒙兀官合刺孩(合刺孩,征高麗元帥,合赤温之弟,脱忽剌温札剌亦兒台氏,見秘史)管領益都路軍民,"總管荅魯合臣階龍虎衛上將軍"(收入《元史二種》,上海古籍出版社、上海書店,2012年,634頁)。

[2]《元史》卷一〇七《宗室世系表》,2711頁。

[3]《元史》卷九五《食貨志三》記載:"太祖弟斡真那顔位:……五户絲,丙申年,分撥益都路等處六萬二千一百五十六户。"(2413頁)

[4]《宋史》卷八八《地理志》記載:"海州,上,東海郡,團練。建炎間,入於金,紹興七年復。隆興初,割以畀金,隸山東路,以漣水縣來屬。嘉定十二年復。寶慶末,李全據之。紹定四年,全死,又復。端平二年,徙治東海縣。淳祐十二年,全子璮又據之,治朐山。"(2179—2180頁)

衝,兵不可撤。'從之。璮還,擊海州、漣水等處。"是年八月辛丑,"璮與宋人戰,殺宋師殆盡"[1]。此事《元史·李璮傳》《新元史·李璮傳》均記作憲宗七年[2]。從劉國傑碑、傳資料的記載來看,其"從軍漣、海,以材武爲隊長",當指憲宗七年至八年間,劉國傑跟隨李璮征伐漣水四城一事。此後,漣、海遂爲李璮佔據,劉國傑當一直在李璮軍中鎮戍漣、海等地。中統元年(1260)六月戊戌,忽必烈"以李璮爲江淮大都督"[3]。"蒙古、漢軍之在邊者,咸聽節制"[4]。當時益都行省轄境內的軍事力量很可能均歸李璮調遣,劉國傑應在李璮軍籍之內。自中統元年六月至二年六月,南宋一直並未放棄北上收復漣、海失地的企圖。中統元年(1260)六月"乙巳,李璮言:'獲宋諜者,言賈似道調兵,聲言攻漣州,遣人覘之,見許浦江口及射陽湖兵船二千艘,宜繕理城壍以備'"[5]。秋七月,"庚午,賜山東行省大都督李璮金符二十、銀符五,俾給所部有功將士"[6]。"八月己酉,"宋兵臨漣州,李璮乞諸道援兵"。"冬十月丁未,李璮言宋兵復軍於漣州"。中統二年(1261)春正月,"乙酉,宋兵圍漣州。己丑,李璮率將士迎戰,敗之。賜詔獎諭,給金銀符以賞將士。庚寅,璮擅發兵修益都城壍"[7]。二月,"己亥,宋兵攻漣水,命阿术等帥兵赴之。……丁巳,李璮破宋兵于沙湖堰"[8]。六月癸巳,"李璮遣人獻漣水捷"。中統元、二年間,劉國傑很可能直接參與了攻打宋軍收復漣水的數次戰役。

1260年世祖忽必烈御駕親征北邊,北方漢人世侯紛紛出兵,"群臣躬履牧圉",獨李璮蓄養精兵七八萬,卻以堅守漣水禦宋爲由。張起岩撰《濟南路大都督張公行狀》謂:"(李璮)既不身先六軍,復無一校以從","諸路兵久從征伐不得休息,率皆困弊,而璮假都督之重,擁強兵至五七萬,日練習整厲,名爲討宋而實不出境。士卒唯知璮之號令,不復知稟朝廷之命"[9]。中統初年,黃金家族內

---

[1]《元史》卷三《憲宗紀》,51頁。
[2]《元史》卷二〇六《李璮傳》記載:"憲宗七年,又調其兵赴行在,璮親詣帝言曰:'益都乃宋航海要津,分軍非便。'帝然之,命璮歸取漣海數州。璮遂發兵攻拔漣水四城,大張克捷之功。"(4591頁)《新元史》卷二二二《李璮傳》記載:"憲宗七年,又調其兵赴行在,璮詣行在言曰:'益都乃宋航海要津,分軍不便。'帝然之,命璮歸取漣海數州。璮遂發兵攻拔漣水四城,大張克捷之功。"(3255頁)
[3]《元史》卷四《世祖紀一》,66頁。
[4]《元史》卷二〇六《李璮傳》,4592頁。
[5]《元史》卷四《世祖紀一》,66頁。
[6]《元史》卷四《世祖紀一》,67頁。《元史》卷二〇六《李璮傳》記載:中統元年(1260),"世祖即位,加璮江淮大都督。璮言:'近獲生口,知宋調兵將攻漣水。且諜見許浦、射陽湖舟艦相望,勢欲出膠西,向益都,請繕城壍以備。'詔出金符十、銀符五授璮,以賞將士有功者,且賜銀三百錠,降詔獎諭。蒙古、漢軍之在邊者,咸聽節制"(4591—4592頁)。
[7]《元史》卷四《世祖紀一》,69頁。
[8]《元史》卷四《世祖紀一》,69頁。
[9] 蘇天爵《元文類》卷五〇《濟南路大都督張公行狀》,商務印書館,1958年,724頁。

部爆發了忽必烈與其弟阿里不哥的汗位爭奪戰,忽必烈親征漠北傾全力應付阿里不哥,無暇南顧導致中原内地防務空虛。中統三年(1262),山東行省李璮乘機發動兵變,當時其在漣、海一綫,遣使通宋,獻漣、海三城[1]。"李璮之亂"被鎮壓後,其舊部軍士多慘遭殺戮,但亦有倖存者,劉國傑可能即爲其中之一。據《元史》卷一五六《董文炳傳》:"璮兵有淅、漣兩軍二萬餘人,勇而善戰,主將怒其與賊,配諸軍,使陰殺之。文炳當殺二千人,言於主將曰:'彼爲璮所脅耳,殺之恐乖天子仁聖之意。向天子伐南詔,或妄殺人,雖大將亦罪之,是不宜殺也。'主將從之。然他殺之者已衆,皆大悔。"[2]

直到宋元襄樊戰役前,爲補充兵員,元朝政府下令於各地簽軍。其中,在山東地區重新起用李璮舊部,如至元五年(1268),"閏正月,詔益都李璮元簽軍,仍依舊數充役"[3]。次年二月復令:"益都、淄萊所轄登、萊州李璮舊軍内,起僉一萬人,差官部領出征。"[4]此事亦見於《元史》卷一五六《張弘範傳》:"朝廷以益都兵乃李璮所教練之卒,勇悍難制,故命領之",由張弘範出任"益都淄萊等路行軍萬户"[5]。是年,劉國傑"以益都新軍千户從張弘範戍萬山堡"[6]。黄溍《劉國傑神道碑(銘)》亦載:"至元六年,國兵伐宋,以益都新軍千户從攻襄、樊,分屯萬勝堡。"[7]此處"萬勝堡"即"萬山堡"。説明在至元六年時,已完成對原益都地區李璮舊部重新改編,組成益都淄萊等路行軍萬户,由張弘範任萬户,劉國傑任千户[8]。《元典章》卷三四《兵部一·軍役·正軍·查照軍籍當役》中明確記載,至元九年(1272)檢閲軍籍,明令規定"益都、淄萊等路元簽舊軍内,軍民官司續查對出同貼户計二百餘户,照依中書省已斷體例,壬子年同户者,分付軍户一同當軍;壬子年不同户者,開除軍籍爲民"[9]。壬子年即憲宗蒙哥二年(1252),

---

[1]《宋史》卷四五《理宗紀》"景定三年二月庚戌條":"李璮以漣、海三城叛大元來歸,獻山東郡縣。詔改漣水爲安東州,授璮保信寧武軍節度使、督視京東河北等路軍馬、齊郡王,復其父李全官爵。璮即松壽。"中華書局標點本,1977年,880頁。

[2]《元史》卷一五六《董文炳傳》,3669頁。

[3]《元史》卷九八《兵志一》,5213頁。

[4]《元史》卷九八《兵志一》,2513—2514頁。

[5]《元史》卷一五六《張弘範傳》,3680頁。據《元朝名臣事略》記載,張弘範任職記作"益都行軍萬户"或"益都淄萊等路行軍萬户","益都行軍萬户"很有可能爲"益都淄萊等路行軍萬户"的省稱,實爲一職。蘇天爵輯撰,姚景安點校《元朝名臣事略》卷六《元帥張獻武王》,中華書局,1996年,101—102頁。

[6]《元史》卷一六二《劉國傑傳》,3807頁。

[7]閻復《劉氏先塋碑》謂:"至元六年,王師有事於宋,以材勇應選,爲管軍千户。"(562頁)黄溍《劉平章神道碑》:"至元己巳,天兵南下,爲新軍千户,宋保障襄樊,公屯萬山堡。"(232頁)

[8]陳廣恩認爲,"新組建的益都淄萊等路行軍萬户府,當時也被稱爲益都新軍萬户府、淄萊新軍萬户府等,可見名號並不統一。"參見陳廣恩《元益都諸萬户府考》,《史學月刊》2015年第6期,48頁。

[9]陳高華、張帆、劉曉、党寶海點校《元典章》卷三四《兵部一·軍役·正軍·查照軍籍當役》,中華書局、天津古籍出版社,2011年,1165頁。《元史》卷七《世祖紀四》"至元九年正月條"亦記載此事:"詔元帥府統軍司、總管萬户府閲實軍籍。"(140頁)

所著録"益都、淄萊等路元簽舊軍"者,顯係李璮所轄舊軍户。劉國傑即李璮舊部,以軍户的身份參與了襄樊戰役。

神道碑主要是記載死者生平事蹟的石碑,在撰寫過程中某些於當朝有違礙的地方,完全隱晦不録。無論是《劉國傑神道碑》還是《元史·劉國傑傳》,對至元六年以前的記事均失載。《先塋碑》《劉平章神道碑》《劉國傑神道碑(銘)》對這段事蹟没有直接的記載,這是劉國傑家族及元朝史官刻意回避這段史實,有意删改的結果。《元史·劉國傑傳》不録此事,是由於撰寫者注意不夠忽略所致。

二

明朝史官在修撰《元史·劉國傑傳》時,劉國傑爲益都李璮舊部的背景未曾引起他們注意,因此剪裁史料時,常常漏掉"益都"一詞,並非出於有意避忌。如《劉國傑神道碑(銘)》所載,至元十二年,"丁家洲"之役後,劉國傑"以功除益都新軍萬户"。《元史·劉國傑傳》不録"益都新軍"一詞。關於益都新軍萬户府問題,劉曉認爲:"益都新軍萬户府至少有兩翼,均建於至元十一年(1274),分別由張弘範部將且同爲女真人的李庭與劉國傑擔任萬户,以後又由兩人家族後裔世襲。"並援引《元史》卷一六二《李庭傳》《劉國傑傳》,指出"李庭與劉國傑至元十三年(1276)均由世祖忽必烈頒賜大虎符,其原佩虎符與所管萬户府軍另委李庭子李大椿與劉國傑侄劉漢臣統領"[1]。而事實上,據《元史》卷一六二《李庭傳》《劉國傑傳》記載,至元十一年(1274),李庭"以功加明威將軍,授益都新軍萬户"[2]。至元十二年(1275),劉國傑"從(伯顔)破沙洋、新城,敗孫虎臣丁家洲,戰甚力,進(益都新軍)萬户"[3]。襄樊戰役獲勝後,論功行賞,同時也爲大舉滅宋重新整編軍隊。益都淄萊等路行軍萬户被析分爲兩翼。一翼益都新軍萬户府,至元十一年成立,由李庭統帥。另一翼益都新軍萬户府,組建於至元十二年,由劉國傑出任統領。

關於世祖忽必烈授予劉國傑與李庭大虎符一事,《元史·劉國傑傳》失載,

---

[1] 劉曉《元鎮守杭州"四萬户"新考》,《浙江學刊》2014年第4期,41頁。
[2] 《元史》卷一六二《李庭傳》,3796頁。
[3] 《元史》卷一六二《劉國傑傳》,3807頁。關於此事,《劉公(國傑)神道碑(銘)》記載:至元"十二年(1275)春二月,師次丁家洲,宋都督賈似道遣其前鋒孫虎臣來逆戰,公以選鋒當其前,與諸將合擊之,虎臣大敗,十三萬人一時俱潰,追奔逐北,直抵蕪湖。以功除益都新軍萬户,仍賞銀千兩"(661頁)。

《劉國傑神道碑(銘)》對此事有詳細記述：至元"十三年冬十有二月,詔公(劉國傑)以元佩虎符及所管軍二萬付其子,坐鎮所分城邑,而別降大虎符,除公僉四川行樞密院事,選兩淮新附軍西征,未行"[1]。《元史》卷一六二《李庭傳》記作："十三年春……世祖嘉其勞……乃別降大虎符,加鎮國上將軍、漢軍都元帥,仍命其次子大椿襲萬户職。"[2]至元十三年(1276),忽必烈確實曾授予益都新軍萬户劉國傑與李庭大虎符,並將原佩虎符及其所管部分府軍委派其子統領。

按《先塋碑》記載："公既受西川行院之命,聖上憫其勤勞,聽子弟一人襲爵,遂以先佩虎符傳之猶子漢臣,充管軍萬户。"當時劉國傑只有一子愛先不花,爲夫人李氏所出,年紀尚幼。遂由其侄劉漢臣權領其軍,充任萬户。劉漢臣,劉國傑兄國華之子。劉國華"嘗任山東淮南行省理問官",從其官銜來看,明顯是李璮的行省屬官。由此可見,忽必烈在追究和處置李璮集團問題時是慎重和有節制的,並未波及劉國華之子劉漢臣。劉漢臣自至元十三年充任萬户,直至劉國傑曾孫伯顏帖木兒,"乃以嫡孫正襲爲武德將軍、益都新軍萬户,分鎮某所"[3]。說明至元十三年,劉國傑以原佩虎符及二萬府軍交由侄劉漢臣率領,鎮守所分城邑,而李庭則以次子李大椿承襲益都漢軍萬户一職。

上述種種跡象顯示,劉國傑父親爲斡赤斤家臣,因斡赤斤封土在益都,方與李璮產生交集,並受其節制。劉國傑很有可能爲李璮舊軍户,並且參與中統三年的"李璮之亂"。"李璮之亂"是元初政壇上一件非常重要而又影響深遠的重大政治事件。至元之初,忽必烈爲了加強中原漢地統治集權化,有效抑制北方漢人大世侯的割據勢力,先後在北方漢地實施兵、民分治,罷世侯、置牧守、行遷轉法,易置漢人將領部屬、將不擅兵等制度。如史氏子侄解除兵權者達十七人,張弘略被解除軍職。嚴氏在東平一帶地方的實權終於全被削奪,嚴忠嗣罷官家居,嚴忠範的尚書一職也被免去。主持陝西行省政務的廉希憲、商挺、劉秉忠等人因舉薦王文統而受到猜疑。

在追問懲治李璮叛黨過程中,元朝對李璮舊部採取的主要防範手段是將其編入武衛軍,將原益都行省的軍權置於元朝政府的直接控制之下。據《元史》卷五《世祖紀二》"中統三年(1262)九月戊午"條記載："以侍衛親軍都指揮使董文炳兼山東路經略使,收集益都舊軍充武衛軍,戍南邊。詔益都行省大都督撒吉思與董文炳會議兵民籍,每十户惟取其二充武衛軍;其海州、東海、漣水移入益

---

[1] 黄溍《金華黄先生文集》卷二五《劉公(國傑)神道碑(銘)》,661頁。
[2] 《元史》卷一六二《李庭傳》,3797頁。
[3] 黄溍《金華黄先生文集》卷二五《劉公(國傑)神道碑(銘)》,666—667頁。

都者,亦隸本衛。"[1]文中提到的"益都舊軍",即指原李璮所轄部衆而言。李璮在籍的軍士按照十户取二的規制和徵取標準被編入董文炳率領的武衛軍。中統三年到至元五年間劉國傑當被解除軍職,未被編入武衛軍。直到至元五年,忽必烈於山東地區大規模簽軍攻宋,劉國傑始重新被起用爲益都淄萊行軍千户,直接隸屬於益都淄萊行軍萬户張弘範統領。

《先塋碑》與兩個版本的劉國傑《神道碑》的作者、作年均十分明確。《靜軒集》所收《先塋碑》,是至元二十二年(1285)由翰林集賢侍講學士、中順大夫、同領會同館事閻復所撰,劉國傑立石。閻復是根據劉國傑家傳和平生戰績撰寫碑銘,此時劉國傑尚健在,關於《先塋碑》的記述當不會有誤。許有壬作《劉平章神道碑》是在劉國傑長子脱歡去逝後,由次子脱出奉家傳請許有壬所撰。據黃溍《劉國傑神道碑(銘)》所載,至正八年(1348)時,劉國傑之子脱歡已殁十三年,可知脱歡殁於元惠宗至元元年(1335)。則許有壬《劉平章神道碑》當撰於元惠宗至元元年、至元二年之間。《劉國傑神道碑(銘)》,元惠宗至正八年(1348)由黃溍奉旨所撰。尤其是閻復撰寫《先塋碑》時,劉國傑仍健在,碑銘卻有意淡化其自太宗窩闊台五年(1233)至至元六年(1269)記事。由劉國傑其後人對此事的處理來看,顯然是知其忌諱,避免再次提及受到株連。《先塋碑》與兩個版本的劉國傑《神道碑》之所以儘量回避"李璮舊部"字樣,完全是出於避免提及其曾經參與"李璮之亂"的考慮。而至明代,對劉國傑參與"李璮之亂"一事,無須隱晦。史官在修撰《元史・劉國傑傳》時忽略其益都背景,往往是對這一點注意不夠,很不恰當地刪掉了"益都"字樣,所以難免會造成一些重要信息的脱漏。

結論

以上歸納的情況大致反映出了《元史・劉國傑傳》存在的紕漏。從傳文内容來看,傳的水準不如黄溍所撰《劉國傑神道碑銘》。傳作者剪裁史料過於隨意,傳作者所具有的文化素養和知識水準,與元代"儒林四傑"之一並擔任過侍講學士、知制誥同知經筵事的黄溍亦不可相提並論。儘管《元史・劉國傑傳》存在種種謬誤,但並不影響全傳内容的真實性,不能全盤否定其史料價值。《元史》中的人物傳記部分是多源的,主要有《國朝名臣事略》、各家人物碑傳文字,

---

[1] 《元史》卷五《世祖紀二》,86—87頁。

以及《經世大典·治典》中的"臣事"項,後者歷來是被忽略了的。《經世大典·治典》的"臣事"項可能會有劉國傑的傳記,傳記部分的資料來源是劉氏家族所獻祖先的碑傳文字,如家傳、誥命、《先塋碑》等,收錄時可能會有一定的加工。

《元史·劉國傑傳》脱歡"尚憲宗孫女"一事,《劉平章神道碑》和《劉國傑神道碑(銘)》均失載,黄溍碑云:"脱歡之碑,則别一敕前翰林學士承旨歐陽玄爲之銘。"而檢閲《歐陽玄全集》[1],並未發現收録脱歡碑銘。脱歡"尚憲宗孫女"記事可能來自於《經世大典·治典》的"臣事"項記載。而脱歡殁於元惠宗至元元年(1335),顯然是在《經世大典》成書之後。《劉平章神道碑》撰於元惠宗至元元年(1335)、至元二年(1336)之間。黄溍《劉國傑神道碑(銘)》撰於至正八年(1348)。《經世大典》於元文宗至順二年(1331)五月成書,顯然在時間上早於《劉平章神道碑》和《劉國傑神道碑(銘)》。這樣看來《元史·劉國傑傳》的史源很可能來自《經世大典·治典》的"臣事"項。

---

[1] 歐陽玄著,魏崇武、劉建立校點《歐陽玄全集》,吉林文史出版社,2009年。

元代藁城董氏家族世系補正

羅 瑋

  蒙古進攻金朝，經略華北的過程中，河朔地區湧現出了衆多漢人家族武裝，協力蒙古軍隊攻城拔地，開疆拓土，並負責戍守任務。這些漢人家族軍事集團實力强弱不一，相互統屬關係複雜，但多被蒙古統治者授予世代統轄一方軍民的大權，遂習慣被稱爲"漢軍世侯家族"，藁城董氏家族就是其中一個十分重要的政治家族。在前四汗時期，董氏家族並不是"地方二三千里，勝兵合數萬"的强大軍閥[1]。但元世祖忽必烈時期，董氏家族成員迅速崛起，成爲元世祖的心腹漢臣，在元廷内外均發揮了重要作用，史載"太傅忠獻公文炳，總國兵旅，出奮爪牙，入爲股肱，實將相之器。太師正獻公文忠，掌國符信，入托心膂，出司耳目，實預帷幄之謀"[2]。自此奠定了藁城董氏家族顯達的政治地位。藁城董氏家族在有元一代的政治影響力也是持久而巨大的，"重臣大家，封爵胙土，爰及子孫，距今且百年，傳者或絶或微，可歷指而數。其蕃胤顯仕，號稱獨盛者，藁城董氏而已"[3]。

  世系是一個家族最基本的結構信息，事關成員、親緣和支系等方面。目前關於藁城董氏家族世系的研究成果，主要集中在袁冀、孫克寬、藤島建樹和蕭啓慶四人所復原的董氏家族世系圖中[4]。四圖繁簡各有不同，其中尤以蕭氏製

---

  [1] 魏初《故總管王公神道碑銘》，《青崖集》卷五，永瑢、紀昀《景印文淵閣四庫全書》一一九八册，臺灣商務印書館，1986年，768頁下。
  [2] 歐陽玄《大元勑賜故資政大夫御史中丞贈純誠肅政功臣開府儀同三司太博上柱國趙國公謚清獻董公神道之碑》（後文簡稱《董士珍神道碑》），沈濤《常山貞石志》卷二三，《石刻史料新編》第一輯第十八册影印清光緒二十三年(1897)嘉興沈氏刻本，臺灣新文豐出版公司，1977年，13567頁。
  [3] 吳師道《董氏傳家録序》，《吳師道集》卷一五，邱居里、邢新欣點校，吉林文史出版社，2008年，357頁。
  [4] 袁冀《元代藁城董氏評述》，《元史研究論集》，臺灣商務印書館，1974年，188頁；孫克寬《藁城董氏本末》，《元代漢文化之活動》，臺灣中華書局，1968年，306—307頁；藤島建樹《元朝治下における汉人一族の步み——藁城の董氏の場合》，《大谷學報》66—3，14頁；蕭啓慶《元代幾個漢軍世家的仕宦與婚姻》，氏著《内北國而外中國》，中華書局，2007年，297頁。

圖最爲詳細,可考證復原出董氏六代成員,共九十八人。而據文獻記載,元後期董氏家族成員已"迨今七世,且二百餘人"[1],這説明董氏家族成員還有很大的增補空間。

審查已有的四世系圖,董氏第一代到第三代都是清晰明確的,因人數不多,碑傳中也記述明白。但到第四代"守"字輩,已有些父子關係不甚明瞭。到第五代"金"字輩更是嚴重缺員。藤島氏的世系雖然列至第六代,但第五代、第六代都不完整。而且第四代也和袁冀、孫克寬世系頗多抵牾之處。董氏家族的世系排列也有考辯的需要。

總之,隨著歷史材料的深入梳理,董氏家族世系可以進一步深入探索。並且董氏家族支脈繁衍,成員衆多,"内而居政府、臺閣,外而在藩閫、風紀、州縣者,不可勝紀"[2]。董氏家族可謂一直是元代重要的政治力量,因此更爲全面地復原董氏家族世系對於元代政治史也是有推進作用的。

此外,前述四位學者雖製有世系圖,但限於論文篇幅,對於世系的研究工作多在幕後進行,並未交代有關董氏世系的記載等問題。因此,本文有必要詳細梳理董氏世系的有關記載,並在現有的資料條件下嚴謹考索:更多地釐清董氏家族的世系成員和派系關係,並簡要考證各成員仕宦履歷於後。本文最後將研究成果繪製爲一幅新的董氏家族世系圖,置於文末,以求更直觀地展現元代藁城董氏家族的世系脈絡。

一、董氏的先世

關於董氏的先世家望,"第其譜諜無徵,不知世所自出"[3]。可知宋金時期董氏都是卑微小民,只在蒙金戰爭,河朔大亂的歷史機遇下,董俊趁勢而起,爲董氏家族未來的輝煌奠定了基礎。關於董俊的先世,諸碑傳記載都較爲一致,只可追溯至前三代:"曾祖徽、祖哲"[4],"曾祖諱哲,祖諱昕"[5],"其可知者,徽

---

[1]《董氏傳家録序》,357頁。
[2]《董氏傳家録序》,357頁。
[3] 元明善《藁城董氏家傳》,蘇天爵編《元文類》卷七〇,商務印書館,1936年初版,1958年重版一印,1005—1013頁。
[4] 李冶《太傅忠烈公神道碑》(後文簡稱《董俊神道碑》),李正儒《(嘉靖)藁城縣志》卷八,《原國立北平圖書館甲庫善本叢書》二九二册影印明嘉靖十三年(1534)刻本,國家圖書館出版社,2013年,1077頁上。
[5] 王磐《趙國忠獻公神道碑》(後文簡稱《董文炳神道碑》),《(嘉靖)藁城縣志》卷九,1081頁上。

生哲,哲生昕,昕生俊"[1]等,可知董俊的曾祖父董徽、祖父董哲、父親董昕。他們應都是藁城普通的農民,"韜光田畝"、"農隱不仕"[2],其家族一直處於宋金時代華北地方社會的下層。

二、董氏第一代

董氏家族興起的第一代即董俊。關於董俊是否有兄弟,各碑傳中都没有記載。但據蘇天爵所撰《董源神道碑》和《常山貞石志》中所收録的兩方大字墓碑,可知當有董俊以外的他支藁城董氏成員在元代爲官[3]。

董俊(1186—1233),字用章,真定藁城人,金貞祐年間應徵入伍。元太祖十年(乙亥,1215)率部投降蒙古軍。十四年(己卯,1219)董俊任蒙古中山知府,與金將武仙作戰,進攻真定。十五年(庚辰,1220),武仙降蒙,漢軍世侯史天倪與武仙共同鎮守真定,董俊在史天倪麾下屯駐藁城。二十年(乙酉,1225),史天倪被武仙刺殺,真定諸縣皆叛。董俊與史天倪弟天澤進攻武仙,最終奪回真定。董俊後隨元太宗窩闊台、史天澤征河南滅金。太宗五年(1233,癸巳),董俊戰殁於包圍金哀宗的歸德之役。

三、董氏第二代

(一) 世系情況

關於董俊諸子,諸碑傳記載都較爲明確。《董俊神道碑》載:

---

[1] 《藁城董氏家傳》,1005 頁。
[2] 《董俊神道碑》,1077 頁上。
[3] 蘇天爵《元故少中大夫江北淮東道提刑按察使董公神道碑》載:"董氏之族居真定藁城者爲最盛,公其一也。"又載董源父董思誠,在蒙金戰爭中避兵亂,遷移至河南永寧,去世於河南。金亡後,董源返歸故里藁城,即"依宗人藁城令文炳以居",後入仕任官。由此可見董思誠當與董俊同宗,但與董俊走上了不同的人生道路。見《滋溪文稿》卷一〇,陳高華、孟繁清點校,中華書局,1997 年,158 頁。
另有《提舉天賜場鹽使司事董公墓碑》,爲元統三年董德義立;《江南湖北道廉訪副使董公神道碑》,爲同年董德善立石。案"德義"、"德善"兩人,按命名方式,均非董俊後裔一支。見《常山貞石志》卷二一,13546 頁。

> 子九人,長文炳,河南等路副統軍使,佩金虎符;次文蔚,武衛軍萬户,佩金符;次文直,藁城令,佩符;次文毅,鄧州征行千户;次文振,蚤逝;次文進;次文忠,符寶郎;次文義,蚤世。[1]

案以上雖寫有九人,但只有八人名諱,對比其他記載,可知缺載董文用。案董文用爲董氏第二代中仕宦十分顯達者,最高曾任御史中丞,正二品。原碑絶不可能將其缺記。當屬《(嘉靖)藁城縣志》録入碑文時的漏記。

《壽國董忠烈公傳》載:

> 八子:長曰文炳,資德大夫、中書左丞、僉書樞密院事,贈金紫光禄大夫、平章政事,諡曰忠獻公;次文蔚,侍衛親軍千户;次文用,翰林學士承旨、資德大夫、知制誥兼修國史,贈銀青榮禄大夫、少保,追封壽國忠穆公;次文直,金符槀長;次文毅,中順大夫、同知路□□總管府事;次文振,早世。次文進,順德路判官;次文忠,資德大夫、僉書樞密院事、典瑞院卿、光禄大夫、大司徒,追封壽國公,諡忠貞。[2]

按以上記載,省略了早逝的董文義。除此之外,董文炳和董文用的碑傳資料中也對諸兄弟有所交代,但大同小異,不再贅述。

綜上,董俊共有九子,按次序爲文炳、文蔚、文用、文直、文毅、文振、文進、文忠、文義。董俊有九子是目前研究所公認的,當無異議。其中六子文振和幼子文義早逝,没有出仕,其他諸子均入仕任官。

(二) 仕宦簡述

董文炳(1217—1278),字彥明,董俊長子。太宗七年(1235),董文炳襲父職,任藁城縣令[3],治縣近二十年。憲宗三年(1253),文炳棄官離開藁城,追趕忽必烈遠征大理的軍隊,自此進入忽必烈幕府。忽必烈即位後,董文炳成爲最受忽必烈信任的漢軍將領之一,負責組建侍衛親軍。至元十一年(1274)九月,忽必烈正式發動滅宋戰爭,丞相伯顔分軍三路,水陸並進圍攻臨安。董文炳則

---

[1] 《董俊神道碑》,1078頁下。
[2] 《壽國董忠烈公傳》,《常山貞石志》卷一八,13477頁下。
[3] 《董文炳神道碑》,1081頁下。

爲東路軍的實際統帥,行海道而進。平宋論功,董文炳拜資德大夫、中書左丞。十五年(1278)八月,董文炳授僉書樞密院事。

董文用(1223—1297),字彦材,董俊三子。董文用"學問蚤成",海迷失後二年(1250)董文用跟隨董文炳"謁太后和林城",遂留於忽必烈潛邸[1]。董文用一生仕途綿長,"仕宦五十餘年,凡十八命"[2]。其中所任要職有至元二十五年(1288),董文用拜御史中丞,又任大司農,再遷翰林學士承旨。三十一年(1294),成宗即位,董文用負責纂修《世祖實錄》。

董文忠(1231—1281),字彦誠,董俊八子。憲宗二年(1252),董文忠"始入侍世祖潛藩"[3],自此任忽必烈近侍怯薛達三十年。中統元年(1260)忽必烈任命董文忠爲符寶郎,數十載"居中事上,同志協力,知無不言,言無不聽"[4]。至元十八年(1281),升爲典瑞卿,又僉書樞密院事。

董文蔚(?—1268),字彦華,董俊次子。憲宗四年(1254)董文蔚授藁城等處行軍千户。中統二年(1261),入爲武衛軍千户。董文直(?—1276),字彦正,董俊四子。在董文炳卸任藁城令從征後不久,董文直襲職縣令,治縣十餘年。董文毅,董俊五子。任鄧州征行千户[5],官至荆湖北道宣慰副使[6]。董文進,董俊七子,任順德路總管府判官[7]。

四、董氏第三代

(一) 董文炳諸子

1. 世系情況

關於董文炳諸子的情況,因爲現存《董文炳神道碑》爲《藁城縣志》中所收版本,並没有保留其子孫情況。而撰碑稍晚幾年的《董文炳遺愛碑》則載:

子男三人:士元,故武節將軍,右衛親軍千户,殁於王事;士選,前衛親軍都指

---

[1] 虞集《翰林學士承旨董公行狀》(後文簡稱《董文用行狀》),《元文類》卷四九,706頁。
[2] 《董文用行狀》,712頁。
[3] 姚燧《董文忠神道碑》,《牧庵集》卷一五,《四部叢刊》影武英殿聚珍本,第四册,葉19b。
[4] 《元史》卷一六九《賀仁傑傳》,3968頁。
[5] 《董俊神道碑》,1078頁下。
[6] 《董文毅墓碑》,《常山貞石志》卷二一,13534頁上。
[7] 佚名《藁城令董文炳遺愛碑》(後文簡稱《董文炳遺愛碑》),《(嘉靖)藁城縣志》卷八,1071頁下。

揮使;士秀,東官掌寶。[1]

由此可知,董文炳有三子:士元、士選、士秀。這也是目前研究公認的結論。但深入挖掘史料,會發現董文炳諸子的情況並非如此簡單。實際上董文炳還有一名養子董士龍,原爲詹姓。吳澄爲士龍生父詹鈞所撰墓誌中記録了董士龍被董文炳收養的始末:

> 宋勇勝軍統制官詹侯。開慶己未之夏,戰死於蜀。勇勝軍屯鄂之城外。其秋大兵奄至,降其軍。而侯之妻子在軍中俱北徙,子生始四歲。時世祖皇帝以親王總兵柄。河北董忠獻公從世祖,具知侯在蜀力戰不降狀,命公曰:"佳父必生佳兒,汝其善護視。"公鞠誨同己子,名之曰"士龍"。[2]

董士龍成人後雖複詹姓,但仍與董氏家族保持著密切的聯繋[3],故可列爲董氏世系的一份子。

綜上可知,董文炳有四子:士元、士選、士秀;一養子,士龍。

2. 仕宦簡述

董士元(?—1275),字長卿,蒙古名"不花",董文炳長子。至元五年(1268),董士元襲叔董文蔚職任右衛親軍千户[4]。至元十一年,丞相伯顔總大軍平宋,董士元從博羅歡東路軍出征。至元十三年五月十三日,陣亡於揚州灣頭堡。

董士選(1253—1321),字舜卿,號"慎齋",董文炳次子。董士選是董氏第三代中最重要的政治人物之一。至元十六年,董士選授前衛都指揮使,組建前衛親軍。成宗即位,董士選拜江西行省左丞。大德四年(1300),出任御史臺御史中丞。仁宗朝,官至陝西行省平章政事[5]。

---

[1]《董文炳遺愛碑》,1073 頁下。
[2] 吳澄《故宋勇勝軍統制官詹侯墓表》,《吳文正公集》卷三五,《元人文集珍本叢刊》第三册,新文豐出版公司,1985 年,584 頁上。
[3] 宋濂曾撰有《詹士龍小傳》,其稱董文炳去世後,詹士龍"服齊衰三年"。之後,"時祀必先設神主率家人奠之"。並且詹士龍入仕也是"用文炳弟文忠薦爲高郵興化尹"。由此可見,詹士龍一直都生活在董氏家族的影響之下(見宋濂《詹士龍小傳》,《宋學士文集》卷四八,《四部叢刊初編》景侯官李氏觀槿齋藏明正德刊本,第十一册,葉 1b)。
[4]《元史》卷九《世祖紀六》:"丁未,宋揚州都統姜才攻灣頭堡,阿里别擊走之,殺其步騎四百人,右衛親軍千户董士元戰死。"(182 頁)可知董士元所承襲之軍職。
[5] 吳澄《元榮禄大夫平章政事趙國董忠宣公神道碑》(後文簡稱《董士選神道碑》),《吳文正公集》卷三二,544 頁下。

董士秀,董文炳三子。任世祖太子真金的東宮掌寶[1]。真金去世後,董士秀接任董士選的前衛親軍都指揮使一職[2]。

詹士龍(1261—1313),字雲卿,董文炳養子。詹士龍初任興化縣尹,後改任淮安路總管府推官[3]。大德四年,拜江南行臺監察御史,官終廣西道廉訪使司僉事[4]。

(二) 董文用諸子

1. 世系情況

董文用諸子的情況,據《董文用行狀》記載:

> 子男八人:士貞;士亨,爲仲兄文蔚後,渡江有功,官至昭勇大將軍、侍衛親軍副都指揮使,佩虎符,常侍裕宗東宮,先公卒;士楷;士英;士昌;士恒,承務郎、真定路總管府判官;士廉;士方。[5]

其他董文用碑傳所記基本相同,只是因爲撰碑時間不同,諸子官職有所更新。

因此可知,董文用有八子:士貞、士亨、士楷、士英、士昌、士恒、士廉、士方。

2. 仕宦簡述

董文用八子中僅士貞、士亨、士恒、士廉有仕跡可考。但文用諸子仕宦似乎並不算甚顯要,沒有個人碑傳傳世。其仕宦的記載多散見於各種材料中,並且多較爲簡要。

董士貞,董文用長子,官終右衛指揮僉事。董士亨,文用次子,繼爲董文用二兄文蔚之後[6]。董士亨初襲職侍衛親軍千户,至元十六年任東宫侍衛親軍指揮副都指揮使[7]。董士恒,文用六子,初授真定路總管府判官,終仕南康

---

[1]《董文炳遺愛碑》,1073 頁下。
[2]《董士選神道碑》,542 頁上。
[3]《詹士龍小傳》,葉 1b。
[4] 朱善《詹士龍傳》,《朱一齋先生文集》卷六,《四庫全書存目叢書》集部二十五册影印明成化二十二年(1486)朱維鑑刻本,齊魯書社,1996 年,216 頁上。
[5]《董文用行狀》,706 頁。
[6]《董文用行狀》,713 頁。
[7]《元史》卷一一五《裕宗傳》,2889 頁。

路總管。董士廉,字簡卿,號"性齋",董文用第七子,任翰林編修、國子助教[1]。

(三)董文忠諸子

1. 世系情況

關於董文忠諸子,《董文忠神道碑》載:

> 男五人,士珍,中書參知政事;某,以門功令保定之曲陽;某,內供奉;某、某,未仕。[2]

以上内容僅可知董文忠有五子,但除長子董士珍寫有名諱外,其餘未明。有研究認爲此爲姚燧所撰之原稿[3],當有道理。因爲是原稿,姚燧或因不知曉其餘幾子名字,或因其他幾子尚幼没有正名而有所空疏。

董文忠的另一篇碑傳《僉書樞密院事董公神道碑》是幾年之後改定的文字,可能用於刻碑上石。其五子名諱都已寫明:

> 男五人,士珍,資善大夫、御史中丞;士良,同知開州;士恭,正議大夫,典瑞太監;士信,早卒。士能,未仕。[4]

但值得再討論的是董士恭的排行問題。《僉書樞密院事董公神道碑》將董士恭列爲第三子,故已有的四種董氏家族世系表都將文忠諸子排列爲"士珍、士良、士恭、士信、士能"。但據《董士恭神道碑》載:"正獻五子,公最幼。"[5]明確記載董士恭爲季子,則當以碑傳爲確。《董文忠神道碑》中應是將仕宦顯達的士恭前置。

所以董文忠五子正確排序應爲:士珍、士良、士信、士能、士恭。

---

[1] 柳貫《薦乞石烈希元狀》,《柳貫詩文集》卷七,柳遵傑點校,浙江古籍出版社,2004年,151頁。
[2] 姚燧《董文忠神道碑》,《牧庵集》卷一五,《四部叢刊》本第四册,葉35。
[3] 參見毛海明、張帆《史彬事蹟鈎沉》,《中國史研究》2014年第1期,143頁。
[4] 姚燧《僉書樞密院事董公神道碑》,《元文類》卷六一,887頁。
[5] 黄溍《資德大夫陝西諸道行御史臺御史中丞董公神道碑》(後文簡稱《董士恭神道碑》),《金華黄先生文集》卷二六,《四部叢刊》景元寫本,第七册,葉2a。

2. 仕宦簡述

董文忠五子，其中士珍、士良和士恭有仕宦記載。

董士珍(1256—1314)，字周卿，董文忠長子。董文忠去世後，士珍應召入宫，成爲太子真金的怯薛侍從，後歷任内外多個官職。大德七年，董士珍進爲中書參知政事[1]，成爲董氏第三代中唯一晉身宰執者。

董士良(1264—1327)，字善卿，文忠次子。初授保定路曲陽縣尹，官終開州尹[2]。

董士恭(1278—1330)，字肅卿，文忠幼子。成宗即位伊始，董士恭入爲怯薛。大德九年(1305)，董士良任典瑞少監，自此在典瑞監(後升典瑞院)任職二十餘年。官終陝西行臺御史中丞[3]。

(四) 其餘第三代成員

董文直有一獨子爲董士表[4]，這没有什麽疑問。而董文毅、文進因没有碑傳傳世，有關資料也不多，其子嗣情况難以瞭解。董文振、文義俱早逝，當無子嗣。

董士表(1245—1297)，字晉卿，董文直獨子。早年便跟隨伯父董文炳征戰，平宋後，授管軍千户，管領鄧州新軍。至元二十三年，董士表受命創立洪澤屯田萬户府。之後，其子孫襲職萬户[5]。

綜上，董氏第三代成員現已知十八人，其中養子一人，全部可確知名諱。

五、董氏第四代

(一) 文炳系

1. 董士元諸子

關於董士元諸子，其夫人侍其淑媛碑傳載：

---

[1]《元史》卷二一《成宗紀四》，448頁。
[2] 蘇天爵《元故朝列大夫開州尹董公神道碑銘》(後文簡稱《董士良神道碑》)，《滋溪文稿》卷一二，陳高華、孟繁清點校，中華書局，1997年，190頁。
[3]《董士恭神道碑》，葉1a。
[4] 元明善《藁城令董府君神道碑》(後文簡稱《董文直神道碑》)，《元文類》卷六五，951頁。
[5] 揭傒斯《大元定遠大將軍洪澤屯田萬户贈昭勇大將軍後衛親軍都指揮使上輕車都尉追封隴西郡侯諡武獻董公碑》(後文簡稱《董士表神道碑》)，《常山貞石志》卷二三，13573頁下。

> 子男四人：長早逝；次即守仁，守禮，守謙。守仁姿清峻，射聲有父風，勤於問學，恪於官守。初以羽林孤兒襲爵，尋有功，升宣武將軍、僉右衛指揮司事。餘未仕，皆謹願克家。[1]

可知董士元有四子，長子夭折未命名，其餘三子爲守仁、守禮、守謙。

董守仁，董士元次子。董士元戰歿後，董守仁以陣亡軍將遺孤身份進入侍衛親軍系統，後因功升爲僉右衛指揮司事[2]。之後董守仁與士選長子董守恕調換衛軍，改統領前衛親軍。官終行省參政[3]。董守禮，字敬叔，士元三子，官終晉寧路吉州知州[4]。董守謙，士元四子。官終真定路深州同知[5]。

2. 董士選諸子

(1) 世系考析

董士選是董氏第三代成員中的重要人物。他不僅仕官顯達，事蹟頗多，子嗣也頗爲繁盛。董士選諸子世系問題有不少歧異之處，試考析於下：

案成化刊本《吴文正公集》所收《董士選神道碑》記載，董士選有十子。其記曰："子男十，守恕，懷遠大將軍，前衛親軍都指揮使；守愚，先卒；守願、守愨、守□大夫，太常禮儀院判官；守思，奉訓大夫，保定路遂州知州；守惠，命爲弟士秀後。某、某、某、某。"[6]其中"守□"一處尚難辨别，似乎是一子名字空缺，但因爲後邊吴澄不書姓名寫作"某"字的人名尚有四人，則此"守□"如果不是子名而是其他詞彙，則共有十人，也與總數量相合。再查看《景印文淵閣四庫全書》本《吴文正集》，其中所收《董士選神道碑》作："守愨，少中大夫、太常禮儀院判官；守思，奉訓大夫，保定路遂州知州。"[7]比較可知"守□"中"守"爲錯字，本應爲"少中大夫"。再看《(同治)畿輔通志》所收《董士選神道碑》，該處則記作"守愨、守忠大夫[8]，太常禮儀院判官"[9]，也是散官。

而董士選最後四子，既不書名諱，又不寫官職，則此四子很可能是幼兒，還

---

[1] 王惲《故武節將軍侍衛親軍千户董侯夫人碑銘》(後文簡稱《董士元侍其夫人碑》)，《秋澗先生大全文集》卷五二，《元人文集珍本叢刊》第二册影臺北"中央"圖書館藏元至治刊本明代修補本，125頁上。
[2] 《董士元侍其夫人碑》，125頁上。
[3] 唐臣，雷禮《(嘉靖)真定府志》卷五，《四庫全書存目叢書》史部一九二册，上海圖書館藏明嘉靖刊本，齊魯書社，1996年，111頁下。
[4] 唐臣，雷禮《(嘉靖)真定府志》卷五，《四庫全書存目叢書》史部一九二册，111頁下。
[5] 《(嘉靖)藁城縣志》卷六，1050頁下。
[6] 《董士選神道碑》，544頁上。
[7] 吴澄《元榮禄大夫平章政事趙國董忠宣公神道碑》，《吴文正集》卷六四，《景印文淵閣四庫全書》一一九七册，628頁下。
[8] 此處"守忠大夫"當爲"少忠大夫"或"太忠大夫"，爲從三品散官。
[9] 吴澄《董士選神道碑》，李鴻章等修，黄彭年等撰《(同治)畿輔通志》卷一七一，《中國省志彙編》影印清宣統二年(1910)北洋官報兼印刷局石印本，華文書局，1968年，5562頁下。

未到正式定名的年紀即夭折。

另外,虞集《董士選家廟碑銘》中敍述董士選諸子情況爲:"公子八人:守恕,江西行省參政,殁於官。守愚、守願,皆先卒。守慤,湖南宣慰元帥、江淮運使。守思,某司僉事。某、某、某。"該碑銘所撰寫諸子比神道碑少一人,沒有寫入爲士秀後的守惠。神道碑撰於董士選去世後三年,距離最近,因此諸子情形當以《董士選神道碑》爲準。

由於士選子嗣較多,而其神道碑傳世文本又多有缺略,因此需要根據其他材料對董士選諸子名諱和排列情況進行補正釐清。

《神道碑》記載中守恕列爲首位。《董士選家廟碑銘》記載:"忠宣公薨三十年,長子守恕作忠宣公廟於家。"《董守恕神道碑》載:"公,忠宣之長子也。"[1]這些都證明董守恕爲董士選長子。

另外《董守恕神道碑》記有"第五弟守思"[2],按字面意思理解,可證《董士選神道碑》中所列董守思爲士選第六子。關於第五子,袁冀、藤島建樹和蕭啓慶在各自所繪董氏世系圖中都標爲"董守忠",但未言明依據。《元史·董士選傳》載其子僅有三人,分别爲"子守忠,雲南行省參知政事;守慤,侍正府判官;守思,知威州"[3],記録很不完全。其中多出一個"守忠",並放於"守慤"之前。

據沈濤在《董守恕墓碑》後的案語:"忠宣神道碑,忠宣子十人,次四守慤,次五守忠、次六守思。"[4]因爲與《吴文正公集》中傳世文本不同,沈濤所見當爲董士選神道碑的拓片,這一證據可證董守忠爲董士選第五子無疑[5]。

綜上,可知董士選十子已知名諱的有守恕、守愚、守願、守慤[6]、守忠、守思、守惠七人,其餘三子應該早年夭折。其中"董守忠"的身份尚有疑問。

(2) 仕宦簡述

董士選十子中,守恕、守慤、守忠、守思4人有仕宦記載。

董守恕(1277—1345),字子道,董士選長子。大德六年(1302),董守恕授右衛親軍都指揮使司僉事。仁宗後期,拜前衛親軍都指揮使。至正三年(1343),

---

[1] 虞集《江西行省參政董公神道碑銘》(後文簡稱《董守恕神道碑》),《道園類稿》卷四三,《元人文集珍本叢刊》第六册影明初覆刊元撫州路學刊本,288頁下。
[2] 《董守恕神道碑》,298頁下—290頁上。
[3] 《元史》卷一五六《董士選傳》,3679頁。
[4] 《常山貞石志》卷二四,13594頁下。
[5] 關於"董守忠"的身份問題,一些民間董氏宗族成員也做過一些研究。如董金榮《董守忠與董守恕之辨證》一文(網址:http://www.jxlalk.com/888/d17/2010-11-22/207.html)認爲"董守恕"與"董守忠"實爲一人,"守恕"與"守忠"分別是"譜名"與"行世名"。這一説法雖有一定啓發,但多爲猜測,較難立論。
[6] 又作"守慤"。

拜江西行省參知政事。董守慤(1287—?),士選四子。泰定中知威州[1],後任太常禮儀院判官[2]。至正前期又任湖南宣慰元帥、江淮運使[3]。至正十年轉任浙東廉訪使[4]。董守忠,士選第五子,英宗時歷雲南行省參知政事[5]。董守思,字子得,士選六子,曾任保定路遂州知州[6],天曆二年(1329)任威州知州[7]。

此外據《董守恕神道碑》,董士秀有一子夭折[8],附述於此。

(二)文用系

1. 世系情況

董文用孫輩衆多,撰寫時間最晚(至順三年,1332)的《董文用墓表》記載其數目有"十七人"之多。其中《董文用行狀》《董文用墓表》均明載長孫爲"董守約"。《(嘉靖)藁城縣志》中所收之《董文用神道碑》實際內容係抄自吳澄《董文用墓表》,缺載子孫世系。而《常山貞石志》中所收錄《董文用神道碑》拓本錄文因碑文磨泐,缺損十分嚴重,諸孫記錄如下:

> 孫男……守敬,□□□□、佩金虎符、囚[9]都威衛副都指揮使;次守□,次□□,次□□,次□□,次守□,次守□,次守緒,□□□□、配金虎符,左都威衛副都指揮使;次守綸,次守紹,次守□,……守信……守□守□□。……曾孫男□□八人,□□次□□□□□□,左□衛都指揮使,次□,次□□□,次□□城縣尹,次□、次□、次□、次□、次□……[10]

---

[1]《(嘉靖)真定府志》卷五,112頁上。
[2] 虞集《平章政事張公墓誌銘》,《元文類》卷五三,766頁。
[3] 虞集《董忠宣公家廟碑銘》(後文簡稱《董士選家廟碑》),《道園類稿》卷三七,198頁上。
[4] 余闕《憲使董公均役之記》,《青陽集》卷三,《景印文淵閣四庫全書》一二一四冊,398頁上。另見《元史》卷四二《順帝紀五》,892頁。
[5]《(嘉靖)真定府志》卷五,112頁上。另見《元史》卷一五六《董士選傳》,3679頁。
[6]《董士選神道碑》,544頁上。
[7] 翁相修、陳棐《(嘉靖)廣平府志》卷一一,《天一閣藏明代方志選刊》影印明嘉靖刻本,上海書店,1990年,10頁a。
[8]《董守恕神道碑》,289頁下。
[9] 據《董文用墓表》所載董文用諸孫,在長孫"守約"之後有"守□,右都衛副指揮使"一語。此位元孫董排列順序與《董文用神道碑》拓片錄文中"守敬"位置相似。因此可以補出空格中爲"右"字。見吳澄《有元翰林學士承旨資德大夫知制誥兼修國史加贈宣猷佐理功臣銀青榮祿大夫少保趙國董忠穆公墓表》,後文簡稱《董文用墓表》,《吳文正公集》卷三四,566頁下。
[10] 閻復《董文用神道碑》,《常山貞石志》卷二一,13538頁上。

334

沈濤在案語中曾説:"諸孫名,此碑可見者惟守敬、守緒、守綸、守紹、守信五人。"[1]另《蒙兀兒史記·董文用傳》記載:"文用諸孫墓碑已泐,可識者守敬、守緒、守綸、守紹、守紘、守纓、守約、守緝。"[2]當時屠寄或許看到了更爲清晰的神道碑拓本,補充了"守紘、守纓、守約、守緝"四人。關於屠寄所記的真實性,可由兩個方面得到證明。首先,沈濤在碑後案語中寫道:"《嘉靖真定府志》有'守紘,至和中爲真定路治中。守纓,至順中爲晉州知州'。案忠穆諸孫命名第二字左旁率多從'糸',如守約、守緝,二人當亦公孫也。"這是從命名方式加以證明,而"守紘、守纓"二人也正在屠寄所見拓本中。其次,《元史·陳孚傳》中記載"女長媯,適藁城董士楷,太常禮儀院太祝守緝之母也"[3]。案董士楷爲文用三子,雖然據新出土材料,董守緝也可能是文用幼子士方之後[4],但董守緝爲董文用孫是無疑的,則可知屠寄所言當確鑿可信。

綜上,董文用十七個孫輩中目前可以確認者有"守約、守敬、守緒、守綸、守紹、守紘、守纓、守緝、守信"九人。其中"守約"爲長孫,根據缺字空格的計數,還可初步判定"守敬"爲次孫,"守緒"爲第九孫,"守綸"爲第十孫,"守紹"爲第十一孫,"守信"可能爲十三孫[5]。

而根據對董氏成員仕宦的考證,還可以具體判定董守敬、董守緒當爲董士亨之子[6]。而董守緝可確認爲董士楷之子。其他人的父系信息還有待考證。而從名字的選字上分析,"紘"與"纓"兩字也是有聯繫的。"紘纓"都是古代冠冕上的帶子,"紘"是領下向上繫於笄的帶子,"纓"則爲垂餘的帶子[7]。因此可以判斷"董守紘"與"董守纓"爲一父所生。

目前研究成果中復原董文用諸孫最爲完整的蕭啓慶列出八人[8],"董守信"並未考出,並且"董守約"列爲末位,與史實不符。另外,蕭氏將董守纓與董守緝一起列爲董士楷之子,不知所據爲何。其後人信息還有待進一步研究。

---

[1]《常山貞石志》卷二一,13540頁下。
[2] 屠寄《蒙兀兒史記》卷五五《董文用傳》,《元史二種》影印1934年屠孝宦整理本,上海古籍出版社,2012年,424頁下。
[3]《元史》卷一九〇《陳孚傳》,4339頁。
[4] 據《陳孚壙志》載陳孚長女"適董士方,少保忠穆公之季子"。"少保忠穆"爲董文用封贈之號。則可知陳孚長女媯嫁給了董士方,而非士楷。但董士方是否就是守緝之父,還難以確定,只能留而存疑。見馬曙明、任林豪主編《臨海墓誌集録》,宗教文化出版社,2002年,86頁。
[5] 但"守敬"之前空格甚多,是否"守敬"是次孫,還有待考證。
[6] 有記載表明董士亨爲東宮侍衛親軍指揮副使,而該衛軍後即爲左都威衛前身(見《元史》卷九九《兵志二》,2526頁;卷一一五《裕宗傳》,2889頁)。而董守敬、守緒分別任左、右都威衛指揮副使,應與襲董士亨軍職有關。因此可判斷守敬、守緒爲士亨之後。
[7] 參見羅竹風主編《漢語大詞典》第九卷,上海辭書出版社,1986年,751頁。
[8]《元代幾個漢軍世家的仕宦與婚姻》,297頁。

2. 仕宦簡述

董守約,董文用長孫。歷任亳州知州,歸德府尹等官[1]。董守敬,文用次孫,董士亨長子。大德二年(1298)時已任左都威衛千户[2],後轉任右都威衛副都指揮使[3]。董守緒,文用八孫,董士亨次子,任左都威衛副都指揮使。董守紘,延祐中爲真定路治中[4]。董守纓,至順中爲晉州知州[5]。董守緝,曾任太常禮儀院太祝[6]。

(三) 文直系

董文直獨子董士表,仍爲獨子,即董守義[7]。董守義(1270—1320),字子宜,大德二年(1298)承襲父職,任洪澤屯田萬户[8]。

(四) 文忠系

1. 董士珍諸子

關於董士珍諸子,《董士珍神道碑》的記載較爲明確:

> 子男(六)[七]人,長守中,正奉大夫,江南湖北道肅政廉訪使,薨贈存誠;次守正,忠亮功臣,正奉大夫,樞秘副使、護軍,追封趙郡公,謚靖獻;次守庸,資德大夫,江浙行中書省左丞;次守恪,贈奉訓大夫,禮部郎中;次守遜,奉議大夫,潁州知州;次守簡,今資德大夫,中書左丞;次守康,早世。皆能保守家學,誠懇忠直,蔚爲名卿。[9]

可知董士珍有七子:守中、守正、守庸、守恪、守遜、守簡、守康。其中除幼子

---

[1]《(嘉靖)真定府志》卷五,111頁下。另見《董文用墓表》,566頁下。
[2] 王惲《隆福宮左都威衛府整暇堂記》,《秋澗先生大全文集》卷四〇,536頁下。
[3]《董文用墓表》,566頁下。
[4]《(嘉靖)真定府志》卷五,112頁上。
[5] 孟昭章修,李翰如《(民國)晉縣志》卷五,民國十六年(1927)石印本,葉27a。
[6]《元史》卷一九〇《陳孚傳》,4339頁。
[7]《董士表神道碑》,《常山貞石志》卷二三,13572頁下。
[8] 虞集《元故懷遠大將軍洪澤屯田萬户贈昭勇大將軍前衛親軍都指揮使上輕車都尉追封隴西郡侯謚昭懿董公神道碑銘》(後文簡稱《董守義神道碑》),《常山貞石志》卷二三。
[9]《董士珍神道碑》,13569頁。

董守康早逝外,其他諸子均入仕任官。

董守中(1273—1333),字子平,董士珍長子。董守中所歷官職較多,但其碑傳載:"公入官幾四十年,最其在官才十有二年。"[1]說明其閑居時間佔多數。董守正,士珍次子,任侍衛親軍千戶[2]。董守庸,號"肅齋",士珍三子。英宗時任御史中丞,並因與弒害英宗的鐵失結黨而被泰定帝免官[3]。後複出,至順元年(1330)任江南行臺御史中丞[4]。董守恪,士珍第四子,曾任禮部郎中[5]。董守遜,士珍五子,致和初任潁州知州,並官終此職[6]。

董守簡(1292—1346),字子敬,士珍六子。董守簡可謂是董氏家族第四代成員中仕途最爲顯達的成員。仁宗朝,董守簡進入宮廷任怯薛。仁宗、英宗和泰定帝朝,董守簡一直在典瑞監任官。文宗即位,董守簡出爲淮安路總管。後歷任汴梁路總管、大都路都總管、湖廣行省左丞等多個要職。至正三年(1343),拜江南行御史臺御史中丞[7]。至正四年(1344),董守簡被召回朝廷,任御史臺御史中丞。九月,董守簡拜中書左丞,成爲董氏第四代成員中晉身宰執者。

(2) 董士良子

《董士良神道碑》載:"子男守成,歷主武邑、梁縣簿,今從仕郎、真定衡水縣尹,治民有聲。"[8]可知董士良有一子董守成。其至正年間官終河南參政[9]。

(3) 董士恭子

《董士恭神道碑》載:"子男二人:長守讓,大中大夫、東昌路總管兼本路諸軍奧魯總管、管內勸農事;次守訓,□□大夫、中書工部司程。"[10]可知董士恭有二子:守讓、守訓。董守讓,董士恭長子。後至元六年(1340)任江南行御史臺監察御史。至正元年(1341)改任南臺都事[11],官終東昌路總管[12]。董守訓,董士恭次子。曾任工部司程。至正二十七年(1367),董守訓由嶺北行省參議升爲中書省參知政事[13],成爲董氏家族最後一位進入中書宰執隊伍的成員。

---

[1] 揭傒斯《大元敕賜正奉大夫江南湖北道肅政廉訪使董公神道碑》(後文簡稱《董守中神道碑》),《揭傒斯全集》卷七,李夢生標校,上海古籍出版社,2012年,422頁。
[2] 《(嘉靖)藁城縣志》卷五,110頁。
[3] 《元史》卷二九《泰定帝紀一》,640頁。
[4] 張鉉著,田崇校點《(至正)金陵新志》卷六,南京出版社,1991年,272頁。
[5] 《董士珍神道碑》,13569頁下。
[6] 《(嘉靖)真定府志》卷五,112頁上。
[7] 《(至正)金陵新志》卷六,272頁。
[8] 《董士良神道碑》,189頁。
[9] 《(嘉靖)真定府志》卷五,112頁下。
[10] 黃溍《董士恭神道碑》,《金華黃先生文集》卷二六,《四部叢刊》本第七冊,98頁。
[11] 《(至正)金陵新志》卷六,283頁、275頁。
[12] 《董士恭神道碑》,葉3b。
[13] 《元史》卷一一三《宰相年表二》,2863頁。

綜上,董文忠孫男共十人,其中董士珍七子,士良一子,士恭二子。

(五) 第四代不明支系者

《(嘉靖)真定府志》卷五《仕籍表》載有名"董守遊"者,並記爲"守恪弟"[1]。此董守遊當爲藁城董氏家族成員。但若爲守恪胞弟,則爲董士珍子。但董士珍七子中並無"守遊"一人。因此董守遊或應爲從弟,但其系支不明。關於董守遊的任官,《(嘉靖)真定府志》載其"泰定初爲衡州府判官"。元統二年(1334),董守遊任衢州推官[2],並官終此職[3]。

綜上,董氏第四代成員已知四十四人,其中確知名諱者三十一人。

六、董氏第五代

(一) 文炳系

1. 董守仁子

《董守恕神道碑》載:"居數年,守仁之子某亦長,遂以右衛之職讓之。"雖未記名諱,但可知董守仁之子接收守恕所讓右衛軍職。據守恕碑文,守恕所讓爲右衛指揮僉事一職。而《(嘉靖)藁城縣志》有記名"董鑄"者,所任爲"右衛僉指揮使"[4],與守恕所讓爲同一親衛之職。並聯繫董氏第五代的命名方式是名爲"金"字旁,綜合可以判斷董鑄爲董守仁之子。

2. 董守恕諸子

《董守恕神道碑》載其諸子情況曰:

　　子鑑,卒。……次子某,自宿衛除某路總管府判官,次三曰某,自宿衛爲中書

---

[1] 《(嘉靖)真定府志》卷五,112頁下。
[2] 林應翔、葉秉敬《(天啓)衢州府志》卷二,《中國方志叢書》影印明天啓二年(1622)刊本,臺灣成文出版社,1983年,350頁。
[3] 《(嘉靖)藁城縣志》卷六,1051頁上。
[4] 《(嘉靖)藁城縣志》卷五,1041頁下。

省照磨,皆以母喪家居;次四曰某,奉公喪以歸葬者也。〔1〕

知董守恕共有四子,除長子董鑑外,其他三人在虞集撰神道碑初稿中均未記出姓名。該碑未見拓片,則其餘三子姓名也找不到明文可以確定。但可以明確的是董守恕次子、三子都已出仕。

除了明確記載外,我們還可以借助推理解決一些問題。聯繫《董士選神道碑》中記載其諸孫,"孫男九,鑑、鏐、欽、其六幼",根據撰碑時間,這是至治三年(1323)的情況,即當時只有董鑑、董鏐、董欽三人成年。按照常理,長子董守恕諸子應該最爲年長最先入仕。事實上,至治三年董守恕已經四十六歲了,其子應多已成年。由此董鏐、董欽最有可能是董守恕的次子、三子。

綜上,可以判斷董守恕前三子爲董鑑、董鏐、董欽,其中董鑑早逝,第四子失其名。關於仕宦簡歷,目前可知者爲董鑑任後衛都指揮使〔2〕,董鏐任某路總管府判官,董欽任中書省照磨。

3. 董守愨子

虞集撰有《董鎔字説》一文,給我們提供了董氏家族第五代中一位成員的信息。該文開篇即言:"藁城董氏有賢胄,其名曰'鎔',則忠獻公之曾孫、忠宣公之孫,今湖南元帥之子也。"〔3〕案"忠獻公"爲董文炳,"忠宣公"爲董士選。尚需確定此"湖南元帥"的身份。

據虞集《董士選家廟碑銘》中載,"守愨,湖南宣慰元帥、江淮運使",此爲至正五年(1345)到八年間之事。董士選諸子中曾任湖南元帥的只有董守愨。因此董鎔當爲董守愨之子。董鎔所任官職爲遼州同知〔4〕。

董守恕季子和董士選其他諸子所生孫輩均失其名。

(二) 文用系

董文用子孫輩式微趨勢較爲明顯,無一人有神道碑存世。唯有《董文用行狀》記載大德七年(1303)年曾孫的情況:"曾孫男七人,皆幼。"但這七人因幼,均

---

〔1〕《董守恕神道碑》,288 頁。
〔2〕《(嘉靖)藁城縣志》卷五,1041 頁下。
〔3〕虞集《董鎔字説》,《道園類稿》卷三〇,86 頁上。
〔4〕《(嘉靖)藁城縣志》卷六,1051 頁上。

不曾起名。

另外，《(嘉靖)藁城縣志》卷五《恩例志》載有"董琮"一人，任職爲"左都衛副使"[1]。左都威衛爲至元十六年(1279)成立的東宮侍衛親軍改置而來[2]。而根據後文仕宦的研究，我們知道董士亨是左都威衛的創立者之一。並且，觀察縣志的行文順序，將"董琮"放於董氏第五代"金"字輩之中。綜合以上，可知董琮當爲董士亨之孫。根據後文仕宦的考證，因爲董士亨兩子董守敬、董守緒都曾任左都威衛副指揮使，則董琮父系尚難確定。董琮爲何沒有起有"金"旁之名，不得而知。總之，董琮應爲董文用曾孫之一。

（三）文直系

董文直有獨子董士表，董士表有獨子董守義，三代皆有神道碑傳世，因此文直系到第五代脈絡仍較清晰。

《董文直神道碑》因撰碑較早，其曾孫輩信息不完整。《董士表神道碑》載有其孫男信息：

> 孫男四。鈞，由內供奉曆典瑞院（経）[經]曆□奎章閣學士院參書、宣忠扈衛親軍副都指揮使；次即劍，皆趙夫人出；次鍈，內供奉，母楊氏；次鏄，母郭氏。[3]

《董守義神道碑》載：

> 子四人：長鈞，□宿衛除典瑞經歷；□□，奎章閣祭□參書，置宣忠扈衛軍，遷官爲副都指揮使，佩金虎符，讓公爵於母弟；劍，襲武德將軍、洪澤屯田萬户府萬户，佩金虎符；次三鍈，宿衛；次四鏄。[4]

綜合可知董守義有四子：董鈞、董劍、董鍈、董鏄。

董鈞，先後任典瑞院經歷、奎章閣學士院參書和宣忠扈衛親軍副都指揮使。董劍襲職洪澤屯田萬户府萬户，董鍈任怯薛，董鏄無仕宦記録。

---

[1]《(嘉靖)藁城縣志》卷五，1041頁下。
[2]《元史》卷九九《兵志二》，2526頁。
[3]《董士表神道碑》，13574頁上。
[4]《董守義神道碑》，13575頁上。

（四）文忠系

1. 董守中諸子

《董守中神道碑》記載其諸子："（王夫人）生三男子、一女子，男鐺、鉉、鑰也。姬子、女各一人，男鏒[1]。"可知董守中有四子：董鐛、董鉉、董鑰、董鏒。其中董鏒爲庶出。

董鐛，董守中長子。董鐛"由武備庫使五遷而僉群玉內司事"[2]，後任樞密副使，官終甘肅行省參知政事[3]。董鉉，守中次子。歷任佩監異珍庫使[4]、秘書少監等職[5]。董鑰，字仲開，守中三子。董鑰是藁城董氏第五代中宦跡較多的成員。歷任監修國史府長史[6]、中書省員外郎[7]、樞密院僉事、廣東廉訪使等職[8]。董鏒，守中庶出季子。歷任掌簿奉御、宣徽院判[9]。

2. 董守簡諸子

黃溍撰《董守簡神道碑》載："子男二人：長鈇，內供奉，見謂能稱其家，不幸前卒；次即鎧。"[10]可知董守簡有二子：董鈇、董鎧。

董鈇因早逝，生前僅任怯薛內供奉。董鎧仕宦不詳。

3. 董士珍其他諸孫

《董士珍神道碑》還載其諸孫情況：

> 孫男十七人：鐛，中奉大夫、甘肅行中書省參知政事；鉉，章佩監異珍庫使；鎬，宣徽院判官；鑰，監察御史；鑌，尚冠奉御；鏒，掌簿奉御；鐐，內供奉；鈇，內供奉；鉼、

---

[1]《董守中神道碑》，421頁。
[2]《董守中神道碑》，421頁。
[3]《（嘉靖）真定府志》載"董鐛"條爲"俊孫，文宗時曆□□使"，《（嘉靖）藁城縣志》載董鐛爲"樞密肅獻公"（見卷六，1051頁下）。案元代只有皇太子方可出任"樞密使"。如真金就任中書令、樞密使。綜合可知董鐛所任則應爲樞密院副使。
[4]《董士珍神道碑》，13569頁下。
[5]《（嘉靖）真定府志》卷五，112頁。
[6]《董氏傳家錄序》，357頁。
[7]《南臺備要·建言職官》，《憲臺通紀（外三種）》，王曉欣點校，浙江古籍出版社，2002年，227頁。
[8] 貢師泰《董母孝節詩集序》，《貢師泰集》卷六，《貢氏三家集》，邱居里、趙文友點校，吉林文史出版社，2010年，290頁。
[9]《（嘉靖）藁城縣志》卷六，1051頁上。
[10] 黃溍《董守簡神道碑》，《金華黃先生文集》卷二六，《四部叢刊初編》第七冊，104頁。

鍇[1]、鎰、鑌、鐫、鉅、留僧、七兒，未仕。[2]

除上述董守中、守簡諸子外，可知董士珍還有父系不明的十位孫男：董鎬、董鐼、董鐐、董鉼、董鎰、董鑌、董鐫、董鉅、留僧、七兒等。據撰碑時間，這是至正五年(1345)的情況，之後董士珍孫董輩還有增加，但無從得知。

上述十孫中，仕宦可知的有三人：董鎬，董士珍第三孫，曾任宣徽院判官，至正十三年改任江南浙西道肅政廉訪司副使[3]；董鐼，士珍五孫，任尚冠奉御；董鐐，任怯薛內供奉。

4. 董士恭諸孫

《董士恭神道碑》載董士恭"孫男二人：錞，銓"，但係守讓或守訓之後不得而知。二人均不知仕跡。

（五）董氏第五代其他成員

除了史料有明確記載的第五代成員外，方志中還有一些記載的人物可推知屬於董氏第五代，雖然其具體祖系、父系信息尚不清楚，但也可補充我們對董氏家族世系和成員情況的新認識。

《(嘉靖)真定府志》卷五《仕籍表》中有名"董鎮"者，記爲"鉉弟"[4]。案董守中四子雖有董鉉，但並無董鎮，可能爲董氏族內大排行。《(嘉靖)真定府志》中有"董銓"，記爲"鎮弟"，還有"董鏞"[5]。此外《(嘉靖)藁城縣志》還記有"董鐸"、"董鐽"等[6]，均當爲董氏第五代成員。由此目前董氏第五代可補充的有董鎮、董銓、董鏞、董鐸、董鐽五人。

這五位董氏第五代成員均有仕宦記載：董鎮，任典瑞都事[7]。董銓，任刑部尚書[8]。董鏞，任兗州同知。董鐸，任左衛千户。董鐽，任樞密僉院[9]。

---

[1] "鍇"當即"鎧"。
[2] 《董士珍神道碑》，13569頁下。
[3] 劉伯縉、陳善《(萬曆)杭州府志》卷九，《中國方志叢書》影印明萬曆七年(1579)刻本，710頁。依原文寫作"至元十三年"，案元順帝至元年號無十三年，當爲"至正十三年"。
[4] 《(嘉靖)真定府志》卷五，112頁下。
[5] 《(嘉靖)真定府志》卷五，112頁下。
[6] 《(嘉靖)藁城縣志》卷五，1041頁下；卷六，1051頁上。
[7] 《(嘉靖)藁城縣志》卷六，1051頁上。
[8] 《元史》卷四四《順帝紀七》，923頁。
[9] 《(嘉靖)藁城縣志》卷六，1051頁上。

綜上,董氏第五代成員已知有四十四人,其中確知名諱者三十三人。

七、董氏第六代

到了董氏的第六代,世系信息更加殘缺。留下明確信息最多的還屬文直系和文忠系成員。

(一) 文炳系

1. 董守仁孫

《(嘉靖)藁城縣志》載有名"董宗臣"者,其任職爲"右衛指揮使"[1]。因爲董士元系爲董文炳長子一支,世襲右衛親軍官職[2],可判斷董宗臣爲董守仁之孫,董鑄之子。

2. 董守恕孫

《董守恕神道碑》有載:"公子鑑病,以其長孫入見,遂以所佩三珠虎符授世臣,襲前衛帥。"又載:"子鑑,卒,孫世臣,前衛指揮使,又早卒,曾孫某待年襲其爵焉。"可知董鑑有子名世臣,根據曾孫待成年襲爵來判斷,多病的董鑑應僅世臣一子。

(二) 文直系

約至正二年(1342)撰寫的《董士表神道碑》載:"曾孫男十人:贊臣、謙臣、顯臣、達臣、敬臣、清臣、信臣、泰臣、親臣、敏臣。"[3]稍後幾年撰文的《董守義神道碑》也載其"孫男十人"[4],可知文直系中第六代成員的信息。

此外,根據已有的第六代成員任職信息,可以初步判斷部分成員的父系。

---

[1]《(嘉靖)藁城縣志》卷五,1041 頁下。
[2] 右衛親軍是由董文炳創建的侍衛親軍直系演化而來的,文炳弟文蔚、長子士元都任右衛千户。而士元子守仁、守仁子鑄曾出任右衛僉事等軍職。
[3]《董士表神道碑》,13574 頁上。
[4]《董守義神道碑》,13577 頁上。

《(嘉靖)藁城縣志》載董謙臣職爲"宣忠副指揮使"。根據仕宦的考證,董守義長子董鈞爲宣忠扈衛副都指揮使。則可判定董謙臣爲董鈞子,襲父職。《(嘉靖)藁城縣志》載董贊臣職爲"洪州萬户"。根據仕宦,董守義次子董釗襲父職,任洪澤屯田萬户。則可判定董贊臣爲董釗子。

綜上,董氏第五代的文直系共有十人:贊臣、謙臣、顯臣、達臣、敬臣、清臣、信臣、泰臣、親臣、敏臣。其中董謙臣爲董鈞子,曾任宣忠扈衛副都指揮使。董贊臣爲董釗子,曾任洪州萬户。

(三) 文忠系

至正五年(1345)撰文的《董士珍神道碑》載其有"曾孫六人,長輔臣,内供奉;次淵臣、獻臣、良臣、靖臣"[1]。實際記有名諱者只有五人,可能第六曾孫尚幼。仕宦方面,董輔臣任怯薛。董淵臣,至正間任保定路治中[2]。

此外,《(嘉靖)真定府志》還載有名"董仲吉"者,身份記爲"淵臣族弟"。案族弟爲同高祖而不同曾祖[3],則董仲吉當爲董文忠系後人。而且"仲吉"可能是其表字[4]。董仲吉,至正末任浙江參議[5]。

(四) 董氏第六代其他成員

實際上董氏第六代中還有可以補充之成員。《(嘉靖)藁城縣志》載有"董續臣"、"董祖臣"兩人[6],與其他已知董氏家族六代成員列於一處,説明此二人也屬於董氏第六代。但不清楚出自何支。並且董續臣任職爲"左衛千户",與前述董鐸相同,可初步判定董續臣爲董鐸之子。而董祖臣至正中任燕南廉使[7]。

綜上,董氏第六代成員可知者二十一人,確知名諱者二十人。

---

[1]《董士珍神道碑》,13567頁上。
[2]《(嘉靖)真定府志》卷五,113頁下。
[3]《爾雅》卷上《釋親第四》,《四部叢刊初編》景常熟瞿氏鐵琴銅劍樓藏宋刊本,32頁。
[4] 如董守中三子董鑰即字"仲開",可爲參考。見《董母孝節詩集序》,290—291頁。
[5]《(嘉靖)真定府志》卷五,113頁下。
[6]《(嘉靖)藁城縣志》卷五,1041頁下;卷六,1051頁上。
[7]《(嘉靖)真定府志》卷五,113頁下。

八、董氏第七代

  吳師道在《董氏傳家録序》提到,到元朝後期董氏家族已至七代,二百餘人[1]。七代成員出生在動盪的元末鼎革時代,留下材料甚少。目前可以確定名諱者僅有一人,即《(嘉靖)藁城縣志》所載之"董棟"[2],列於第六代"臣"字輩之後。所任官爲"左衛僉指揮使",可知應爲董續臣之子。此外,據《董守恕神道碑》中"曾孫某待年襲其爵焉"一語,可知董世臣有一子[3],但因年幼未知名諱。因此,董氏第七代成員目前僅知兩人,其中知名者爲董棟,應是該代次中較年長得以襲職的成員。藁城董氏家族自蒙金戰爭之初登上政治舞臺以來,能考知七代世系並俱有成員出仕任官,這在目前所知的元代漢人政治家族中是絶無僅有的。

  以上就是目前可考證出的藁城董氏家族全部世系和成員信息。成員數量方面,目前可考出共139位董氏家族成員,較之吳師道所言至元末家族成員"二百餘人",復原出近70%。其中確知名諱者有113人,較之蕭啓慶先生世系圖所列出的95人多考出18人[4],世系順序也有部分調整。這些都一定程度增補了我們對元代藁城董氏家族世系和成員的新認識。藁城董氏家族世系的進一步復原只能等待更多董氏家族材料的發現。
  筆者另將董氏家族世系的研究成果繪成最新的董氏家族世系圖,列於文後。較之蕭啓慶所制世系圖,本圖在增補成員和世系修正處皆以粗綫標注,可以清晰地看到本文對董氏家族世系情況的推進之處。

---

[1]《董氏傳家録序》,357頁。
[2]《(嘉靖)藁城縣志》卷五,1041頁下。
[3]《董守恕神道碑》,293頁上。
[4]《元代幾個漢軍世家的仕宦與婚姻》,297頁。

元代藁城董氏家族世系圖[1]

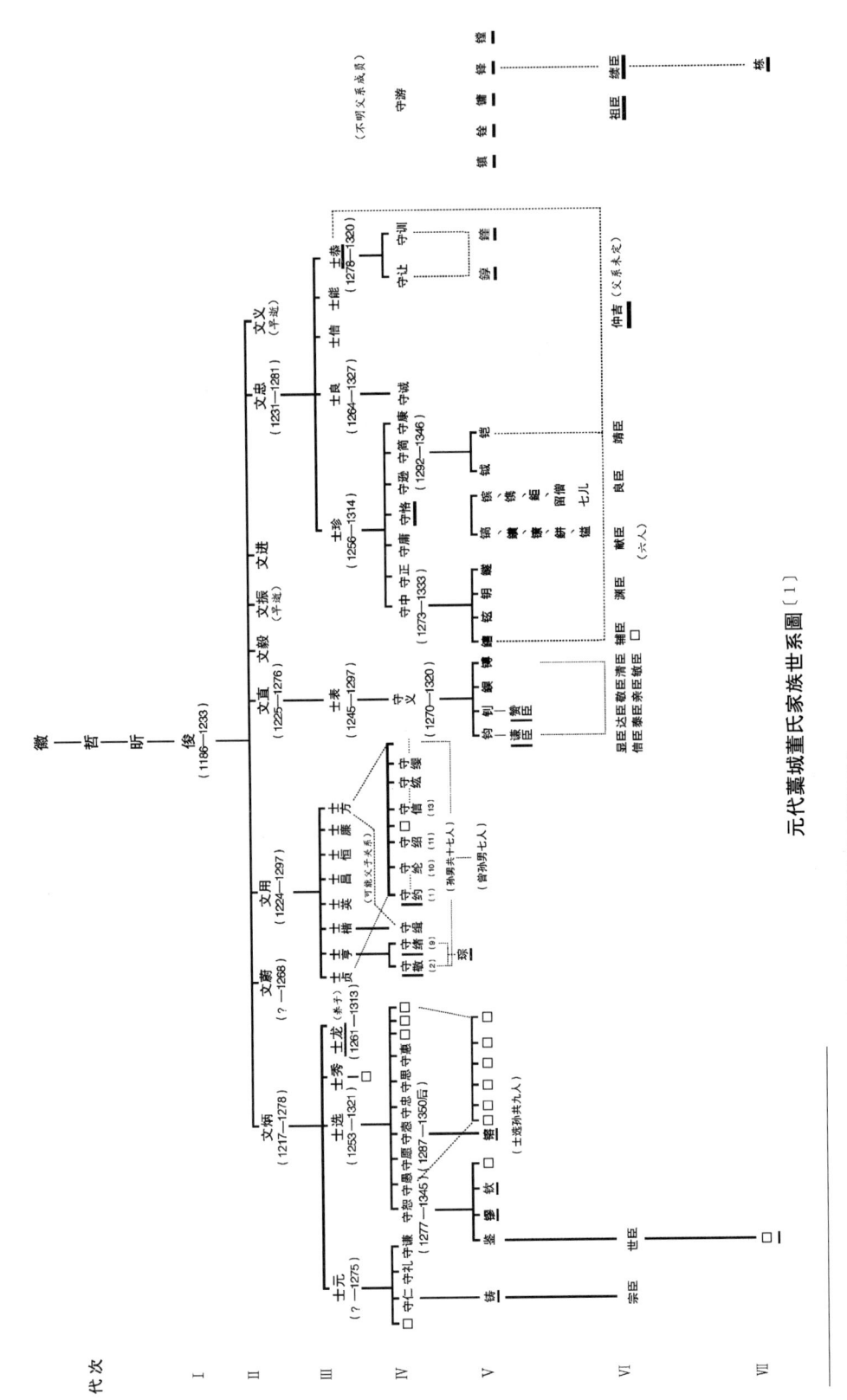

[1] 該世系圖係在蕭啟慶先生所復原的董氏家族世系圖的基礎上增補而成。

13世紀蒙元帝國軍隊的戰利品獲取和分配方式詳說

周思成

一、引言

　　《蒙古秘史》第195節講述,當成吉思汗率領蒙古軍與塔陽罕率領的乃蠻大軍在鄂爾渾河之東的納忽昆山相遇時,身處敵方陣營的札木合如是形容成吉思汗麾下兀魯兀惕和忙兀惕兩部軍隊的出陣:"聽說他們追趕有長槍的好漢,剝取染血的財物;追著,打翻,殺死有環刀的男子,奪取其財物……如今他們不是歡欣鼓舞地舣著蹶子殺來了嗎?"[1]札木合意圖通過描述蒙古壯士在戰鬥中攫取戰利品的凶狠勁頭,給塔陽罕留下深刻印象,不妨看作是張儀以"秦人捐甲徒裼以趨敵,左挈人頭,右挾生虜"恐嚇韓王之故伎。在熟悉內亞歷史的當代學人看來,"染血的財物"(戰利品)對於遊牧民族的吸引力和重要性幾乎是不言而喻的:戰利品不僅直接補充了軍事行動的消耗,據說還是遊牧社會同定居社會進行物資交換的一種替代方式,遊牧社會的軍事領袖甚至通過戰利品及其他從"草原之外"榨取的物資加強集權化和支撐遊牧帝國[2]。

---

　　[1] 阿爾達札布譯注《新譯集注〈蒙古秘史〉》,內蒙古大學出版社,2005年,361頁。
　　[2] 對內亞遊牧民族與劫掠戰利品之關係的一般研究,可參見蕭啟慶《北亞遊牧民族南侵各種原因的檢討》,收入氏著《元代史新探》,新文豐出版公司,1983年,303—322頁;〔美〕巴菲爾德《危險的邊疆:遊牧帝國與中國》,江蘇人民出版社,2011年,11頁。史懷梅(Naomi Standen)對此也有準確的概括,見Naomi Standen, What nomads want: raids, invasions, and the Liao conquest of 947, in *Mongols, Turks and others: Eurasian nomads and the outside world*, ed. Michal Biran and Reuven Amitai (Brill), pp.129 - 174,以及Naomi Standen, Raiding and frontier society in the Five Dynasties', in *Political frontiers, ethnic boundaries, and human geographies in Chinese history*, ed. Nicola di Cosmo and Don Wyatt (Curzon Routledge), pp.160 - 191.

蒙元帝國亦被認爲素來"以殺戮俘擄爲耕作"[1]，戰利品對於蒙古征服者自然也具備上述多方面重要意義，迄今學界對這一問題的探討卻遠不夠深入。弗拉基米爾佐夫（Б.Я. Владимирцов）在《蒙古社會制度史》中曾引《蒙韃備録》説明蒙古軍的戰利品分配是"以分數均之，自上及下"，"同時常把一定份額獻與没有親自參加出征的蒙古汗、諸王和高級那顏"[2]。德福（G. Doerfer）在《新波斯語中的突厥語和蒙古語成分》一書中探討了在蒙元時代歷史記載中頻繁出現、專指"戰利品"之蒙文詞 olja 在蒙文和波斯文史料中的使用情況[3]。拉契内夫斯基（Paul Ratchnevsky）在《成吉思汗：生平與事業》中考證了成吉思汗在攻打塔塔兒部之前嚴令殲敵前不得哄搶戰利品的記載（《秘史》第 153 節），認爲此舉係對傳統游牧習俗的破壞[4]。羅伊果（Igor de Rachewiltz）譯注《蒙古秘史》該節時強調："早期蒙古人關於戰利品（war booty and spoils）獲取和分配的規定值得徹底研究一番，目前我們只好參考拉契内夫斯基在《成吉思汗》中的評論。"[5]以研究蒙元軍事史著稱的美國學者馬丁（H. Desmond Martin）和蒂莫西·梅（Timothy May）在討論蒙古軍紀時也提到過《秘史》第 153 節關於禁止哄搶戰利品的記載[6]。徐美莉在最近的一篇文章中則指出，蒙古族的戰利品分配與匈奴、鮮卑以及契丹、女真相似，經歷了從個人逐利向統一控制分配演進的過程[7]。以上幾種研究徵引的史料大體不出《蒙古秘史》、《蒙韃備録》和《黑韃事略》數種，結論也稍欠完整和準確。筆者擬在蒐集若干新史料的基礎上，盡可能全面和仔細地探討蒙古軍獲取和分配戰利品的規定和實踐[8]，不當之處，敬請方家指正。

二、戰利品與游牧社會的政治威權：問題框架

如上所言，戰利品的獲取和分配在游牧社會具有軍事、社會經濟和政治等

---

[1] 梁啓超《中國文化史》，收入氏著《飲冰室合集》第 10 册，《專集》卷八六，中華書局，1989 年，45 頁。
[2] 〔俄〕符拉基米爾佐夫著，劉榮焌譯《蒙古社會制度史》，中國社會科學出版社，1980 年，180 頁。
[3] G.Doerfer, *Türkische und Mongolische Elemente im Neupersischen*, Band I, Wiesbaden: Franz Steiner Verlag, 1963, pp.143 – 145.
[4] Paul Ratchnevsky, *Cinggis-Khan: sein Leben und Wirken*, Wiesbaden: Steiner, 1983, pp.61 – 62.
[5] Igor de Rachewiltz, *The Secret History of the Mongols*, Brill: Leiden, Boston, 2004, Vol.1, p.568.
[6] H.Desmond Martin, The Mongol Army, *Journal of the Royal Asiatic Society of Great Britain and Ireland*, No.1 (Apr, 1943), p.77; Timothy May, *The Mongol Art of War*, Yardley, PA: Westholme Publishing, 2007.pp.47 – 48.
[7] 徐美莉《中國古代北方草原部族的戰利品分配方式及其演進》，《内蒙古社會科學（漢文版）》2015 年第 4 期。
[8] "戰利品"有廣、狹二義：狹義的戰利品指"戰場上繳獲的敵人之物"，因直接軍事行動的勝利（如攻城之類）獲致的敵方物品則屬於較廣義的戰利品，至於因軍事優勢間接獲致的物質，則應屬"貢賦"等等。内亞游牧民族的戰利品主要由財物（主要是牲畜）和俘虜構成。本文所指的戰利品係兼廣、狹二義而言，但不包括"貢賦"。

多重意義,此處顯然無法一一加以申説。在這些維度中,政治(或言威權)這一維度不可不謂具有關鍵意義:戰利品在遊牧社會各階層中的流動,即意味著財富和支配權力的流動,戰利品獲取、分配、維持和轉移,乃與政治權力之獲取、分配、維持和轉移交互影響,並時而否定、時而加強遊牧社會中政治軍事領袖的威權。唐武德五年(622)唐朝使者鄭元璹爲勸誘突厥接受和親,向頡利可汗指出:"今虜掠所得,皆入國人,於可汗何有?不如旋師,復修和親,可無跋涉之勞,坐受金幣,又皆入可汗府庫。"[1]此處戰利品("虜掠所得")就因其分配方式而被解釋爲一種削弱甚至否定可汗權威的資源。然而,這只是問題的一個方面,在社會學家韋伯(Max Weber)看來,戰爭領袖也可以通過控制戰利品和榮譽的分配,對追隨者實施"威權主義"的控制[2]。本文之宗旨,正是要探討**蒙古大汗如何通過參與改變和塑造遊牧民在戰利品獲取和分配上的行爲規範,從而確立自身威權**。具體而言又可分爲兩個方面:

(1)對於不以攻城掠地爲目標的内亞軍事集團而言,在戰場上搶奪戰利品具有難以抵禦的誘惑力。明萬曆十七年(1589),努爾哈赤率軍圍攻趙家城:

> 圍四日,其城將陷,我兵少懈,四出擄掠牲畜財物,喧嘩爭奪。太祖見之,解甲與大將奈虎曰:我兵爭此微物,恐自相殘害,爾往諭禁之。奈虎至,不禁人之擄掠,亦隨衆掠之。太祖將己綿甲復與把兒代,令往取奈虎鐵甲來,以備城内衝突。把兒代復隨衆擄掠。忽城内十人突出,有族弟王善,被敵壓倒於地,云云。[3]

若無適當紀律加以規訓,遊牧民作戰中途放棄進攻敵軍而哄搶戰利品的行爲,必然阻礙乃至徹底破壞既定軍事目標的達成。**新興的蒙古大汗威權如何超越遊牧社會的軍事習慣,調控戰利品的獲取方式?** 這一問題我們姑且名之爲"努爾哈赤難題"。

(2)大汗威權並非遊牧社會的唯一權威,它並不能滲透到草原生活的各個角落,從而徹底排除私人、家長、部族權力或社會傳統習慣的制約,在戰利品的分配和占有上也是如此。圖爾的格列高里在《法蘭克人史》中講述了著名的"蘇

---

[1] 司馬光撰,胡三省音注《資治通鑑》第13册,中華書局,1956年,5955頁。馬長壽先生將"虜掠所得,皆入國人"解釋爲"自古以來草原社會所具有的一種傳統制度"。見馬長壽《突厥人和突厥汗國》,上海人民出版社,1957年,88頁。

[2] 〔德〕馬克斯·韋伯著,錢永祥譯《韋伯作品集:學術與政治》,廣西師範大學出版社,2004年,202頁;〔德〕馬克斯·韋伯著,康樂等譯《韋伯作品集·支配社會學》,廣西師範大學出版社,2004年,277頁。

[3] 《清太祖武皇帝實錄》卷一,見潘晶等編《清入關前史料選輯》(第一輯),中國人民大學出版社,1984年,313頁。

瓦松封臣事變":在軍隊洗劫教堂後,法蘭克國王克洛維希望將一件被士兵奪走的聖器(一隻瓶子)還給教堂主教,遂至公開抽簽決定戰利品分配的廣場,在全軍面前請求額外多有所得(extra partem)。不料行伍中一位莽夫高吼:"除了你自己抽中的那份東西以外,這隻瓶子你一點也拿不到手!"並舉起戰斧砸碎了瓶子,克洛維銜恨默然。一年之後,克洛維在大檢閱時借口武器養護不佳,用斧子劈死了那名戰士,從而樹立起了威信[1]。**蒙古大汗的威權如何超越遊牧社會的占有習慣,調控戰利品的分配方式,甚至在占有成爲既定事實後仍然能(像克洛維那樣)直接插手干預分配?**這一問題我們姑且名之爲"克洛維難題"。

要言之,本文所欲探討的僅限於蒙古大汗在不斷確立政治威權和締造帝國過程中,如何在戰利品獲取和分配上解決前述兩大"難題"。

三、"努爾哈赤難題"的解決

《史集》記載成吉思汗父輩與金朝的戰事時,提到蒙古軍"殲滅了大量乞台人,並進行了劫掠。奪得無數戰利品(ūljā)在軍隊之間進行分配後,他們便回來了"[2]。從這條記載看,早在成吉思汗崛起之前,集結在部族軍事領袖周圍的遊牧集團中就存在某種戰利品獲取和分配的約定,可惜史料闕如,已經難以稽考。新興的蒙古汗權首次嘗試越過遊牧社會的傳統界限,規訓戰利品的獲取方式,應是《蒙古秘史》第153節所載成吉思汗出征塔塔兒前頒佈之"札撒"(1202)。《秘史》言:

> 交戰前,成吉思·合罕與衆議定了[軍]法,說:"戰勝敵人,不得逗留於[擄獲]財物上。一戰勝,那些財物[自然]歸於我們,大家可以分份。"[3]

《元史·太祖紀》也提到了這一事件:

---

[1] [法蘭克]葛列格里著,壽紀瑜、戚國淦譯《法蘭克人史》,商務印書館,1981年,81—82頁。對"蘇瓦松封臣事變"的描述,還可參見[德]馬克斯·韋伯著,閻克文譯《經濟與社會》,上海人民出版社,2009年,1430頁。

[2] [波斯]拉施特主編,余大鈞、周建奇譯《史集》第一卷第二分冊,商務印書館,1983年,54頁。

[3] 明代總譯作:"未戰之先,號令諸軍,若戰勝時,不許貪財,既定之後均分。"見阿爾達札布譯注《新譯集注〈蒙古秘史〉》,281—282頁。

> 歲壬戌,帝發兵於兀魯回失連真河,伐按赤塔塔兒、察罕塔塔兒二部。先誓師曰:"苟破敵逐北,見棄遺物,慎無獲,俟軍事畢散之。"既而果勝,族人按彈、火察兒、答力台三人背約,帝怒,盡奪其所獲,分之軍中。[1]

此外,《聖武親征錄》和拉施特的《史集》也多次提到同一事件:成吉思汗頒佈"戰時不許搶奪戰利品"的札撒,阿勒壇、忽察兒和叔父塔里台·斡愓斤"犯軍令搶物",遭到没收戰利品的處罰[2]。拉契内夫斯基在《成吉思汗:生平與事業》一書中,充分肯定了"不許搶奪戰利品"軍令造成的權力格局變化:"這一法令與遊牧民之古老習俗相抵觸(gegen einen alten Brauch der Nomaden)。各部首領自有其擄獲之物,並分其一部與汗。如今鐵木真則要求全部擄獲歸自己所有,並按己意分配之。鐵木真雖然意識到,這一法令必將引起各部首領的不滿,但他更清楚,没有一支紀律嚴明的軍隊,他就無法戰勝優勢之敵。"[3]這一禁止作戰中途擄掠戰利品的軍法,其後是否一直得到嚴厲執行呢?研究者並没有繼續探究。其實,中世紀歐洲曾親歷蒙古之地或目睹蒙古征服的基督教僧侶就留下了有趣的綫索。柏朗嘉賓(Plano Carpini)曾出使蒙古汗廷,他的《蒙古史》(*Istoria Mongalorum*)提道:"無論何人,凡在敵人的軍隊尚未被完全打敗時,就離開戰鬥,轉而擄取戰利品者,應嚴加懲罰,在韃靼人中間,對這樣的人要處以死刑,決不寬恕。"(Et sic similiter quicumque fuerit conversus ad predam tollendam, antequem omnino sit exercitus adversarioirum devictus, maxima pena debet mulctari; talis enim apud Tartaros sine ulla miseratione occiditur)[4]1241年4月11日蒙古軍在奧賽河畔擊潰貝拉四世國王率領的匈牙利軍,匈牙利地方的副主教湯瑪斯(Thomas von Spalato)在描繪匈牙利人戰敗之慘狀時特意提道:"韃靼人因極度的殘暴,置戰利品於不顧,對珍貴細軟視而不見,一味地屠戮人眾。"(Die Tartaren kümmerten sich aber in ihrer unerhörten Grausamkeit nicht um die Beute, sie achteten die Erbeutung der Kostbarkeiten gering, sondern widmeten sich allein der Abschlachtung von Menschen)[5]亞美尼亞史家乞剌可

---

[1] 宋濂等撰《元史》卷一《太祖紀》,中華書局,1976年,8頁。
[2] 《史集》第一卷第二分冊,163—164頁,又41、60頁。
[3] Paul Ratchnevsky, *Cinggis-Khan: sein Leben und Wirken*, pp.61-62.
[4] [英]道森編,呂浦譯,周良霄注《出使蒙古記》,中國社會科學出版社,1983年,45頁。拉丁文見:Anastasius van den Wyngaert: *Sinica Franciscana*, Vol 1, Itinera et relationes Fratrum Minorum saeculi XIII et XIV, Ad Claras Aquas: Collegium S. Bonaventurae, 1929, p.97. 蒂莫西·梅已注意到這條史料與《秘史》第153節之關聯,參見 Timothy May, *The Mongol Art of War*, p.48.
[5] Hansgerd Göckenjan und James R. Sweeney, *Der Mongolensturm*, *Berichte von Augenzeugen und Zeitgenossen 1235-1250*, Wien-Köln: Verlag Styria Graz, 1985, p.224.

思(Kirakos)也提到,蒙古軍在擊潰谷兒只軍之後,纔"收集谷兒只人遺棄之戰利品,收兵回營。"(Les Tartares, ayant rassemblé le butin laissé par le Géorgiens, l'emportèrent dans leur camp)[1]由這些目擊報告不難推測,蒙古軍在戰鬥中確實極少不顧追殲敵軍轉而搶奪戰利品,成吉思汗訂立的"戰時不許搶奪戰利品"的軍法,在蒙古帝國軍隊中一直得到較爲嚴格執行。不僅如此,其處罰措施甚至可能隨着大汗威權的擴張而愈加嚴酷(從最初的没收到處以死刑),這一點從後來伊利汗合贊的軍事改革中似乎也可得到佐證——據《史集》記載,合贊汗曾頒佈如下整頓軍紀之命令:"軍隊所發生的種種不幸,最常出在搶奪擄獲物(波斯文: ūljāi giriftan)上。當戰鬥結束時,戰俘和擄獲物(波斯文: ūljāi va ghanīmat)什麼地方也没有了。應當讓他們[指揮官們]爲了札撒,不顧情面、不惜殺死[違犯軍紀者]。"[2]

四、蒙古軍分配戰利品之主要原則:"等級"與"份額"

1202年頒佈的成吉思汗札撒不僅禁止了戰時哄搶戰利品的行爲,也爲戰鬥結束後統一集中分配戰利品創造了前提。如果說蒙古大汗威權在解决"努爾哈赤難題"時遇到的阻力甚小,那麼解决"克洛維難題"則要複雜和曲折得多。現有史料中缺乏對蒙古軍按照何種程式瓜分擄獲物的集中描述,故精確還原這一過程十分困難;不過,依據零散的史料,我們能勾勒出蒙古軍分配戰利品的四種原則,即1)"等級原則",2)"份額原則",3)"先占原則",4)"均分原則"。變化雖多,大體不出這四種之外。這四種原則並不具有同等之效力,其中前兩種原則係主要之原則,後兩種係輔助之原則。兹請先論兩種主要原則。

對蒙古軍戰利品分配法最準確的描述,來自出使蒙古的南宋使節。宋寧宗嘉定十四年(1221)出使的趙珙在《蒙韃備録》中提道:

> 凡破城守有所得,則以分數均之,自上及下,雖多寡每留一份,爲成吉思皇帝獻,餘物數表有差,宰相等在於朔漠不臨戎者,亦有其數焉。[3]

---

[1] Ed. Dulaurier, *Les Mongols, d'après les historiens arméniens: fragments traduits d'après les textes originaux*, 2eme fasc., extrait de Vartan/ trad. par M. Ed. Dulaurier, Paris: Imprimerie impériale, 1861, p.200.

[2] 《史集》第三卷, 378 頁。波斯文見: Rashīd al-Dīn, *Jāmi'al-Tawārīkh*, ed. by Muhammad Rawshan, Tehrān: Nashr-i Alburz, 1953, p.1364.

[3] 王國維《蒙韃備録箋證》,《王國維遺書》第 13 册,上海古籍書店,1983 年,12 頁。

"自上及下"是爲"等級原則","以分數均之"是爲"份額原則"。宋理宗紹定四年(1232)和端平二年(1235)兩度出使蒙古的彭大雅在《黑韃事略》中也記載蒙古軍"擄掠之前後,視其功之等差;前者插箭於門,則後者不敢入"[1]。所謂"功之等差",亦屬一種"等級原則"。

1) "等級原則"所依據的主要是蒙古帝國内部的身份和權力等級。《蒙古秘史》第123節記載,阿勒坦等推舉鐵木真爲汗時立誓説:"你若做皇帝呵,多敵行俺做前哨,但擄的美女婦人,並好馬都將來與你;野獸打圍呵,俺首先出去圍將野獸來與你。"[2]在遊牧社會中,圍獵與戰爭密切相關,兩者的制度安排也多具同構形態。由此不難斷定,"打圍"獲取獵物的等級或次序,也大致是戰時分配戰利品的優先次序。志費尼對前者作了十分準確的描述:最先進入獵圈的是大汗,他捕獵完畢後便"觀看諸王同樣進入獵圈,繼他們之後,按順序進入的是那顏、將官和士兵"[3]。因此,"大汗—諸王—那顏—將領—普通士兵"就是蒙古人分配戰利品等級秩序。再具體言之,首先,蒙古大汗對戰利品擁有最高和絶對之優先權[4]。《蒙古秘史》第252節記載:蒙古軍攻陷金中都後,成吉思汗遣失吉忽禿忽、汪古兒和阿兒孩合撒兒三人前往檢視中都府藏,金將合答"將金帛等物來獻",二人受其獻,唯獨失吉忽禿忽嚴辭拒之:"昔者中都金帛皆屬金主,如今中都金帛已屬成吉思,如何敢擅取!"事畢報命,成吉思汗詢問三人曾受獻否,厚賜忽禿忽,而責讓汪古兒和阿兒孩合撒兒[5]。其次,在上述等級秩序中,尚有一些特殊身份群體,如"出征處得的財物,圍獵時得的野獸,都自要"[6]的答剌罕勳貴,以及少數功臣如鎮海和札八兒火者等,在攻陷金中都後,成吉思汗特許此二人登上高閣,向四方各射一箭,"凡箭所至園池邸舍之處,悉以賜之"[7]。這類群體受大汗之私恩,可以看作"等級原則"中大汗最高優先權的派生物。

2) "份額原則"即按照固定之份額分配戰利品,相關史料遠爲稀少。除《蒙韃備録》中記載的"以分數均之"外,《秘史》第260節還記載:蒙古軍攻陷花剌子模都城玉龍傑赤後,成吉思汗三子朮赤、察合台和窩闊台"將百姓分了,不曾留

---

[1] 王國維《蒙韃備録箋證》,《王國維遺書》第13册,15頁。
[2] 阿爾達札布譯注《新譯集注〈蒙古秘史〉》,219頁。
[3] [伊朗]志費尼著,J.A.波伊勒英譯,何高濟譯《世界征服者史》,商務印書館,2004年10月,31頁。
[4] 這種最高優先權亦可參考可薩突厥人戰利品的分配方式:"繳獲了戰利品後,士兵們會把所有的戰利品收集在一起,拿到國王的帳篷,由國王挑選出他中意的,其餘的分發給士兵們。"見桂寶麗著《可薩突厥》,蘭州大學出版社,2013年,29頁。
[5] 阿爾達札布譯注《新譯集注〈蒙古秘史〉》,465頁。
[6] 參見韓儒林《蒙古答剌罕考》,收入氏著《穹廬集》,河北教育出版社,2000年,38—39頁。
[7] 宋濂《元史》卷一二〇《鎮海傳》,2964頁。

下太祖處的分子。及回,太祖三日不許三子入見"[1]。在全部戰利品中自蒙古大汗以下各貴族和官兵的份額(qubi)究竟有多少,尚不清楚,伊利汗國的制度(雖然帶有濃厚的伊斯蘭色彩)或可資參照,即"五分之一給伊利汗及其親族,剩餘的戰利品,騎兵是步兵的兩倍"[2]。"份額原則"的起源其實較"等級原則"更早,其中份額之多寡,應該經歷了一個由遊牧社會等級陡峻化之前相對平均的"均分原則"(詳見後)到不平均的"份額原則"的演變。換言之,蒙古帝國時代的"份額原則"其實是同樣在"等級原則"背後運作的權力也扭曲了"均分原則"的結果,並通常與"等級原則"共同發揮作用。

最後還值得一提的是,貫徹於"等級原則"和"份額原則"中的大汗最高優先權,在元朝初年集中體現在所謂"外用進奉軍前克敵之物"上。《元典章》的《聖政》卷收有庚申年(中統元年,1260)四月的忽必烈詔書之一部分,禁止各級官吏以"撒花"為名向百姓科斂財物,並允諾親自做出表率:"始自朕躬,斷絕斯弊。除外用進奉軍前克敵之物、並幹脱等拜見撒花等物,並行禁絕。"[3]"外用進奉軍前克敵之物"的説法,似不見於他書,其實就是蒙元政權各處征討的軍隊自戰利品中選出並獻給元朝君主的精華。《元史》記載,至元十二年(1275)正月,南征大軍統帥"丞相伯顏遣使來獻宋寶,有玉香爐"[4]云云。南征軍前綫將領高興奉召入朝,"侍燕大明殿,悉獻江南所得珍寶,世祖曰:'卿何不少留以自奉。'對曰:'臣素貧賤,今幸富貴,皆陛下所賜,何敢隱俘獲之物!'帝悦,曰:'直臣也'"[5]。蒙古大汗對臣僕敢於染指自己在擄獲物上的最高優先權往往採取零容忍的態度,如《漢藏史集》記載:平宋後,伯顏見"蠻子國王有一珍珠寶衣,伯顏丞相説:'此為我戰勝之表證,'自取之,將其餘財寶等遣人呈送給皇帝",後被告發入獄[6]。阿合馬誣告伯顏擅取宋宮的"玉桃盞",恐怕也是狡猾地利用了這一規則。

五、蒙古軍分配戰利品之輔助原則:"先占"與"均分"

依據占有事實發生之先後確認戰利品歸屬的"先占原則",以及均分戰利品

---

[1] 阿爾達札布譯注《新譯集注〈蒙古秘史〉》,第482頁。
[2] С.Л. Тихвинский, Отв. ред, *Татаро-Монголы в Азии и Европе*, *Сборник статей*, М.: Наука Страниц, 1977, p.233.
[3] 陳高華等點校《元典章》第1册,中華書局、天津古籍出版社,2011年,70頁。
[4] 宋濂等撰《元史》卷二〇三《方技傳》,4536頁。
[5] 宋濂等撰《元史》卷一六二《高興傳》,3804頁。
[6] 達倉宗巴·班覺桑布著,陳慶英譯《漢藏史集:賢者喜樂贍部洲明鑒》,西藏人民出版社,1986年,174頁。

的"均分原則",是主要原則之外的輔助原則。將這兩種原則稱爲"輔助原則",一是因爲"份額原則"和"等級原則"纔是在實踐中首先適用的、占據上位的原則,它們是明顯偏向於蒙古貴族統治階級的分配原則,只有在權位或身份不相上下的情形下,纔適用"先占"與"均分"作爲輔助原則解決戰利品分配上的爭執;二是"先占"與"均分"也是受到大汗權威影響較小的傳統分配原則,這兩種原則內在的平等和平均精神,甚至與主要原則內在的不平等(按等級分配)和不平均(按比例分配)傾向暗中對立(説詳後)。

3)"先占原則"。我在另一篇文章中曾較爲仔細地考證過"先占原則"在蒙古軍戰利品分配和明清蒙古法中的地位:在古代法中,敵人的財物通常會被看作無主財産,並因此而能爲第一個占有人合法取得,而在早期的蒙古草原社會存在一種以"箭"爲標誌,宣示"先占"權利的傳統習慣。在戰利品分配過程中,經由這種使用箭矢的特殊程式,產生了一種對物的、具有排他性和優先性的支配權利[1]。此處僅據個別新發現的史料作一點補充分析。

蒙古軍在戰利品分配中適用"先占原則"的第一個證據來自前引《蒙韃備錄》,其中提到蒙古軍攻下城池後,"擄掠之前後,視其功之等差;前者插箭於門,則後者不敢入"。不過,本條記載實質上説的仍然是按"功之等差"即"等級原則"來分配戰利品,只是在形式上採用"插箭於門"來表示先占意思。《元史·趙迪傳》記載,在蒙古攻破真定後,蒙古軍將領試圖擄獲瓜分城中人口,軍官趙迪保護下了千餘鄉親,他主張的便是自己對戰利品的先占事實和因之而產生的所有權:

> 先是,真定既破,迪丞入索藁城人在城中者,得男女千餘人。諸將欲分取之,迪曰:"是皆我所掠,當以歸我。"諸將許諾。迪乃召其人謂曰:"吾懼若屬爲他將所得,則分奴之矣,故索以歸之我。今縱汝往,宜各遂生產,爲良民。"眾感泣而去。[2]

4)"均分原則"。前面已經提到,"份額原則"實是"均分原則"的一種變體——"均分原則"隨著蒙古大汗威權的建立和帝國構建,不斷向更不平均的"份額"分配制度過渡。可見在等級化不夠陡峻和固化的"前蒙古帝國時代",草

---

[1] 參見拙文《〈元史·鎮海傳〉中的"四射封賜"新論——蒙元法制史研究劄記》,《北方文物》2014年第4期。
[2] 宋濂等撰《元史》卷一五一《趙迪傳》,3596頁。

原遊牧社會對共同獲得的戰利品的分配方法，應主要是將擄獲物品劃分爲等分，並在個體間平均（抽簽）分配。蒙古入侵歐洲的重要目擊者之一，聖寬庭（Simon de Saint-Quentin）在《韃靼史》中記録了一則殘酷然極具代表性的逸事，他提到在蒙古人第一次入侵谷兒只地區時，三個蒙古士兵合夥伏擊並俘虜了一家谷兒只貴族連同他們的大量財物：

> 這三個韃靼人議定這樣分配人口和財物：一人獲得大貴族，一人獲得貴族之子，一人得黄金，婦女則賣掉三人均分，那個得到貴族之子的人反對説："爲什麽分給我這個像小狗一樣的小孩兒？我還得養活他。這絶對不行！"最終他們議定了另一個解決辦法：父與子都殺掉，三個人均分金子，然後把婦女賣掉。[1]

由此可見，蒙古帝國時代給"均分原則"留下的空間，僅剩下在身份、權位和功勞完全相同情況下，特別是在成千上萬的普通士兵之間的分配。當然，儘管"均分原則"不屬於占優勢的主要原則，並不意味著它的實際應用不廣泛，恰恰相反，它恐怕是那個戰亂年代中最廣泛出現的事件之一。

須附帶論及的是，主要由"先占"和"均分"（當然也包括"等級"、"份額"）等原則造成的戰利品分配，在現實中進一步産生了兩個次生的權利或制度安排：其一，私人得享有擄獲到的戰利品之所有權，且由國家承認並保障之。這一點後來體現於至元十五年（1278）忽必烈頒佈的"省諭軍人條畫（二十三款）"，條畫之一旨在保障軍人"出軍時得到些小討虜"應得的權益，明確規定："出軍時，軍人討虜到人口、頭疋一切諸物，各自爲主。本管頭目人等並不得指名抽分拘收，亦不得羅撼罪名，騙嚇取要。"[2]其二，私人得享有擄獲到的戰利品之處分和交易權。由這一交易權則衍生出蒙古軍營中頗具特色的擄獲物交易市場。《經世大典·敍録》記載：至元十四年（1277）元朝軍隊在南甸附近擊潰緬軍，"捕虜甚衆，軍中以一帽或一兩靴、一氈衣易一生口"[3]。《史集》也記載：伊利汗阿魯渾擊潰捏兀魯思叛軍之後，發現從札木到也里漫山遍野都是叛軍遺棄的牲畜，"蒙古人捉住［被抛棄的］牲畜牽走，在村裏按每頭羊一答捏克出售。在不得擅取戰

---

［1］ J. Richard: *Au-delà de la Perse et del'Arménie. L'Orient latin et la découverte de l'Asie intérieure. Quelques textes inégalement connus aux origines de l'alliance entre Francs et Mongols（1146–1262）*, Turnhout: Brepols, 2005, p.107.

［2］《元典章》卷三四《兵部》卷之一《省諭軍人條畫》，陳高華等點校，第1册，1169頁。

［3］ 蘇天爵《國朝文類》卷四一，《四部叢刊初編》影元至正西湖書院刊本。

利品(ūljā)的命令發出後,他們纔不敢更多地捕捉"[1]。

六、總論

1) 戰利品獲取和分配上的"努爾哈赤難題"和"克洛維難題",並非遊牧民族獨有的問題,毋寧說,一切軍事性質的威權的崛起必然或多或少要面對這些問題,唯獨對於草原遊牧帝國而言,形勢或許更加急切和嚴峻。蒙古大汗在確立和擴張權力的過程中,頒佈了"戰時不許搶奪戰利品"的札撒,較順利地克服了"努爾哈赤難題",規制了戰利品的獲取方式;而爲了解決"克洛維難題",蒙古軍逐漸發展出一套解決戰利品分配爭執的制度安排,大體可用"等級"、"份額"、"先占"和"均分"四種原則來概括之。

這四種原則並不在同一層面發揮作用,"份額原則"和"等級原則"之所以成爲主要原則,是大汗威權進一步滲透、改變和塑造遊牧社會傳統行爲方式的結果,二者一縱一橫,構成了蒙古帝國軍隊分配戰利品的主要制度框架;相反,"先占原則"和"均分原則"之所以成爲(更準確地說是淪爲)輔助原則,是因爲二者原是遊牧社會的傳統分配規則,隨著蒙古帝國的建立和擴張,這兩種原則被占支配地位的權力不斷排斥並邊緣化,最終下降爲較次要的原則,僅僅在主要原則得到滿足後,纔適用於在那些權位或身份相年的個體之間解決戰利品歸屬爭議的情形。主要原則與輔助原則是既對立又互補的關係。

2) 若進一步考察蒙古軍以札撒和四種原則爲框架的戰利品分配制度,還可以發現如下兩個特徵:一方面,在新興蒙古汗權支配下形成的這一套體系,建立在盡可能尊重草原傳統的基礎上,舊傳統和舊習俗並未被家產制國家的立法徹底取代或破壞,公共權力也未自上而下地侵占一切社會空間。在戰利品分配上,它就小心翼翼地爲習俗留下了活動餘地,默許私人對戰利品的先占和各自所有權,放任均分原則調節底層爭端等等;但另一方面,從總體趨勢看,集權化國家逐漸排斥帶有平均與平等主義殘餘的草原傳統,這一趨勢也十分明顯:加強並維護蒙古上層貴族利益的不平等和不平均的戰利品分配原則,壓制草原社會原初的主流規範,成爲上位原則。

---

[1] [波斯]拉施特主編,余大鈞譯《史集》第三卷,248頁。波斯文見:Rashīd al-Dīn, *Jāmi'al-Tawārīkh*, ed. by Muhammad Rawshan, p.1223.

特别是在元朝建立前後,第二特徵或趨勢呈現出加速發展的勢頭,首先表現在國家對擄獲戰利品(尤其是預計將成爲國家財政收入基礎的民户人口)採取了進一步的管控。例如,元朝軍隊於"俘馘"有"申報"之制("軍官凡有所獲俘馘,申報不實……委監察並行糾劾")[1],又有"分揀"之制("捕叛賊軍官、軍人虜到人口,本管出征軍官與所在官府隨即一同從實分揀……委系賊屬,從本管萬户、千户出給印信執照,中間卻有夾帶良民,罪及軍官")[2],在征服南宋和平定内亂的戰爭中,元廷甚至三令五申力圖制止軍隊劫掠地方。這類禁令在元初記載中比比皆是,無待臚列。在這種情形下,遊牧民對於戰利品的傳統權利,顯然又不得不讓位於王朝建立合法性的迫切需要。甚至在某些特定情形下,元軍統帥有權剥奪任何一件依"各自爲主"原則已經歸擄獲者所有的戰利品。在決定南宋王朝最終命運的崖山一戰中,陸秀夫"以金璽繫主腰",抱幼主自沉:

> 二帥(按:謂張弘范、李恒)止謂世傑必奉幼主南奔,恒率海舟追逐,宏範留部分降,時訊降人,始知祥興君相俱赴水,遂大搜金帛,拘括將士,所掠皆歸宏範。尋於軍中得金璽,訊之,卒云:於小兒浮屍上得之,不識爲璽也,懼爲人所知,棄其屍矣。[3]

在作爲元帝國統治階級代表的張弘範身上,哪還有半點克洛維面對傳統時囁嚅畏縮的影子呢?總之,元代國家要求在戰利品獲取和分配上擁有更多的支配性權力,再度壓縮了草原傳統習俗的活動空間。蒙古人解決戰利品獲取和分配中"努爾哈赤難題"和"克洛維難題"的嘗試,同時凸顯出家産制國家形成過程中,公權和草原傳統的私權之間的種種張力和矛盾,真實地反映出在蒙古人建立帝國的過程中,集權化和官僚化的邏輯如何最終取得勝利。

---

[1]《元典章》卷五《台綱》卷之一《設立憲臺格例》,陳高華等點校,第1册,145頁。
[2]《元典章》卷五七《刑部》卷之一九《禁乞養過房販賣良民》,陳高華等點校,第3册,1881頁。
[3] 佚名《昭忠録》,守山閣叢書本,216頁。